Andreas Bauditz · Michael Modrow

AUDI 100

HEEL

Impressum

HEEL Verlag GmbH
Gut Pottscheidt
53639 Königswinter
Tel.: 02223 9230-0
Fax: 02223 923026
E-Mail: info@heel-verlag.de
Internet: www.heel-verlag.de

© 2008 Heel Verlag GmbH

Verantwortlich für den Inhalt: Michael Modrow, Andraes Bauditz
Lektorat: Joachim Hack
Satz & Layout: Grafikbüro Schumacher, Königswinter
Lithografie: Muser Medien GmbH, Mannheim
Druck: D'Auria Printing Group, Italien

Alle Rechte, auch die des Nachdrucks, der Wiedergabe in jeder Form und der Übersetzung in andere Sprachen, behält sich der Herausgeber vor. Es ist ohne schriftliche Genehmigung des Verlages nicht erlaubt, das Buch oder Teile daraus auf fotomechanischem Weg zu vervielfältigen oder unter Verwendung elektronischer bzw. mechanischer Systeme zu speichern, systematisch auszuwerten oder zu verbreiten.

Alle Angabe ohne Gewähr. Irrtümer vorbehalten.

Printed in Italy

ISBN: 978-3-89880-899-6

Andreas Bauditz · Michael Modrow

AUDI 100
Alle Modelle von 1968 bis 1994

Entwicklung

Technik

Design

Edition AUDI Tradition

HEEL

Inhalt

Vorwort 6	**Vorwort**
Kapitel 1 8	**Die erste Generation des Audi 100: Der Typ F104** 1968 – 1976
Kapitel 2 44	**Die zweite Generation des Audi 100: Der Typ 43** 1976 – 1982
Kapitel 3 82	**Die dritte Generation des Audi 100: Der Typ 44** 1982 – 1991
Kapitel 4 116	**Die vierte Generation des Audi 100: Der C4** 1990 – 1994
Anhang 144	**Anhang** Produktionszahlen / Technische Daten

Vorwort

Im November 2008 feiert der Audi 100 sein 40-jähriges Jubiläum. Heimlich von Dr. Ludwig Kraus und seinem Team entwickelt, avancierte die erste Generation des Audi 100 schnell zum Verkaufsschlager und sicherte so die Existenz der Marke Audi. Mit den Innovationen der nachfolgenden Generationen, wie z. B. Fünfzylinder-Ottomotoren, Vollverzinkung, quattro Antrieb und TDI-Technologie, sowie der hohen Produktqualität, rückte der Audi 100 schließlich mitten hinein in die erste Liga der gehobenen Mittelklasse. Schließlich verhalf insbesondere der Erfolg des Audi 100 und seines Nachfolgers Audi A6 der AUDI AG dazu, heute ein anerkannter Premiumhersteller zu sein.

Die einmalige und spannende Karriere der C-Reihe von Audi zeigt auf, dass sie nicht das Ergebnis einer schnellen Idee ist, sondern ein Prozess, der sich über viele Jahre und Modellgenerationen entwickelt hat. Die hohe Innovationskraft, Erfahrung und Motivation der Audi Mitarbeiter trugen maßgeblich zu diesem Erfolg bei. Viele der nach Florian Illies definierten „Generation Golf", der zwischen 1965 und 1975 Geborenen, sind mit dem Audi 100 aufgewachsen. So trägt auch die Erinnerung an den treuen Familienbegleiter dazu bei, dass Einige dieser Generation heute Kunden der AUDI AG sind und darüber hinaus einen alten Audi in ihrer Freizeit fahren.

Dass ausgerechnet dem Audi 100 bis jetzt so wenig Platz in der Literatur eingeräumt wurde, soll sich mit diesem Beitrag nun ändern. Ohne die freundliche Unterstützung unserer Kollegen hätten wir nicht so viele neue Informationen über die Geschichte des Audi 100 an den Leser weitergeben können. Insbesondere danken wir Lothar Franz, Dr. Martin Kukowski, Ralph Plagmann, Thomas Erdmann, Henry Diesner, Ulrike Dixius, Maura DiLorenzo, Roberta Pasetto und Thomas C. Duck, sowie Joachim Hack vom Heel Verlag. Darüber hinaus möchten wir uns bei den vielen Audi 100-Liebhabern für ihre Anregungen und Hinweise bedanken. Sie sind es, die mit der Erhaltung ihrer Fahrzeuge die Erinnerung an diese Modellreihe lebendig halten und damit ein wichtiges Stück der Audi Geschichte wahren.

Bad Friedrichshall im August 2008
Andreas Bauditz, Michael Modrow

So mancher machte große Augen, wenn er ein Audi 100 Coupé S erblickte. Damals wie heute.

Kapitel 1
Die erste Generation des Audi 100: Der Typ F104
1968 – 1976

Es begann alles hinter einem Vorhang in der Entwicklungsabteilung der Auto Union GmbH in Ingolstadt, der das geheime Plastilin-Modell des Audi 100 vor neugierigen Blicken schützen sollte, auch vor denen des Mutterkonzerns Volkswagenwerk AG. Rudolf Leiding, am 29. Juli 1965 zum Vorsitzenden der Geschäftsführung der Auto Union GmbH berufen, schaute eines Tages hinter den Vorhang und war nicht gerade entzückt von dem Anblick des Prototyps. Der Auftrag von der Konzernmutter Volkswagen war eindeutig. Es wurden nur Entwicklungen zur Modellpflege des Typs F103 (Audi 60 bis Super 90) geduldet, keinesfalls aber Anstrengungen zur Entwicklung eines völlig neuen Modells.

Im Dezember 1964 übernahm die Volkswagenwerk AG 50,3 % der Auto Union Anteile von der Daimler-Benz AG, die seit dem 24. April 1958 die Mehrheitsanteile der Auto Union GmbH besaß. In erster Linie war die Auto Union für Volkswagen als Produktionsstätte für den VW Käfer interessant. Von Mai 1965 bis Juli 1969 wurden immerhin 347.869 Käfer auf den Ingolstädter Bändern montiert. Das war auch notwendig, denn die Modellpalette der Auto Union konnte seit ihrer Neugründung nach dem zweiten Weltkrieg am 25. März 1947 als GmbH in Ingolstadt nur Fahrzeuge mit Zweitaktmotor anbieten. Der Ruf des Zweitakters war aber zu Beginn der 60er Jahre zweifelhaft und selbst das aktuellste Modell, der im Jahr 1964 vorgestellte DKW F102, verkaufte sich nur schleppend. Rudolf Leiding wurde von Heinrich Nordhoff, dem Vorstandsvorsitzenden der Volkswagenwerk AG, nach der Übernahme der Auto Union GmbH nach Ingolstadt geschickt, um die neue Tochter aus den roten Zahlen zu bringen. Als erste Amtshandlung wurden die alten Modelle DKW F11/64 und F12 aus dem Verkaufsprogramm eliminiert. Die frei gewordene Produktionskapazität schloss der VW Käfer. Als nächster Schritt wurde das Sorgenkind DKW F102 angegangen. Betraut mit den umfangreichen Änderungen am F102 wurde Dr. Ludwig Kraus, der bereits im Jahr 1963 mit einem ganzen Team an Technikern und Ingenieuren von Daimler-Benz nach Ingolstadt entsandt wurde. Immer wieder wurde Kraus mit seinen Worten zitiert: „Ich kam nach Ingolstadt, um den Zweitakter zu vernichten." Er brachte aus Stuttgart einen fertig entwickelten Viertaktmotor mit, der aufgrund seiner für die damalige Zeit ungewöhnlich hohen Verdichtung Mitteldruckmotor genannt wurde. Man baute diesen Motor in den DKW F102 ein und änderte noch die Front, das Heck und einige Details im Interieur und gab dem Produkt einen neuen Namen: Audi.

Audi F103 – Der erste Nachkriegs Audi

Der erste Nachkriegs Audi wurde im September 1965 als zwei- und viertürige Limousine vorgestellt und leistete aus 1696 cm³ Hubraum 72 PS. Die offizielle Verkaufsbezeichnung war zunächst nur Audi bzw. Audi L mit erweiter-

Der DKW F102 war kein erfolgreiches Auto und läutete das Ende der Zweitakt-Ära der Auto Union GmbH ein. Die Darstellung auf diesem zeitgenössischen Pressebild als Chauffeurlimousine wirkt gar schon etwas verzweifelt.

Die erste Generation – Typ F104

Links: Die Topvariante der F103-Baureihe: der Audi Super 90. Mit dem F103 wurden erstmalig nach dem 2. Weltkrieg wieder Fahrzeuge unter dem Namen „Audi" angeboten. Der F103 war ein überarbeiteter DKW F102, jedoch endlich mit Viertaktmotor.

Oben: Der Meinung von Heinrich Nordhoff ist nichts hinzuzufügen: „Ein schöner, ein sehr schöner Wagen!" Die Studioaufnahme für einen Verkaufsprospekt zeigt einen frühen Audi 100 LS in Iberischrot.

Die erste Generation – Typ F104

ter Serienausstattung. Im Mai 1966 wurde ein zweitüriger Kombi unter der Bezeichnung Audi Variant nachgeschoben. Noch im selben Jahr wurde die Motorenpalette um Varianten mit 80 und 90 PS erweitert und so gesellten sich der Audi 80 (nicht zu verwechseln mit dem neuen Modell ab 1972!) und der Audi Super 90 hinzu. Ab 1968 wurde dann der eigentliche Bestseller nachgezogen, der Audi 60 (mit 55 PS). Zudem löste der neue Audi 75 den Audi 80 ab. Somit war das recht übersichtliche Entwicklungsteam der Auto Union fleißig damit beschäftigt, den kleinen Audi durch diverse und von Volkswagen geduldete Modellpflegemaßnahmen attraktiv zu halten.

Dr. Ludwig Kraus war aber zu sehr Visionär. Ihm war klar, dass ohne ein zweites Standbein und vor allem ohne die Entwicklung eines neuen Modells bald das eintreten würde, was sich einige VW-Manager schon lange gewünscht haben, nämlich die Demontage der „Vier Ringe" vom Dach des Verwaltungsgebäudes in Ingolstadt und das Ersetzen durch das VW-Emblem. Dr. Ludwig Kraus fasste den Mut und ließ von seinem Team heimlich und neben dem Tagesgeschäft ein neues Modell entwickeln, das in Größe und Leistung über den bisherigen Audi Modellen platziert wurde. Zwei Dinge wurden im Lastenheft des neuen Audi besonders hervorgehoben: bessere Fahrleistungen und das bei geringerem Kraftstoffverbrauch. Keine leichte Aufgabe, aber für den rennsporterfahrenen Kraus nicht unlösbar. Als Kraus noch bei Daimler-Benz unter Vertrag stand, war er von 1951 bis 1956 Konstruktionschef des Rennwagenbaus. Unter seiner Regie entstand auch der Mercedes W 196, der Nachkriegs-Silberpfeil. Der erste Weg zum Ziel war konsequenter Leichtbau und der zweite ein geringer Luftwiderstand. Zwei Disziplinen, die Dr. Kraus im Rennsport gelernt hatte und beherrschte.

Die interne Präsentation des F104

Als nun Rudolf Leiding das Modell des Audi 100 hinter dem Vorhang in der Stilhalle sah, rief er sogleich bei Dr. Kraus an und sagte ihm, er habe da gerade etwas gesehen, das es eigentlich gar nicht geben sollte. Kraus entgegnete ihm, er hätte ja nicht unbedingt hinter den Vorhang sehen müssen. Leiding räumte Kraus vier Wochen für weitere Retuschen und den Bau eines endgültigen 1:1-Modells ein, dann sollte der Neue den Herren aus Wolfsburg präsentiert werden. Eine weitere Geheimhaltung konnte Leiding nicht verantworten. Heinrich Nordhoff wurde nun behutsam darüber ins Bild gesetzt, dass in Ingolstadt trotz des Verbotes ein neues Modell entwickelt wurde. Der Rahmen der internen Präsentation am 14. November 1966 war recht einfach. Es wurden einige Stühle um das mit einer rustikalen Decke verhüllte Modell aufgestellt. Kraus hielt eine Rede und erläuterte die Vorteile des neuen Wagens. Zur Auflockerung der angespannten Stimmung sprach Kraus die geflickte Decke über dem Modell an, die extra noch gewaschen worden war: „Arm sein ist keine Schande, aber sauber muss es sein!" Nach der Rede lief Nordhoff um den Audi 100, sein Nacken verfärbte sich tief rot. In Interviews berichtete Kraus, dass dies ein absolutes Alarmzeichen bei Nordhoff war. Trotzdem wich Kraus dem VW Vorstandsvorsitzenden nicht von der Seite. Nordhoff war noch nicht ganz um den Wagen herumgelaufen, als er sagte: „Ein schöner Wagen, ein sehr schöner Wagen! Grünes Licht zum Bau dieses Wagens." Kraus und Leiding hatten zuvor schon mit dem Schlimmsten, nämlich mit ihrer Entlassung aus dem Unternehmen gerechnet und waren sich einig, dass sie den Tag auf jeden Fall betrunken beenden werden: entweder um ihren Raus-

Unten links: Selbst mit den optionalen Nebellampen aus dem Schlechtwetterpaket sieht die Front des Audi 100 nicht überladen aus.
Unten rechts: In den schmal gehaltenen Rückleuchten war kein Platz für eine Nebelschlussleuchte. Wer eine haben wollte, bekam sie unter die hintere Stoßstange montiert. Erst ab Modelljahr 1974 wurde diese in die Rückleuchte integriert.

Rechte Seite: Die zeitlichen Vorgaben für die Weiterentwicklung des Audi 100 nach der ersten Präsentation mit dem VW-Vorstand waren knapp. Wie knapp? So knapp wie das Kleid der Dame, das bestimmt nicht minder bunt ist, wie es die geflickte Decke war, die das Präsentationsmodell verhüllte.

Die erste Generation – Typ F104

Die erste Generation – Typ F104

Dank der Umsetzung der „Europäischen Lösung" fand der Audi 100 schnell viele Käufer in den Exportmärkten. Italien war für den Audi 100 neben den USA und Großbritannien stets einer der wichtigsten Märkte. Der Italienische Importeur AUTOGERMA setzte diesen frühen Audi 100 LS, Modelljahr 1969 in Lotosweiß in Szene. Der Leser sei höflichst aufgefordert, nicht nur auf die Dame, sondern auch auf sehr seltene Details am Automobil zu achten: schmaler Chromstreifen auf den Stoßstangengummis, wie sie nur die allerersten Exemplare hatten, die für Italien vorgeschriebenen seitlichen Blinker und die separaten Standlichter im aufgeteilten Blinkergehäuse in der vorderen Stoßstange.

schmiss zu betrauern oder um den Erfolg zu feiern! Zum Feiern blieb aber kaum Zeit, die zeitlichen Vorgaben für die Weiterentwicklung des großen Audi 100, intern F104 genannt, wurden von Nordhoff sehr knapp vorgegeben und das Projekt startete als EA 803 (EA ist die Abkürzung für „Entwicklungsauftrag") nun offiziell.

Das Konzept des Audi 100

Das Lastenheft beschrieb die Konzeption des neuen Audi 100. Es wurde die so genannte „Europäische Lösung" vorgezogen, bei der ein technisch verfeinertes Produkt mit zweckmäßiger, moderner, aber nicht modischer Linie, mit sowohl technisch als auch stilistisch langer Lebenserwartung, zu einem etwas höheren Preis anvisiert wurde (Ludwig Kraus, ATZ, 1/1969). Die „Amerikanische Lösung" mit einem in Technik, Herstellung und Wartung anspruchslosen Automobil mit modischer Karosserie zu geringstem Preis wurde schnell verworfen, da diese Variante einen schnellen Wechsel der Karosserieform voraussetzt, für dessen Umsetzung Kapital fehlte. Man erinnere sich dabei an die umfangreichen Modellpflegemaßnahmen der amerikanischen Automobilhersteller zu Beginn eines jeden neuen Modelljahres in den 60er- und 70er Jahren. Die „Sportliche Lösung" mit einem relativ kleinen, leichten und schnellen Fahrzeug wurde ebenso verworfen wie die „Revolutionäre Lösung" mit einem avantgardistischen Automobil, das viele neue technische Merkmale und eine ungewohnte Karosserielinie aufweisen sollte. Die beiden letzteren Lösungen wurden aufgrund der zu erwartenden geringen Stückzahlen wieder aufgegeben.

Mit der „Europäischen Lösung" waren auch die drei wesentlichen Ansprüche an den neuen Audi 100 definiert:

1. Wirtschaftlichkeit
2. gute Fahreigenschaften
3. Leichtbau

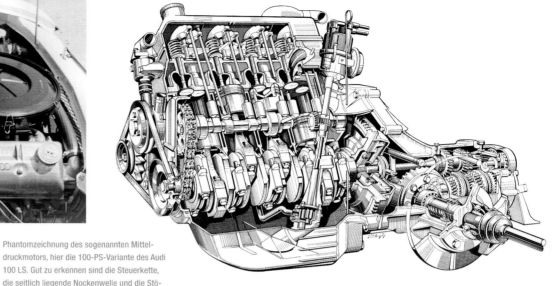

Obwohl der Motorraum des Audi 100 LS bestens zugänglich ist, wirkt er nicht sonderlich aufgeräumt. Design im Motorraum hatte damals noch keine Priorität.

Phantomzeichnung des sogenannten Mitteldruckmotors, hier die 100-PS-Variante des Audi 100 LS. Gut zu erkennen sind die Steuerkette, die seitlich liegende Nockenwelle und die Stößelstangen, die die Ventilsteuerung übertragen.

Weiterentwicklung des Mitteldruckmotors

Während beim Audi F103 noch Fahrwerk und Karosserie vom DKW F102 übernommen wurden, handelte es sich beim Typ F104 um eine Neuentwicklung ohne Altlasten, mit Ausnahme des so genannten Mitteldruckmotors. Dieser wurde aus der Baureihe F103 übernommen, für den Audi 100 aber weiter verbessert. Der Audi 100 leistete 80 PS, der Audi 100 S hatte deren 90 und die vorläufige Topvariante, der Audi 100 LS, bekam einen 100-PS-Motor eingebaut. Es sei hier erwähnt, dass die Motoren des Audi 100 S und des Audi Super 90, obwohl beide 90 PS leisten, keinesfalls identisch sind.

Prinzipiell wurde die Mehrleistung gegenüber der eigentlichen Basis, dem 72-PS-Motor mit 1696 cm^3 aus dem Audi bzw. dem Audi L, durch eine Erhöhung der Drehzahl und eine neue Nockenwelle mit geringerer Ventilüberschneidung erreicht, die auch ein höheres Drehmoment ermöglichte. Durch gezielte Weiterentwicklung wurde eine Verminderung des Einlassdralls erzielt, wodurch die Zylinderfüllung weiter verbessert werden konnte. Des Weiteren wurde durch eine geänderte Kipphebelübersetzung ein größerer Ventilhub ermöglicht. Für eine höhere Drehzahlfestigkeit bis über 6400/min wurden hohle Stößelstangen und verstärkte Ventilfedern verbaut.

Das Mitteldruck-Verfahren brachte Verbrauchsvorteile gegenüber anderen Triebwerken mit sich. Die Motoren waren für die damalige Zeit ungewöhnlich hoch verdichtet und stellten hinsichtlich Verdichtung und Wirkungsgrad einen Mittelweg zwischen Otto- und Dieselprinzip dar. Der Nachteil hoher Bauteilkosten für Einspritzpumpe samt Düsen beim Dieselaggregat war beim Audi Motor hingegen nicht gegeben. Allerdings brachte das Mitteldruck-Prinzip auch einen recht rauen Motorlauf mit sich, der von Journalisten wie von Kunden immer wieder kritisiert wurde. Insbesondere die Kunden in Nordamerika, die teilweise Motoren mit sechs oder acht Zylindern gewohnt waren, zeigten sich ob der kernigen Akustik häufig unzufrieden. Die Möglichkeiten zur Erhöhung der Verdichtung und damit des thermodynamischen Wirkungsgrades werden jedoch durch die Klopffestigkeit des Kraftstoffes eingeschränkt. Daher wurde der Verbrennungsraum klopfhemmend und auf eine hohe Brenngeschwindigkeit ausgelegt. Verwirklicht wurde dies durch eine Mulde im Kolben mit einem rechteckigen Querschnittsprofil. Einströmendes Frischgas wurde durch den schneckenförmigen Einlasskanal zwangsläufig in eine Drehung versetzt, die während der Verdichtung und Gemischbildung erhalten blieb. Durch den kleineren Durchmesser der Kolbenmulde nimmt das Gas weiter an Drehgeschwindigkeit zu und der Verbrennungsablauf kann unter idealen Bedingungen mit einer sich rasch ausbreitenden Flammenfront ablaufen. Durch die höhere Verdichtung kommt es zudem noch zu höheren Verbrennungstemperaturen. Ein schmaler Spalt zwischen Kolben und Zylinderkopf im oberen Totpunkt sorgte durch die damit ermöglichte gute Wärmeableitung für eine Unterbindung des unerwünschten Klopfens, der Selbstzündung des Kraftstoffs. Der Motor ist mit 84,4 mm Hub langhubig ausgelegt und erreicht eine mittlere Kolbengeschwindigkeit von 15,5 m/s bei Nenndrehzahl. Sie lag damit in tragbaren Grenzen.

Gegenüber dem F103 wurden noch weitere Änderungen vorgenommen. Die Wasserpumpe wurde von ihrer ursprünglichen Einbauposition neben dem Motor an dessen Stirnseite verlegt und das Aggregat erhielt eine neue Motorlagerung. Durch geringere Verdichtung (9,1 beim Audi 100 gegenüber 10,6 beim Audi Super 90) entstand die 80-PS-Version. Durch Verwendung eines Solex-Registervergasers vom Typ 32/32 TDID wurde die 100-PS-Variante des Audi 100 LS ermöglicht. Um die Bauhöhe des Vorderwagens zu minimieren, wurde das Aggregat um 40° nach rechts geneigt installiert.

Die erste Generation – Typ F104

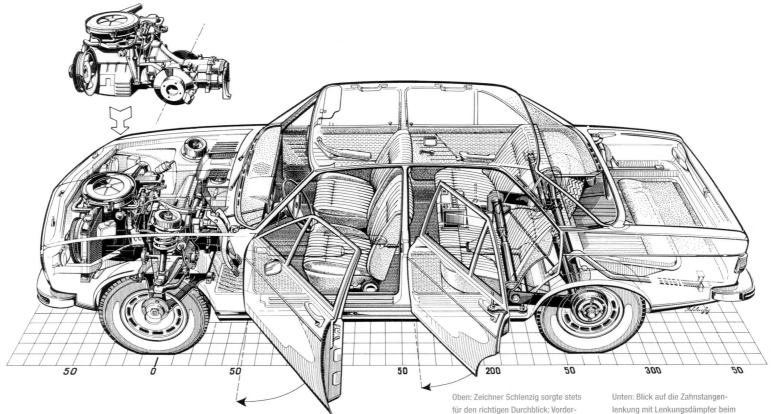

Ein komfortables Fahrwerk mit Frontantrieb

Dass der neue Audi 100 das bewährte Frontantriebskonzept der Auto Union fortführen sollte, war selbstverständlich. Die Vorteile hierfür lagen klar auf der Hand:

1. Durch die Blockbauweise, bestehend aus Motor, Getriebe und Antriebswellen, wurden Gewicht, Bauraum und Kosten gespart.
2. Der Verbau einer einfachen, leichten und kostengünstigen Hinterachse war möglich.
3. Der Frontantrieb hat bezüglich Seitenwindempfindlichkeit, Steigfähigkeit und Fahrstabilität im Winter gegenüber dem Standardantrieb eindeutige Vorteile.

Die Nachteile des Frontantriebs, besonders bei einem großen Mittelklassewagen wie dem Audi 100, nämlich hohe Lenkkräfte, großer Wendekreis und das typische Untersteuern, dem Überschieben in Kurven und das Eindrehen des Fahrzeuges bei Gaswegnahme in der Kurve, wurden durch Detailentwicklungen teilweise eliminiert.

Aufgrund von Kosten- und Gewichtsvorteilen entschied man sich für eine Zahnstangenlenkung, die es bis einschließlich Modelljahr 1973 nur ohne Servounterstützung gab. Um dennoch die Lenkkräfte möglichst gering zu halten und gleichzeitig den Nachteil des indirekten Lenkgefühls zu umgehen, wurde die Kinematik des Lenkgestänges progressiv ausgelegt. Das Übersetzungs-

Oben: Zeichner Schlenzig sorgte stets für den richtigen Durchblick: Vorderachse mit Doppelquerlenkern und Schraubenfedern, innen am Getriebe liegende Bremsscheiben, einfach geschleppte Rohrachse mit Drehstabfederung. In dieser Kombination wurde der Audi 100 LS bis einschließlich Modelljahr 1973 gebaut. Die Batterie ist zur Balance unter der Rücksitzbank untergebracht. Das Bild zeigt andeutungsweise die schmale Zierleiste auf dem Stoßstangengummi, die nur ganz kurz im Modelljahr 1969 verbaut wurde.

Unten: Blick auf die Zahnstangenlenkung mit Lenkungsdämpfer beim Audi 100 S bzw. LS. Die am Getriebe angeflanschten Bremsscheiben hielten zwar die ungefederten Massen niedriger, wurden aber letztlich ab Modelljahr 1975 aufgrund der Reparaturfreundlichkeit und geringeren Verölungsgefahr nach außen an das Rad verlegt.

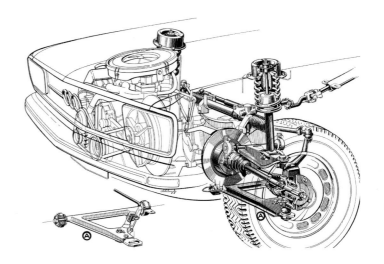

Die erste Generation – Typ F104

Egal, ob schnell gefahrene Kurve … … oder unebene Straße, der Audi 100 kam dank seiner sportlich-komfortablen Fahrwerksauslegung mit beiden Situationen bestens zurecht.

Die erste Generation – Typ F104

Modern, aber nicht modisch. Diese Anforderung an das Styling stand im Lastenheft des Audi 100. Und tatsächlich, den abgebildeten Audi 100 LS des Jahrgangs 1972 in der Farbe Clementine mag man immer noch gerne betrachten. Neu war die seitliche Tankklappe.

Die erste Generation – Typ F104

Die auf dem Asphalt dokumentierten Vollbremsungen beweisen, dass der Audi 100 auch ohne ABS und mit blockierten Rädern (einigermaßen) sicher in der Spur zu halten war. Besser wurde dies mit Einführung des negativen Lenkrollradius ab Modelljahr 1975.

verhältnis betrug in der Mittellage 21,3 und in der Extremlage 14,4. Die nötigen Lenkradumdrehungen von Anschlag links zu Anschlag rechts konnten so reduziert werden und dem Fahrer dabei das viele Kurbeln erspart bleiben. Durch einen Beugewinkel von 47° des äußeren Antriebswellengelenks wurde ein Wendekreis von 11,2 m erreicht. Dieser gab dennoch immer wieder Anlass zur Kritik in damaligen Testberichten, obwohl die Ingenieure der Auto Union den Bug des Audi 100 durch Pfeilung zur Fahrzeugmitte in der Seitenlänge verkürzten und durch diesen Trick versuchten, den Nachteil zu beheben. Immerhin aber sorgten die Gelenkwellen mit doppelten homokinetischen Rzeppa-Gelenken auch bei starkem Lenkeinschlag für vibrationsfreien Lauf.

Die stärker motorisierten Modelle Audi 100 S und LS wurden zusätzlich mit einem Lenkungsdämpfer versehen, um einen zu schnellen Lenkungsrücklauf zu unterbinden. Um etwas Last von der Vorderachse auf die Hinterachse zu verlagern und somit auch die Tendenz zum Untersteuern zu reduzieren, wurde die Batterie unter der Rücksitzbank eingebaut. Damit betrug die Gewichtsverteilung des fahrfertigen Audi 100 ohne Fahrer zwischen Vorder- und Hinterachse 59 % zu 41 %. Die Vorderachse verfügte über Doppelquerlenker mit Schraubenfedern. Die aufwändige Drehstabfederung des Vorgängers F103 wurde zugunsten eines tieferen Schwerpunktes aufgegeben. Zur Verringerung der Querneigung wurde ein Querstabilisator verwendet. Bei der Hinterachse handelte es sich um eine einfache geschleppte Rohrachse mit Spur- und Sturzkonstanz sowie Drehstabfederung. Serienmäßig erhielten alle Audi 100 Modelle Gürtelreifen der Dimension 165 SR 14 auf 4½-Zoll-Felgen.

In Testberichten wurden der gute Federungskomfort und die ausgezeichnete Straßenlage immer wieder hervorgehoben. Das Fahrverhalten galt als kaum untersteuernd und weitgehend neutral mit nur leichten Lastwechselreaktionen beim Gaswegnehmen in Kurven, die Stoßdämpfung war eher straff abgestimmt, aber mit großen Federwegen ausgelegt. „auto motor und sport" bescheinigte dem Audi 100 LS in einem Test in Heft 8/1969 eine gelungene Synthese aus Sportlichkeit und Komfort. Federungskomfort und Straßenlage waren der Konkurrenz klar überlegen – der Audi 100 galt seinerzeit als komfortabelster deutscher Mittelklassewagen. Die Modelle von Ford und Opel konnten dagegen mit ihrer schon damals veralteten Starrachse keine Lorbeeren ernten. BMW war noch sportlicher abgestimmt und spielte daher in einer anderen Liga. Die Mercedes /8-Modelle, Peugeot 504 und Renault 16 kamen an das gelungene Fahrwerk des Audi 100 noch am nächsten heran.

Die Bremsanlage war ein Zweikreis-Bremssystem mit Scheibenbremsen an der Vorderachse und Trommelbremsen an der Hinterachse. Um die ungefederten Massen gering zu halten und den Luftstrom unter dem Fahrzeugboden zur Kühlung der Scheiben zu nutzen, wurde die Scheibenbremse direkt am Getriebe angeflanscht – eine technische Kuriosität, die nur noch bei wenigen anderen Fahrzeugen, wie z.B. dem NSU Ro 80, angewendet wurde, war doch die übliche Position außen an der Radnabe. Die Modelle Audi 100 S und LS erhielten zusätzlich noch einen Bremskraftverstärker.

Konsequenter Leichtbau bei der Karosserieentwicklung

Wie bereits erwähnt, hatte der Aspekt Wirtschaftlichkeit bei der Entwicklung des Audi 100 höchste Priorität. Die Karosserie eines Automobils kann mit geringem Gewicht und guter Aerodynamik erheblich zu einem möglichst niedrigen Kraftstoffverbrauch beitragen. Ein angenehmer Nebeneffekt ist auch, dass sich die Fahrleistungen – Beschleunigung und Höchstgeschwindigkeit – verbessern. Es war schnell klar, dass unter Berücksichtigung aller Sicherheitsnormen,

Die erste Generation – Typ F104

Trotz konsequenten Leichtbaus erfüllte der Audi 100 die strengeren Sicherheitsvorschriften, die in den USA galten. Der gecrashte Prototyp auf dem Bild war schon mit dem verstärkten Vorderwagen und der stabiler ausgelegten vorderen Stoßstange ausgestattet, beides ab Modelljahr 1974 eingeführt, während hinten noch die herkömmliche USA-Export-Stoßstange mit Hörnern montiert war.

Mal eine andere Perspektive: Die weit öffnenden Türen und die gepfeilte Front sind gut zu erkennen.

auch der strengen US-Vorschriften, eine Lösung nur durch gezielten Leichtbau möglich war. Die Blockbauweise des Frontantriebskonzepts und der damit verbundene Entfall der Kardanwelle sowie die einfache Hinterachse, waren schon ein großer Beitrag, dieses Ziel zu erreichen. Bei der Konstruktion der Karosserie wurde erstmals ein kompliziertes Berechnungsverfahren per Computer eingesetzt. Bis dato waren Trägerquerschnitte und Blechstärken nach Erfahrungen festgelegt und die im Versuch ermittelten Schwachstellen schließlich verstärkt worden. Überdimensionierte Strukturen konnten meist aus Zeitgründen nicht mehr schlanker gestaltet werden. Man entschied daher, die komplette Karosserie des Audi 100 mit Hilfe des Computers vorauszuberechnen. Dabei wurde die Karosserie erst einmal als Fachwerk, gebildet aus Stäben, die auf Biegung, Torsion, Zug- und Druck-Beanspruchungen untersucht wurden, dargestellt. Welche herausragende Leistung die Berechnungsingenieure geleistet haben, wird deutlich, wenn man das Leergewicht des Audi 100 S mit dem eines viertürigen Audi Super 90 vergleicht. Obwohl mit größeren Abmessungen und Glasflächen versehen, war der Audi 100 S (1060 kg) um 5 kg leichter als der kleinere Audi Super 90 (1065 kg)!

Um die Fahrwiderstände zu reduzieren, wurde im Windkanal der Technischen Universität Stuttgart an der Aerodynamik gefeilt. Der Audi 100 hatte einen für damalige Verhältnisse guten c_W-Wert von 0,369 (Anmerkung: Der c_W-Wert, auch Luftwiderstandszahl, eines Fahrzeuges ist ein dimensionsloser Beiwert, der im Windkanal ermittelt wird.). In den Luftwiderstand gehen aber nicht nur die Luftdichte, die Fahrzeuggeschwindigkeit und die Luftwiderstandszahl ein, sondern auch die projizierte Stirnfläche A des Fahrzeugs. Um auch diese trotz der großen Dimensionen gering zu halten, wurde der Audi 100 recht flach gehalten. Dadurch ergab sich auch ein niedrigerer Schwerpunkt des Wagens, der zudem noch den Fahreigenschaften zugute kam.

Die Karosserie wurde in Stahlblech ausgeführt. Gekennzeichnet war sie durch unaufdringliches Styling, große Fensterflächen, niedrige Gürtellinie und eine leicht gepfeilte Front. Damit war der Audi 100 eine geschmackvolle, dezente Erscheinung und sorgte für eine gemäßigte und zukunftssichere Modernität. Er galt als schönes Automobil und man mag ihn immer noch gerne anschauen. Zunächst war nur eine viertürige Variante lieferbar. Die zweitürige Limousine und das schöne Coupé folgten erst später. Die weit öffnenden Einstiegstüren fanden weithin Anklang bei den Motorjournalisten, kritisiert wurden aber stets die hohen Schweller, die allerdings zum Schutz der Insassen bei einem Seitenaufprall besonders üppig dimensioniert wurden. Ebenfalls kritisiert wurde der Tankdeckel, der zunächst verchromt war und sich nicht hinter einer Tankklappe verbarg. Großes Lob hingegen fand das große Kofferraumvolumen. Viele Wettbewerber konnten da nicht mithalten. Ein Vorteil, für den auch die nachfolgenden Generationen des Audi 100 bekannt waren.

Für jeden das Richtige: das Modellangebot

Die Serienausstattung der Audi 100 Modelle, besonders die des Audi 100 LS, kann nach damaligen Maßstäben durchaus als beachtlich bezeichnet werden. Gegen Aufpreis war es freilich möglich, ihn mit zahlreichen Sonderausstattungen, wie z.B. Schiebedach, Radio, Schlechtwetterpaket etc., noch weiter aufzuwerten. Beim Grundmodell empfahl „auto motor und sport" jedoch unbedingt die Bestellung eines Bremskraftverstärkers, eines Intervallschalters für die Scheibenwischer, einer heizbaren Heckscheibe und einer Verbundglas-Windschutzscheibe – Optionen, die von den Kunden ohnehin gerne geordert wurden. Die drei unterschiedlichen Modellvarianten waren zunächst nur mit einem bestimmten Motor lieferbar:

- Audi 100 mit 80 PS
- Audi 100 S mit 90 PS
- Audi 100 LS mit 100 PS

Äußerlich unterschieden sich die Modelle durch ihren Chromzierrat. Während die Modelle Audi 100 S und LS auf der Gürtellinie umlaufende Chromzierleisten erhielten, besaß das Grundmodell Audi 100 nur eine Leiste auf dem Heckdeckel, sowie im Ansatz auf den hinteren Seitenteilen, die mit den Heckleuchten ausliefen. Das Topmodell Audi 100 LS bekam zudem noch Radlaufchrom. Auf manche Motorjournalisten wirkte der LS damit etwas überladen. Stoßstangen und Radkappen waren aus nicht rostendem Stahl gefertigt.

Die Position des Audi 100 im Markt

Mit dem Vertrieb des neuen Audi 100 beschäftigte sich die Konzernmutter Volkswagen in Wolfsburg; erst viele Jahre später, zum 1. Januar 1993, übernahm Audi den Vertrieb eigenverantwortlich. Zunächst fand der Verkauf des Audi 100 nicht über das VW-Händlernetz statt, sondern nur über die etablierten Auto Union Händler. Die Konzernmutter tat dies bewusst, um über die weit gestreuten Volkswagen Händler den Absatz des neuen Audi nicht automatisch zu erhöhen und dem ebenfalls im Jahr 1968 erschienenen VW 411 zu viel interne Konkurrenz zu machen. Der Audi 100 wurde aber dennoch zum großen Verkaufsschlager. Um das Stückzahlwachstum des neuen Audi weiter zu beschleunigen, stellte man die Produktion des VW Typ 1 in Ingolstadt ein (Interview mit Kurt Lotz, „ams" 8/1969). Und trotz einer erheblichen Erhöhung des Verkaufspreises im Jahr 1970 (7,3 bis 10,4 %, je nach Ausstattungsvariante), das Basismodell Audi 100 kostete nun soviel wie der 100 LS nur ein Jahr zuvor (9590,- DM), stieg die Nachfrage weiter an, so dass der Audi nun zusätzlich zum Standort Ingolstadt bis Ende Februar 1971 auch bei Volkswagen in Wolfsburg gebaut wurde. Die verhaltene Nachfrage nach dem VW 411, dem vom Volksmund so genannten Nasenbär, stärkte die Position der Audi NSU Auto Union AG bei Volkswagen erheblich. Es wird nicht bei diesem ersten Mal in der Geschichte bleiben, dass die kleine, schöne Tochter mit den vier Ringen die Mutter im Norden stützt.

Ab Herbst 1970 bekam der Audi 100 dann weiteren Wettbewerb aus dem eigenen Konzern. Der VW K70 wurde vorgestellt und im eigens für ihn errichteten neuen VW-Werk Salzgitter gebaut. Zunächst sah es aber für den K70

Solide Basis, aber mit 80 PS nur Hausmannskost unter der Haube: Basismodell Audi 100. Wer diese Einstiegsvariante wählte, musste nicht nur auf Leistung, sondern auch auf einige andere Annehmlichkeiten verzichten.

Bis zum September 1971 markierte der Audi 100 LS die Spitze des Audi 100 Modellprogramms. Neben dem 100-PS-Motor wartete dieser mit erheblichem Chromzierrat auf. Das Bild zeigt einen Audi 100 LS in Rauchblau bis Modelljahr 1972, erkennbar an dem verchromten Tankdeckel.

Die erste Generation – Typ F104

Die flotte Biene steht auf diesen Audi 100 GL, Modelljahr 1972.

Das abgebildete Tibetorange dieses Audi 100 GL gab es, ebenso wie Iberischrot, von Modelljahr 1971 bis 1976. Lediglich schwarz gab es noch länger, es war die einzige Farbe, die es in allen Modelljahren gab.

nicht gut aus. Er war von NSU noch vor der Fusion der Auto Union GmbH mit der NSU Motorenwerke AG zur Audi NSU Auto Union AG als NSU K70 vorangekündigt worden und sollte auf dem Genfer Automobilsalon 1969 der Öffentlichkeit vorgestellt werden, wurde dann aber kurzerhand von VW auf Eis gelegt. Nachdem der VW 411 die Verkaufserwartungen dann nicht erfüllte, wurde der K70 mit VW-Emblemen schließlich doch noch gebaut und somit der erste VW mit wassergekühltem Frontmotor und Frontantrieb. An den großen Erfolg des Audi 100, von der ersten Serie wurden bis 1976 827.474 Einheiten gebaut, kamen aber weder der VW K70 (211.127), noch der VW 411 und dessen überarbeiteter Nachfolger 412 (zusammen 355.200) heran.

Aufgrund der extrem langen Lieferzeiten des ebenfalls im Jahr 1968 vorgestellten Mercedes /8 hatte sich so mancher Mercedes-Interessent doch für einen Audi 100 entschieden, da er schneller verfügbar war. Wegen der hohen Nachfrage kletterte die Lieferzeit des Audi auf immerhin bis zu fünf Monate im Jahr 1971. Dank des Erfolgs des Audi 100 behielt die Auto Union GmbH, später die Audi NSU Auto Union AG, ihre Selbständigkeit als Automobilhersteller und Ingolstadt blieb nicht nur Produktions-, sondern auch Entwicklungsstandort für Automobile.

Doch wer waren die Käufer, die dem Audi 100 zu einem so großen Erfolg verhalfen? Im Jahr 1970 führte die Gesellschaft für Marktforschung Hamburg eine Produkt-Image-Studie im Auftrag der Zentralen Marktforschung der Volkswagen AG durch. Dabei wurde die Eigenbeurteilung der Audi 100 Fahrer und deren Fremdbeurteilung durch andere Fahrzeugbesitzer analysiert. Da man sich mit seinem Auto häufig selbst identifiziert und auch von der sozialen Umwelt so gesehen werden möchte, signalisieren Abweichungen zwischen Eigen- und Fremdbeurteilung Probleme der sozialen Akzeptanz.

Fahrzeuge, die in der Preisklasse des Audi 100 rangieren, sind sozial allerdings nicht mehr neutral, sondern in die eine oder andere Richtung markiert. Umso erfreulicher ist das Ergebnis, das die Umfrage ergab. Eigen- und Fremdbeurteilung der Audi 100 Fahrer sind praktisch identisch. So galt er als frisch, modern, großzügig, anspruchsvoll, aufgeschlossen, selbstbewusst, sportlich und elegant. Charaktereigenschaften wie bürgerlich, bieder, altmodisch oder konservativ wurden mit dem Besitzer eines Audi 100 dagegen kaum in Verbindung gebracht – trotzdem wurde dies lange Zeit und immer wieder Teil des Audi 100 Images.

Eine Neuwagenstudie vom März 1971 wurde noch konkreter:
- 34 % der Audi 100 Besitzer hatten vorher einen Audi oder einen DKW;
- 9 % einen VW Typ 1 (Käfer), 12 % einen Typ 3 (1500/1600);
- 16 % fuhren vorher Ford, 13 % einen Opel,
- 3 % einen BMW und 4 % einen Mercedes.

Beim Kauf eines Audi 100 zogen die Besitzer am ehesten noch den VW K70 in Betracht (24 %) und den Mercedes 200/8 (23 %). Weitere alternative Fahrzeuge waren BMW 1602/2002 mit 14 % bzw. BMW 1800/2000 mit 11 %, Ford 17 M und 20 M mit 17 %, Opel Rekord mit 16 %, Renault 16 mit 9 %. 19 % der Befragten waren dagegen vom Audi 100 so überzeugt, dass sie gar kein anderes Modell alternativ in Betracht zogen. Wichtigste Kaufgründe waren die schöne Form (45 %), Leistung und Beschleunigung (29 %), großer Kofferraum (26 %), Straßenlage und Frontantrieb (18 bzw. 17 %).

Audi 100 Besitzer waren auch sehr zufriedene Kunden. 60 % gaben an, außerordentlich oder sehr zufrieden zu sein, 31 % waren zufrieden. 91 % der Käufer haben es somit nicht bereut, sich für einen Audi 100 entschieden zu haben.

Rechts: Auch die Gestaltung des Innenraumes, hier ein Audi 100 LS von 1970, erntete viel Lob.

Unten: Der Audi 100 ein Männerauto? Tatsächlich waren 95 % der Kunden männlich. Entsprechend wurde der Audi 100 von der Audi NSU Presseabteilung in Szene gesetzt.

Die erste Generation – Typ F104

Die 1970 lancierte zweitürige Version des Audi 100 wirkt sehr elegant. Optional gab es, bevor Vinyldächer im Angebot waren, schwarz lackierte Dächer.

Sportlich und schnittig: Im direkten Vergleich mit dem Mercedes 200/8 schnitt der Audi 100 GL in diesen Disziplinen besser ab.

Die hohe Zufriedenheit der Käufer wurde hervorgerufen durch die sehr positive Beurteilung der äußeren Form, der Geräumigkeit, der Gestaltung des Innenraumes, der guten Heizung und Lüftung und der guten Straßenlage. Anlass zur Kritik gab es wegen des durch die hohen Außenschweller bedingten unbequemen Ein- und Ausstiegs, der Motor- und Fahrgeräusche und des Benzinverbrauchs. 81 % der im Jahr 1971 befragten Audi 100 Käufer würden wieder einen Audi 100 kaufen, 2 % wollen zum Audi 100 Coupé S auf- und 4 % auf einen Mercedes /8 umsteigen. Das Käuferprofil stellte sich wie folgt dar: 41 % Angestellte, 21 % Beamte, 17 % Selbständige, 6 % Freiberufler; 31 % waren 30 bis 39 Jahre alt, 30 % 40 bis 49 Jahre, 95 % männlich und 5 % weiblich.

In der Einführungstagsstudie zum Audi 100 GL vom September 1971 ergab sich zudem noch folgendes Bild: Als Hauptkonkurrenzmodelle wurden überwiegend der Mercedes 200 und der BMW 2000 genannt. Mit großem Abstand folgte der Opel Commodore. Fast die Hälfte der befragten Interessenten befand den Audi 100 GL als seinen wichtigsten Wettbewerbern überlegen. Im direkten Vergleich mit dem Mercedes-Benz 200, gaben über 70 % der Befragten an, dass der Mercedes spießiger, biederer und altmodischer als der Audi sei; über 90 % bewerteten den Audi als sportlicher und schnittiger.

Am 26. November 1968 wurde der neue Audi 100 im Ingolstädter Stadttheater schließlich Pressevertretern und Händlern vorgestellt; die offizielle Messepremiere fand auf dem Genfer Automobilsalon im Frühjahr 1969 statt. Heinrich Nordhoff erlebte die Premiere und den Erfolg des Audi 100 nicht mehr. Er verstarb am 12. April 1968.

EA 262 vor U9: Der rauchblaue Audi 100 LS von 1972 aus der historischen Sammlung von Audi Tradition machte eine Ausflug nach Speyer.

Großes Lob erhielt der Audi 100 von den Motorjournalisten. In „auto motor und sport", Heft 8/1969, stellte Gert Hack fest: „... in der Summe seiner Qualitäten nimmt er unter den derzeitigen Mittelklassewagen eindeutig eine Spitzenposition ein." Zudem wurde der neuen Limousine bescheinigt, dass die Fahreigenschaften eine gelungene Synthese aus Sportlichkeit und Komfort darstellten. Um den Audi 100 über seine Laufzeit bis zum Jahr 1976 attraktiv zu halten, wurde das Modell immer weiter verbessert und gepflegt sowie durch weitere Varianten ergänzt.

Zweitüriger Audi 100 ab Modelljahr 1970

Die zweitürige Variante des Audi 100 wurde auf der Internationalen Automobilausstellung in Frankfurt am Main im September 1969 für das Modelljahr 1970 vorgestellt.

Um eine deutlichere Abgrenzung zur viertürigen Limousine zu schaffen, neigte man die Türrahmen im Bereich der B-Säule nach hinten. Dies brachte mehr Dynamik in die Seitenansicht. Die Türen des Zweitürers konstruierte man völlig neu. Rahmen und Türkörper waren hier nicht ein Teil, sondern voneinander getrennt – eine Konstruktion, die erst mit der dritten Modellgeneration des Audi 100, dem Typ 44 ab 1982, wieder aufleben sollte. Da die Rahmen aus Edelstahl mit dem Türkörper verschraubt waren, war es möglich, für die zweitürige Limousine und das Audi 100 Coupé S dieselben Türen zu verwenden, lediglich der eingesteckte Edelstahlrahmen war unterschiedlich. Das sparte Kosten. Das Audi 100 Coupé S wurde ebenfalls auf der IAA 1969 in Frankfurt präsentiert. Ihm ist in diesem Buch ein gesondertes Kapitel gewidmet.

Im Februar 1969 schlug die Abteilung Stilistik vor, über dem Heckklappenschloss die Audi Ringe anzubringen und einen Farbton „Kupfer" anzubieten. Beides wurde für die Serie allerdings nicht umgesetzt.

Die erste Generation – Typ F104

Verstecken im Wald brauchte sich der Audi 100 nicht. Er hat sich seit Produktionsbeginn keine großen Schwächen geleistet und überzeugte als rundum gelungene Limousine.

Die erste Generation – Typ F104

Go West! Ab 1970 erschloss Audi den nordamerikanischen Markt. Und das mit gutem Erfolg.

USA-Export ab 1970

Einen weiteren wichtigen vertrieblichen Vorstoß unternahm man im Mai 1969 durch die Erschließung des nordamerikanischen Marktes. Ab Januar 1970 wurden erstmalig größere Mengen Audi Automobile an die Porsche Audi Division der Volkswagen of America ausgeliefert, insgesamt 12.334 Fahrzeuge der Typen Super 90 und 100 LS. Nach Italien und den Niederlanden wurden die USA somit gleich zum drittgrößten Exportmarkt von Audi NSU.

1970 – kurz vor der Ölkrise – fuhr man in Amerika noch bevorzugt große Straßenkreuzer oder starke Muscle Cars. 6.550.077 Fahrzeuge wurden im Land abgesetzt – nach wie vor ein riesiger Markt, obwohl im Vorjahr noch 9,4 Millionen Automobile verkauft werden konnten. Europäische wie japanische Hersteller stellten sich zunehmend dem Wettbewerb. Längst etabliert war natürlich Volkswagen, 1969 verkauften die Wolfsburger fast 550.000 Autos in den USA, aber auf dem zweiten Platz lag bereits, wenn auch mit deutlichem Abstand, Toyota mit knapp 130.000 Autos. Es folgten Opel, British Leyland, Datsun, Fiat, Volvo, Ford (D/GB), Mercedes-Benz und Renault. Damit waren die Top Ten der Importe vollständig. Die „Imports" nahmen den „Domestics" 1969 gerade einmal 11,2 % vom Gesamtmarkt ab.

Man fragt sich natürlich, welcher Amerikaner damals ein deutsches Automobil wie den Audi 100 oder den ab sofort ebenfalls in die USA exportierten Audi Super 90 überhaupt kaufte. Die Modelle waren primär für den europäischen Markt entwickelt worden und der Vergleich mit den amerikanischen Straßenkreuzern wirft Fragen auf. Käfer und VW Bus hatten längst Kultstatus

Die erste Generation – Typ F104

erreicht und symbolisierten schon seit Jahren den Qualitätsbegriff „Made in Germany". Selbstverständlich trugen dazu auch Mercedes-Benz und Porsche mit ihren Produkten bei. Später auch BMW, wenngleich noch nicht so etabliert. Der Hauptgrund einen Audi zu kaufen, das ergab eine Marketing-Umfrage aus dem Jahr 1970 im Auftrag von Volkswagen of America, war schon damals der Wunsch nach Qualität und gutem Handling. Eigenschaften, die man der noch unbekannten Marke aus Deutschland zutraute und die ein erster Test im US-amerikanischen Fachmagazin „Road & Track" vom Juni 1970 mit gutem Ergebnis auch hervorhob. Übereinstimmend nannten die damaligen Audi Besitzer auch die weiteren Kaufgründe: Wirtschaftlichkeit und die Abmessungen der Fahrzeuge. Einigen Amerikanern waren die heimischen Fahrzeuge mit hubraumstarken Reihensechszylindern oder V8-Motoren und ihrer ausladenden Größe zu unwirtschaftlich. Der Großteil der Audi 100 Käufer zog als Kaufalternative am häufigsten einen Mercedes oder Volvo in Betracht, entschied sich dann aber häufig doch für den Audi, da er günstiger war. Auffallend war auch das hohe Bildungsniveau der amerikanischen Audi 100 Fahrer. Ingenieure, Ärzte, Juristen und Lehrer bildeten den Löwenteil ebenso wie Geschäftsleute. Bei über 60 % der Audi Fahrer gab es zwei oder mehr Wagen im Haushalt, in dem auch überdurchschnittlich viel Geld verdient wurde. Es bleibt festzuhalten, dass die ersten Audi Fahrzeuge in Amerika den Wunsch nach einem kompakteren, qualitativ guten und wirtschaftlichen Automobil erfüllten und die Kundenzufriedenheit erfreulich hoch war. Lediglich der Motor, besonders das Motorengeräusch, fiel negativ auf, da war die amerikanische Kundschaft eindeutig noch kritischer als die in Europa.

Die Werbestrategen scheuten keinen Vergleich mit anderen Wettbewerbern, was in den Vereinigten Staaten ja seit jeher erlaubt war. So wurde dem Konsumenten mitgeteilt, dass der Audi 100 LS wie der Cadillac Eldorado über Frontantrieb verfüge und das zum halben Kaufpreis! Oder dass das System der Zahnstangenlenkung eines Ferrari auch einen Audi lenkt. Die Kopf- und Beinfreiheit des Innenraums wurde mit der eines Rolls-Royce Silver Shadow verglichen, das Kofferraumvolumen mit einem Lincoln Continental, das Innenraum-Design schließlich mit einem Mercedes-Benz 280 SE. Man wollte die Vorzüge des Produkts einer damals unbekannten Marke mit allen Mitteln darstellen. Offensichtlich mit Erfolg. Nach anfänglichen Lieferschwierigkeiten von Fahrzeugen und Sonderausstattungen wurden 1971 bereits über 24.000 Audi nach Amerika verschifft und die USA avancierten nach Italien zum zweitwichtigsten Exportmarkt. Dank der Einführung des Audi Fox (USA-Exportversion des neuen Audi 80) stieg der Anteil der in die USA gelieferten Fahrzeuge auf fast ein Viertel des Gesamtexports im Jahr 1973 mit 45.000 verkauften Autos.

Da fliegen die Funken: letzter Schliff im Karosseriebau des Neckarsulmer Werks.

Eine Audi 100 Karosserie geht baden: Wie allen Automobilen aus den Siebziger Jahren war auch dem Audi 100 kein sonderlich langes Autoleben beschert, trotz gründlicher Grundierung im Tauchbad. Die Karosserien bekamen derzeit noch keine Hohlraumkonservierung auf Wachsbasis ab Werk.

Was die Kapellen in Las Vegas können, konnten die fleißigen Arbeiter von Audi NSU schon lange: Hochzeiten im Akkord.

Links: Ab 1970 wurde der Audi 100 auch in Neckarsulm produziert. Wie man im Hintergrund sehen kann, teilte er sich das Endmontageband der Halle B16 mit dem NSU Ro 80.

Rechts: Die hohe Nachfrage aus Nordamerika sorgte für Auslastung der Produktion. Das Bild entstand 1976 in der Halle B16 des Neckarsulmer Audi Werks. In das Bild ragt bereits das Heck des Nachfolgers Typ 43.

Die erste Generation – Typ F104

Zulassungsvorschriften in den USA verlangen nach eigener Exportvariante

Vor gut 30 Jahren hatte jedes Exportland noch seine eigenen Zulassungsvorschriften, die von den Importeuren berücksichtigt werden mussten. Die US-amerikanischen Vorschriften in Sachen Emissionen und Sicherheit waren (und sind bis heute) aber so unterschiedlich zu denen in Deutschland (bzw. in Europa), dass die USA-Exportversionen im Vergleich zu den für den Heimatmarkt vorgesehenen Fahrzeugen seinerzeit besonders auffällig waren. Speziell seien hier die Scheinwerfer, die seitlichen Positionsleuchten („Side Marker") und die Stoßstangen erwähnt. Ein inzwischen aufgehobenes Gesetz schrieb den Herstellern den Verbau von normierten und standardisierten Scheinwerfern vor. Im Gegensatz zu den für den europäischen Markt vorgeschriebenen Scheinwerfern mit eingesteckter Lampe, wurde der Glühfaden in das Lampengehäuse fest und dicht eingegossen, daher auch die Bezeichnung „Sealed Beam". Bei einem Defekt musste stets der ganze Scheinwerfer ausgetauscht werden. Allerdings waren diese Standardteile kostengünstig in jedem größeren Supermarkt und an jeder Tankstelle erhältlich. Außerdem erübrigte sich so das Problem erblindeter Scheinwerfer.

Das ergab eine besonders schwierige Aufgabe für die Fahrzeugdesigner, die nur aus vier Standardgrößen, rund oder eckig, jeweils groß oder klein, wählen konnten und es mit teils größerem, teils kleinerem Erfolg schafften, die geforderten „Sealed Beam"-Scheinwerfer in das vorhandene Fahrzeugdesign zu integrieren. Beim Audi 100 gelang das gut. Man entschied sich für die kleine runde Variante und baute diese als Doppelscheinwerfer ein. Dies bescherte der Frontansicht des Audi 100 eine sportliche Note.

Die Stoßstangen der USA-Export-Version erhielten zunächst Stoßstangenhörner, um die gesetzlich vorgeschriebene Höhe zu erfüllen.

Rundum zufrieden, wie 91 % der Kunden: Frau Gruner aus München hält dem Audi 100 auch heute noch die Treue. Ihr Audi 100 LS wurde damals mit den optionalen Doppelscheinwerfern und Schiebedach bestellt.

Modellpflege 1971 und Wankel-Experimente

Zum Modelljahr 1971 wurden die Doppelscheinwerfer mit getrenntem Fern- und Abblendlicht des Audi 100 Coupé S als Option für die Limousine in Europa eingeführt. Dabei verbaute man auch eine verstärkte Drehstromlichtmaschine mit 770 statt 490 Watt und eine 54-Ah- statt einer 44-Ah-Batterie. Der Audi 100 LS war nun auch mit einem Dreigang-Automatikgetriebe erhältlich. Ende September 1971, also etwa drei Jahre nach Produktionsstart, lief bereits der viertelmillionste Audi 100 vom Band. Die Lieferfristen betrugen inzwischen mehrere Monate.

In der Technischen Entwicklung der Audi NSU Auto Union AG wurden inzwischen weitere Anstrengungen unternommen, um das Modellprogramm des Audi 100 zu ergänzen. Am 15. Januar 1971 wurde das Arbeitsprogramm für den EA 894, einen Audi 100 mit KKM 622 (KKM = Kreiskolbenmotor) samt Getriebeautomatik festgelegt. Zunächst baute man zwei Prototypen auf. Der Prototyp 1 sollte bis Ende Februar 1971 fertig gestellt werden und wurde wie folgt bestückt:

Motortyp 622 mit Vergaser und Luftfilter aus dem NSU Ro 80, der Getriebeautomat aus dem Audi 100 wurde mit abgeändertem Wandlergehäuse übernommen. Dafür mussten die Motoraufnahmen der Karosserie geändert werden. Als Kühler wurde ein geänderter Querstromwasserkühler aus dem Ro 80 verbaut, von dem aus eine Entlüftungsleitung in einen modifizierten Ausgleichsbehälter eines VW K70 führte. Die Gasbetätigung wurde auf den verbauten Horizontalvergaser abgestimmt. Der Stabilisator der Audi 100 Vorderachse wurde wieder verwendet, jedoch etwas tiefer liegend verbaut. Eine für den Wankelmotor angepasste Abgasanlage mit Reaktor wurde von der Firma Boysen entwickelt und angeliefert. Die elektrische Anlage rüstete man mit einer Thyristorzündung aus. Die Achslasten und Schwerpunkte dieses Prototyps wurden ermittelt und die Bremsanlage zunächst nur rechnerisch überprüft. In einem weiteren Schritt wurde diese schließlich mit dem inzwischen fahrfertigen Auto ausprobiert und optimiert.

Der Prototyp 2 entsprach dem Prototypen 1, jedoch wurden hier der Einbau einer Servolenkung, einer Klimaanlage und die Auslegung als Rechtslenker berücksichtigt. Außerdem erhielt dieser Prototyp 2 einen Fallstromvergaser. Nach der Spezifikation von Prototyp 2 wurden insgesamt zwei Fahrzeuge aufgebaut, das erste zum 31. März 1971, das zweite zum 15. April 1971.

Entwicklungsauftrag zur Umkonstruktion des Fahrwerks

Im Juli 1971 wurde der EA 845 gestartet, der folgende Entwicklungsaufträge enthielt: Bremsen außen an der Radnabe (statt innen liegend am Getriebe) und ein neues Schaltgetriebe mit Porsche- oder Borg-Warner-Synchronisierung. Die Vorteile der außen liegenden Bremse sind der Entfall der Verölungsgefahr am Getriebe, eine bessere Bremsenkühlung und eine erhebliche Produktionskostenersparnis von etwa 60,- bis 70,- DM pro Fahrzeug. Zudem erlaubte der nun mögliche negative Lenkrollradius die Diagonalaufteilung der Bremsanlage in zwei Bremskreise. Der Einsatz des Serienfahrzeugs war für Ende 1973 vorgesehen. Auch die Einführung des Audi 100 mit Wankel-Motor war auf diesen Zeitpunkt terminiert worden. Im Sommer 1971 wurde zudem eine Angleichung der Audi 100 Hinterachse an die des EA 838 (Audi 80) mit Schraubenfedern statt mit Drehstabfeder vorgeschlagen, da dies kostengünstiger ist.

Aus für den Wankelmotor im Audi 100

Einer der Audi 100 mit KKM 622 erreichte im August 1971 60.000 km Laufleistung. Bis dahin waren noch die Ölwanne, die Wasserpumpe und einige Antriebsteile geändert worden. Eigentlich sollte Anfang 1972 eine Dauererprobung gestartet werden. Doch dazu kam es nicht – das Projekt Audi 100 mit KKM 622 wurde am 2. Februar 1972 eingestellt. Der Wankelmotor konnte gegenüber dem Ottomotor im Audi 100 nicht überzeugen. Neue Abgasvorschriften machten beim Wankelmotor eine Abgasentgiftung notwendig, die schlechtere Fahrleistungen als beim Audi 100 LS bewirkten – sie lagen nur noch auf dem Niveau eines Audi 100 mit 85 PS. Erhebliche Investitionen wären also notwendig gewesen, geschätzte 22 Mio. DM für den Motor, plus weitere 50 Mio. DM für die Entwicklung und den Umbau des Fahrzeuges. Dies alles trug maßgeblich zur Ablehnung des Wankelmotors im Audi 100 bei, der auf der Habenseite lediglich eine bessere Akustik vorweisen konnte.

Neues Modellangebot ab Modelljahr 1972

Das Angebot des Audi 100 wurde zum Modelljahr 1972 neu strukturiert. Während der Audi 100 S mit 90 PS entfiel, wurde das Grundmodell Audi 100 durch eine Leistungssteigerung von 80 auf 85 PS und einem serienmäßigen Bremskraftverstärker nebst Gürtelreifen aufgewertet. Den vormals verchromten, aufwendigen Tankdeckel ersetzte man durch eine einfachere Variante, die dafür aber durch eine Tankklappe verdeckt war. Alle Motoren erfüllten nun die neuen europäischen Abgasvorschriften. Beim Audi 100 LS entfiel die bisher serienmäßige Mittelarmlehne im Fond. Als Sonderausstattungen war das Kurzstreckenpaket für 350,- DM mit Thyristor-Hochspannungs-Kondensatorzündung (für 190,- DM auch einzeln erhältlich) und innen belüfteten Scheibenbremsen vorne erhältlich, sowie ein Vinyldach, das die Zweifarbenlackierung mit schwarzem Dach ersetzte. Während des Modelljahres 1972 wurden die zwei Spritzdüsen für die Scheibenwaschanlage im Windlauf durch eine Düse ersetzt, die nun mittig zwischen den Lüftungsgittern in der Motorhaube platziert war.

Für sportliche Familienväter: der neue Audi 100 GL

Dem Wunsch vieler Kunden, den Coupé S-Motor auch in der Limousine ordern zu können, sollte mit einem neuen Spitzenmodell des Audi 100 entgegengekommen werden. Eigens dafür wurde der EA 857 beschlossen, der in den Pro-

Der 112 PS starke Motor aus dem Audi 100 Coupé S verhalf dem neuen Spitzenmodell Audi 100 GL zu sportlichen Fahrleistungen.

tokollen unter dem Decknamen „Anti-Mercedes" geführt wurde. Ende 1970 ging man noch von der Verkaufbezeichnung Audi 100 TS aus und war sich noch nicht einig darüber, mit welchen Merkmalen der EA 857 ausgestattet werden sollte. In Diskussion waren u. a. Rechteck- statt Doppelscheinwerfer, anthrazit lackierte Türschweller und die Verwendung des Coupé S-Lenkrades. Am 12. März 1971 verabschiedete man die serienmäßigen Ausstattungsumfänge und legte die endgültige Verkaufbezeichnung fest: Audi 100 GL. Per Definition steht das GL für „Grand Luxe". Der 1,9-Liter-Motor leistete 112 PS und beschleunigte die schnelle Reiselimousine auf von 0 auf 100 km/h in beachtlichen 10,8 Sekunden. Die Höchstgeschwindigkeit betrug 179 km/h. Äußerlich erkennbar war der GL gegenüber dem Audi 100 LS lediglich an den serienmäßigen Doppelscheinwerfern und dem Heckschriftzug. Im Innenraum

Den zweitürigen Audi 100 gab es in allen Motor- und Ausstattungsvarianten, vom Audi 100 bis zum Audi 100 GL, wie hier im Bild mit optionalem Vinyldach.

Die erste Generation – Typ F104

Die „Auto Zeitung" ermittelte bei einem Vergleichstest mit Mercedes 220 /8, Peugeot 504, Volvo 164 und BMW 2000 im November 1971 beim Audi 100 GL eine Höchstgeschwindigkeit von knapp 186 km/h. Die Konkurrenz konnte da nicht annähernd mithalten. Mit 175 km/h war der Peugeot noch einigermaßen dran, der Mercedes erreichte nur langweilige 164 km/h. Der Audi 100 GL gewann den Vergleich mit großem Vorsprung.

wurde das neue Topmodell großzügig aufgewertet und um teils aus dem Audi 100 Coupé S bekannte Ausstattungsmerkmale bereichert. Zum serienmäßigen Lieferumfang gehörten: Mittelkonsole mit Zeituhr, Radiofach und Aschenbecher, Knüppelschaltung, großer Drehzahlmesser, Intervallschaltung für den Scheibenwischer, hochwertige Cordvelours-Skai-Sitzbezüge, Mittelarmlehne im Fond und ein mit Nadelfilz ausgekleideter Kofferraum. Gegen Aufpreis war ein Dreigang-Automatikgetriebe lieferbar. Einen Vergleichstest im Fachmagazin „Auto Zeitung" (Heft 26/1971 und 1/1972) gewann der Audi 100 GL klar vor Mercedes 220, Peugeot 504, Volvo 144 und BMW 2000 (in Reihenfolge der Bewertung). Sein ausgewogener Kompromiss aus Leistung, Fahreigenschaften, Unterhaltskosten und Preiswürdigkeit verhalf dem Audi zum Sieg – nicht zuletzt deshalb, weil er sich keine großen Schwächen leistete. Einen weiteren Vergleichstest („mot", Heft 7/1973), unter anderem gegen den neuen BMW 520, gewann ebenfalls der Audi 100 GL. Die Neuerungen zum Modelljahr 1972 fasste „mot" (Heft 22/1971) wie

folgt zusammen: „Der Audi 100 mit 85 PS ist harmonisch motorisiert, auch als Reisewagen. Der Audi 100 LS ist weiterhin als starker Reisewagen empfehlenswert. Der neue Audi 100 GL ist schon mehr eine Sportlimousine, etwas härter und lauter. Die neue Modellstaffelung und ihre Detailausreifung sind einwandfrei marktgerecht."

Während des Modelljahres 1972, genau ab April 1972, war der Audi 100 LS zu einem Minderpreis von 120,- DM alternativ zum 100-PS-Motor auch mit 85 PS lieferbar. Beschlossen wurde dies bereits im Januar 1972. Die Neuheiten zum Modelljahr 1973 beschränkten sich auf eine neue Innenausstattungsfarbe namens „Flaschengrün". Die USA-Modelle bekamen größere Stoßstangenhörner.

Großes Facelift zum Modelljahr 1974

Die umfangreichsten Modellpflegemaßnahmen erhielt der Audi 100 ab August 1973 zum Modelljahr 1974. Ab 1. September 1973 galt in den USA ein neues

Die erste Generation – Typ F104

Die Dame lenkt ein wenig von den Neuerungen ab, die im August 1973 eingeführt wurden: abgeflachte Motorhaube, kantigere Kotflügel und Kühlergrill aus Kunststoff. Durch diese Modellpflegemaßnahmen wirkte der Audi 100 breiter.

Gesetz zur Ausführung von Stoßstangen. Die amerikanische Versicherungswirtschaft bewegte den Gesetzgeber zum Handeln, nachdem sie für Bagatellschäden, verursacht zum Beispiel durch Parkrempler, hohe Summen zu begleichen hatte. Nun musste ein Pkw einen Aufprall mit 5 mph (= 8 km/h) ohne Glasbruch (Scheinwerfer, Leuchten, Blinker) und ohne Rahmenschaden überstehen. Außerdem musste die äußere Kontur des Fahrzeuges nach wenigen Minuten wieder hergestellt sein. Das hieß, dass reversible Stoßstangen eingebaut werden mussten, die – meist an Pralldämpfern befestigt – nach dem Anprall wieder in ihre ursprüngliche Lage ausfedern mussten. Die verschärften Gesetze machten eine Verstärkung und Vergrößerung der Längsträger des Vorderwagens nötig, die dann auch in den europäischen Modellen verbaut wurden. Die alten Rahmen waren schlicht zu eng, um die Prall-

Letztes Modelljahr 1977 für den USA-Export. Während für Europa bereits der Typ 43 gebaut wurde, produzierte man für den Lagerbestand der Händler vor. Ab Modelljahr 1974 wurden die gesetzlich vorgeschriebenen, massiven Stoßstangen verbaut, die einen Aufprall bis 8 km/h abfedern mussten.

Die erste Generation – Typ F104

Rechts: Dieser Audi 100 LS Modelljahr 1974 hat schon die neue Hinterachse mit Schraubenfedern. Bei der Vorderachse blieb es (noch) beim Alten. Daher wird der 74er Audi 100 in der Szene als „Zwittermodell" bezeichnet.

Die leicht coupéhafte Dachlinie des Zweitürers passt ausgezeichnet zum etwas kantiger gestalteten neuen Vorderwagen ab Modelljahr 1974.

dämpfer für Nordamerika aufzunehmen. Notwendige Verstärkungen im Heckbereich – bestehend aus einem jeweils links und rechts eingeschweißten, stabilen Kastenprofil, das auch wieder Pralldämpfer für die wuchtigen Stoßstangen aufnimmt – fanden sich allerdings nur in für den USA-Export vorgesehenen Fahrzeugen. Ohne diese Modifikationen wären bei den geforderten 5 mph der Kofferraumboden und das Heckblech leicht eingeknickt. Nachweisen musste ein Hersteller die vorhandene Stabilität durch einen Pendelschlag. Dabei schlug ein Pendel mit 5 mph auf das stehende Auto.

Neben den vergrößerten und verstärkten Längsträgern, erhielt der Audi 100 ein neues Frontblech, eine abgeflachte Motorhaube und eckige Kotflügel. Der Kühlergrill und dessen Zierleisten nebst Audi Emblem waren aus Kunststoff und nicht mehr aus Metall gefertigt. Die Rechteckscheinwerfer erhielten ein neues Design, dadurch wirkte die Front etwas moderner, geduckter und breiter.

Das Heck wurde durch größere Rückleuchten mit Vorbereitung für eine gegen Aufpreis erhältliche Nebelschlussleuchte modernisiert. Bis dato war die Nebelschlussleuchte unterhalb der hinteren Stoßstange als Extra-Leuchte montiert. Neu war auch die Torsionskurbel-Hinterachse mit progressiven

Audi 100, Modelljahr 1974. Das Grundmodell musste weiterhin auf Radlaufchrom und eine umlaufende Zierleiste an der Gürtellinie verzichten.

Die optionalen Nebelscheinwerfer werteten das karge Audi 100 Grundmodell ein wenig auf.

Federbeinen, die den seither verbauten quer liegenden Drehstab ersetzten. Das bisher bemängelte Eintauchen des Hecks bei Beschleunigungsvorgängen, besonders in beladenem Zustand, war jetzt auf ein akzeptables Maß reduziert. Auch die Spurstabilität bei hohen Geschwindigkeiten hatte sich verbessert. Die ohnehin schon sehr geringe Empfindlichkeit bei Seitenwind wurde nochmals reduziert. Eine verfeinerte Motorlagerung reduzierte die Geräuschübertragung zum Innenraum. Ebenso wurde die Schaltrohrlagerung der nach wie vor aufpreispflichtigen Mittelschaltung für präzisere und leichtere Schaltvorgänge verbessert. Wisch-Intervallschaltung gehörte bei allen Audi 100 Modellen zur Serienausstattung, wie auch statische Sicherheitsgurte für Fahrer und Beifahrer, sowie einen Anschlussstecker für die Computerdiagnose. Als Sonderausstattung waren nun auch Klimaanlage und Servolenkung lieferbar, eine Notwendigkeit besonders für den USA-Export. Bei der Option Klimaanlage wurde ein geändertes Frontblech verbaut. Zur besseren Anströmung des Wasserkühlers und des Kondensators war es im Bereich zwischen Stoßstange und Kühlergrill nunmehr gelocht. Auf der linken Seite (Fahrerseite bei Linkslenkern) befand sich außerdem ein Kasten, der die zusätzlich gewonnene Kühlluft direkt auf die Kühler leitete. Zudem bekamen die Versionen mit Klimaanlage einen ca. 25 mm breiten Kunststoffspoiler unterhalb des abschraubbaren Windleitblechs montiert. Die USA-Export-Varianten erhielten übrigens grundsätzlich das gelochte Frontblech und den Spoiler, egal ob mit Klimaanlage ausgestattet oder nicht. Gegenüber der Europa-Version war es jedoch im Bereich der Längsträger zusätzlich großzügiger ausgeschnitten, damit die Pralldämpfer für die Stoßstange zur Verschraubung im Träger eingeschoben werden konnten.

Der Export nach Schweden machte es notwendig, den Audi 100 serienmäßig mit einer Scheinwerferreinigungsanlage auszustatten. Für Deutschland und andere europäische Märkte gab es diese ab sofort als Option gegen Mehrpreis.

Sondermodell Audi 100 Extra

Am 13. November 1973 wurde der Entschluss bezüglich eines Audi 100 Sondermodells gefasst, wobei man sich im Vertrieb zunächst noch nicht auf den Namen „Perfekt" oder „Extra" geeinigt hatte. Basis für dieses Sondermodell, das schließlich unter dem Namen „Audi 100 Extra" angeboten wurde, war das Audi 100 Grundmodell, welches mit folgenden Mehrausstattungen aufgewertet wurde:

- Beheizbare Heckscheibe
- Mittelschaltung
- Kopfstützen vorne
- Automatische Sicherheitsgurte
- H4-Scheinwerfer
- Radio
- Sonderfarben Coronagelb und Tibetorange
- Stoffbezüge des Audi 100 GL mit Skai-Umfassung
- Stahlgürtelreifen
- Frühere Radzierblenden des Audi 100 GL USA-Exportmodells (Design ähnlich mit dem Audi 100 Coupé S)
- Mittelablage
- Schweller und Seitenstreifen in schwarz
- Stoßstangen mit Rammschutz

Die Produktion des Audi 100 Extra wurde auf einen Zeitraum von Dezember 1973 bis 28. Februar 1974 limitiert. Insgesamt 6000 Einheiten, jeweils 3000 in gelb bzw. orange, und jeweils 2000 mit grünem und 1000 mit schwarzem Interieur, wurden gebaut.

Offizielle Ablehnung des Audi 100 als Cabrio

Nachdem die Karosseriebauer Karmann, Deutsch und Crayford den Audi 100 bereits als Cabrio interpretiert hatten, wurde ein offizielles Audi 100 Cabrio am 18. Juni 1974 grundsätzlich abgelehnt. Eigentlich schade, denn die offene Version des Audi 100 sah sehr attraktiv aus. Einen Monat später, im Juli 1974, wurden 100 Limousinen mit eingeklebter Front- und Heckscheibe im Versuch aufgebaut, um Erfahrungen mit dieser neuen Produktionstechnik für den Nachfolger Typ 43 zu sammeln. Diese Fahrzeuge gingen allerdings nicht in Kundenhand. Etwa zum gleichen Zeitpunkt wurde geprüft, ob der 1,6-Liter-Motor der Baureihe 827 mit 100 PS (verbaut im Audi 80 GT), den 1,8-Liter-Mitteldruckmotor im Audi 100 LS ab Modelljahr 1975 ablösen soll. Das Projekt wurde schließlich am 8. August aus Kapazitätsgründen eingestellt. Auch ein vertriebsseitig geforderter Audi 100 GL mit 85 PS für den Export nach Italien, wurde nicht umgesetzt. Im September wurde dagegen ein Sondermodell für den USA-Markt beschlossen, von dem ab Ende Mai 1975 etwa 2500 Fahrzeuge gebaut wurden – ausschließlich silbern lackiert.

Neue Vorderachse und ein neuer Motor ab Modelljahr 1975

Auch die Modifikationen zum Modelljahr 1975, die vom Vorstand am 9. Januar 1974 genehmigt wurden, waren erheblich. Während man die Hinterachse im letzten Modelljahr schon aktualisiert hatte, wurde nun auch die Vorderachse verbessert. Die Vorderachsgeometrie erhielt ab sofort den so genannten „negativen Lenkrollradius" aus dem Audi 80, der damit die Fahrwerkstechnik bei seiner Markteinführung im Jahr 1972 revolutioniert hatte. Die Ingenieure von Audi NSU hatten mit dieser neuartigen Achsgeometrie ein Fahrwerk nebst Bremsanlage entwickelt, die sowohl bei unterschiedlichen Haftwerten des Straßenbelags, als auch bei unterschiedlichen Reibwerten des Bremsbelags, ein Schiefziehen, Ausbrechen und Schleudern des Fahrzeuges weitgehend vermied. Bis dato war es im Fahrzeugbau üblich, Vorderachsen mit einem positiven Lenkrollradius zu versehen. In diesem Fall wird das stärker gebremste Rad (bedingt z. B. durch einseitig höhere Haftung auf der Straße) nach außen um die Lenkachse gedreht, was dazu führt, dass der Effekt des Gie-

Die erste Generation – Typ F104

rens durch Einlenken des Rades zur stärker gebremsten Seite noch verstärkt wird. Beim negativen Lenkrollradius ist das genau umgekehrt. Das stärker gebremste Rad dreht sich beim Bremsen nach innen um die Lenkachse, so dass ein ausgleichender Lenkeffekt zur schwächer gebremsten Seite des Fahrzeuges erfolgt. Das Fahrzeug stabilisiert sich quasi selbst, ohne dass dem Fahrer Gegenlenkmaßnahmen abverlangt werden müssten.

Die bisher innen am Getriebe liegenden Bremsscheiben wurden nun außen liegend, an der Radnabe und somit innerhalb der Radschüssel verbaut. Darüber hinaus wurde auch das aus dem Audi 80 bereits bewährte Diagonal-Zweikreis-Bremssystem eingeführt. Die Bremsanlage wurde in zwei Bremskreise aufgeteilt, wobei das linke Vorderrad mit dem rechten Hinterrad und das rechte Vorderrad mit dem linken Hinterrad verbunden war. Durch die kreuzweise Aufteilung wurde bei Ausfall eines Bremskreises eine stabile Abbremsung mit jeweils 50 % Bremswirkung an Vorder- und Hinterachse gewährleistet. Um ein Überbremsen der Hinterachse bei geringer Beladung zu vermeiden, wurde zusätzlich ein lastabhängiger Bremskraftverstärker eingebunden.

Im Motorenprogramm gab es auch Neuerungen. Der bisherige 1,8-Liter-OHV-Motor mit 85 PS, wurde durch ein modernes 1,6-Liter-Aggregat mit zahnriemengetriebener oben liegender Nockenwelle der neuen Baureihe 827 ersetzt. Premiere hatte diese Baureihe mit der Präsentation des Audi 80 im Sommer 1972. Dieses Aggregat trug mit dazu bei, dass der Volkswagen Konzern seine Existenz während der Krise zu Beginn der Siebziger Jahre wieder sichern konnte. Der Käfer (Typ 1) und seine engen Verwandten Volkswagen 1600 (Typ 3) und 411 bzw. dessen Nachfolger 412 (Typ 4) waren mit ihren luftgekühlten Boxermotoren damals schon länger nicht mehr konkurrenzfähig. Die Wettbewerber aus Italien und Frankreich boten neben moderneren Aggregaten auch noch pfiffigere Karosseriekonzepte, man denke zum Beispiel an den Renault 16 mit großer Heckklappe oder in der Kompaktklasse an den Fiat 127 mit quer eingebautem Motor und Frontantrieb. Mit dem neuen und sehr modernen 827-Aggregat war es nun möglich, die komplette Modellpalette des Volkswagenkonzerns nach dem Baukastenprinzip umzustellen. Nach der Einführung des Audi 80 im Jahr 1972 wurde der davon abgeleitete VW Passat im Jahr 1973 präsentiert, danach kamen 1974 der Scirocco, Golf und der bei Volkswagen in Wolfsburg gebaute Audi 50 hinzu, 1975 schließlich noch der auf Letzterem basierende VW Polo. Damit hatte Volkswagen wieder eine moderne und erfolgreiche Modellpalette.

Um die Dauerhaltbarkeit des neuen 1,6-Liter-Motors zu gewährleisten, sollte die Gesamtübersetzung um 7 % verlängert werden. Dies gelang durch die Kombination einer um 10 % längeren Getriebeübersetzung mit etwas kleineren Rädern im Format 155 SR 14 statt 165 SR 14. Gleichzeitig wechselte man von Textilgürtel- auf Stahlgürtelreifen – nur mit ihnen konnten annehmbare Reifenlaufzeiten gewährleistet werden. Gegenüber dem 1,8-Liter-Motor wurde die Anhängerlast reduziert. Der Audi 100 mit 1,6-Liter-Motor erhielt eine kleinere Batterie (36 statt 45 Ah), womit eine Kostenersparnis von 24,- DM pro hergestelltem Fahrzeug erreicht wurde. Eine 45-Ah-Batterie war nur bei Ausstattung mit einer heizbaren Heckscheibe und Nebelscheinwerfern vorgesehen, eine 54-Ah-Batterie nur bei der Bestellung von Doppelscheinwerfern.

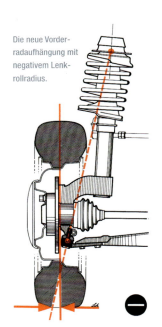

Die neue Vorderradaufhängung mit negativem Lenkrollradius.

Links: Das neue Basismodell Audi 100 L mit 85 PS ab Modelljahr 1975 in Marathon-metallic.

Oben: Modernisierung unter der Haube: Der neue 1,6-Liter-Vierzylinder der 827-Baureihe für den Audi 100 L und LS.

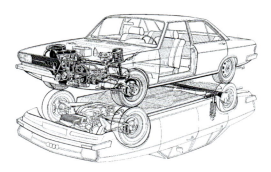

Links: Das Phantombild offenbart die technischen Neuerungen zum Modelljahr 1975: neuer 1,6-Liter-OHC-Motor und die neue Vorderachse mit außen liegenden Bremsscheiben und negativem Lenkrollradius. Die Hinterachse mit Federbeinen wurde bereits zum Modelljahr 1974 eingeführt.

Die erste Generation – Typ F104

Noch bevor das Studio 54 in New York und das Dorian Gray in Frankfurt ihre Pforten öffneten, waren der Audi 100 GL und die Lady bereits 1975 in bester Disco-Laune.

Die Option Klimaanlage (nur GL und Coupé S, sowie LS fuelinjection) war zwangskombiniert mit grün getönten Scheiben. Für USA-Exportfahrzeuge entfiel die Vorbereitung für einen nachträglichen Klimaanlageneinbau (M559), da diese jetzt nur noch ab Werk geliefert werden sollen. Die Kühlleistung der bisher nachgerüsteten „Hang On"-Anlagen war einfach zu schwach.

Äußerlich war der aktuelle Modelljahrgang sofort zu identifizieren. Bedingt durch die neue Achsgeometrie erhielt der Audi 100 neu gestaltete und zur besseren Kühlung der Bremsscheiben gelochte Stahlscheibenräder in silberner Farbe mit verchromtem Radzierdeckel. Die Stoßstangen waren nicht mehr in einem Teil bis um die Ecken herumgezogen, sondern erhielten analog der Modellpflege im gesamten Volkswagen-Konzern seitliche Kunststoffecken. Zwar hatten sie dadurch ihre vorherige Stabilität eingebüßt, waren aber leichter und kostengünstiger herzustellen. Dafür erhielten die seitlichen Zierleisten der Modelle LS und GL laut Vorstandsbeschluss vom 27. November 1973 eine schwarze Gummiauflage und es gab eine neue Farbpalette. Die gegen Aufpreis erhältlichen Nebelscheinwerfer von Hella erhielten ein modernisiertes Design, sind etwas eckiger und größer gehalten. Die bisher nur gegen Aufpreis erhältliche Knüppelschaltung war jetzt bei allen Modellen serienmäßig und ersetzten die Lenkradschaltung.

Einspritzmotoren für Nordamerika und Schweden

Darüber hinaus waren für die US-Versionen des Audi 100 erhebliche Änderungen im Motorenangebot notwendig, bedingt durch neue, sehr verschärfte Emissionsgesetze. Besonders der Bundesstaat Kalifornien, in dem etwa 25 % aller in die USA exportierten Audi 100 verkauft wurden, übernahm hier eine Vorreiterrolle, indem er die weltweit strengsten Abgasnormen festlegte. Das war auch bitter nötig. Los Angeles, direkt am Pazifik gelegen und im Osten von Bergen umgeben, ist regelrecht eingekesselt. Vielspurige Highways mit den kuriosesten Straßenführungen waren schon lange nicht mehr in der Lage, das Verkehrsaufkommen in den Stoßzeiten aufzunehmen. Ein öffentliches Nahverkehrsnetz, das Entlastung schaffen könnte, existierte nicht. Wer vom Highway 101 auf Los Angeles zu fährt, kann jeden Tag das erkennen, was als Kunstwort aus den Wörtern „Smoke" und „Fog" gebildet wurde: „Smog".

Die erste Generation – Typ F104

Die Stoßstangen und Felgen weisen diesen bananagelben Audi 100 LS Zweitürer als Modelljahr 1975 aus.

Ab 1975 mussten demnach so strenge Abgasgrenzwerte eingehalten werden, dass Einspritzanlagen vielfach den Vergaser als Gemischaufbereitungssystem ablösten. Außerdem wurden die ersten Katalysatoren eingesetzt. Die „Federal Test Procedure" des Jahres 1975, kurz FTP 75, gibt einen festgelegten Fahrzyklus vor, der auf einem Rollenprüfstand im Abgaslabor abgefahren werden muss. Die Abgasemissionen werden in Beuteln aufgefangen, analysiert und müssen am Ende unter den festgelegten Grenzwerten liegen. Darüber hinaus wird bei diesem Test auch der Kraftstoffverbrauch ermittelt. Wird die gesetzlich vorgeschriebene Reichweite pro Gallone nicht erreicht, ist beim Kauf eines betreffenden Autos ein Strafsteuersatz zu entrichten, die so genannte „Gas Guzzler Tax" (frei übersetzt: „Benzinschlucker-Steuer").

Neben diesen technischen Neuerungen am Audi 100 wurden auch seitens des US-Importeurs Änderungen verlangt, die prompt umgesetzt wurden. So forderte die Vertriebsabteilung von Audi of America in der Modellbezeichnung einen deutlichen Hinweis auf die nun vorhandene K-Jetronic-Benzineinspritzung, so dass der Audi 100 ein Emblem mit dem Zusatz „fuelinjection" auf dem Kofferraumdeckel bekam. Dafür entfiel der Schriftzug „Automatic". Außerdem wurde der Innenraum durch die Verwendung der Stoffbezüge des Audi 100 GL, eine serienmäßige hintere Mittelarmlehne und einen höherwertigen Teppich aufgewertet. Die Motorhaube wurde fortan durch eine Gasfeder offen gehalten, wie beim Audi 100 Coupé S. US-Touristen, die sich ihren neuen Audi in Deutschland abholen wollten, um mit ihrem Neuwagen zunächst Europa zu bereisen, erhielten den Audi 100 LS fuelinjection zunächst ohne Katalysator, da in der Bundesrepublik der notwendige bleifreie Kraftstoff nicht zur Verfügung stand. Es wurde ein Zwischenrohr verbaut, das später durch den Katalysator ersetzt wurde. Für die Kalifornien-Ausführung wurde ein Meilenzählwerk zum Katalysatorwechsel erforderlich, um die Abgasvorschriften der CARB (Californian Air Resources Board, der Umweltbehörde des Bundesstaates Kalifornien) zu erfüllen. Der Forderung seitens Audi of America, den Audi 100 LS fuelinjection mit Reifen der Dimension 175 SR 14 auszurüsten, wiurde jedoch nicht entsprochen.

Ursprünglich sollten die Modellpflegemaßnahmen am Audi 100 noch umfangreicher ausfallen. Nicht in die Serie umgesetzt wurde Folgendes:

- Höhenverstellbarer Fahrersitz zum Aufpreis von etwa 120,- DM; bei diesem Aufpreis erwartete man jedoch eine zu geringe Nachfrage
- Innenverstellbarer Außenspiegel
- Radio Blaupunkt „Essen" oder Grundig „WK 4002"
- Optionale Hohlraumversiegelung für 80,- DM
- Blende an der C-Säule, Fenstersteige in schwarz
- Neue Mittelkonsole mit geändertem Design
- Aufnahmen für Feuerlöscher und Verbandskasten als M-Ausstattung gegen Aufpreis
- Leichtmetallräder (gab es dann erst ab Modelljahr 1976)
- Verklebte Windschutzscheibe und Heckscheibe
- Größerer Innenspiegel an Windschutzscheibe geklebt
- Verwendung eines Lenkrades mit kleinerem Durchmesser bei Bestellung der Servolenkung

Modellauslauf 1976

Letzte Modellpflegemaßnahmen erhielt der Audi 100 F104 im September 1975 für das Modelljahr 1976. Deren Umfang wurde bereits am 10. Juli 1974 diskutiert.

Wegen verschärfter Abgasbestimmungen wurden Änderungen am Vergaser vorgenommen. Darüber hinaus wurde ein neues Automatikgetriebe verbaut, der Innenraum wurde durch ein umschäumtes Lenkrad aufgewertet und der Kunde konnte sich über eine erweiterte Garantie von einem Jahr ohne Kilometerbegrenzung freuen. Ein neues aufpreispflichtiges Extra waren gegossene Leichtmetallräder der Dimension 5½ x 14 Zoll. Ihr Design entsprach schon dem wie sie auch am Nachfolgemodell Typ 43 verwendet wurden, dort allerdings im Format 6 x 14 Zoll. Auf der Internationalen Automobilausstellung in Frankfurt am Main im Jahr 1975 wurde ein Audi 100 GL mit diesem Leichtmetallrad gezeigt.

Auch für das Modelljahr 1976 gab es reichlich Ideen zur weiteren Modellpflege, die letztendlich dann doch nicht umgesetzt wurden, wie auch den Vorschlag der Abteilung Technischen Entwicklung, den Audi 100 GL serienmäßig mit einem Radio auszurüsten. Nachdem der Vorstand im März 1974 beschlossen hatte, in den EA 806 mit Mitteldruckmotor keine weiteren Investitionen zu stecken, verabschiedete man am 15. Oktober 1974 den EA 831 (2,0-Liter-

Vierzylinder mit oben liegender Nockenwelle) als neue Triebwerksausstattung für den Audi 100 mit Einsatzbeginn im August 1975. Damit der Motor in den Vorderwagen passte, hatte man schon ab Modelljahr 1974 den Schlossträger des Frontbleches mit einer Ausbeulung versehen. Am 29. Oktober 1974 trug Ferdinand Piëch dem Vorstand vor und wies darauf hin, dass für 700.000,- DM weitere Änderungen am Vorderwagen notwendig seien, noch keine Entwicklungen auf der Ansaug- und Abgasseite vorgenommen worden seien und außerdem der anvisierte Termin nicht einzuhalten sei. So wurde der EA 831 dann schließlich doch nicht im Audi 100 der ersten Generation eingesetzt.

Da bei den Lieferanten noch erhebliche Stoffmengen vorrätig waren, wurden auch von neuen Innenraumfarben Abstand genommen. Ein von innen verstellbarer Außenspiegel konnte laut Aussage der Technischen Entwicklung nicht verwirklicht werden, da der Fenstersteg in den Vordertüren das Sichtfeld zum Spiegel teilte.

Die US-Export-Version erhielt einen nochmals geänderten „fuelinjection"-Schriftzug, der jetzt als separates Emblem unter „100 LS" geklebt wurde, sowie eine erweiterte Serienausstattung, die Servolenkung, grün getönte Verglasung rundum, Ausstellfenster und Sitzbezüge in Samtvelours umfasste. Dies führte insgesamt zu einer Herstellkostenerhöhung um 565,- DM pro Fahrzeug. Für Kanada und USA entfiel der Diagnosestecker im Motorraum, da die Händler nicht mit den notwendigen Diagnoseständen ausgerüstet waren.

Auf Basis des Audi 100 GL gab es als Rechtslenker für Großbritannien ein Sondermodell namens Audi 100 SE Automatic. Äußerlich erkennbar war diese kuriose Ausführung an den wuchtigen USA-Stoßfängern, die hier aber nicht an Pralldämpfern montiert waren, sondern an herkömmlichen Haltern aus Stahl. Aus diesem Grund standen diese dann auch nicht ganz so weit von der Karosserie ab, wie bei den USA-Versionen. Über das GL-Paket hinaus wurde der Audi 100 SE Automatic serienmäßig mit Kopfstützen im Fond, Schiebedach, Vinyldach, grüner Wärmeschutzverglasung und Ausstellfenstern ausge-

liefert. Zur Wahl standen die vier Metalliclackierungen Atlantic, Marathon, Malachit und Titan. Selbstbewusst wurde dieses Auto als Alternative in der 3-Liter-Klasse angepriesen; die Bezeichnung „SE" war eine Anspielung auf die S-Klasse von Mercedes-Benz, wenngleich man eher den in Großbritannien sehr erfolgreichen Ford Granada als Wettbewerber im Auge hatte. Der Importeur argumentierte mit der luxuriösen Ausstattung und guten Fahrleistungen bei – verglichen mit der 3-Liter-Klasse – besserer Wirtschaftlichkeit.

Während der Audi 100 der ersten Generation mit dem Modelljahr 1976 auslief, gab es für den USA-Export noch Fahrzeuge des Modelljahres 1977, die noch einige Zeit weiter gebaut wurden.

Der Erfolg des Audi 100 mit 827.474 produzierten Exemplaren, darunter auch 30.687 Audi 100 Coupé S, gab Dr. Ludwig Kraus am Ende Recht. Es bleibt fraglos festzuhalten, dass der Fortbestand der Marke Audi ohne dieses Modell und dessen hervorragende Kundenresonanz stark gefährdet gewesen wäre. Während der erste Audi 100 einfach nur das Überleben der Firma sicherte, trugen die nächsten Modellgenerationen dieser Baureihe durch ihre technischen Innovationen und ihr stetig steigendes Qualitätsniveau dazu bei, dass Audi heute ein anerkannter Hersteller von Automobilen im Premiumsegment ist.

Oben: Nach acht Jahren Produktionszeit verabschiedete sich der Audi 100 der ersten Generation. Er war ein großer Erfolg und sicherte die Zukunft vieler Audi Mitarbeiter.

Links: Audi 100 SE für Großbritannien. Eine großzügige Ausstattung und USA-Stoßstangen kennzeichnen dieses seltene Sondermodell.

Die erste Generation – Typ F104

Audi 100 Coupé S

Die Kiesgrube mag so gar nicht zu dem italienisch anmutenden Design des Audi 100 Coupé S passen.

Nachdem die Audi 100 Limousine von der Konzernmutter Volkswagen genehmigt worden war, veranlasste Dr. Ludwig Kraus die Entwicklung des Audi 100 Coupé S. Es war sein persönlicher Wunsch, auch ein sportliches Coupé in der Audi Modellpalette zu haben. Die harmonische Front der Audi 100 Limousine machte es den Stylisten der Auto Union GmbH um Hartmut Warkuß nicht besonders schwer, daraus eine Coupé-Variante zu entwickeln. So konnte der Vorderwagen bis zu den A-Säulen beibehalten werden. Um sportlichere Proportionen zu erlangen, wurden Letztere aber etwas weiter nach hinten geneigt. So konnten eine flachere Windschutzscheibe und ein niedrigeres Dach realisiert werden. Zudem wurde der Radstand von 2675 mm bei der Limousine um 115 mm auf 2560 mm reduziert. Auch der hintere Überhang wurde gekappt, so dass das Coupé mit 4398 mm um 227 mm kürzer war als der Audi 100 LS (4625 mm), der bis dato noch die Topvariante des Audi 100 Modellprogramms darstellte. Der Aufwand für diese Modifikationen war erheblich, schließlich musste ein Großteil der Karosserie neu konstruiert werden. Trotzdem achtete man darauf, das Audi 100 Coupé S möglichst wirtschaftlich fertigen zu können. Die Türen waren identisch mit der zweitürigen Audi 100 Limousine (mit Ausnahme des geschraubten Fensterrahmens, siehe voriges Kapitel) und die kürzere Bodengruppe des Fahrgastraums konnte im selben Werkzeug wie für die Bodengruppe der Audi 100 Limousine gepresst werden. Auch der Kofferraumboden entsprach dem der Limousine, beim Coupé wurde jedoch der hintere Teil einfach nach oben abgewinkelt, um auch diesen zu verkürzen. Der hohe Aufwand für geänderte A-Säulen, verkürzte Schweller und Bodengruppe, neues Dach und ein komplett neues Heck lohnte sich aber – das Coupé S wurde ein bildschönes Auto, dessen Gestaltung durchaus einem italienischen Designer hätte zugeschrieben werden können!

Die erste Generation – Typ F104

Aufbau erster Prototypen

Vorgestellt wurde das Audi 100 Coupé S auf der Internationalen Automobil Ausstellung in Frankfurt am Main im September 1969. Der Messeauftritt wurde in der Stilhalle in Ingolstadt genau vorbereitet und die Ausleuchtung für den Ausstellungswagen, der auf einer Drehscheibe positioniert werden sollte, perfektioniert. Ludwig Kraus ordnete an, dass die Leuchtmittel an den Schmalseiten des Wagens (Front und Heck) mit einer blauen Tönung versehen werden, damit der Chromzierrat unterstrichen wird. Die Pressebilder für die Pressemappe wurden am 2. Juli 1969 gemacht. Diese Bilder sind ein wahres Kuriosum. Sie sind stark retuschiert und zeigen etliche Details, die später nicht umgesetzt worden sind. Die Bilder zeigten z.B. ein orangefarbenes Coupé mit dem Kennzeichen IN-M 013 mit einflutigem Endrohr der Abgasanlage, grünen Kunstledersitzen ohne Kopfstützen, schmaler Zierleiste auf den Gummiprofilen der Stoßstangen, in Wagenfarbe lackierten Kiemen an der C-Säule, Sportfelgen (siehe Erläuterung dazu weiter unten), silbernen Applikationen am Armaturenbrett (statt Holzfurnier) und einer anderen Prallplatte für das Lenkrad. Auf den Pressebildern war auch ein weißes Coupé zu sehen, ebenfalls mit dem Kennzeichen IN-M 013, das schon etwas aktueller anmutete. Es zeigte schon die Radzierblenden aus Edelstahl, wobei die weiß hinterlegten Audi Ringe in der Mitte noch fehlten. Die Chromleisten auf den Gummiprofilen der Stoßstangen waren verschwunden und die serienmäßigen Kopfstützen wurden in das Bild retuschiert. Die Kiemen der C-Säule waren aber auch hier in Wagenfarbe lackiert.

Markteinführung im Oktober 1970

Bis zur Markteinführung verging schließlich noch über ein Jahr. Die ersten Audi 100 Coupé S waren am 31. Oktober 1970 bei den Händlern zu besichtigen. Das Styling kam beim Zielpublikum sehr gut an, 81 % beurteilten die äußere Form als auffallend schön und sehr schön, lediglich 7 % empfanden das Coupé als weniger schön. Dies ergab eine Einführungstag-Studie, die im Auftrag des Audi NSU Marketing erhoben wurde. Die Vorteile des Wagens sahen dann auch die meisten Befragten im Styling (46 %) und der opulenten Ausstattung (37 %). Lediglich 6 % vermissten einen 6-Zylinder-Motor. Kritik gab es jedoch an der Preisgestaltung. 23 % der Befragten empfanden den Preis als zu hoch und rund die Hälfte, genau 53 %, fanden den Preis zwar als hoch, aber noch vertretbar. Schlüssig dazu sind auch die Angaben der möglichen Wettbewerbsmarken: 38 % nennen Opel als den größten Wettbewerber, gefolgt von BMW (25 %), Ford (24 %) und Mercedes (14 %). Als direkte Konkurrenten werden seitens des Publikums genannt (in Reihenfolge der Nennungen): Opel Commodore, BMW 2002, Opel GT, Opel Manta und Ford Capri. Gegenüber diesen hauptsächlichen Wettbewerbern fanden 29 % das Audi 100 Coupé S überlegen und 39 % sahen darin ein gleichwertiges Angebot. Hier wurde vor allem die komfortable und großzügige Ausstattung in Betracht gezogen, sowie das elegante Styling. Als wesentlichster Nachteil gegenüber der Konkurrenz wurde stets der hohe Preis genannt – sicher der Hauptgrund, warum das Audi 100 Coupé S am Ende kein Bestseller wurde.

Oben: Audi 100 Coupé S in der Stilhalle der Abteilung Formgestaltung, wie es damals noch hieß, in Ingolstadt. Statt der Doppelscheinwerfer hat dieses Modell die Rechteckscheinwerfer und Radkappen des Audi 100 LS. Die Stoßstangen sind schon weiter um die Ecken herumgezogen, aber insgesamt noch zu breit. Der Stoßstangengummi weist noch eine dezente Chromleiste auf.

Unten: Zur kraftvollen Betonung bekam die Schulterlinie einen ausgeprägten Hüftschwung, der für das Serienmodell dann aber etwas reduziert wurde. Den Entlüftungsgittern an der C-Säule fehlt noch die fünfte Kieme und die Abgasanlage hat noch ein einfaches Endrohr. Auf einen Namen für das schnittige Coupé hatte man sich 1968 noch nicht geeinigt. Der Heckdeckel weist noch den Namen Audi GT aus.

Das Fahrwerk wird sportlicher abgestimmt

Da das Fahrwerk des Audi 100 durchaus sportliche Fahreigenschaften aufwies, war es nicht notwendig, hier etwas völlig Neues zu entwickeln. Man konzentrierte sich statt dessen auf Detailverbesserungen, um es dem Charakter des Wagens und den gestiegenen Fahrleistungen anzupassen. Um höhere Kurvengeschwindigkeiten zu erzielen, wurden Reifen der Dimension 185/70 HR 14 auf 5 Zoll breiten Stahlfelgen verbaut, die mit einer Edelstahlblende verziert sind. Damit einher ging auch eine Spurverbreiterung. Federung und Dämpfung passte man ebenso wie die Lenkung und die Vorderachskinematik an. Die Bremsanlage zeichnete sich an der Vorderachse durch 4-Kolben-Bremssättel und innenbelüftete Scheiben aus. Das Ergebnis dieser

Die erste Generation – Typ F104

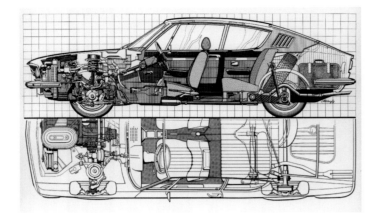

Oben: Basis für die Entwicklung des Audi 100 Coupé S war der Audi 100 LS. Viele technische Details wurden übernommen, aber verfeinert. Man erkennt gut die bis August 1974 verbauten, innen liegenden Bremsscheiben vorne, die drehstabgefederte Hinterachse und das für ein Coupé riesige Kofferraumvolumen.

Mitte: Der große Luftfilterkasten verdeckt die zwei Vergaser, die es nur im Modelljahr 1971 gab.

Unten: Dank des Doppelvergasers und der Hubraumerhöhung auf 1,9 Liter kitzelten die Audi Ingenieure weitere 15 PS aus dem Aggregat des Audi 100 LS.

Änderungen brauchte den Vergleich mit der etablierten Mittelklasse nicht zu scheuen. Das Fahrverhalten des Audi 100 Coupé S war in allen Situationen sicher und gut beherrschbar. In schnell gefahrenen Kurven neigte das Auto, typisch für den Frontantrieb, zum Untersteuern. Bei Gaswegnahme schob es nur ganz sanft zum Kurvenaußenrand. Bei Gaswegnahme hatte man die Untersteuerreaktion aber wieder leicht im Griff und das Coupé S ließ sich sicher durch Kurven ziehen.

Mehr Hubraum und Gemischbildung in einem Doppelvergaser

Basistriebwerk des Coupé S war der Motor aus dem Audi 100 LS mit 1760 cm³ und 100 PS. Aufgrund verbesserter Technik in der Gießerei wurde es nun möglich, die Zylinderbohrung von 81,5 auf 84 mm zu erhöhen. Der Hub blieb mit 84,4 mm identisch, so dass sich für den Vierzylinder ein Hubvolumen von 1871 cm³ ergab. Die Wandstärke der Zylinder blieb gleich, man reduzierte jedoch den Querschnitt der Wasserkanäle. Durch das Aufbohren des Aggregats ersparte man sich hohe Investitionskosten für einen neuen Motor. Ebenfalls der Leistungsoptimierung diente eine Vergrößerung des Ventilhubs sowie des Einlassquerschnitts, die Gemischaufbereitung übernahmen zunächst zwei Solex-Registervergaser.

Der rote Bereich des serienmäßigen Drehzahlmessers beginnt zwar schon bei 5950/min, jedoch verkraftet der Motor kurzzeitig Drehzahlen bis 6700/min. Ein Ausdrehen im zweiten Gang bis knapp über 100 km/h ist somit möglich und bescherte dem Audi 100 Coupé S im Vergleich mit der damaligen Mittelklasse überlegene Fahrleistungen. „auto motor und sport" stellte in einem ersten Test des Audi 100 Coupé S in Heft 2/1971 fest: „… dass das Audi Coupé auf der Autobahn viel Überholprestige genießt – oft wird man schneller vorbeigelassen, als man überhaupt wollte." Das Fachmagazin ermittelte eine Beschleunigung von 0 auf 100 km/h in 10,6 s und eine Höchstgeschwindigkeit von 186,5 km/h. Erheblich zu diesen guten Fahrleistungen trug auch das geringe Leergewicht von lediglich 1100 kg bei.

Liebevolle Details beim Design

Das schon bei der Limousine gute Lüftungs- und Heizungskonzept wurde übernommen, jedoch nicht ohne es weiter zu perfektionieren. Die Kiemen an den C-Säulen waren nicht nur ein wichtiges Stylingelement der Karosserie, sie dienten in der Tat auch der Innenraumentlüftung. Weitere charakteristische Stylingelemente waren das um die Rückleuchten herum eingezogene Heckabschlussblech und das Doppelendrohr der Abgasanlage. Zudem erhielten die Stoßstangen eine neue Form und reichten bis an die Radausschnitte heran. Durch diesen optischen Trick wirkten sie eleganter und zierlicher, obwohl sie es in ihrer Dimension gar nicht waren. Serienmäßig waren die verchromten Stoßstangen mit einer Stoßleiste aus Gummi belegt.

Damit ein Heckklappenschloss nicht die harmonische Heckansicht störte, wurde der Kofferraumdeckel über einen an der B-Säule befindlichen Hebel

Die erste Generation – Typ F104

Damals fuhr man noch gerne zur Tankstelle. Das Benzin war billiger und der Service war besser. „auto motor und sport" hat es irgendwie geschafft, einen Testverbrauch von 14,4 l/100 km beim ersten Test im Januar 1971 zu ermitteln. Offensichtlich hat es den Testern aus Stuttgart Spaß gemacht, ordentlich auf das Gas zu treten.

Die erste Generation – Typ F104

Links: Aston Martin DBS Vantage, Maserati Ghibli und Fiat Dino. Das Audi 100 Coupé S kann nicht leugnen, dass es Vorbilder hatte. Die Form ist aber eigenständig genug, um nicht als Kopie zu wirken.

Oben: Mit einer Höchstgeschwindigkeit von 185 km/h war das Revier des Audi 100 Coupé S die linke Autobahnspur. Neben den überzeugenden Fahrleistungen gaben auch die Doppelscheinwerfer das nötige Überholprestige.

Rechte Seite: Dank des großen Kofferraumvolumens eignete sich das neue Coupé auch als Reisewagen für zwei Personen.

entriegelt. Unglücklicherweise war dieser sowohl bei der Links- als auch bei der Rechtslenker-Variante stets auf der linken Seite positioniert. Ergo mussten die Fahrer eines Rechtslenkers um das Auto herumlaufen und die Beifahrertür öffnen, um schließlich an den Entriegelungshebel heran zu kommen... Dieser offensichtliche Missstand sollte immer wieder beseitigt werden, jedoch entschied man sich bereits im November 1972 aus Kostengründen endgültig dafür, es bei der unpraktischen Lösung zu belassen. Nebenbei sei übrigens erwähnt, dass sich die Entriegelung der Fronthaube auch immer an der linken A-Säule befand. Ganz und gar untypisch für ein Coupé, aber eben typisch für einen Audi 100, war das sehr großzügige Kofferraumvolumen von 500 Litern.

Um eine mit der Karosserie bündige Frontscheibe zu realisieren, machte man schon sehr früh Versuche, die Scheibe einzukleben. Dieses Vorhaben wurde auch als mögliche spätere Modellpflege für die Audi 100 Limousine vorgesehen, jedoch bei beiden Karosserievarianten letztlich nicht umgesetzt. Ebenfalls nicht in die Serie übernommen wurde ein für die Frontklappe gedachter „Auto Union"-Schriftzug und der auf frühen Prototypenbildern zu sehende Schriftzug „GT" auf dem Heckdeckel.

Festlegung des Modellprogramms

In einem Protokoll vom 2. Juli 1969 stellte man das Modellprogramm des Audi 100 Coupé S vor, es sollte zwei Varianten geben:

1.) Normaltyp: Rechteckscheinwerfer, Sitzbezüge, 100-PS-Motor und weitere Ausstattungselemente vom Audi 100 LS, aber serienmäßige Knüppelschaltung;

2.) L-Typ: Doppelscheinwerfer und gehobene Ausführung der Innenausstattung mit hochwertigeren Sitzen, Türverkleidungen, Lenkrad, Armaturen mit Drehzahlmesser, Mittelkonsole mit Zusatzinstrumenten und einem leistungsgesteigerten Motor.

Zu diesem Zeitpunkt legte man sich auch auf das Design der Räder fest. Neben der hier letztlich umgesetzten Variante einer Stahlfelge mit sportlicher Radzierblende aus Edelstahl, verfolgte man auch die Idee einer Sportfelge.

Am 15. Juli 1969 konkretisierte man die Modellbezeichnungen der beiden Varianten.

Die erste Generation – Typ F104

Der Normaltyp sollte unter der Bezeichnung „Audi 100 Coupé" und der L-Typ als „Audi 100 Coupé S" angeboten werden. Ferner wurde entschieden, aus Kapazitätsgründen zunächst das gehobene Audi 100 Coupé S-Modell anzubieten. Letztendlich blieb es bei diesem einen Modell, die vorgesehene Basisversion verwarf man wenig später. Die Ausstattung des schnittigen Coupés war großzügig: Verbundglas-Windschutzscheibe, Halogen-Doppelscheinwerfer, Drehzahlmesser, Mittelkonsole, heizbare Heckscheibe, Kopfstützen und ein um 40 mm höhenverstellbares Lenkrad gehörten zum serienmäßigen Lieferumfang. Gegen Aufpreis ließ sich das Audi 100 Coupé S unter anderem noch um ein Stahlschiebedach, mit grüner Colorverglasung oder Nebelscheinwerfern aufwerten. Der Einstiegspreis bei Markteinführung im Jahr 1970 lag für den zunächst ausschließlich erhältlichen Handschalter bei 14.400,- DM und damit deutlich über dem bis dato erhältlichen Topmodell der Audi 100 Baureihe, dem Audi 100 LS (als Handschalter 10.890,- DM). Das Audi 100 Coupé S mit Automatikgetriebe wurde erst ab Oktober 1971 eingeführt, zum Preis von 15.600,- DM.

Modellpflege beim Audi 100 Coupé S

Die Modellpflegemaßnahmen entsprachen weitgehend jenen der Limousine, daher wird in diesem Kapitel nicht mehr so detailliert auf sie eingegangen. Aufgrund schärferer Abgasbestimmungen musste ab Modelljahr 1972 auf den Doppelvergaser verzichtet werden. Fortan übernahm ein einzelner Registervergaser vom Typ Solex 32/35 TDID die Gemischaufbereitung, wodurch die Motorleistung von ursprünglichen 115 auf 112 PS sank. Dafür stand jedoch geringfügig mehr Drehmoment und dies schon bei 3500 und nicht erst bei 4000/min zur Verfügung wie bei der Doppelvergaservariante. Ein weiterer Vorteil für den Kunden war, dass sich der Kraftstoffverbrauch verringerte und die Wartungskosten durch den einfacher einzustellenden Einzelvergaser günstiger ausfielen. Dieser Motor wurde schließlich auch im Audi 100 GL angeboten, wie bereits im vorherigen Kapitel erwähnt.

Der Modelljahrgang 1974 bescherte dem Audi 100 Coupé S analog zur Audi 100 Limousine den neuen crashoptimierten Vorderwagen samt neuer Gestaltung der Frontansicht, sowie die neue Hinterachse. Die Rückleuchten wurden beim Coupé beibehalten, so dass die optionale Nebelschlussleuch-

Die erste Generation – Typ F104

Analog zur Limousine bekam auch das Audi 100 Coupé S den neuen Vorderwagen und die neue Hinterachse zum Modelljahr 1974. Klimaanlage und Servolenkung erweiterten das Sonderausstattungsprogramm. Die abgebildete Farbe Coronagelb gab es nur noch bis zum Sommer 1974.

Mit einem höhenverstellbaren Lenkrad in neuem Design, Drehzahlmesser und serienmäßiger Mittelkonsole überzeugte das Audi 100 Coupé S auch mit inneren Werten.

Tibetorange war eine begehrte Farbe bis zum Facelift zum Modelljahr 1974. Der verchromte Tankdeckel blieb über alle Modelljahre erhalten.

te nicht in das Rücklichtglas integriert werden konnte und nach wie vor links unter der hinteren Stoßstange montiert war.

Die Umstellung der Vorderachsgeometrie auf negativen Lenkrollradius zum Modelljahr 1975 machte auch hier den Einsatz der neuen Stahlfelgen notwendig, die beim Coupé S allerdings zweifarbig lackiert waren – der Radkranz in Dunkelgrau mit silberfarbenem Felgenrand. Der Radzierdeckel erhielt drei Mal den „Audi"-Schriftzug. Es ist wirklich erstaunlich, wie überzeugend die Linienführung der Karosserie gelungen war, während die Gestaltung der Felgen überaus einfallslos geriet. Abhilfe schufen hier nur die ab 1975 angebotenen optionalen Leichtmetallräder, die allerdings ob ihres hohen Aufpreises nur selten geordert wurden. Eine Klimaanlage und Servolenkung waren ab Modelljahr 1974 neue Optionen des Sonderausstattungsprogramms.

Auslauf der Produktion 1976

Im Sommer 1976 lief das letzte Audi 100 Coupé S vom Fertigungsband der Halle B16 im Werk Neckarsulm. Insgesamt 30.687 Exemplare wurden produziert. Heute ist das Audi 100 Coupé S ein wertvolles Liebhaberobjekt geworden, für das in gutem und originalem Zustand inzwischen Preise aufgerufen werden, die den damaligen Neupreis deutlich übersteigen. Der letzte Listenpreis, gültig ab März 1976, betrug 19.365,- DM.

Die Behauptung, dass das Audi 100 Coupé S bis 1980, dem Zeitpunkt der Vorstellung des Audi Coupé auf B2-Basis (Audi 80), ohne Nachfolger blieb, ist nicht ganz korrekt, wenn man die damaligen Produktplanungen des VW-Konzerns betrachtet. Porsche entwickelte im Auftrag von Rudolf Leiding bereits einen Sportwagen in Transaxle-Bauweise (Motor vorne, Getriebe mit Differenzial an der Hinterachse). Als schließlich das auf dem VW Golf basierende Coupé Scirocco im Endstadium seiner Entwicklung stand, sollte der Transaxle-Sportwagen als Audi vermarktet werden. Doch der VW-Konzern

Die erste Generation – Typ F104

Das Audi 100 Coupé S von Autor Andreas Bauditz ist mit den ab 1975 gegen Mehrpreis lieferbaren Leichtmetallrädern ausgestattet. Das Design der Felgen übernahm man auch beim Nachfolger Typ 43, jedoch nicht als 5 ½ Zoll Felge, sondern 6 Zoll breit. Die Farbe Malachitmetallic gab es nur im Farbenprogramm 1975/1976 und steht dem Neckarsulmer ausgezeichnet.

Die neuen zweifarbigen Stahlfelgen kennzeichneten die Modelle ab August 1974. Das schnittige Coupé hätte schönere Räder verdient. Das abgebildete Bananagelb war zusammen mit Cadizorange und Signalgrün eine Signalfarbe gegen Mehrpreis in den Modelljahren 1975 und 1976.

befand sich um 1974 in einer schweren Krise. Der lahmende Absatz des VW Käfer, der zu spät und erst 1974 langsam anlaufende VW Golf sowie die damals grassierende erste Energiekrise ließen bei Volkswagen die Stückzahlen einbrechen – rund 250.000 Autos weniger verkaufte man im Jahr 1974 verglichen mit dem Vorjahr. Der damals neue VW-Chef Toni Schmücker sagte schließlich das Sportwagen-Projekt ab, obwohl die Produktionsvorbereitungen im Audi NSU Werk Neckarsulm schon im Gang waren. Damit stand die Existenz dieses Werkes auf dem Spiel; in Wolfsburg hatte sich die Konzernzentrale schon damit abgefunden, es zu schließen. Als dies bekannt wurde, war die ganze Region um Neckarsulm traumatisiert. Die Schließung hätte eine Katastrophe für den Landkreis Heilbronn und seine wirtschaftliche Struktur bedeutet und ein erbitterter Protest der Belegschaft wurde entfacht, dessen Höhepunkt eine am 18. April 1975 von der IG Metall organisierte Kundgebung auf dem Marktplatz von Neckarsulm war. Anschließend setzte sich der legendäre Protestmarsch mit über 7000 Mitarbeitern und unzähligen solidarischen Bürgern Richtung Heilbronn in Bewegung, unter dem Slogan „Audi NSU muß bleiben". Der starke Protest und ein Vorschlag von Ferdinand Piëch brachten am Ende die Wendung, das Werk blieb bestehen. Ferdinand Piëch erinnert sich in seiner Autobiographie (Ferdinand Piëch: Auto.Biographie) an die Idee, die Entwicklung des Transaxle-Sportwagens von Porsche zurückkaufen zu lassen. Damit erhielt Audi die Lohnfertigung und Volkswagen bekam über Stücklizenzen sein bereits investiertes Geld für die Entwicklung des Sportwagens zurück. So begann noch im selben Jahr 1975 die Fertigung des Porsche 924, der sich die Produktionsbänder mit dem Audi 100, dem Audi 100 Coupé S und dem NSU Ro 80 teilte. 1991 erreichte schließlich der letzte von 313.220 in Neckarsulm gefertigten Porsche 924 und 944 den Zählpunkt 8 in der Halle B16, in der sich heute die Endmontage des Audi A8 befindet.

Kapitel 2
Die zweite Generation des Audi 100: Der Typ 43
1976 – 1982

Mit dem 1968 gewagten Vorstoß in die obere Mittelklasse hatte der erste Audi 100 neue Maßstäbe in Raumangebot, Leichtbau und Verbrauch gesetzt. Die positive Resonanz der kritischen Fachpresse und die sehr gute Akzeptanz auf dem nicht minder anspruchsvollen Markt waren in gewisser Weise sogar ein Überraschungserfolg, da es doch im Volkswagen Konzern noch kein vergleichbares Auto gegeben hatte. Mit über 800.000 verkauften Exemplaren wurden jedoch alle etwaigen Zweifel ausgeräumt, aber natürlich auch handfeste kommerzielle Erwartungen an den Nachfolger geknüpft. Dass der „neue große Audi", so grenzte ihn der Vertrieb gegenüber seinem Vorgänger ab, nun noch näher an Mercedes gerückt war, stritten nun auch die Verantwortlichen nicht mehr so vehement ab. Technikvorstand Ferdinand Piëch antwortete auf entsprechende Fragen: „Wenn der bisherige Audi 100 gelegentlich als Möchtegern-Mercedes bezeichnet wurde, dann will der neue Audi 100 schon ein Kann-Mercedes sein."

Von der Idee zum fertigen Produkt

Die Konzeptphase für das neue Modell begann im Herbst des Jahres 1973 mit dem Sammeln von Ideen zur Variantenvielfalt, zur Motorisierung, zur Positionierung am Markt, zu den Zeitpunkten der Markteinführung, Ausstattungen und vielem mehr. Am 28. Januar 1974 unterrichtete Prof. Ernst Fiala, Verantwortlicher für Forschung und Entwicklung bei VW, seine Vorstandskollegen darüber, dass die TE (die Technische Entwicklung) in Ingolstadt die

Weder ein Anti-Mercedes noch ein Möchtegern-Mercedes, sondern laut Ferdinand Piëch ein Kann-Mercedes.

Die zweite Generation – Typ 43

Ein Prototyp zur Darstellung verschiedener Entwürfe – die linke Seite mit der zwischen den Scheinwerfern hervorgezogenen Nase diente der Veranschaulichung einer möglichen Sechszylinder-Front. Die Flanke wurde bis auf den Außenspiegel und das Dreiecksfenster in der Fronttür nicht mehr geändert. Die rechte Wagenseite wurde als Zweitürer dargestellt.

komplette Neuentwicklung übernimmt. Während der Planung wurden für den neuen Audi 100 verschiedene Bezeichnungen verwendet: Vor seiner Markteinführung war in den Protokollen der TE immer vom „C-Modell" oder „C-Typ" bzw. „Typ C" die Rede, während mit „Audi 100" immer das aktuelle Modell der ersten Generation gemeint war. Von Beginn an waren zusätzliche Varianten zu der Stufenheck-Grundform geplant. Zur Unterscheidung der einzelnen Karosserieformen verwendete man auch die Nummer des entsprechenden Entwicklungsauftrags, abgekürzt „EA":

    EA 490: Stufenheck (mit vier oder zwei Türen)
    EA 847: Schrägheck (mit vier Türen)
    EA 538: Variant (mit vier Türen)

Das erste Lastenheft vom 24. April 1974 beschrieb die Entwicklung eines Fahrzeugs im Modellbereich C, das als Nachfolgemodell für die Typen VW 412, K70 und Audi 100 vorgesehen war. Für die Auslegung von Fahrwerk und Getriebe war eine Höhermotorisierung bis ca. 160 PS zugrunde zu legen.

Beim Stufenheckmodell EA 490 waren zunächst der Einsatz und die Ausführung eines Zweitürers noch nicht festgelegt. Offen war außerdem, ob diese Variante überhaupt mit einem Stufenheck oder sogar mit einem Fließheck erscheinen würde. Grundsätzlich sollte der Zweitürer nach dem Anlauf des Viertürers jedoch als „Priceleader" verfügbar sein, was wiederum für die Stufenheckvariante sprach. Die Ausführung war aber nicht coupé-artig erwünscht, sondern eher angelehnt an seinen Vorgänger. Schon im Januar 1974 war dann klar, dass der Zweitürer nur als Stufenheck realisiert werden würde.

Für das Schrägheck mit dem EA 847 hatte man von Anfang an eine gegenüber dem Stufenheck höherwertige Ausstattung beabsichtigt. Es soll-

Rechts oben: Bis zum Serienmodell fehlten nur noch Details.

Rechts Mitte: Obwohl eher das Stufenheck-Modell als VW vermarktet werden sollte, wurde auch ein Fließheck als VW dargestellt. Mit den Doppelscheinwerfern und der Stoßfängerform erinnert es sehr stark an den VW Passat ...

Rechts unten: ... wenngleich für dieses größere Fahrzeug der zum mäßig starken und beständigen Passat-Wind gesteigerte Name „Hurrican" gewählt wurde.

te als Baukastenvariante zum Stufenheck bestens geeignet sein, das geplante Volumen von 1300 bis 1400 Fahrzeugen pro Tag zu gewährleisten. Die wegen einer niedriger erwarteten Stückzahl höheren Produktionskosten in Verbindung mit einem beachtlich über dem Stufenheck anvisierten Verkaufspreis sprachen für den Einsatz in der Audi Linie. Für die VW Linie war das kostengünstigere Stufenheck in großer Stückzahl vorgesehen. Im Februar 1974 betonte VW Chef Rudolf Leiding die folgende Einsatzreihenfolge: zuerst das Fließheck, dann das Stufenheck, dessen zweitürige Version und schließlich der Variant. Schon eine Woche später musste protokolliert werden, dass die Entwicklung des Stufenhecks weiter fortgeschritten sei als beim Fließheck. Ein Ersteinsatz dieser Variante würde eine neue Terminsituation bedeuten, die Markteinführung zum 1. April 1976 wurde kritisch beurteilt.

Die zweite Generation – Typ 43

Mattschimmernde Edelstahleinlagen betonen die umlaufende Stoßfängerlinie dieses Dreitürers.

Ganz rechts: Das gleiche Auto auf der rechten Seite ohne Glanz, dafür mit zwei Türen.

Für das Variant-Modell EA 538 wurde zunächst ein Anteil von nur 15 % geschätzt. Daher sollte die Rentabilität dieser Karosserieversion untersucht werden. Als „Kalkulationsmodell" für die Kostenverfolgung wurde der EA 490 als viertürige Limousine mit L-Ausstattung und 2-Liter-Motor mit 105 PS festgelegt. Damit war für diesen Zweck erstmals im VW Konzern eine gehobene Ausstattung nominiert und nicht die Basisvariante.

Der Vertrieb wünschte im März 1974 über der bisher höchsten geplanten Ausstattungsvariante „LS" beim Audi 100 eine Version mit folgendem Umfang: Bessere Polsterstoffe und Verkleidungen, ein umschäumtes Lenkrad, eine Mittelkonsole mit Zusatzinstrumenten, eine Mittelarmlehne hinten und eventuell auch vorne, Kontrollleuchten für die Handbremse, das Zweikreisbremssystem und die Tankreserve, ein abschließbares Handschuhfach, einen großen Drehzahlmesser, Kopfstützen, Automatik-Sicherheitsgurte, eine Kofferraumauskleidung, Stahlgürtelreifen und einen Niveau-Ausgleich an der Hinterachse (evtl. auch als M-Ausstattung). Als Bezeichnung sollte wieder „GL" verwendet werden, wie schon beim ersten Audi 100 seit 1972. Weiter sollte der „LS" Rechteckscheinwerfer bekommen, der „GL" hingegen Doppelscheinwerfer.

Am 28. März 1974 wurde ein neuer Vorderwagenentwurf als Fließheckmodell u. A. den Herren Leiding, Fiala und Kraus vorgestellt. Zum Vergleich stand der alte Vorderwagen als Stufenheck zur Verfügung. Das neue Styling war im c_W-Wert um sieben Prozent besser, brachte eine Kraftstoffersparnis von 0,75 l/100 km und eine höhere Endgeschwindigkeit und strahlte mehr Eleganz und Ruhe aus. Zu guter Letzt erlaubte die gepfeilte Front den Einbau eines Fünfzylindermotors und so wurde dieser Entwurf akzeptiert.

Die ersten Lastenhefte von 1974 sahen als Antrieb zunächst nur Vierzylindermotoren mit Hubvolumina von 1,6 Litern (mit 75 und 85 PS) und 2 Litern (mit 110 und 130 PS, USA nur 110 PS) sowie den neuen Zweischeiben-Kreiskolbenmotor KKM 871 mit 2 x 750 cm³ und einer Leistung zwischen 150 und 160 PS vor. Für die Entwicklung des Kraftstoffbehälters war neben der Blechausführung auch schon eine aus Kunststoff vorgesehen, die später jedoch verworfen wurde. Zusätzlich sollte für den KKM ein Zusatztank als Mehrausstattung angeboten werden. Die grundsätzlich 14 Zoll großen Räder sollten in den Breiten 5 und 5,5 Zoll den unterschiedlichen Anforderungen genügen. Die breiteren Räder im Format 5,5 x 14 und die sechs Zoll breiten Aluräder waren dabei als Option vorgesehen. Stufen- und Schrägheck sollten mindestens bis zur B-Säule, wenn möglich sogar bis zur C-Säule, also einschließlich der Fondtüren, identisch sein. Für den europäischen Markt wurden Rund-, Breitband- und Doppelscheinwerfer geplant, wobei die Blinkleuchten für die Rund- und Doppelscheinwerfer in die Stoßfänger integriert werden sollten. Schließlich wurde die Vielfalt dann auf die alleinige Verwendung von Breitbandscheinwerfern eingeschränkt, während die Blinkleuchten seitlich neben die Scheinwerfer angebaut wurden. Eher schlicht sollte der Außenspiegel einfach von außen aufgeschraubt werden.

Am 16. Oktober 1974 wurden das mittlerweile nochmals verbesserte Styling der Stufe III und die L-Ausstattung für Europa dem Vorstand präsentiert und von ihm abgesegnet. Der Anlauf sollte mit dem 2-Liter-Vierzylinder erfolgen, während der Fünfzylindermotor für Anfang 1977 im Porsche 924 vorgesehen war. In der Vorstandssitzung vom 5. November 1974 wurden die

Hätte der Anteil des Avant am Typ 43 mit diesem Heckabschluss, parallel zur C-Säule, vielleicht höher als sechs Prozent gelegen? Die Stoßfänger nahmen das Design des Facelifts vorweg, lagen aber seitlich enger an der Karosserie.

Die Chromleiste auf den Rückleuchten hätte die ohnehin vorhandene Dominanz der Waagerechten noch stärker hervorgehoben.

Die zweite Generation – Typ 43

Einsatztermine für das Schrägheck auf den 1. April 1976 und für das Stufenheck auf den 1. August 1976 festgelegt. Während der Einsatz des Zweitürers auf den 1. November 1976 fixiert wurde, sollte der Variant, wie bereits erwähnt, nunmehr entfallen. Im selben Monat wurde der Einsatz des Fünfzylinder-Ottomotors auf August 1977 festgesetzt, nachdem er bis dato eigentlich ein Jahr später avisiert war. Allerdings warfen die Erprobungsläufe weniger Probleme auf, als befürchtet wurde. Die Dieselvariante wurde auf den August 1978 datiert.

In der Vorstandssitzung vom 3. Dezember 1974 wurden wieder verschiedene Gestaltungsmerkmale erörtert. Ab der L-Ausstattung sollten die Stoßfänger längere Seitenkappen tragen. Der von Prof. Fiala gewünschte Einscheibenwischer war aus räumlichen Gründen nicht durchführbar und erfüllte die Sichtfeldvorschriften für die USA nicht. Außerdem lag er im Preis noch höher als die vorgesehene Anlage mit zwei Armen und wurde deshalb nicht realisiert. Für den GL überlegte man, zwischen die Rückleuchten ein Aluband zu platzieren. Ein wesentlich drastischeres Vorhaben war es dagegen, den Zweitürer um 10 cm in der Länge zu kürzen. Bei den Ausstattungsvarianten hatte man bereits den Stand der späteren Markteinführung festgelegt: Das zweitürige Stufenheck sollte es nur in der Grundausstattung und als „L" geben und seinen viertürigen Bruder in allen Linien. Das Schrägheck hingegen sollte den Paketen „L" und „GL" vorbehalten werden. Das Preisziel für den einfachsten Zweitürer lag bei 11.600,- DM, während das Schräghecklmodell deutlich darüber liegen sollte.

Das zweite Lastenheft vom Dezember des Jahres 1974 enthielt nur noch den EA 490 für die Stufenhecklimousine und den EA 847 für die Schrägheckvariante, nicht mehr jedoch das Variantmodell mit dem EA 538. Außerdem wurden die Entwicklungen für den Kreiskolbenmotor EA 871 im C-Modell eingestellt und folgerichtig dann auch die KKM-spezifischen Entwicklungen des automatischen Getriebes (EA 513) und des Schaltgetriebes (EA 868) für diesen Motor. Ins Streichkonzert musste sich auch die Einbauentwicklung (EA 862) des Kreiskolbenmotors in den neuen Audi 100 einfügen. Lediglich der Einbauraum für einen eventuellen späteren Einsatz sollte trotzdem vorgehalten werden. Das Motorenprogramm bestand nun bereits aus Vierzylindermotoren mit 1,6 Litern (nur noch 85 PS) und 2 Litern (mit 105 und 130 PS, außerdem 108 PS für die USA) sowie dem neuen

Wieder ein Zwittermodell aus Zwei- und Viertürer in der Stilhalle in Ingolstadt. Ein Hauch von Bertone auf der rechten Seite ...

... eine Prise Pininfarina auf der linken Seite und am Heck.

Ganz links: Sehr mutig und vielleicht ergonomischer, als es auf den ersten Blick erscheint. Wenigstens war der Lichtschalter schwarz und damit weniger UV-lichtempfindlich als der rote Serienhebel.

Links: Eine bereits sehr seriennahe Avant-Studie, die allerdings noch mit Klapptürgriffen ausgerüstet war.

Die zweite Generation – Typ 43

Sehr glattflächig kam diese Studie daher.

Unten links: Auch als Audi trug diese Avant-Studie den Namen Hurrican. Neben den Emblemen unterschied sie sich durch die Front von dem zuvor gezeigten VW Modell.

Rechts: Diese Studie für den amerikanischen Markt mit kurzem Radstand und Panorama-Heckscheibe hatte ähnliche Lamellen hinter den Seitenfenstern wie der 1978 erschienene Ford Mustang, der in Deutschland als T5 angeboten wurde. Bis zur B-Säule noch ein konventioneller Entwurf, dahinter mit deutlichen Änderungen auch gegenüber der zweitürigen Limousine.

Fünfzylinder mit 110 und 130 PS bzw. 108 PS für die USA. Bewusst wählte man den Namen „Avant" für das Fließheck des neuen Audi 100. Es unterschied sich genauso von der bekannten Bezeichnung „Variant", die bei VW und auch beim ersten Audi Kombi auf Basis des F103 verwendet wurde, wie die dazugehörige Form. Der damalige Pressechef von Audi NSU meinte dazu: „Der Name sollte progressiv klingen." Die aus dem französischen stammende Vorsilbe für „vor" versinnbildlichte die stark nach vorne geneigte Heckklappe und war auch in der deutschen Sprache in Lehnwörtern wie „Avantgarde" oder dem italienischen „Avanti" ein Begriff.

Im Dezember 1974, zwei Jahre vor der Markteinführung befand sich die Planung für den wichtigen US-Markt noch in der Diskussion. Zuerst war man von Absatzzahlen von 37.000 Stufenheck- und 9700 Schrägheckautos ausgegangen, dann sollte das Stufenheck gar nicht mehr für die USA entwickelt werden. Einerseits schätzte man den Entwicklungsaufwand recht hoch ein (24.000 Stunden und 2,5 Mio. DM), andererseits musste man bei Entfall des Stufenhecks einen Volumenverlust von 17.800 Fahrzeugen für 1978 befürchten, denn man konnte nicht erwarten, dass alle potenziellen „Sedan"-Käufer nun auf einen „Hatchback" auswichen.

Am 17. Februar 1975 wurde durch einen Beschluss der Produkt-Strategie-Kommission bestätigt, beide Karosserieformen als Audi zu vermarkten. Vorher hatte man noch überlegt, nur das Stufenheck als Audi und das Schrägheck als VW zu vermarkten. Es bestanden allerdings Zweifel, ob dieses Fahrzeug bei dem vorhandenen Image der Marke VW im C-Segment ausreichende Akzeptanz am Markt finden würde. Das Schrägheck sollte sogar mit einem „Komfort-Spitzenpaket" zum Preis von 14.500,- bis 14.900,- DM angeboten werden. Der Fünfzylindermotor sollte mit dem Schrägheck im März 1977 debütieren, um dann im August auch in der Stufenheckversion einzufließen. In den USA sollte mittlerweile nur noch die Stufenheckvariante eingesetzt werden und ihr Vertrieb über die Porsche + Audi Division erfolgen.

Die zweite Generation – Typ 43

Doch kein Fünfzylinder?

Im Mai 1975 prüfte Audi, welche kostengünstigen Alternativen zum Fünfzylinder- und zum 2-Liter-Vierzylindermotor für höhere Leistungen in Betracht kämen. Ein Vorschlag war der, den Vierzylinder im Hubraum auf etwa 2,4 Liter zu vergrößern. Dazu nahm Franz Hauk, der Leiter der Motorenentwicklung Stellung, der wegen der geäußerten Zweifel an dem schon eingeschlagenen Weg zum Fünfzylinder wohl etwas verärgert war. Er führte an, dass ein Vierzylindermotor mit diesem Hubraum problematisch in der Laufruhe sein würde. Weiterhin entspräche dies überhaupt nicht der Tendenz der Wettbewerber wie BMW und Mercedes, die dazu übergehen würden, in dieser Hubraumklasse Sechszylindermotoren anzubieten und teilweise sogar ihre vorhandenen Vierzylindermotoren zu ersetzen. Auch Kostengründe sprächen für den Fünfzylindermotor, da sowohl Entwicklungsleistungen als auch Massenteile wie zum Beispiel Kolben, Ventile und Lager vom 1,6-Liter-Vierzylinder übernommen werden könnten. Zusätzlich vermeide der Fünfzylindermotor Maßnahmen zur Geräuschdämmung gegenüber einem großvolumigen Vierzylindermotor. Wenn überhaupt noch eine Diskussion geführt werden solle, so höchstens darüber, den Fünfzylindermotor gleich mit einem etwas größerem Stichmaß von 92 statt 88 mm auszuführen und dadurch bei einem Kolbenhub von 80 mm ein Hubvolumen von 2,2 Liter zu erreichen. Bei einer möglichen Hubvergrößerung auf 88 mm käme dieser dann auf 2,4 Liter Hubraum. Allerdings sollten die zuerst genannten 88 mm auch über 30 Jahre später noch das (Stich-)Maß der Dinge bei allen Vierzylindermotoren bleiben, während die V-Motoren dann einen Zylinderabstand von immerhin 90 mm hatten. Für die Hubraumvergrößerung sprächen die mögliche Leistungssteigerung und insbesondere im Hinblick auf den Einbau in den Volkswagen LT mit dem EA 230 das größere Drehmoment. Nachteilig wären die größere Motorlänge und das höhere Gewicht, welche gerade den Frontantriebswagen „C-Modell" über die technisch zulässige Vorderachslast bringen könnten und auch den vorderen Überhang vergrößern würden. Hauk führte weiter an, man solle nicht übersehen, dass bei einem Fahrzeug mit Frontantrieb die Motorenentwicklung an die Wagenentwicklung gekoppelt sei. In den Fertigungseinrichtungen für den Fünfzylindermotor solle in jedem Fall ein möglicher Sechszylinder berücksichtigt werden, wenn auch zum damaligen Zeitpunkt kein konkreter Einsatz hierfür ersichtlich scheine. Hauk ging noch weiter: Warum solle man diesen Sechszylindermotor nicht anderen Firmen anbieten, wie dies auf dem Lkw-Sektor schon lange üblich sei? So wurde dann am 8. Mai 1975 sogar angeregt zu prüfen, ob es anders herum kostengünstiger wäre, statt des EA 831 oder EA 828 einen erprobten, laufruhigen und volumenstarken Vierzylindermotor einer Fremdfirma einzusetzen. Die Geschichte nahm jedoch (glücklicherweise) einen anderen Verlauf.

In logischer Konsequenz zu den vorangegangenen Überlegungen zur Wahl des richtigen Motorenkonzepts fand die Produktionsplanung heraus, dass der Einsatz eines Sechszylinders große Investitionen in der Produktion und am Vorderwagen erfordert hätte. Zusätzlich schaffte der Fünfzylindermotor als erster Motor im VW Konzern die Erfüllung der geänderten Außengeräuschgrenzwerte für die Schweiz ab 1977. Der Vertrieb ging zu diesem Zeit-

punkt noch davon aus, dass es über die bekannten Motoren hinaus noch weitere Antriebsvarianten geben würde. So legte er im Juli 1975 Absatzplanungen für Alternativen zum Fünfzylinder-Benziner EA 828 vor. Allerdings sollten diese 1050 Fünfzylinder-Turbomotoren, die 6400 Kreiskolbenmotoren und die 8900 Sechszylindermotoren zu Lasten des EA 828 gehen, da der Vertrieb kein Zusatzvolumen erwartete. Der Audi 100 mit dem Kreiskolbenmotor sollte zu Preisen zwischen 19.000 und 20.000 DM angeboten wer-

Oben: Die einzelne Scheibenwaschdüse verrät die Basis dieses Facelift-Prototypen als 1977er Exemplar. Die flachen und breiten Scheinwerfer-/Blinker-Einheiten tauchen in sehr ähnlicher Form beim Audi 200 vom Typ 44 wieder auf.

Links: Für die Fünf-Loch-Befestigung der Räder an diesem Audi 200-Prototypen wurden hier Fuchs-Felgen des Audi quattro entliehen. Der seitliche Streifen auf Höhe der Audi 100-Zierleisten entfiel ebenso wie das ovale und schräg angeschnittene Auspuffendrohr, das die Optik der frühen 1990er Jahre vorwegnahm.

Die zweite Generation – Typ 43

Der weniger schräg gestellte Ausschnitt für die Blinker im vorderen Kotflügel hätte gut zur orthogonalen Grundausrichtung des Typ 43-Designs gepasst.

Rechts: Schaltknauf und Türgriff erinnern noch an den alten Audi 100, doch die Form der Armaturentafel und insbesondere das Lenkrad gerieten schon recht seriennah.

den. Im November 1975 wurde beschlossen, den C1 für die USA bis Juli 1977 weiterzubauen, um ihn dann direkt und ausschließlich mit dem Fünfzylindermotor im C2 abzulösen. In diesen Zeitraum fiel außerdem die Produktionsversuchsserie vom 10. November 1975 bis zum 10. Januar 1976. Unmittelbar daran schloss sich die Nullserie an, die bis zum 29. Februar 1976 gefertigt wurde. Die Serienproduktion des Schrägheckmodells begann am 1. April 1976, die des viertürigen Stufenheckmodells am 1. August 1976 und die seiner zweitürigen Variante am 1. Dezember 1976.

Der neue Audi 100

Der neue Audi 100 wurde im August 1976 in Luxemburg der Öffentlichkeit präsentiert. Unter Wahrung des technischen Grundkonzepts wurde er völlig neu konstruiert. Während die erste Generation noch als „europäischer Mittelklassewagen", so Ludwig Kraus 1969 in der „Automobiltechnischen Zeitschrift ATZ", mit nur einem Grundmotor entworfen worden war, aus dem später einige Varianten abgeleitet wurden, unterlag die zweite Generation einer geänderten Aufgabenstellung. Sie wurde von Anfang an als weltweit einsetzbare Fahrzeugfamilie mit großer Variationsbreite konzipiert. Die wieder geplante lange Produktionsdauer erforderte die Berücksichtigung auch zukünftig zu erwartender Anforderungen an Sicherheit, Komfort und – akzentuiert durch die Ölförderkrise – Sparsamkeit im Kraftstoffverbrauch.

Die wesentlichen Neuerungen fanden sich in den Bereichen:
- Unfallsicherheit (Vorbau mit Längsträgern, die nach dem Prinzip des „autogenen Faltbeulens" Verformungsenergie aufnehmen, steife Fahrgastzelle, Tankverlegung unter die Rücksitzbank)
- Raumangebot (größerer Radstand, breitere Spur, neue Tank- und Ersatzradlage, neuer Fahrzeugboden)
- Komfort (Heiz- und Lüftungsanlage, Fahrschemel, Schallschluckwanne, Radiowiedergabe)
- Motoren (zwei Vierzylinder, erster Fünfzylinder-Ottomotor)
- Wirtschaftlichkeit (Preis, Normverbrauch, Gewicht, $c_W \times A$)

Karosserie

Der neue Audi 100 wurde von Anfang an in drei Karosserievarianten geplant und entwickelt: als zwei- und viertürige Stufenhecklimousine im Stile seines Vorgängers und erstmals auch als viertürige Schräghecklimousine mit großer Heckklappe. Das nach oben zurück geneigte Gesicht, die Pfeilung der Front, die Bauchung im Grundriss und die angedeutete Keilform vereinten stilistische mit aerodynamischen Vorteilen. Laut Messungen im Wolfsburger Windkanal betrug das für den Luftwiderstand maßgebende Produkt $c_W \times A$ nur 0,77 m². Audi selbst sprach von einer „eleganten, zeitlosen Zweckform".

Durch das Einfügen eines dritten Seitenfensters hinter den Fondtüren wirkte der Wagen deutlich größer, als es die zahlenmäßigen Zuwächse um jeweils 4 cm in der Länge und der Breite vermuten ließen. Betont wurden diese Dimensionen noch durch den um 3 cm niedrigeren Aufbau. Die Flanken des neuen Modells gestalteten die Designer aufrechter und verbanden sie mit den waagerechten Flächen über härtere Kanten zu einem Volumen. Zusätzlich ließ die Frontpartie den neuen Audi 100 größer und vor allem moderner erscheinen als seinen aus eher bombierten Flächen modellierten Vorgänger. Der frisch renovierte Audi 80 lehnte sich in seiner Vorderansicht sehr stark an diese Optik an, während beim Viertürer das dritte Seitenfenster erst mit dem Modellwechsel im Herbst 1978 kam. Der kleine Bruder stand allerdings Pate für die Toronado-Linie (benannt nach einer über dem Schweller liegenden Karosserieausprägung beim Oldsmobile Toronado, wo sie 1966 debütierte) auf Höhe der Stoßfänger.

Die zweite Generation – Typ 43

Beim neuen Audi kam erstmals das autogene Faltbeulen zum Einsatz. Diese Art der Strukturgestaltung beruhte auf der Theorie des Maschinenbauingenieurs Prof. Stepan Prokofyevich Timoshenko, wonach bei einer bestimmten, schlagartigen Belastung in einem quadratischen Stahlrohr regelmäßige Falten entstehen, deren Länge der Breite des Rohres entspricht. Ein nach diesem Prinzip gestalteter Vorderwagen konnte im Falle eines Aufpralls hohe Verformungsenergie aufnehmen. Eine freie und ungestörte Faltenbildung – im Gesicht eher unerwünscht – wurde hier durch relativ kurz gehaltene Radhäuser ermöglicht. Davor befinden sich die vorderen Längsträger völlig gerade frei im Raum und verlaufen in Hinblick auf die Bedingungen beim Schrägaufprall nach vorne etwas nach außen. Sie übernehmen beim Frontalaufprall 70 Prozent der Energieumwandlung bis zu einem Verformungsweg von 300 mm, zusätzlich tragen dann noch weitere Bauteile wie Radhaus, Kotflügel, Motorhaube usw. Zum Schutz der Insassen im Fahrgastraum setzen sich die Längsträger bis weit in den Tunnel hinein fort und vermochten so, die Massenkräfte hinten angeordneter Teile, wie Tank, Hinterachse, Ersatzrad, Sitze usw. aufzufangen. Die Längskräfte höher liegender Fahrzeugteile wurden von den Türen übertragen, die zu diesem Zweck mit Aussteifungen in den Fensterschächten versehen wurden. Die relativ weiche Front und die leichte Karosserie ergaben einen konstruierten Partnerschutz. Eine Kollision mit einem noch leichteren Kleinwagen sollte mit einem Audi 100 keine so dramatischen Folgen haben wie mit einem herkömmlich konstruierten, schweren Selbstschutzpanzer, wie sie schon in den 1960er Jahren als Vorzeigemodelle passiver Sicherheit auf dem Markt waren. Trotz dreier unterschiedlicher Aufbauvarianten waren die Bodengruppe und die Radhäuser für alle Modelle gleich. Zur Differenzierung wurden spezielle Seitenteile und C-Säulen eingesetzt.

Scheibenkleister

Ein Novum im damaligen Serienfahrzeugbau war die direkte Verklebung der Front- und Heckscheibe sowie der karosseriefesten Seitenfenster mit dem Aufbau. Diese kraftschlüssige Verbindung erhöhte die Torsionssteifigkeit der Karosserie um 30 Prozent und war dabei gewichtsneutral. Ein weiterer Vor-

Dieser Audi 100 CD für den japanischen Markt trug mit Indianarotmetallic die Farbe der aufgehenden Sonne, aufgenommen bei Wettenberg in Hessen.

Die zweite Generation – Typ 43

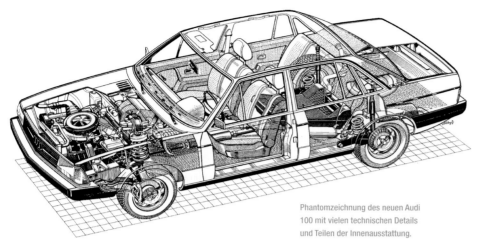

Phantomzeichnung des neuen Audi 100 mit vielen technischen Details und Teilen der Innenausstattung.

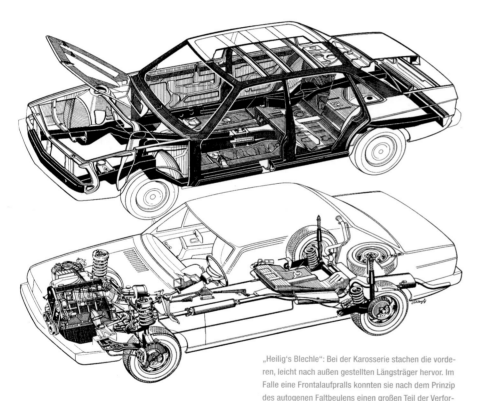

„Heilig's Blechle": Bei der Karosserie stachen die vorderen, leicht nach außen gestellten Längsträger hervor. Im Falle eine Frontalaufpralls konnten sie nach dem Prinzip des autogenen Faltbeulens einen großen Teil der Verformungsenergie aufnehmen und damit von der Fahrgastzelle fernhalten. Das untere Bild zeigt den Frontantriebsblock, das Fahrwerk inkl. Lenkung und den Auspuff. Der Tank befand sich vor der Hinterachse und erhöhte damit die Sicherheit auch bei einem Heckaufprall.

teil ist die völlige Dichtheit, da auch die Toleranzkette Rahmen-Dichtung-Scheibe entfällt. Die USA-Version der Audi 100-Karosserie unterschied sich durch anschraubbare Versteifungen in den Türen und Stoßfänger mit Aufpralldämpfern an Front und Heck. Ohne diese Anbauteile entsprach ihr Gewicht der ECE-Karosserie.

Motoren

Mit der Markteinführung zum Modelljahr 1977 hatte der Käufer die Wahl zwischen drei Motoren:

1,6-Liter-Vierzylinder-Vergasermotor	85 PS	(63 kW)	ab November 1976
2,0-Liter-Vierzylinder-Vergasermotor	115 PS	(85 kW)	ab September 1976
2,2-Liter-Fünfzylinder-Einspritzmotor	136 PS	(100 kW)	ab März 1977

Allen Motoren gemeinsam war das Zylinderkurbelgehäuse aus Grauguss mit zusammengegossenen Laufbüchsen, wodurch eine hohe Standfestigkeit der Zylinderbohrungen erreicht wurde.

Basisarbeit

Der 1,6-Liter-Motor mit 85 PS (63 kW) kam bereits im alten Audi 100 zum Modelljahr 1975 als Basismotorisierung zum Einsatz. Seine wesentlichen Eigenschaften wurden dort bereits ausführlich beschrieben. Es handelte sich hierbei um den aus dem Audi 80 stammenden EA 827, der es im VW Konzern noch zu einer langen Karriere bringen sollte. Auch im neuen Audi 100 blieb er praktisch unverändert während dessen gesamten Modellzyklus im Einsatz und wurde schließlich als einziger Antrieb mit dem Formel E-Paket kombiniert. Den neuen Audi 100 beschleunigte er bis auf 160 km/h und in 13,4 Sekunden von 0 auf 100 km/h und lag damit in den Fahrleistungen einen Hauch besser als bei dessen Vorgänger. In Anbetracht der Größe des Wagens überraschend gute Fahrleistungen, wie auch die Fachpresse befand. Sie stellte als Erklärung aber auch dar, dass der neue Audi 100 ein relativ leichtes Auto war und beispielsweise über 300 kg weniger als ein Mercedes 200 wog. Nur für den Avant hielt Audi den 1,6-Liter ab Modelljahr 1981 für zu schwachbrüstig und bot ihn dort nicht mehr an. Ein im Februar 1974 intern vorgestellter EA 827-Motor mit einem Hubraum von 1,5 Litern hätte mit seinen ca. 130 PS, über die er dank Abgasturboaufladung verfügte, diesen Mangel beseitigt. Diese Variante wurde jedoch nicht weiterentwickelt, während das Thema Aufladung nicht in Vergessenheit geriet.

Metamorphose des Mitteldruckmotors

Als mittlere Motorisierung wurde ein 2-Liter-Triebwerk mit 115 PS (85 kW) aus dem 1,9-Liter-Motor des alten Audi 100 entwickelt, der dort noch die Leistungsspitze darstellte. Mit einer nun obenliegenden, zahnriemengetriebenen Nockenwelle, Tassenstößeln, Zahnriemenspannung durch exzentrisch gelagerte Wasserpumpe, Antrieb des Zündverteilers über die Nockenwelle und einer Sichelölpumpe auf der Kurbelwelle wurde er als EA 831 auf den neuesten Stand der Technik gebracht. Mit entsprechenden Modifikationen wurde dieser Motor bereits mit 75 PS (55 kW) im VW LT 28-Transporter und mit 125 PS (92 kW) im Porsche 924 eingesetzt. Der 2-Liter-Sportwagen mit 2+2-Innenraum war zu Beginn der 1970er Jahre ursprünglich als Entwick-

Die zweite Generation – Typ 43

lungsauftrag 425 von VW an Porsche vergeben worden. In jenen schwierigen Zeiten, als der schlechte Absatz der luftgekühlten Modelle eine reale Bedrohung darstellte und die hoffnungsvolle Zukunft der neuen wassergekühlten Fronttriebler noch nicht absehbar war, entschied der damalige VW Vorstandschef Toni Schmücker, dieses Projekt eines Nachfolgers für den VW-Porsche 914 aufzugeben. Porsche kaufte sich 1974 die Rechte an der selbst entwickelten Arbeit zurück und profitierte weiter von der Synergie mit dem im gleichen Layout entworfenen Porsche 928. Die ursprüngliche Idee, den Preis des Sportwagens durch Verwendung möglichst vieler Konzernkomponenten kostengünstig zu halten, kam natürlich auch Porsche entgegen. Trotzdem erhielt der 2-Liter-Motor die Benzineinspritzung K-Jetronic, die einige Jahre zuvor beim Porsche 911 eingeführt worden war, sowie Modifikationen an der Kurbelwelle und der Kolbenkühlung. Als EA 825 war der Motor in dieser Ausführung sogar auch für den Audi 100 geplant. Insbesondere für die USA wäre er wegen der für den Einsatz im Porsche 924 ohnehin entwickelten Abgasreinigungsmaßnahmen geeignet gewesen. Zusätzlich bestand seit 1975 ein Vertrag seitens der Audi NSU Auto Union AG mit der American Motors Corporation, Detroit, über die Lieferung ihres EA 831 für das AMC-Fahrzeugprogramm. Später sollte AMC die Eigenfertigung dieses Motors für das Modell Gremlin mit Anlagen aus dem VW Werk Salzgitter übernehmen. Daher wurde bei Audi schon im Juni 1974 beschlossen, die Investitionen für den Motor EA 831 auf ein Minimum zu begrenzen und für den bisherigen Audi 100 Motor EA 806 gar keine zusätzlichen Investitionen mehr zu tätigen. Letztere Entscheidung liegt auch in den Kosten der verschiedenen Triebwerke begründet, wie ein Vergleich zum Stoßstangenmotor EA 806 mit Vergaser verdeutlicht:

- ► EA 827: – 185,- DM/Motor
- ► EA 831: – 65,- DM/Motor
- ► EA 825: + 45,- DM/Motor (mit Benzineinspritzung)

Zur Hubraumerhöhung wurde der Zylinderdurchmesser von zuletzt 84 auf nun 86,5 mm erhöht. Bei gleichgebliebenem Zylinderabstand von 95 mm mussten die Zylinderbuchsen zusammengegossen werden. Auf den Wassermantel um jeden Zylinder konnte beim thermisch relativ gering belasteten Kurbelgehäuse verzichtet werden. Um die Kühlung des 8,5 mm breiten Stegs zwischen den Zylindern zu verbessern, wurde Kühlwasser über 6-mm-Bohrungen nahe an die kritischen Bereiche geleitet. Der durch die OHC-Konfiguration bedingte Entfall der Nockenwellengasse und der Kammer für Stößel und Stößelstangen ermöglichte eine symmetrisch steife Ausführung des nach wie vor aus Grauguss gefertigten Zylinderkurbelgehäuses. Wichtige Stichmaße z. B. für die Befestigung von Zylinderkopf, Ölwanne, Getriebe usw. wurden vom 1,9-Liter-Motor übernommen, sodass sich die Investitionskosten der Transferstraße weiter rentieren konnten. Die Blockhöhe konnte wegen der unveränderten Maße für den Kolbenhub von 84,4 mm und der Pleuellänge von 144 mm beibehalten werden. Das höhere Gewicht der nun größeren Kolben und das höhere Drehzahlniveau erforderten allerdings größere Gegengewichte an der Kurbelwelle. Um diese wegen der Kostenvorteile trotzdem von Vergütungsstahl auf Sphäroguss umstellen zu können, wurde der Grundlagerdurchmesser von 60 auf 64 mm erhöht. Für den Zylinderkopf wurden die Anordnung der Einlass- und Auslassventile nach dem Querstromprinzip und der Werkstoff Aluminium beibehalten. Mit der Verlegung der Nockenwelle in den Zylinderkopf verabschiedete sich Audi von seinem letzten Motor mit Stößel, Stößelstangen und Kipphebeln. Die Eliminierung oszillierender Massen öffnete den Weg zu einem steiferen, präziseren und letztlich auch kostengünstigeren Ventiltrieb, mit dem sich auch höhere Drehzahlen darstellen ließen. Die im 1,6-Liter-Vierzylindermotor vom Typ EA 827 bewährten Tassenstößel wurden ebenso übernommen wie der Nockenwellenantrieb per Zahnriemen. Die in einer Reihe angeordneten Einlass- und Auslassventile führten zu relativ kleinen Tellerdurchmessern von 40 mm (VW LT: 38 mm) und 33 mm bei jeweils 9 mm Schaftdurchmesser. Die notwendige Zylinderfüllung musste daher über die Ventilhübe von 12 mm beim Einlass und 11,8 mm beim Auslass erreicht werden. Die Ölpumpe, die bisher als Zahnradpumpe von der Nockenwelle aus angetrieben wurde, war nun als Sichelpumpe ausgeführt

Ganz links: Auf dem Rollenprüfstand wurden Leistung und Abgasverhalten gemessen.

Links: Audi 100 und Porsche 924 Karosserien verlassen gemeinsam den Rohbau. Audi fertigte den kleinen Porsche bis zum Auslauf des Typs 944 und sicherte damit Arbeitsplätze in Neckarsulm.

Die zweite Generation – Typ 43

Auch wenn es hier so aussieht – nein, die Karosserien wurden nicht von Hand mit kleinen Pinseln lackiert.

und wurde direkt von der Kurbelwelle angetrieben. Ihr größter Vorteil war die höhere Förderleistung vor allem bei niedrigen Drehzahlen. Der Zündverteiler wurde über Schraubenräder vom hinteren Ende der Nockenwelle angetrieben. In einer Vielzahl von Versuchen wurde die optimale Brennraumform ermittelt. Dabei zeigte die ausgewählte Variante mit einem im Kolben liegenden Brennraum und auslassseitiger Zündkerzenlage insbesondere bei den NO_x-Rohemissionen Vorteile. Mit der gleichen Verdichtung von 9,3 wie im Porsche 924 konnte der Motor den Erfordernissen unterschiedlicher Zulassungsgesetze und Fahrzeugtypen genügen. Den 1150 kg schweren Audi 100 trieb der Motor in 10,7 s von 0 auf 100 km/h und ließ ihn eine Endgeschwindigkeit von 179 km/h erreichen.

Der Fünfzylinder mit Benzineinspritzung

Der neue 2,2-Liter-Fünfzylindermotor entstand auf Basis des EA 827 durch Hinzufügen eines Zylinders sowie einer Hubvergrößerung und nannte sich EA 828. Er verband mit runden – und auf diesem Wege wieder namengebenden – 100 kW (136 PS) die höchste Leistung in diesem Trio und eine deutlich verbesserte Laufruhe mit – wesentlich bedingt durch die Benzineinspritzung – exaktem Ansprechverhalten, sauberem Leerlauf und günstigem Verbrauch.

Mit dem OM 617 D30, dem ersten Fünfzylindermotor in einem Serien-Pkw, hatte Daimler-Benz bereits 1974 im Mercedes 240 D 3.0 (W 115) Premiere gefeiert. Da es sich bei diesem, übrigens mit kräftiger Hilfe von Ferdinand Piëch entwickelten Antrieb aber um einen Dieselmotor handelte, musste Audi den Zusatz „Ottomotor" hinzufügen, um sein Alleinstellungsmerkmal hervorzuheben. Der Beweggrund für die Wahl des Mittelwegs zwischen einem profanen Vierzylinder und einem prestigeträchtigen Sechszylinder war bei beiden Herstellern recht ähnlich: Man brauchte mehr Hubraum für mehr Leistung, wollte sich aber aus Kostengründen bereits erprobter Verfahren und Komponenten sowie vorhandener Fertigungsanlagen bedienen. Beim front-

getriebenen Audi kam hinzu, dass mit einem langen Reihensechszylinder vor der Vorderachse die Gewichtsverteilung zu kopflastig ausgefallen wäre. Trotzdem wurden mehrere Konzeptstudien erarbeitet, die auch in einigen Prototypen realisiert und getestet wurden. Der Quereinbau eines solchen Motors hätte völlig neue Konzepte für die Vorderachse und das Getriebe bedeutet. Ein Sechszylinder in V-Anordnung wäre einem Reihenmotor in der Laufruhe unterlegen und hätte nicht in den vorhandenen Baukasten und Fertigungsablauf gepasst. Es sollte noch zwei Fahrzeuggenerationen dauern, bis Audi dieses Konzept dann doch verwirklichte. So bot es sich an, den Audi 80-Motor (so wurde er intern, trotz seines Einsatzes bereits im „alten" Audi 100, immer noch genannt) um eine Zylindereinheit zu verlängern. Die ersten Konstruktionen und Ideen entstanden natürlich bereits, als der Zahnriemenmotor noch ausschließlich in der B-Plattform eingesetzt wurde. Der zunächst noch unklaren Beschlusslage wurde im Januar 1974 ein Ende gesetzt: Die Entwicklungsarbeiten am Fünfzylinder auf Basis des EA 827 sollten fortgeführt werden, die Leistung sollte ca. 100 bis 120 PS betragen. Im Monat darauf wurde gar überlegt, den Fünfzylinder auch in den Porsche 924, der ja ohnehin in Neckarsulm gebaut werden sollte, zu implantieren. Dieser Plan wurde jedoch nicht umgesetzt, da hierzu aufwendige Änderungen an Lenkung und Vorderwagen notwendig gewesen wären. Bis dato betrug der Hubraum des Fünfzylinders noch 2,0 Liter, die sich bei unveränderten Hub-/Bohrungswerten aus dem 1,6-Liter-Vierzylinder ergaben. Im Juni 1974 wurden für die Entwicklung des Fünfzylinders 324.000 Stunden Konstruktion, Versuch und Versuchsbau sowie Entwicklungskosten über 18,2 Millionen DM bereitgestellt. Zu dieser Zeit war die Vorabstimmung an vier Motoren abgeschlossen sowie das Saugrohr und der Abgaskrümmer des Einspritzmotors entwickelt. Die Vorabstimmung der Vergaserversion war gelaufen, sie ergab etwa zehn Prozent weniger Leistung als beim Einspritzer. Ein erster Fünfzylinder hatte 900 Stunden Dauerlauf ohne Schäden überstanden. Das Entwicklungsrisiko wurde als minimal eingeschätzt, da fast nur erprobte und vorhandene Teile Verwendung fanden und alle Versuche ohne Störungen verliefen. Die Ölpumpe auf der Kurbelwelle und der Verteiler am Ende der Nockenwelle wurden erst bei späteren Motoren verwirklicht. Da der Hubraum des Fünfzylindermotors nicht wesentlich vergrößert werden konnte, war eine Leistungssteigerung auf 150 bis 160 PS nur durch Turboaufladung möglich. Der gelegentlich für diese Leistung diskutierte Kreiskolbenmotor wurde immer unwahrscheinlicher, trotzdem sollte der C-Typ weiterhin für den Einbau des KKM geeignet bleiben. Um noch bessere Fahrleistungen darzustellen, wurde im Oktober 1974 geplant, einen Fünfzylinder mit Turbolader und ca. 200 PS in das Motorenprogramm zu übernehmen. Am anderen Ende der Skala liefen Untersuchungen, aus dem EA 828 einen Fünfzylinder-Dieselmotor zu entwickeln, dabei ging man von 1,8 Litern Hubraum und 60 PS aus.

Die größte Herausforderung beim Audi Fünfzylinder im Vergleich zum Mercedes-Motor bestand nun in der Beherrschung des Massenausgleichs, da ein Ottomotor mit höheren Drehzahlen läuft als ein Dieselmotor. Zugunsten der Laufkultur war ein gleichmäßiger Zündabstand von 144° gesetzt. Mit dem dadurch gegebenen Kurbelstern von fünf mal 72° gibt es zwar keine Möglichkeit, die Massenmomente 1. und 2. Ordnung zu Null werden zu lassen, allerdings verschwinden die Massenkräfte 1. und 2. Ordnung (von denen Letztere bekanntlich beim Reihenvierzylinder besonders störend auftreten, da sie durch die in gleicher Frequenz auftretenden Gaskräfte verstärkt werden). Berechnungen zeigten, dass das Massenmoment 2. Ordnung als Störschwingungsanregung vernachlässigt werden konnte. Daher wurden die Kurbelwellenkröpfungen so angeordnet, dass sie das geringste Massenmoment 1. Ordnung und dabei die Zündfolge 1–2–4–5–3 erzeugen. Zusätzlich gelang es, die Einheit aus Motor und Getriebe als Frontantriebsblock so zu versteifen, dass Resonanzüberhöhungen und damit lästige Geräuschabstrahlungen vermieden wurden. Die Ausnutzung des Baukastenprinzips schaffte die Voraussetzungen, die folgenden Konstruktionsmerkmale zu übernehmen: Zylinderabstand 88 mm, Zylinderbohrung 79,5 mm, Bauhöhe von Kurbelgehäuse und Zylinderkopf, Bohrbild der Zylinderkopfschrauben, Anordnung von Ventilen, Zündkerzen und Einspritzdüsen, Gestaltung der Kurbelwellenlagergasse und des über die Mitte der Kurbelwelle herabgezogenen, steifen Kurbelgehäuses, zusammengegossene Zylinderlaufbuchsen sowie das Ventilspieleinstellsystem über Einstellplatten. Auf diese Weise konnten kostengünstig und wartungsfreundlich einige bereits entwickelte Komponenten des Vierzylinders weiterverwendet werden. Unter dem Strich handelte es sich um die Pleuel mit Lagerschalen und Schrauben, Kolbenbolzen und Kolbenringen, Zahnriemenräder, Wellendichtringe und das Thermostat sowie um alle

Steuerungsteile außer der längeren Nockenwelle und den größeren Ventilen. Durch die für den längeren Motor notwendigen Änderungen der Fertigungseinrichtungen bot sich die Gelegenheit, einige Verbesserungen des modifizierten 2-Liter-Motors und auch des mittlerweile entwickelten Audi 50-Motors mit zunächst 1,1 Litern Hubraum einfließen zu lassen, wie z. B. die direkt von der Kurbelwelle angetriebene, innenverzahnte Sichelölpumpe.

Der Hub des Basismotors von 80 mm wurde auf 86,4 mm vergrößert. Um der längeren Kurbelwelle trotzdem genügend Torsionssteifigkeit zu verleihen,

Besonders in der Heckansicht sticht die große Familienähnlichkeit mit dem VW Passat ins Auge.

Ausflug im Audi 100 L 5E mit Alufelgen in Floridablau – man schrieb noch Postkarten.

Die zweite Generation – Typ 43

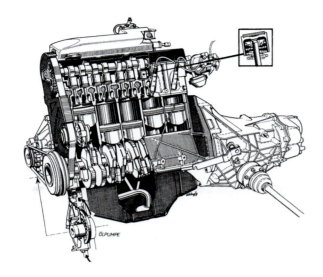

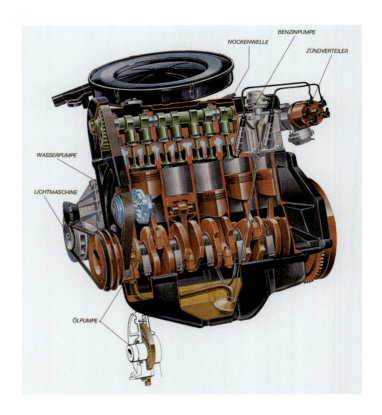

Oben: Einblick in den 2,2-Liter-Fünfzylinder-Einspritzmotor mit Details zum Tassenstößel im Ventiltrieb und zur direkt von der Kurbelwelle angetriebenen, innenverzahnten Sichelölpumpe.

Oben rechts: Schnitt durch den 115 PS leistenden Fünfzylinder-Vergasermotor 5S: Die Bezeichnung war etwas irreführend, weil sich das Aggregat mit Normalbenzin begnügte. Das änderte sich erst zum Modelljahr 1981, als mit einer Verdichtungsanhebung das Drehmomentmaximum zu niedrigeren Drehzahlen verlagert wurde.

wurde der Hauptlagerdurchmesser von 54 auf 58 mm erhöht. Über den Torsionsschwingungsdämpfer wurden mit bis zu drei Keilriemen die Lichtmaschine, die Lenkhilfepumpe und der Klimakompressor angetrieben. Der Brennraum konzentrierte sich um die Zündkerze und lag hauptsächlich im Zylinderkopf. Die Quetschfläche befand sich auf der Flanschseite gegenüber der Zündkerze. Die Durchmesser der Einlass- und Auslassventile wurden auf 38 bzw. 33 mm vergrößert und lagen damit trotz der um 7 mm kleineren Bohrung auf dem Niveau des jüngst überarbeiteten 2-Liter-Vierzylinders. Bei der Abstimmung des Saugrohrs stellte sich ein Sammelvolumen von rund 1,8 Litern mit fünf einzelnen, 270 mm langen Schwingrohren bis zum Zylinderkopf als Optimum heraus. Die Einspritzdüsen der K-Jetronic von Bosch wurden mit dicken O-Ringen in den Zylinderkopf gesteckt und ragten von oben in die Einlasskanäle. Diese Position unmittelbar vor den Einlassventilen wirkte potenziellen Problemen wie ungleichmäßiger Kraftstoffverteilung, einer Kraftstoffkondensation beim Kaltstart, unakzeptablem Kaltlaufverhalten im Winter und Schwierigkeiten beim Fahren in großer Höhe entgegen. Unterhalb der Ansaug- befanden sich die Auslasskanäle, die in einen zweiflutigen Graugusskrümmer mündeten. Um Wärmespannungen zu beherrschen, wurden die Abgase der Zylinder 3 und 4 in den einen, die der anderen drei Zylinder in den anderen Strang zusammengeführt, obwohl die Zusammenführungen 1+5 und 2+3+4 akustisch besser waren. Schließlich diente eine TSZ (Transistor-Spulen-Zündung) für eine präzise Zündeinstellung. Diese elektronische Zündanlage arbeitete mit einem Hall-Geber statt mit einem induktiven Unterbrecherkontakt und war dadurch wartungsfrei und weitgehend unabhängig von Schwankungen der Batteriespannung.

Nach einer Vorab-Präsentation kritisierten Journalisten, dass das Fünfzylindermodell von vorne nicht von den Vierzylindermodellen unterschieden werden könne. Unter dem Stichwort „Eingebaute Vorfahrt" wurde die Stilistik beauftragt, entsprechende Vorschläge auszuarbeiten. Weiterhin sollten hinsichtlich der vorgeschlagenen Bezeichnung „110" für das Fünfzylindermodell Überlegungen angestellt werden. Es blieb dann aber doch bei einem dezenten Frontspoiler und einer „5E"-Plakette im Frontgrill. Mit dem serienmäßigen Vierganggetriebe beschleunigte der 5E die 1170-kg-Limousine in 9,5 s aus dem Stand auf 100 km/h; die Höchstgeschwindigkeit betrug respektable 190 km/h. Zweifel an der Tauglichkeit und vor allem der Zuverlässigkeit einer ungeraden Zylinderzahl für den Antrieb einer Mittelklasse-Limousine konnte ein Dauertest der Zeitschrift „auto motor und sport" zerstreuen, den diese parallel zum Verlauf des Modelljahres 1978 durchführte. Neben auffällig wenig Mängeln, die das ganze Auto betrafen, lobten die Redakteure insbesondere Leistung, Laufruhe und Wirtschaftlichkeit des Audi 100 5E.

Der Fünfzylinder mit Vergaser

Auf dem 48. Genfer Salon vom 2. bis 12. März 1978 wurde für das folgende Modelljahr ein Fünfzylindermotor als Ablösung für den 2-Liter-Vierzylinder-Vergasermotor mit ebenfalls 115 PS (85 kW) vorgestellt. Der Vergasermotor „5S" konnte mit allen Ausstattungen kombiniert werden. Er basierte auf dem Einspritzmotor 5E und übernahm dessen Kurbeltrieb und mit identischen Werten bei Hub und Bohrung auch dessen Hubraum von 2144 cm³. Nur die Verdichtung wurde um eine Einheit auf 8,3 gesenkt, um einen Betrieb mit Normalbenzin zu ermöglichen. Weiter entsprachen auch der Ventiltrieb, die Anordnung der Hilfsaggregate, die Transistorspulenzündung und der Leichtmetall-Zylinderkopf der Einspritzversion. Neu entwickelt wurde die Saugrohrheizung aus stabförmigen PTC-Elementen, die ergänzend zur übli-

Die zweite Generation – Typ 43

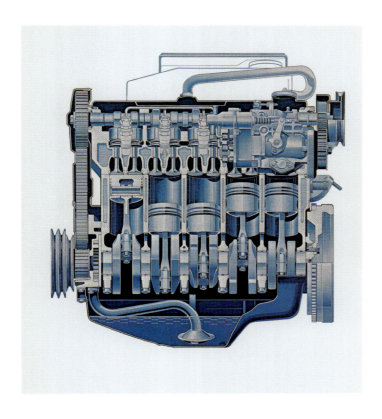

Innenansicht des dritten Fünfzylinders im Antriebsangebot des Audi 100: Der 2-Liter-Dieselmotor mit 70 PS. Oben rechts befindet sich die Verteilereinspritzpumpe, die über das hintere Ende der Nockenwelle von einem zusätzlichen Zahnriemen angetrieben wurde.

Audi 100 GL 5D in Floridablau – die Zeit der Signalfarben war vorbei.

chen Wasserheizung unter dem Vergaser angeordnet war. Die relativ große Oberfläche dieser, wegen ihrer Form „Igel" genannten, elektrischen Widerstände heizte sich innerhalb von Sekunden auf 180 °C auf und erwärmte das angesaugte Kraftstoff-Luft-Gemisch. Durch die Wärmezufuhr wurde die Gemischaufbereitung verbessert und die Kondensation von flüssigem Kraftstoff an den kalten Saugrohrwänden vermieden. Diese Einrichtung verbesserte nicht nur den Kaltstart, sondern reduzierte auch den Benzinverbrauch in der Warmlaufphase um bis zu 30 Prozent. Mit diesem Motor verbesserte Audi die Laufkultur und den Komfort gegenüber dem bisherigen Vierzylinderantrieb wesentlich. Das um 20 kg höhere Gewicht, der größere Hubraum, die höhere Zylinderzahl und die zugunsten der Auslegung auf das preiswertere Normalbenzin niedrigere Verdichtung zogen jedoch einen insgesamt höheren Verbrauch nach sich, der auf dem Niveau des deutlich stärkeren Einspritzmotors lag. In den Fahrleistungen blieb der Audi 100 5S mit einer Höchstgeschwindigkeit von 177 km/h und einer Beschleunigung von 0 auf 100 km/h in 11,2 Sekunden indes eine Nuance hinter seinem noch parallel angebotenen Vorgänger mit dem raueren Vierzylinder zurück. Erst zum Modelljahr 1981 wurde mit der Abstimmung auf Superbenzin und der Anhebung der Kompression auf 9,3 bei gleich gebliebener Nennleistung von 115 PS das maximale Drehmoment von 166 Nm auf 170 Nm erhöht und lag nun schon bei 3400 statt bei 4000 Umdrehungen pro Minute an. Das ermunterte zu einer niedertourigen Fahrweise, sodass der Verbrauch nicht nur im Testzyklus, sondern vor allem auch in Kundenhand um ca. einen Liter auf 100 km gesenkt werden konnte.

Der Fünfzylinder-Dieselmotor

Ebenfalls zum Modelljahr 1979 hielt der 5D-Motor mit 70 PS (51 kW) als erster Dieselmotor Einzug in den Audi 100. Er wurde zuerst anlässlich des Pariser Salons am 5. Oktober 1978 gezeigt und am 29. und 30. Oktober 1978 bei den Testtagen in Friedrichsruhe den Journalisten der Motorpresse präsentiert. Seine Feuertaufe hatte dieser Antrieb nach der „Audi 100 5D Weltfahrt" über 30.000 km in 44 Tagen vom 21. August bis zum 25. Oktober 1978 mit dem Journalisten Bodo Grosch und dem Audi Versuchsingenieur Jörg Bensinger dabei schon bestanden.

Grundlage für den neuen Fünfzylinder-Dieselmotor war der bereits im VW Konzern erprobte Vierzylinder-Dieselmotor mit 1,5 Litern Hubraum und 50 PS (37 kW). Ähnlich wie schon beim Benziner wurde ein Zylinder hinzugefügt und der Hub vergrößert. Der Bohrungsdurchmesser glich mit 76,5 mm dem Maß des Basismotors und war damit um 3 mm kleiner als bei den Ottomotoren. Der Hub hatte mit 86,4 mm bereits den Wert des vergrößerten Diesel-Vierzylinders mit 1,6 Litern und 54 PS (40 kW), wie er zum Modelljahr 1980 im Audi 80 erschien. Zusammen mit dem 2,4-Liter-Sechszylinder, der sowohl im konzerneigenen VW LT als auch bei Volvo Verwendung fand, entstand so eine Dieselmotoren-Baureihe mit einer einheitlichen Hub-/Bohrungsgeometrie. Auch im Zahnriemenantrieb der Nockenwelle, in der Ventilbetätigung, in der Lage der Ölpumpe direkt auf der Kurbelwelle und sogar im Brennverfahren mit stahlarmierten Wirbelkammern glichen sich alle drei Motoren, genauso wie im Antrieb der Nockenwelle über einen Zahnriemen vom Typ Pirelli-ISORAN-RH. Die Verteilereinspritzpumpe und die Einspritzdüsen

Die zweite Generation – Typ 43

Mit seinen 70 PS zog dieser Audi 100 L 5D auch Anhänger für 1 PS – auch wenn sich der Passagier derart unhöflich präsentierte.

waren auf der linken Motorseite angebracht. Wurde die Bosch-Pumpe beim Vierzylinder noch direkt vom Steuerriemen an der Vorderseite des Motors angetrieben, erfolgte dies beim Fünf- und Sechszylinder über einen zusätzlichen Zahnriemen, der auf der Schwungradseite von der Nockenwelle angetrieben wurde. Auch der Dieselmotor hatte auf seiner rechten Seite einen mit Schwingrohren ausgerüsteten Saugsammler. Auf dem vorderen Kurbelwellenende sorgte ein Torsionsschwingungsdämpfer für eine bessere Laufkultur und diente dabei als Riemenscheibe für Nebenaggregate wie Servopumpe oder Klimakompressor. Wegen der höheren Maximaldrücke waren die Kurbelwellen- und Pleuellager stärker dimensioniert als beim Ottomotor. Mit einer Höchstgeschwindigkeit von 150 km/h und einer Beschleunigung von 17,5 Sekunden von 0 auf 100 km/h spielte der Audi 100 5D die schwächste Geige im Antriebsorchester, kam dafür aber auch mit 6,8 Litern Dieselkraftstoff auf 100 km aus, wenn man sich dafür eine Stunde Zeit ließ. Im Versuchsstadium befand sich bereits eine abgasturbo-aufgeladene Variante mit 100 PS (74 kW). Sie wurde dann mit etwas weniger Leistung erst im letzten Modelljahr der Baureihe und vorerst nur in Nordamerika angeboten, dann aber auch im Typ 44 auf allen anderen Märkten.

Der kleine Fünfzylinder

Vier Jahre nach der Markteinführung des Typ 43 halbierte eine neue Fünfzylindervariante die große Leistungslücke zwischen den beiden schwächeren Ottomotoren. Sie wurde als besonders komfortable und sparsame Motorisierung entwickelt. Der gut 1,9 Liter große Vergasermotor stellte 100 PS (74 kW) bereit und wurde durch Hubraumverkleinerung aus dem 2,2-Liter 5S abgeleitet. Im Gegensatz zum Dieselmotor wurde hierfür jedoch nicht die Bohrung sondern der Hub verringert. Mit nur noch 77,4 mm konnte eine leichtere – und billigere – Kurbelwelle aus Sphäroguss verwendet werden. Außerdem reduzierte der verkleinerte Kolbenhub die Massenkräfte und verbesserte damit die Laufruhe des Motors erheblich. Davon profitierte auch die Akustik, obwohl im Sinne eines besseren Wirkungsgrades die Verdichtung mit 10 relativ hoch ausgefallen war. Ein Keihin-Registervergaser mit einer in der ersten Stufe nur 28 mm messenden Drosselklappe verbesserte insbesondere den Teillastverbrauch. Um die eingangs erwähnten Entwicklungsziele zu erreichen, erhielt der Motor außerdem eine Startautomatik und eine DLS genannte, digitale Leerlauf-Stabilisierung. Letztere hielt den Leerlauf unter allen Umständen bei der relativ niedrigen Drehzahl von 800/min. Damit lag der Verbrauch des Audi 100 5 auf dem Niveau des Audi 100 mit dem 1,6-Liter-Vierzylinder. Er absolvierte die Beschleunigung von 0 auf 100 km/h in 12,9 s und erreichte eine Höchstgeschwindigkeit von 170 km/h.

Gerührt, nicht geschüttelt

In der Entwicklungsgeschichte zum C-Modell tauchte er bereits mehrmals auf: Obwohl der KKM 871, der Kreiskolbenmotor mit dem Entwicklungsauftrag 871, letztlich nicht zum Serieneinsatz kam, muss die Bedeutung dieses Motors im Zusammenhang mit dem Typ 43 doch angerissen werden. Nach der Pionierleistung des Einscheibenwankels im NSU Wankel Spyder versuchte der NSU Ro 80 seit 1967, das neue Motorenprinzip durchzusetzen. Die Gemengelage aus anfänglichen Kinderkrankheiten, dem höheren Verbrauch und zunehmend verschärften Abgasgrenzwerten vereitelten jedoch einen wirtschaftlichen Erfolg dieses auch Jahrzehnte später noch modern wirkenden Wagens. Trotzdem wurden weitere Generationen entwickelt, denn mittlerweile war Audi NSU Lizenzgeber für namhafte Autohersteller wie Citroën und Mazda. Genau der oben genannte Zweischeibenmotor der vierten Generation sollte auch beispielhaft für die Lizenznehmer entwickelt werden.

Die Anforderungen an diesen Antrieb waren schnell umrissen: Er sollte in Leistung, Verbrauch und Laufruhe einem 3-Liter-Sechszylinder-Hubkolbenmotor, bezüglich Gewicht und Einbauraum jedoch einem 2-Liter-Vierzylinder entsprechen. Das Wankel-Zentrum in Neckarsulm, das seit 1954 an der Entwicklung des Kreiskolbenmotors arbeitete, bevorzugte für den Ladungswechsel den Seiteneinlass gegenüber dem Umfangseinlass. Ausgeführt als Doppel-Seiteneinlass bot er Vorteile in Laufkultur und Akustik. Er war außerdem unempfindlicher in der Abstimmung des Ansaug- und Auspuffsystems und eignete sich auch für handelsübliche Hubkolbenmotor-Fallstromvergaser. Auf die beim Ro 80 noch so anfällige Vakuumpumpe zur Bremskraftverstärkung konnte verzichtet werden.

Ein hoher Wirkungsgrad und geringe Emissionen bedürfen eines niedrigen Verhältnisses von Brennraumoberfläche zu ihrem Volumen. Die langgezogenen Sicheln aller Wankel-Varianten weisen hier auch in punkto Klopfempfindlichkeit prinzipiell Nachteile auf. Mit einer modifizierten Innengeome-

trie ergab sich der beste Kompromiss zwischen Kompaktheit und Verdichtungsverhältnis. Trotzdem blieb die hohe Emission unverbrannter Kohlenwasserstoffe bis zum Schluss ein Entwicklungsschwerpunkt. Die Kammervolumina der beiden Scheiben betrugen jeweils 747 cm³. Aus den Erkenntnissen der dritten Generation übernahm man die Längsstromkühlung, die gegenüber der radialen Führung des Kühlmittels für eine homogenere Wärmeverteilung auf etwas höherem Temperaturniveau sorgte. Das für den Ro 80 in seinen letzten beiden Modelljahren bewährte Dichtungskonzept des Brennraums wurde prinzipiell übernommen, aber weiter optimiert. Die Rückkehr auf die schon zur Präsentation des Ro 80 eingeführte, dann aber wieder aufgegebene Doppelzündung gewährleistete eine schnellere und verlustärmere Verbrennung. Zu deren Versorgung vertrauten die Ingenieure auf eine Transistor-Zündung mit zwei unabhängigen Verteilern. In der Vergaservariante leistete der KKM 871 rund 170 PS bei 6500/min und hatte ein maximales Drehmoment von 212 Nm bei 4000/min. Ein Variante mit der Benzineinspritzung K-Jetronic von Bosch konnte vor allem im Verbrauch punkten. Mit ihr konnten die Vergleichswerte der oben genannten Sechszylinder-Konkurrenz teilweise unterboten werden.

Nachdem mehrere Exemplare Tausende von Stunden am Prüfstand erprobt worden waren, Stadtdauerläufe und 1974 sogar Serien-Freigabeläufe absolviert haben, gab es keine technischen Einwände mehr gegen den Einsatz des KKM 871 im neuen Flaggschiff der Audi NSU Auto Union AG,

Das Zollei (die ovalen Ausfuhrkennzeichen gab es nur noch bis einschließlich 1988) kennzeichnet ein Exemplar der Wankel-Flotte, mit der Audi NSU 1977 seine Lizenznehmer bei Laune hielt.

Oben: Zum Modelljahr 1981 führte Audi den kleinen Fünfzylinder „5" im Audi 100 Avant ein; hier ein GL in Indianarotmetallic. Gleichzeitig wurden die Stahlfelgen weniger bauchig gestaltet, erhielten geänderte Radkappen und die acht dreieckigen Ausschnitte am äußeren Umfang hatten nun grade Kanten.

Die zweite Generation – Typ 43

dem Audi 100, oder sogar noch im Ro 80. Dass es doch nicht dazu kam, lag wohl am Kostenrisiko und den beteiligten Entscheidungsträgern. Das Motto des 1971 für einige Monate an der Spitze von Audi NSU stehenden Rudolf Leiding hieß: „Anpacken und sehen, was herauskommt!" Unter seiner anschließenden Leitung des VW Vorstands konnte der Kreiskolbenmotor sogar zu turboaufgeladenen Varianten entwickelt werden, die 230 PS leisteten. Doch die teure Abgasnachbehandlung und die drastisch gestiegenen Kraftstoffpreise standen dem Einsatz eines gut 170 PS starken Aggregats entgegen. Diese Leistung ließ sich mit einem aufgeladenen Fünfzylinder risikoärmer und kostengünstiger darstellen, dessen Grundmotor in hohen Stückzahlen gesichert war. Der KKM wäre hingegen immer ein Sonderfall geblieben – in den Investitionen, in den Bauteilen und letztlich auch im Vertrieb und im Kundendienst. 1975 übernahm Toni Schmücker den Vorstandsvorsitz des VW Konzerns in einer denkbar schlechten Lage, denn der Erfolg der neuen Fronttriebler Passat und Golf mit wassergekühlten Quermotoren war noch ungewiss. Der als „Rechner" bekannte Schmücker duldete weitere Erprobungen, doch echte Chancen auf einen Serieneinsatz im neuen Audi 100 hatte der KKM 871 nun nicht mehr. Trotzdem wurde Ende 1976 beschlossen, diesen Motor international zu präsentieren. Denn nach wie vor galt es, Gebühren zahlende Lizenznehmer und NSU-Wankel-Genussschein-Inhaber zu befriedigen. Der aerodynamisch vorteilhaftere Ro 80 kam nicht mehr in Frage, da seine Produktionseinstellung bereits beschlossen worden war. Also wurde eine Kleinserie von 20 Typ 43-Fahrzeugen in GL-Ausstattung mit dem KKM 871 aufgelegt und mit landesspezifischen Anpassungen in den USA, in Japan und Europa vorgestellt. In Übersee war insbesondere General Motors interessiert an einem Lizenznachbau. Für diesen potenziellen Kunden gaben sich auch Technikvorstand Piëch und sein Chef Dr. Habbel die Ehre, ebenso waren der Leiter der Technischen Entwicklung Neckarsulm, van Basshuysen, und der Leiter von Marketing und Lizenz, Dr. Caspari, mit von der Partie. Schließlich hatten bereits 1975 der Mazda-Produzent Toyo Kogyo und General Motors einen Erfahrungsaustausch vereinbart, der die Entsendung von Ingenieuren und Technikern von GM zu Toyo Kogyo nach Hiroshima vorsah. Doch auch bei GM folgte auf einen dem Wankel-Prinzip wohlgesonnenen Chef ein eher skeptischer Konzernlenker. Insgesamt hinterließ die aufwendige Publicity-Aktion einen zwiespältigen Eindruck: Einerseits wollte ihr Initiator Ferdinand Piëch etwas Beständigkeit zum NSU Erbe demonstrieren: „Wir wollen die Lizenznehmer ermutigen, die etwas die Flügel hängen lassen." Andererseits waren die Produktionseinstellung des Ro 80 und die Entwicklung von Fünfzylindermotoren – auch bis in die vom KKM 871 reichende Leistungsregion – beschlossene Sache. Immerhin wurden noch zwei Audi 200 mit 170 und 180 PS starken Motoren ausgerüstet, von denen der Stärkere dem Audi Chef Habbel als Dienstwagen zur Verfügung stand. Im April 1979 schließlich verkündete der Audi NSU Vorstand offiziell, die Serienproduktion von Kreiskolbenmotoren des Typs 871 nicht aufzunehmen. Der wichtigste Lizenznehmer Toyo Kogyo legte Wert darauf, dass diese Entscheidung erst nach der Europa-Präsentation des in den USA bereits erfolgreichen Mazda RX-7 veröffentlicht wurde.

Getriebe

Alle Ottomotoren – mit Ausnahme des 1,9-Liter-Fünfzylinders – konnten alternativ zum Viergang-Handschalt-Getriebe mit einem Dreigang-Automatikgetriebe kombiniert werden. Das Differenzial war frontantriebstypisch jeweils im Getriebegehäuse integriert.

Mit dem 85-PS-Motor aus dem Audi 80 wurde auch dessen „B"-Handschaltgetriebe aus der kleineren Baureihe übernommen. Als Anpassung an das schwerere Fahrzeug wurden die Lager der Eingangs- und Abtriebswellen sowie die Triebsätze verstärkt. Die durch die größere Kupplungsscheibe verursachte erhöhte Synchronisierarbeit wurde mit molybdänbeschichteten Messing-Synchronringen am 2. und 3. Gang kompensiert.

Für die stärkeren Motoren wurde das kräftiger dimensionierte „C"-Getriebe verwendet, das sich bereits im letzten Modelljahr des alten Audi 100 und im Porsche 924 im Einsatz befunden hatte. Seine wesentlichen Merkmale waren die Lagerung der Abtriebswelle mit Kegelrollenlagern in X-Anordnung, eine Borg Warner-Synchronisierung, auf der Antriebswelle aufgepresste Festräder für den 3. und 4. Gang sowie die Rückwärtsgangverzahnung direkt auf der Schiebemuffe des 1. und 2. Gangs. Die Längenausdehnungsdifferenz zwischen der Abtriebswelle und den Gehäuseteilen wurde durch die Ausführung der vorderen Gehäusehälfte in Aluminium und der hinteren Gehäusehälfte in Magnesium berücksichtigt. Eine Schraube im Getriebegehäuse diente nunmehr nur noch der Kontrolle des Ölstands, da die Erstbefüllung auf Lebensdauer weitere Wechselintervalle überflüssig machte.

Das auf Wunsch erhältliche Dreigang-Automatikgetriebe mit Drehmomentwandler wurde in unterschiedlicher Ausführung schon in vielen Fahrzeugen des VW Konzerns eingebaut. Auch im Vorgänger des neuen Audi 100 wurde es schon ein halbes Jahr zuvor eingesetzt. In Verbindung mit dem 2-Liter-Motor beträgt die Anfahrwandlung 2,4 und die Festbremsdrehzahl 2200/min in Höhe Ingolstadt. Nach der Einführung zahlreicher Abgasnachbehandlungsmaßnahmen stellte der Unterdruck im Motoransaugsystem keine zuverlässige Steuergröße mehr für die Gangwahl dar. Stattdessen wurden nun die Modulation des Getriebeöldrucks und eine direkte mechanische Verbindung mit dem Gaspedal verwendet, um das Fahrprogramm zu beeinflussen.

Fahrwerk

Zwei wesentliche Entwicklungsziele des neuen Audi 100 waren ein komfortableres und schluckfähigeres Fahrwerk, sowie eine leichtgängigere und genauere Lenkung. Die bisherige Doppelquerlenker-Vorderachse erwies sich in dieser Hinsicht als nicht weiter verbesserungsfähig. Daher wurde eine McPherson-Achse eingesetzt, die mit ihrer großen Stützbasis deutlich weniger toleranzempfindlich ist. Ein gummiisolierter Fahrschemel, der auch die hintere Triebwerkslagerung aufnimmt, konnte nun Getriebegeräusche und über die Querlenker übertragene Abrollgeräusche effizienter vom Innenraum fernhalten. Das Federbein wurde unten über einen geschmiedeten Querlenker und einen als Zugstrebe wirkenden Stabilisator geführt. Mit dieser Kombination war es möglich, die Längsfederung ohne Beeinträchtigung der

Quersteifigkeit zu definieren und damit einen hohen Abrollkomfort ohne Beeinflussung der Lenkungselastizität zu gewährleisten.

Trotz des innerhalb der Feder stehenden Dämpferbeins wurde dessen karosserieseitige Lagerung getrennt von der Federung und mit einer progressiven Kennlinie ausgeführt. Durch diese Anordnung wurden hochfrequente Schwingungen besser isoliert. Zusätzlich sorgten ein besonders gleitfähiges Dämpferöl, teflonbeschichtete Dämpferkolben und eine reibungsarme Kolbenstangenlagerung in Verbindung mir einer querkraftfrei angeordneten Schraubenfeder für ein verbessertes Ansprechen auf kleine Unebenheiten. Für den Austausch konnte die Stoßdämpferpatrone bei eingebautem Federbein nach oben herausgenommen werden – ohne das Fahrzeug anzuheben.

Wie schon sein modellgepflegter Vorgänger verfügte natürlich auch der neue Audi 100 über den spurstabilisierenden Lenkrollradius und ein diagonal aufgeteiltes Zweikreis-Bremssystem mit Scheiben vorn und Trommeln hinten. In der Fünfzylinder-Ausführung waren die Bremsscheiben innenbelüftet. Für ein spontanes Ansprechverhalten auf Lenkbefehle werden die Vorderräder üblicherweise mit einer leichten Vorspur eingestellt. Um den damit erzeugten negativen Einfluss auf den Reifenverschleiß zu vermindern, wurde im neuen Audi 100 ein negativer Sturz von –1° eingestellt. Weil sich damit auch bei gegebener Seitenkraft kleinere Schräglaufwinkel ergeben, haben auch die Hinterräder wieder einen leicht negativen Sturz. Die Lenkung basierte im Prinzip auf der Zahnstangenlenkung des Audi 80. Bei der auf Wunsch lieferbaren Servolenkung wurde der Arbeitszylinder in das Lenkgehäuse integriert. Die Spurstangen konnten durch die mittige Anlenkung mit größtmöglicher Länge ausgeführt werden, was bei der McPherson-Achse umso besser ist, je höher die Spurstangen am Federbein angreifen. Mit einer Teflonbeschichtung des Druckstücks der Zahnstangenführung wurden gleichzeitig Leichtgängigkeit und Klapperfreiheit bei Stoßanregung erreicht. Die Lenkungsübersetzungen betrugen bei der manuellen Lenkung 25,0 und bei der Servolenkung 19,7 in der Mittellage und nahmen mit zunehmendem Lenkeinschlag ab. Mit höherer Fahrzeuggeschwindigkeit nahm die Servounterstützung durch Abregeln der Pumpenfördermenge ab, sodass die Forderungen nach geringen Lenkkräften in der Stadt und beim Rangieren und ein guter Fahrbahnkontakt bei schneller Fahrt erfüllt werden konnten.

Die Hinterachse wurde als Torsionskurbelachse aufgebaut, so wie auch schon beim Vorgänger und vielen Ahnen bis zurück in die DKW Zeit. Diese Form der Starrachse weist deren Vorteile wie Spur- und Sturzkonstanz, einen einfachen und damit kostengünstigen Aufbau auf. Gleichzeitig vermeidet sie aber deren Nachteile wie hohes Gewicht – wegen des Frontantriebs gab es kein Differenzial- und Umlenkgetriebe an der Hinterachse – und weiche Längsführung, indem sich die Achse an stabilen Längslenkern und nicht an Blattfedern abstützt. Der für die Aufnahme der Querkräfte zuständige Panhardstab wurde nun nicht mehr schräg, sondern parallel zur Drehachse quer gelegt. So konnten die Querkräfte über weite Federwege ohne Komponente auf die Längslenkerlager und damit ohne den bei Verwendung des Panhardstabs sonst unvermeidbaren, aber unerwünschten Lenkeffekt aufgefangen werden. Die Schraubenfedern wurden getrennt von den Stoßdämpfern angeordnet.

Oben: Dieser Audi 100 GLS wirbelte nicht nur auf losem Untergrund eine Menge Staub auf.

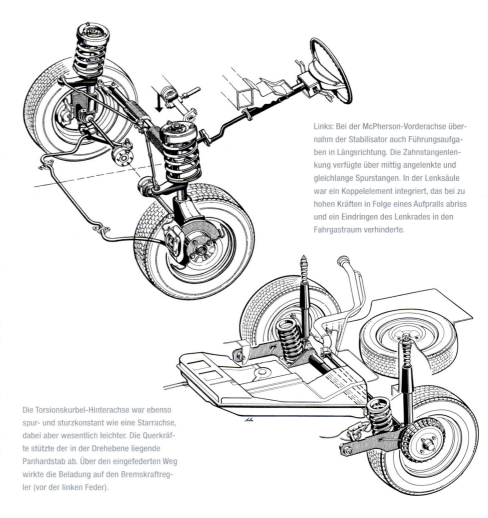

Links: Bei der McPherson-Vorderachse übernahm der Stabilisator auch Führungsaufgaben in Längsrichtung. Die Zahnstangenlenkung verfügte über mittig angelenkte und gleichlange Spurstangen. In der Lenksäule war ein Koppelelement integriert, das bei zu hohen Kräften in Folge eines Aufpralls abriss und ein Eindringen des Lenkrades in den Fahrgastraum verhinderte.

Die Torsionskurbel-Hinterachse war ebenso spur- und sturzkonstant wie eine Starrachse, dabei aber wesentlich leichter. Die Querkräfte stützte der in der Drehebene liegende Panhardstab ab. Über den eingefederten Weg wirkte die Beladung auf den Bremskraftregler (vor der linken Feder).

Die zweite Generation – Typ 43

Rechts: Das kontrastarme, Ton in Ton gehaltene Interieur der ersten Typ 43 nach Entwürfen von Prof. Nestler, im GL mit sieben verstellbaren Ausströmern für die Breitbandbelüftung.

Ganz rechts: Der Entfall der Holzdekorleiste an der Armaturentafel und ein neues Lenkrad kennzeichneten das Facelift im Interieur. Den Schalthebel umfasste nach wie vor ein gewaltiger Faltenbalg.

Raumgefühle

„Hand in Hand mit der Überarbeitung der Merkmale optisch-ästhetischen Wohlbefindens ging die Entwicklung der Attribute, die mit den anderen Sinnesorganen erfasst werden. Dies betrifft: die Innenraumakustik, die Radiowiedergabe, die Heizung/Lüftung/Klimatisierung, den Federungs- und Sitzkomfort", dichtete die Presseabteilung zur Markteinführung.

Zur Gestaltung des Innenraums machte sich Audi einige grundlegende Gedanken, zu denen auch der bekannte Innenarchitekt Prof. Paolo Nestler von der Münchener Akademie der Schönen Künste hinzugezogen wurde. Diese führten zu einer Rückbesinnung auf die subjektiv wünschenswerten Innenraummerkmale. So stellte man zunächst einmal fest, dass jeder Fahrgastraum einen Kleinraum oder eine Zelle darstellt, dessen Volumen nur etwa ein Zwanzigstel eines durchschnittlichen Wohnraums ausmacht. Diese objektive Enge sollten die Innenraumgestalter – heute würde man Interieur-Designer sagen – durch Einbeziehen der Umgebung visuell erweitern und die sich in unmittelbarer Nähe befindlichen Flächen in Farbe, Form und Material so abstimmen, dass man sich genauso behaglich fühlt wie in seinem heimischen Wohnzimmer. Für mehr Licht und Sicht in diesem Sinne sorgten zunächst mal die vergrößerten Fensterflächen. Weiter bemühte man sich um eine formale Einheit der Inneneinrichtung, indem sich etwa der Sitzbezugstoff auch in den Türverkleidungen wieder fand. Den besonderen Einfluss Prof. Nestlers spürte man in der Farbgebung. Er plädierte für die Vermeidung von harten Kontrasten und insbesondere der Farbe Rot, die nach seiner Meinung zur Aggression reizten. Deshalb wurden schwarze Kunststoffoberflächen und glänzende Chromelemente aus dem Interieur verbannt. In der damaligen Pressemitteilung zur Modelleinführung wurde formuliert, man habe „bewusst alle einst so modischen Anklänge an Flugzeug-Cockpits – oder wie Stilisten sich diese vorstellten – vermeiden" wollen und eine „entspannte Atmosphäre schaffen wollen, wie sie vor allem auch von Frauen geschätzt" werde. Die Realität düsterer Plastikwüsten – auch in Audi Fahrzeugen – holte die erste Aussage spätestens in den 80er Jahren ein, während man mit der zweiten die entscheidende Rolle der besseren Hälfte beim Autokauf schon früh erkannt hatte. Auch bei den Außenfarben stand ein Wechsel bevor: Die zu Beginn der 1970er Jahre noch sehr beliebten Signalfarben fielen in der Käufergunst mehr und mehr zurück. Knalliges Rot, grelles Gelb oder giftges Grün wurden verbannt und nur in gedämpfter Form angeboten.

Sitze und Armaturen

Die Sitze wurden aus Vollschaum aufgebaut, deren stark dämpfende Polster im Schwingungsverhalten auf das Fahrwerk abgestimmt wurden. Während der Entwicklung diente unter Anderem ein Peugeot 604 als Vergleichsfahrzeug, der insgesamt eine sehr geringe Stuckerneigung zeigte. Die Gurtschlösser der vorderen Sicherheitsgurte wurden bereits direkt am Sitz befestigt und ermöglichten so bei jeder Sitzstellung eine gute Schlosszugänglichkeit sowie einen optimalen Gurtverlauf. Die Aufrollautomaten wurden in die B-Säulen-Verkleidung integriert. Auf Wunsch konnten auch die Rücksitze mit Automatikgurten ausgerüstet werden. In diesem Fall waren die Gurtrollen funktionssicher – auch bei extremer Kofferraumbeladung – unter der Hutablage untergebracht. In den Ausstattungen L und GL wurden die Armlehnen und Ablagen in die energieabsorbierenden Türverkleidungen integriert. Die erforderliche Nachgiebigkeit des Armaturenbretts im möglichen Kopfkontaktbereich wurde durch eine entsprechende Formgebung und die Verwendung eines sogenannten Pres-Tock-Materials gewährleistet. Die Hutze über dem Kombiinstrument wurde wartungsfreundlich separat an der Schalttafel

Die zweite Generation – Typ 43

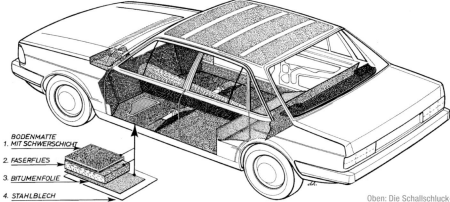

befestigt. Die Anzeigen selbst waren im Interesse optimaler Ablesbarkeit in weiß auf schwarzem Hintergrund gehalten und hinter einer Kunststoffscheibe angeordnet. Diese war so schräg gestellt, dass nur die obere dunkle Hutzeninnenseite in ihr reflektierte und so unerwünschte Spiegelungen vermied.

Prima Klima

Der neue Audi 100 erhielt eine rein luftseitige Heizungsregelung, zu deren Vorteilen die sehr schnelle Reaktion auf Temperatureinstellungen und die geringere Abhängigkeit der Heizleistung vom Fahrzustand gehörten. Ein Nachteil und damit Grund ihres geringen Verbreitungsgrades ist der relativ große Bauraumbedarf. Um den sehr hohen Luftdurchsatz mit einem niedrigen Geräusch kombinieren zu können, fiel die Heizungsanlage im neuen Audi 100 ungewöhnlich groß aus. Die Heizleistung hätte ausgereicht, um den Wärmebedarf eines Einfamilienhauses zu decken – bei einer Außentemperatur von –20 °C kann sie den Innenraum auf +30 °C erwärmen. Mit einem Luftdurchsatz von 6 kg/min oder 5 m³/min ergab sich eine Heizleistung von 7300 kcal/h oder 8,8 kW. In der Mischkammer integrierte man eine Temperaturspaltung, um den Insassen warme Füße und einen kühlen Kopf zu bescheren. Mit bis zu sieben Ausströmern, die über die gesamte Breite des Armaturenbretts verteilt waren, wurde soviel Querschnittsfläche bereit gestellt, dass trotz der Rekordmenge von 10,5 kg/min keine störende Zugluft auftrat. Letztgenannte ist bekanntlich besonders an heißen Sommertagen unangenehm, wenn Luft aus gerichteten „Düsen" mit hoher Geschwindigkeit direkt auf die feuchte Haut strömt. Sowohl von Kunden als auch von der Presse wurden die Heizleistung, das leise Gebläse und die zugarme Luftführung immer wieder gelobt.

Auf Wunsch konnte auch der neue Audi 100 ab der 2-Liter-Motorisierung mit einer echten Klimaanlage bestellt werden. Dazu wurde der Heiz- und Lüftungsanlage im Wasserkasten eine Verdampfereinheit vorgeschaltet. Schon in Hinblick auf den US-Markt wurde die Klimaanlage von vornherein in das Belüftungs- und Heizungskonzept integriert. Der Kompressor lief ständig mit, verbrauchte aber nur soviel Leistung, wie die Kälteanlage anforderte. Da die Luftmenge und ihre Verteilung in einem Programm mit der Temperatur gekoppelt waren, erfolgte die Bedienung über einen einzigen Hebel.

Pssst!

Mit einem Paket aufeinander abgestimmter Maßnahmen konnte eine deutliche Geräuschsenkung gegenüber dem Vorgängermodell erreicht werden. Beim Motor als dominierender Geräuschquelle gelang dies im besonderen Maße durch die Entwicklung des kultivierten Fünfzylinder-Aggregats und die Umstellung auf eine obenliegende Nockenwelle beim bisherigen 1,9-Liter-Triebwerk. Alle Motoren wurden mit stark verrippten Getriebeeinheiten zu besonders steifen und resonanzarmen Antriebseinheiten verbunden. Der gummigelagerte Fahrschemel, der Getriebe- und Rollgeräusche wirksam isolierte, wurde bereits im Fahrwerkskapitel beschrieben.

Für die Schallisolierung des Innenraums wurde ein neues System entwickelt, mit dem auch das Grundmodell ausgestattet war. Das System bestand aus einem den gesamten Wagenboden und die Motortrennwand bedeckenden Teppichformteil, das mit einer schweren und hochdämpfenden Kunststoffschicht direkt beschichtet war. Diese Wanne bildete mit einem überwiegend 30 mm starken Baumwollvlies, auf dem sie quasi schwimmend gelagert war, ein Feder-Masse-System mit sehr guter Schalldämmung. Im Bereich der Vordersitze gab es eine Überlappung zwischen Vorder- und Hinterteil, die beide mit der tragenden Struktur nur an den kaum schwingenden Karosserierändern verbunden waren. Dadurch entsprach die Schalldämmung an der Stirnwand einer 20 cm dicken Ziegelwand. Natürlich wurde auch noch die Abgasanlage mit drei großvolumigen Schalldämpfertöpfen den neuen Anforderungen angepasst.

Oben: Die Schallschluckwanne erhöhte den Geräuschkomfort nicht nur gegenüber dem alten Audi 100 erheblich. Ein Audi 100 GL 5E wurde sogar besser gemessen als sechszylindrige Wettbewerber.

Links: Die Instrumentenhaube des Audi 200 enthielt am rechten Rand die Schalter für die heizbare Heckscheibe und die Nebelschlussleuchte/Nebelscheinwerfer sowie – falls bestellt – für die Geschwindigkeitsregelanlage und die Sitzheizung.

Die zweite Generation – Typ 43

Elektrik und Radio

Der neue Audi 100 besaß drei funktional zusammenhängende Teilleitungssätze für den Motor, die Schalttafel und die Schlussleuchten, die an der Zentralelektrik zusammenliefen. Um Fehlverbindungen auch schon bei der Montage zu vermeiden, wurden die Kontakte dieser Leitungssätze in Sammelsteckern gruppiert. Die Zentralelektrik wurde unter einem Deckel wassergeschützt und gut zugänglich an der linken Seite des Wasserkastens untergebracht. An der zur Fahrzeugmitte gewandten Seite befanden sich die Anschlüsse für die Leitungssätze, auf der linken Seite 17 Sicherungen und 11 Relaisplätze, die für die serienmäßige Ausstattung und Sonderwünsche ausreichten. Die wichtigsten Schalter für Blinker und Scheibenwischer-/wascher, aber auch für Licht und Warnblinkanlage wurden zwecks optimaler Erreichbarkeit als Hebel direkt an der Lenksäule angebracht. Diesem Prinzip sollte Audi trotz steter Kritik der Fachpresse bis in die 1990er Jahre treu bleiben. Die Prallplatte des Lenkrads diente als Betätigung für die Hupe. Weitere Schalter befanden sich in der Schalttafel auf Höhe der Luftausströmer, diejenigen für eventuell vorhandene Fensterheber in der Mittelkonsole. Rechteckige Scheinwerfer boten angemessenes Abblend- und Fernlicht, vor allem in der ab der L-Ausstattung serienmäßigen H4-Version. Die Blinkleuchten bildeten optisch eine nach außen geführte Verlängerung der Hauptscheinwerfer. Die für alle Varianten erhältliche Nebelschlussleuchte, beim GL Serie, war in der Schlussleuchtenkombination integriert.

Alle über das Zubehörprogramm angebotenen Radiogeräte verfügten über einen Verkehrsfunkdekoder, der über eine Kontrollleuchte signalisierte, ob der im UKW-Bereich eingestellte Sender Verkehrsfunkdurchsagen übermittelte. Eine akustische Abstimmhilfe schaltete auf Wunsch alle Sender ohne Verkehrsfunk stumm. Einige höherwertige Geräte boten zusätzlich eine automatische Umschaltung auf Verkehrsfunk. Bei einem eingestellten Verkehrsfunksender mit stummgeschaltetem Lautsprecher oder Musik von der Kassette wurde bei Verkehrsfunkdurchsagen mit Kennungston die Durchsage automatisch eingeschaltet und danach wieder auf stumm bzw. Kassette zurückgeschaltet. Für den Lautsprechereinbau gaben sich die Ingenieure besonders viel Mühe. Unter den Lautsprecherchassis waren Schallkörper nach dem Prinzip der heimischen HiFi-Boxen angebracht und führten so zu einer für damalige Verhältnisse guten Klangwiedergabe.

Wartung und Reparatur

Der Pflegedienst einschließlich Ölwechsel war zweimal jährlich oder alle 7500 km, die Wartung alle 15.000 km oder einmal jährlich fällig. Das Fahrwerk inklusive seiner Aufhängungen, Antriebswellen und -gelenke sowie alle Schlösser waren wartungsfrei. Motor und Getriebe konnten unabhängig voneinander ausgebaut werden, beim Motor hatte man die Wahl, ihn nach oben oder unten herauszunehmen.

Für einen verbesserten Korrosionsschutz wurden schwer zugängliche Winkel und Ecken durch Anbauteile vor Schmutzablagerungen abgeschottet. Unterboden, Radhäuser und außenliegende, durch Steinschlag gefährdete Karosserieteile, wurden mit zäh-elastischem PVC-Unterbodenschutz geschützt. In der Rückschau müssen diese wohlgemeinten Maßnahmen gleichwohl als unzureichend bewertet werden. Erst zum letzten Modelljahr 1982 hielt eine wirkungsvolle Hohlraumkonservierung auf Wachsbasis Einzug in die Karosserien.

Schon während der Entwicklung wurden Schadenshäufigkeit und -umfänge untersucht sowie systematisch Arbeits- und Zeitstudien in Zusammenarbeit mit dem eigenen Kundendienst und dem Allianz-Forschungszentrum durchgeführt. So konnten die Reparaturkosten beschädigter Fahrzeuge reduziert werden, z. B. durch geschickte Definition von Karosserieabschnitten und Teilstücken, geschraubte Vorderkotflügel, große Ausbeulöffnungen, Angleichung der fertigungsbedingten an die unfallbedingten Trennstellen, eine garantiert ausreichende Festigkeit der Karosserie nach der Instandsetzung und die reparaturfreundliche und schadenmindernde Anordnung der Aggregate im Motorraum.

Rechts: Einer der nur knapp 15.000 Mal gebauten Zweitürer bekommt etwas Wachs unter die Haube.

Unten: Manufakturwerk Neckarsulm – der Einsatz von Schweißrobotern ließ noch etwas auf sich warten.

Die sonst hinter der linken C-Säule neben dem Kofferraumdeckel platzierte Antenne war beim Avant in einem eigenen, runden Einsatz in der Seitenwand integriert.

Die zweite Generation – Typ 43

Audi 100 Avant GL in Castellgelb. Ein ganz ähnliches Auto war als 5S mit dem Kennzeichen „K-WR 114" Protagonist der ARD-Sendung „Der 7. Sinn".

Große Klappe – der Audi 100 Avant

Der Audi 100 Avant wurde 1977 zum zweiten Modelljahr des Typ 43 vorgestellt. Obwohl die „wagenbreite" und am Dach angeschlagene Heckklappe vor allem funktionale Gründe hatte, wurde das Aussehen des neuen Avant von Audi eifrig als dynamisch, eindrucksvoll und progressiv beschrieben. Dabei war gerade in der Heckansicht eine große Ähnlichkeit mit dem 1973 erschienenen VW Passat nicht zu leugnen. Die Karosserie beruhte auf der viertürigen Limousine, war jedoch um 93 mm kürzer. Die in der Klappe integrierte Heckscheibe und ihr verlängerter Blechrücken bildeten einen leichten Knick, der in der Seitenansicht durch gerade Verbindungen zwischen Dach- und Heckabschluss kaschiert wurde. Die sich dadurch ergebende Vertiefung hatte man bereits 1965 beim Renault 16 gesehen, aber auch bei vielen Schräghecк- und Coupé-Modellen danach bis in die heutige Zeit. Dieser Einzug hilft, während der Fahrt aufgewirbelten Schmutz von der Heckscheibe fernzuhalten. Damit musste der nur beim Avant optional erhältliche Heckwischer nicht ganz so oft in Aktion treten. Der Gepäckraum war komplett mit Teppich ausgekleidet. Durch Umlegen der Rücksitzbank an ihrem vorderen Ende und der Rücksitzlehne an ihrem unteren Ende nach vorne ergab sich ein ebener Gepäckraumboden, der nebenbei auch durch die beiden Fondtüren zugänglich war. Hinter dem Radhaus auf der rechten Seite waren Werkzeug und Wagenheber hinter einer Klappe verstaut. Gegen Mehrpreis und nur beim GL war eine Durchladeeinrichtung erhältlich, die den Transport langer Gegenstände auch bei normaler „Bestuhlung" erlaubte. Um sich weiter vom reinen Nutzfahrzeug abzugrenzen, wurde der Avant grundsätzlich nur in der L- und GL-, später auch in der CD- Ausstattung angeboten. Die Motorenpalette entsprach jener der Limousine. Auch Gewichte, Fahrleistungen und Verbräuche wurden identisch angegeben, ebenso die Abmessungen bis auf die bereits erwähnte kürzere Außenlänge.

Die zweite Generation – Typ 43

Audi 100 Formel E war die Summe aller verbrauchssenkenden Maßnahmen. Das Technik-Paket hatte einen Mehrpreis von 530,- DM.

Formel E: Kraftstoff durch Intelligenz sparen!

Ein Thema, das in den 1970er Jahren alle Autofahrer beschäftigte, waren die Ölkrisen. Dass es sich dabei um politisch und marktwirtschaftlich motivierte Förderbegrenzungen und nicht um erste Auswirkungen der Endlichkeit fossiler Brennstoffe handelte, änderte nichts an den stark gestiegenen Kraftstoffpreisen. Kostete 1971 ein Liter Normalbenzin durchschnittlich noch 59,3 Pfennig, erhöhte sich sein Preis innerhalb der folgenden fünf Jahre um 30 Pfennig bzw. 50 Prozent, um dann 1981 bei 138,3 Pfennig zu liegen, was einer weiteren Steigerung um 55 % entsprach (Quelle: ADAC). Wenn sich auch der durchschnittliche Bruttomonatsverdienst für Angestellte in den angegebenen Jahren von 1324 DM über 2114 DM bis auf 2918 DM entwickelte (Quelle: Statistisches Bundesamt Deutschland) und damit ebenfalls mehr als verdoppelte, war doch die psychologische Wirkung der gestiegenen Kraftstoffpreise ein Antrieb, den Benzinverbrauch von Autos zu reduzieren. So entwickelten Volkswagen und Audi die „Formel E", die dem Fahrer ab Januar 1981 durch technische und informative Maßnahmen half, den Verbrauch zu senken. Basis des Pakets war ausschließlich der ohnehin schon effiziente 1,6-Liter-Vierzylinder-Ottomotor mit 85 PS. Die zum Modelljahr 1981 eingeführte Transistorspulenzündung lieferte unabhängig von der Drehzahl einen starken Zündfunken und sorgte ebenfalls für eine Verbrauchssenkung. Der EA 827 behielt jedoch seine relativ niedrige Verdichtung von 8,2 und konnte dadurch weiterhin mit dem billigeren Normalbenzin betrieben werden. Der 1,1-Liter-Motor mit 50 PS (37 kW) in den „Formel E"-Modellen VW Polo/Derby und Golf/Jetta wurde dagegen konsequent in der Verdichtung auf 9,7 erhöht und auf Superbenzin umgestellt.

Kombiniert wurde der 1,6-Liter-Motor mit dem schon bekannten „4+E"-Getriebe, dessen erste vier Gänge unverändert übersetzt waren (i = 3,455 / 1,944 / 1,286 / 0,909). Der fünfte Gang wurde als langer Spar- und Schongang sowohl in der Übersetzung (i = 0,684) als auch baulich dem Viergang-getriebe angehängt. Er reduzierte nebenbei Geräuschpegel und Motordrehzahl und trug damit auch zur Erhöhung der Motorlebensdauer bei. So konnte die erforderliche Leistung durch die Verknüpfung einer niedrigeren Drehzahl mit einer höheren Last zugunsten geringerer Verbrauchswerte erzielt werden. Dieses Fünfganggetriebe gab es schon ein Jahr zuvor in Verbindung mit den Fünfzylindermotoren und nun auch mit dem Vierzylindermotor im Formel E-Paket. Ein geteilter Frontspoiler half zusätzlich, den Luftwiderstand zu senken. Ansonsten gab sich das Modell äußerlich nur noch durch den „Formel E"-Schriftzug rechts auf dem Gepäckraumdeckel zu erkennen. Das Paket wurde für einen Aufpreis von 530 DM im Audi 100 Formel E L und GL angeboten, allerdings nur für die viertürige Limousine.

Natürlich durfte auch die Schalt- und Verbrauchsanzeige (SVA) nicht fehlen, die schon ein Jahr zuvor eingeführt worden war. Sie half dem Fahrer bei der Wahl der verbrauchsgünstigsten Betriebsart und zeigte im höchsten Gang den momentanen Verbrauch an. Doch wie funktionierte das? Um diese Frage zu beantworten, müssen wir die Physik bemühen: Für die Verringerung des Kraftstoffverbrauchs ist neben der Minimierung der Fahrwiderstände (Leichtbau, Windschlüpfigkeit, Leichtlaufreifen) und der Maximierung der Wirkungsgrade von Motor und Kraftübertragung die Einsatzweise durch den Fahrer von besonderem Einfluss. So trägt, neben der Vermeidung von Kurzstrecken und der Genügsamkeit bei der Fahrgeschwindigkeit, auch die Nutzung von Betriebspunkten günstigen spezifischen Verbrauchs dazu bei, weniger Kraftstoff zu benötigen. Der Betriebspunkt des geringsten spezifischen Verbrauchs liegt für die meisten Motoren bei einer Drehzahl von rund 2000/min und annähernd voller Last. Bei noch kleineren Drehzahlen laufen Gemischaufbereitung und Verbrennung noch nicht optimal ab, während bei höheren Drehzahlen natürlich die Reibung zunimmt. Der bei einer konstanten Drehzahl bis nahezu „Vollgas" steigende Wirkungsgrad ist beim quantitätsgeregelten Ottomotor hauptsächlich dadurch bedingt, dass der Motor bei Teillast gedrosselt wird und deswegen mehr Arbeit für den Ladungswechsel verrichten muss. Im qualitätsgeregelten und ungedrosselten Dieselmotor sind die Verbrauchsnachteile bei Teillast kleiner, allerdings reduziert sich der Anteil der relativ hohen Reibung zu höherer Last. So liegt in einem Leistung-Drehzahl-Diagramm die Linie minimaler Verbräuche nur knapp unterhalb der Kurve maximaler Leistung. Dabei variiert der spezifische Verbrauch entlang dieser Linie weit weniger als senkrecht dazu. Auf Grund dieser Gegebenheiten ist es also am Günstigsten, eine für den jeweiligen Fahrzustand erforderliche Leistung mit dem höchsten verfügbaren Gang zu fahren, mit dem dies möglich ist. Diese Verbrauchscharakteristik führte in der Folge zur Entwicklung von Motoren mit hohem Drehmoment bei niedrigen Drehzahlen, um diese Fahrweise überhaupt zu ermöglichen und sogar „attraktiv" zu machen. Die dazu entwickelten Werkzeuge waren Schaltsaugrohre, variable Steuerzeiten oder gar Ventilhübe, Abgasturbolader mit früherem Ansprechverhalten, etwa durch eine variable Turbinengeometrie, und vieles mehr.

Die Formel E informierte den Fahrer durch das Aufleuchten eines nach oben gerichteten Pfeils, wenn ein solcher Betriebszustand ungünstigen Verbrauchs erreicht war und empfahl ihm ein Hochschalten. Für den Audi 100 mit seinem 1,6-Liter-Ottomotor wurde der Saugrohrunterdruck als Lastsig-

Die zweite Generation – Typ 43

nal verwendet: Er steigt mit zunehmender Drosselung, also mit zunehmender Abweichung von Vollgas. Um ein hektisches Aufleuchten, zum Beispiel während des Schaltens zu vermeiden, erschien die Anzeige erst mit einer gewissen Verzögerung. Genauso blieb das Signal aus, wenn der Fahrer den Fuß ganz vom Gaspedal nahm. Weitere Voraussetzungen waren das Erreichen einer Mindestdrehzahl von ungefähr 1900/min und einer ausreichenden Betriebstemperatur des Motors.

Mit der Schaltanzeige konnte der Fahrer lernen, dass sich die geringsten Verbräuche mit niedrigen bis mittleren Drehzahlen und fast Vollgas erzielen ließen. Gerade Letzteres widerspricht der weit verbreiteten Ansicht, dass man mit mäßigem Gasgeben sparsam fahre. Tatsächlich stimmt das aber nur im höchsten Gang. Hier wird der Verbrauch durch die mit der Fahrzeuggeschwindigkeit überproportional (in dritter Potenz) zunehmende Leistungsanforderung diktiert. Um diesen Gegensatz zu verdeutlichen, wurde die Schaltanzeige im fünften Gang abgeschaltet und stattdessen eine Verbrauchsanzeige aktiviert. Sie machte sich zunutze, dass der Kraftstoffdurchsatz in weiten Drehzahlbereichen annähernd umgekehrt proportional zum Saugrohrunterdruck verläuft. So konnte dieser in der Verbrauchseinheit Liter/100 km kalibriert werden.

Völlig neu hingegen war die Stop-Start-Anlage (SSA), die ein Abstellen und Wiederanlassen des Motors auch während kurzer Standzeiten vereinfachte, um unnötigen Leerlaufverbrauch zu vermeiden. Nachdem der Audi 100 einmal herkömmlich mit dem Zündschlüssel gestartet wurde, konnte die SSA beliebig oft eingesetzt werden, bis sie durch das Ausschalten der Zündung wieder gesperrt wurde. Zusätzlich musste eine gewisse Betriebstemperatur erreicht worden sein, um Anlassschwierigkeiten bei kaltem Motor zu vermeiden. Schon ab fünf Sekunden lohnte sich das Antippen der Abstelltaste am Wischerhebel, wie man durch den Vergleich von Leerlaufverbrauch und Startverbrauch herausgefunden hatte. War die Fahrgeschwindigkeit dabei kleiner als 5 km/h, wurde der Motor über das Leerlaufabschaltventil des Vergasers und nicht über die Zündung abgestellt. Auf diese Weise wurde der Ausstoß von unverbrannten Benzinresten im Motorauslauf verhindert. Die erhöhte Belastung des Anlassers wurde dahingehend berücksichtigt, dass das Steuergerät den Starter ab einer Motordrehzahl von 500/min automatisch abschaltete. So wurde gewährleistet, dass die Überholkupplung des Starters, im Gegensatz zum normalen Anlassen über das Zündschloss, nicht belastet wurde. Auch die Lagerung und die Kohlebürsten wurden während des durchschnittlich eine halbe Sekunde dauernden Startvorgangs nicht über Gebühr beansprucht. Wieder angelassen wurde der Motor bei getretener Kupplung und eingelegtem Gang einfach durch Gasgeben; das Gaspedal, das sowieso getreten werden musste, wurde zum Starter. Dazu musste die Motordrehzahl mindestens unter etwa 30/min gesunken sein, damit der Eingriff des Anlassers in den Zahnkranz geräuscharm erfolgte.

Im Gegensatz zu den konstruktiven Änderungen erforderten die Schalt- und Verbrauchsanzeige und insbesondere die Stop-Start-Anlage den Willen des Fahrers, den Verbrauch zu senken und seinen aktiven Einsatz, um die gebotenen Hilfsmittel zu nutzen. So konnten allein mit dem 4+E-Getriebe die

Fahrer-Informations-System: Die Verbrauchsanzeige und den Hochschaltpfeil gab es ab Modelljahr 1981 nicht nur im Audi 100 Formel E.

Stop & Go: Abstellknopf der Stop-Start-Anlage im Audi 100 Formel E. Wieder gestartet wurde mit festem Druck aufs Kupplungspedal und leichtem Druck auf das Gaspedal.

nach DIN 70030 ermittelten Verbräuche von 6,5 l/100 km bei 90 km/h und 8,8 l/100 km bei 120 km/h Konstantfahrt zwar um jeweils 0,7 l/100 km gesenkt werden, nicht jedoch im entsprechenden ECE-Stadtzyklus, der für die Zertifizierung nur in den ersten drei Gängen gefahren werden durfte. Bei Beachtung der Schaltanzeige sank der Stadtverbrauch hingegen von 12,2 l/100 km um einen Liter auf 11,2 l/100 km. Mit dem Einsatz der Stop-Start-Anlage während der 60 Sekunden Leerlauf im 195 Sekunden dauernden Stadtzyklus waren sogar weitere 1,7 Liter Einsparung auf 9,5 l/100 km erreichbar. 25 Jahre später hat Audi diese Maßnahmen und Hilfestellungen als Reaktion auf die gesellschaftlichen und politischen Diskussionen zu den Themen CO_2-Ausstoß, Treibhausgas und globale Erwärmung wiederbelebt. In mit einem „e" versehenen Modellen waren die höheren Fahrstufen der bis zu sechs Gänge länger übersetzt und eine digitale Anzeige informierte den Fahrer nicht nur über den aktuell eingelegten Gang, sondern auch über den für einen günstigeren Verbrauch einzulegenden Gang. Etwas später stand auch wieder ein Start-Stop-System zur Verfügung, das mittlerweile wegen der drastisch verschärften Abgasgrenzwerte deutlich schwieriger umzusetzen war. Die komplexen Abgasnachbehandlungskomponenten benötigen eine gewisse Betriebstemperatur, kühlen jedoch während der betriebs- und abgasfreien Stopp-Phasen aus. Trotzdem ließ sich auch hier ein Verbrauchsvorteil erzielen.

Die zweite Generation – Typ 43

Angriff auf die automobile Oberklasse – der Audi 200

Im September 1979 wagte Audi mit dem Audi 200 den Vorstoß in die automobile Oberklasse. „Es hat nach oben was gefehlt", konstatierte Ferdinand Piëch anlässlich der Pressevorstellung. Mit dieser Erweiterung der Fahrzeugpalette wollte er erreichen, „dass zum Beispiel Audi 100-Fahrer, die in eine höhere Klasse umsteigen wollen, nicht mehr zur Konkurrenz laufen müssen." Das neue Topmodell wurde am 16. und 17. Januar 1980 in Estoril, Portugal, vorgestellt und kam kurz darauf in den Handel. Einige der Pressefahrzeuge waren bereits mit dem erst im Herbst des Jahres angebotenen ABS ausgerüstet. Der Audi 200 basierte auf dem kurz zuvor modellgepflegten Audi 100 und unterschied sich von ihm bereits optisch hervorstechend durch die amerikanisch wirkenden Doppelscheinwerfer und die in mattem Edelstahl gehaltenen Zierleisten der Verglasung und der Türgriffe. Große Leichtmetallfelgen mit Breitreifen vereinten Sportlichkeit mit der luxuriösen CD-Ausstattung. Den Audi 200 gab es nur mit der viertürigen Stufenheckkarosserie, obwohl noch im Juli 1977 überlegt wurde, ihn auch zweitürig anzubieten. Auch die Ausstattung sollte zunächst nur auf GL-Niveau liegen, um darüber hinaus eine spezielle „GT"-Ausstattung anzubieten. Als Antrieb diente der bekannte Fünfzylinder mit der Benzineinspritzung K-Jetronic, entweder als Saugmotor 5E, wie im Basismodell Audi 100 mit 136 PS, oder auf derselben Basis mit Abgasturboaufladung als „5T". Es war der erste Turbomotor von Auci und überhaupt einer der ersten auf dem Markt serienmäßiger Personenwagen. Beispielhaft seien hier der BMW 745i, der Saab 99 und die Porsche Typen 911 und 924 genannt.

Die extrem markante Front gab dem Audi 200 ein völlig neues Gesicht. Im Verbund mit der Farbe Indianarot-metallic wirkte sie beinahe bedrohlich und sorgte sicherlich für Überholprestige. In der Durchsicht des Glashauses erkennt man die für den Audi 200 typischen Rahmenkopfstützen.

Der Audi 200 5T hatte mit 50 mm Durchmesser ein etwas größeres Endrohr als der 5E und trug es ohne Chromblende.

Der erste Turbomotor von Audi

Die ersten Untersuchungen zur Leistungssteigerung des frei saugenden Fünfzylinders begannen gleich nach dessen Erscheinen 1977. Die Vorteile der Abgasturboaufladung lagen auf der Hand: Zu allererst natürlich die Leistungserhöhung eines Motors bei gleichbleibendem Hubraum durch Nutzung der sonst verloren gegangenen Abgasenergie. Ein vorhandenes Triebwerk und auch das zugehörige Fahrzeug mussten nur geringfügig geändert werden. Die Dämpfung der Pulsationen auf der Ansaug- und Auspuffseite durch Verdichter und Turbine wirkte sich ebenso positiv auf die Geräuschemissionen aus wie das gesenkte Verdichtungsverhältnis. Schon während der Konzeptphase erschien den Entwicklern die Kombination von Turbomotor und automatischem Getriebe besonders günstig, weil die Kennlinie des hydraulischen Drehmomentwandlers auf den Bereich maximalen Motormomentes abgestimmt werden konnte. Dadurch ließ sich die verdichtungsbedingte Anfahrschwäche des turboaufgeladenen Motors kaschieren. Die Zielleistung von 170 PS konnte der mittlerweile entwickelte Kreiskolbenmotor 871 ebenfalls liefern – allerdings zu deutlich höheren Kosten. Eine andere Bedingung war, die für das Crash-Verhalten der Karosserie entscheidenden Längsträger unverändert zu belassen.

In der konstruktiven Umsetzung konnten Kurbelwelle, Pleuel, deren Lager, die Ölwanne und der Zylinderkopf mit fast allen Ventilsteuerungsteilen übernommen werden. Im Gegensatz zum Saugmotor erhielt der Turbo natriumgefüllte Auslassventile und eine elektrisch betriebene Kühlung für die Einspritzdüsen. Das Zylinderkurbelgehäuse erhielt zusätzliche Bearbeitungen zur Aufnahme der Ölspritzdüsen zur Kolbenkühlung, deren Einsatz die Temperaturen am Kolbenboden um rund 25 °C senkte. Mit einer vergrößerten Kolbenmulde wurde das Verdichtungsverhältnis auf 7,0 gesenkt, da der zusätzlich aufgeladene Motor sonst zu schnell an seine Klopfgrenze gestoßen wäre. Die deutlichsten Unterschiede zum Saugmotor stellten jedoch der Abgaskrümmer, das Abblaseventil und natürlich der Abgasturbolader dar. Der Abgaskrümmer bestand aus einem Kugelgraphitguss mit hohem Nickelgehalt, da dieser Werkstoff die Anforderungen bezüglich hoher Warmfestigkeit, geringer Wärmedehnung und Verzunderungsbeständigkeit am besten erfüllte. Schließlich konnten Abgastemperaturen bis zu 1050 °C auftreten. Genau wie bei einem Saugmotor wollte man mit der Rohrführung auch beim 5T vermeiden, dass der Auslassstoß eines Zylinders den Abgasausschub eines in der Zündfolge benachbarten Zylinders behindert. Bei Turbomotoren kommt der Anspruch hinzu, die Abgasenergie möglichst direkt und impulsbehaftet an die Turbine zu leiten. Sowohl aus Bauraum- als auch Gewichtsgründen war die zweite Forderung nach einem kompakten Krümmer leichter umzusetzen. Aus der ersten Forderung ergab sich die Idee, das Abgas der fünf Zylinder wenigstens in drei voneinander getrennten Kanälen bis zum Turbineneintritt zu leiten. Der beste Kompromiss aus der Anbindung des Abblaseventils und günstigen Umlenkungen der einzelnen Kanäle führte den Zylinder 1 alleine, sowie jeweils die Zylinder 2 mit 5 und die Zylinder 3 mit 4 zusammen zu einem dreiblättrigen Kleeblatt ans Krümmerende. Das aus dem gleichen Material hergestellte Abblaseventil befand sich hinter dem fünften Zylinder und erlaubte die Verwendung einer relativ kleinen Turbine, die nicht auf den gesamten Abgasmassenstrom bei Nennleistung ausgelegt werden musste. Dafür sprach sie schon bei niedrigeren Drehzahlen an als eine ungesteuerte. Als wichtigste Steuergröße für das federbelastete Tellerventil wirkte der Abgasgegendruck p_3 vor der Turbine auf die Unterseite der Membrane. Ihre Oberseite sensierte den Druck p_1 in der Saugleitung vor dem Verdichter. Diese kombinierte p_1/p_3-Steuerung wurde hier erstmals bei einem Ottomotor angewendet und ermöglichte einen Ladedruckverlauf, der die Klopfgrenze über einen weiten Drehzahlbereich ausnutzte und eine füllige Drehmomentkurve ergab. Der KKK-Turbolader vom Typ K26 befand sich auf Höhe des Auslasses von Zylinder 2. Die Gleitlagerung des Laufzeugs wurde von zusätzlich gefiltertem Motoröl versorgt.

Kolbenkühlung und Turboladerversorgung erhöhten die Temperaturbelastung des Motoröls erheblich. Zur Wärmeabfuhr diente ein vorne rechts im Motorraum angeordneter Ölkühler, der für Automatikfahrzeuge noch eine Nummer größer ausfiel. Da die Kühlung des Turboladers schon aus Festigkeitsgründen von wesentlicher Bedeutung war, wurde das Öl zum Lagergehäuse stromabwärts des Ölkühlers zugeführt. Die USA-Ausführung Audi 5000 Turbo wurde bei identischem Verdichtungsverhältnis auf den Betrieb mit weniger klopffestem Kraftstoff ausgelegt. In Verbindung mit dem größeren Restgasanteil, den der höhere Abgasgegendruck vor dem Katalysator

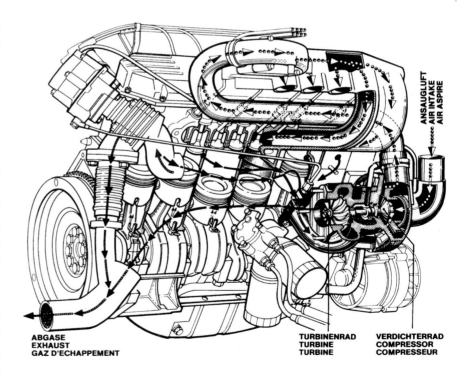

Die Aufladegruppe des Turbomotors mit den Drucksignalleitungen zum Wastegate für die kombinierte p_1/p_3-Steuerung. Drei der fünf Ölspritzdüsen für die Kolbenkühlung sind ebenfalls zu erkennen.

Die zweite Generation – Typ 43

Oben: Im Einsatz für den Sport: Audi 200 5T mit den im ersten Modelljahr 1980 noch in Altsilber-matt lackierten 15-Zoll-Alufelgen.

„turbo" hieß es unmissverständlich im Modelljahr 1982 auf dem Heckdeckel des vormals 5T genannten Audi 200 Topmodells. Weitere Besonderheiten dieses in Heliosblau-metallic lackierten Exportmodells für den japanischen Markt waren die Blinker an den Kotflügeln, die auf dem Stoßfänger geklebten Rückstrahler und die Vollschaum-Kopfstützen.

verursacht, verlief der Ladedruck niedriger als in Europa. Mit einer angepassten Auslegung der Feder im Abblaseventil wurde der gleiche Turboladertyp wie in der Europa-Version bedient. Wegen des insgesamt geringeren Abgasmassenstroms hing das Abblaseventil in der USA-Version ausschließlich an der Zusammenführung der Zylinder 2 und 5, während für Europa ein Querkanal zwischen den Krümmern 4 und 5 einen größeren Bypass-Massenstrom erlaubte.

Mit einem Mehrgewicht von nur 11 kg erzielte der Fünfzylinder 170 PS (125 kW) bei 5200/min und ein maximales Drehmoment von 265 Nm bei 3200/min – Werte, die sonst nur von guten Drei-Liter-Motoren mit typischerweise sechs Zylindern geboten wurden. Der Audi 200 5T wurde dank Turboaufladung zur stärksten und mit einer Höchstgeschwindigkeit von 202 km/h auch schnellsten Frontantrieb-Serienlimousine Europas. Der Beschleunigungswert von 0 auf 100 km/h lag mit unter neun Sekunden auf Sportwagenniveau. Demgegenüber erschien der DIN-Normverbrauch im Drittelmix von zunächst 11,3 Litern auf 100 km angemessen – gerade im Verhältnis zum oben genannten Vergleichsmotor. Im alltäglichen Fahrbetrieb stellten sich allerdings dann doch deutlich höhere Verbräuche ein. Dies bestätigten mehrere Leserbriefe der verschiedensten Automagazine und auch ein Vergleichstest von „auto motor und sport" in Heft 8/1981, bei dem ein Audi 200 5T – auf der selben Strecke zügiger bewegt als sein Kontrahent – mit 17,4 Litern auf 100 km/h 50 % mehr verbrauchte als ein Audi 200 5E. Bereits zwei Monate nach seiner Pressevorstellung wurde die leistungsgesteigerte Version dieses Motors mit Ladeluftkühlung und 200 PS (147 kW) im neuen Audi quattro auf dem Genfer Salon präsentiert.

Vollständige Ausstattung

Die Serienausstattung beider Motorvarianten des Audi 200 umfasste ein „Hochleistungsfahrwerk" mit Niederquerschnittsreifen im Format 205/60 HR 15 auf Leichtmetallrädern in der Dimension 6 x 15. Letztere boten Platz für vier Scheibenbremsen, von denen die vorderen innenbelüftet waren. Erschienen die Alufelgen mit ihren 16 leicht nach außen gewölbten Radialspeichen zunächst noch in Altsilber-matt, wich diese Farbe ab dem Modelljahr 1981 einem Altsilber-hell, das vortrefflich mit dem bronzenen Schimmer der Fensterzierleisten harmonierte. Rechteckige Halogen-Doppelscheinwerfer, wuchtige, mit Edelstahlleisten zergliederte Doppelstoßfänger, sowie ein wagenbreiter und bis zu den Radausschnitten herumgezogener Frontspoiler ließen den 200er ein wenig grimmig dreinschauen. Hinzu kamen aber praktische Details wie die Scheinwerfer-Reinigungsanlage, im vorderen Stoßfänger integrierte Einheiten mit Halogen-Nebelscheinwerfern und Blinkern (übrigens identisch mit denen im Audi quattro) und breite schwarze Profilleisten auf der unteren Toronado-Linie der Karosserie statt der schmalen Zierleisten auf der oberen Sicke. Außerdem dokumentierten eine schwarze Kunststoffblende zwischen den mit einer Nebelschlussleuchte ausgerüsteten Rückleuchten und eine Metallic-Lackierung ohne Mehrpreis den Sonder-

Die zweite Generation – Typ 43

status des Audi 200. Alternativ zur Metallic-Lackierung konnte er auch in Weiß oder Schwarz bestellt werden. In seinem Innenraum waren ein Vierspeichen-Sicherheitslenkrad, eine Digital-Zeituhr zwischen den Sonnenblenden, Rahmenkopfstützen vorne und hinten, Ablagetaschen in den Rückenlehnen der Vordersitze, eine besonders luxuriöse Fußraumauskleidung und bei Modellen ohne Schiebedach eine Dachverkleidung mit Stoffeinlagen exklusive Attribute des Topmodells. Hinzu kamen eine Verbrauchsanzeige und mit Schaltgetriebe eine Schaltanzeige für den 5E sowie eine Ladedruckanzeige beim 5T. Ebenfalls serienmäßig verfügte der Audi 200 über fünf Gänge, im Saugmotor mit dem aus dem Audi 100 bekannten 4+E-Getriebe, während mit dem Turbomotor alle Gänge kürzer übersetzt wurden, um die recht deutliche Anfahrschwäche zu kaschieren. Die übrigen Komfortmerkmale wie Servolenkung, pneumatische Zentralverriegelung, elektrische Fensterheber vorne und hinten, Drehzahlmesser, von innen verstellbare Außenspiegel, der höhenverstellbare Fahrersitz, Leseleuchten vorne rechts und in den Fondtüren, Zigarrenanzünder in der Armaturentafel und in den Fondtüren, die hintere Mittelarmlehne und die zwei Ruhekissen waren bereits aus der CD-Ausstattung bekannt.

Aus den vielen positiven Pressestimmen sei hier die von Fritz B. Busch hervorgehoben, der 1980 als Autotester für die QUICK schrieb: „Für einen 2,2-Liter-Motor ist der Turbo ein Wunder an leiser, weicher und spontaner Kraftentfaltung. Und dann kommt die Steigerung: Wählt man den Turbo mit automatischen Getriebe, wird man wie von einem großvolumigen Achtzylinder aus seliger Zeit wie am seidenen Faden fortbewegt." Die Lichtausbeute der „… in den Grill gemeißelten Doppelscheinwerfer …" war allerdings bescheiden und wurde schon damals von vielen Journalisten und Fahrern bemängelt.

Insgesamt wurden 51.282 Audi 200 vom Typ 43 ausgeliefert, davon der größte Teil mit dem Turbomotor und nur etwa ein Viertel als 5E: schon während der Konzeption des Audi 200 sprachen die Entwickler immer vom Turbo-Modell. Beinahe die Hälfte der aufgeladenen Versionen ging als Audi 5000 Turbo nach Übersee. Eher Prototypencharakter hatten je ein Audi 200 Avant 5T und ein Audi 200 5D sowie zwei Audi 200 turbo diesel.

Mit dem „Hochleistungsfahrwerk" konnten hohe Kurvengeschwindigkeiten realisiert werden. Tatsächlich war das Reifenformat 205/60 HR 15 im Vergleich zur Konkurrenz sehr beachtlich.

Die zweite Generation – Typ 43

Audi 100 mal 50

Neben den starken Exportländern in der europäischen Nachbarschaft, wie England und Italien, waren vor allem die USA ein großer und wichtiger Auslandsmarkt. Die meisten Exportmodellversionen entsprachen ihrem deutschen Ursprung bis auf abgas- oder geräuschspezifische Modifikationen, wie zum Beispiel für Schweden oder die Schweiz. Für Nordamerika mussten jedoch nicht nur die Beleuchtung und die Stoßfänger den lokalen gesetzlichen Forderungen entsprechen, wie bereits beim ersten Audi 100 – nein, schon der Name war ein anderer. Ein Jahr nach der deutschen Markteinführung folgte der Typ 43 seinem noch als Audi 100 verkauften Vorgänger als Audi 5000. Die Typenbezeichnung im vierstelligen Bereich folgte einem amerikanischen Trend: Ein Resümee der Händlervorstellung in den USA am 11. und 12. Mai 1976 lautete gar, dass die Amerikaner den Namen Audi 100 auf keinen Fall akzeptieren würden. Auch der Audi 80 der zweiten Generation wurde nicht mehr als Fox, sondern als Audi 4000 vermarktet und nebenbei reflektierten die Bezeichnungen auch die Zylinderzahl. Da die US-Kundschaft laut einer Marktstudie einen Audi hauptsächlich wegen seiner Qualität kaufte, kam die einjährige Verspätung nicht unpassend – sie bot Gelegenheit, etwaige Anlaufprobleme auszumerzen. Der komfortorientierten Kundschaft wurden ausschließlich Fünfzylinder-Einspritzmotoren angeboten. Zur Markteinführung im Herbst 1977 kam der Audi 5000 mit dem 2,1-Liter-Fünfzylinder-Ottomotor, dessen Leistung in den USA jedoch nur 108 SAE-PS betrug. Zur Erfüllung der Abgasgrenzwerte waren eine Lambda-Regelung und ein Katalysator unerlässlich. Wegen der schlechteren Kraftstoffqualität musste die Verdichtung von 9,3 auf 8,0 gesenkt werden – mit Nachteilen für Leistung und Verbrauch. Ein positiver Nebeneffekt war jedoch der auffallend leise und beinahe sanfte Motorlauf, der besonders der amerikanischen Kundschaft mundete. Schon in der Grundversion lag der Audi 5000 über der deutschen GL-Ausstattung: Zusätzlich gehörten eine Servolenkung, wärmedämmendes Glas und eine Geschwindigkeitsregelanlage zum Standard. Der rasch nachgeschobene 5000 S übertraf noch die CD-Ausstattung und enthielt neben Alufelgen, einer Zentralverriegelung und elektrischen Fensterhebern auch vordere Ausstellfenster und sogar eine Klimaanlage. Anlass dazu mag ein Zitat aus dem Protokoll zur o. g. Händlervorstellung gewesen sein: „Gutes Aussehen und hervorragende Ausstattungen sind nach Meinung vieler Händler wichtiger als der Preis."

Zum Facelift, das die USA im Modelljahr 1980 zur selben Zeit erreichte wie den Heimatmarkt, wurden die Rundscheinwerfer durch viel besser zum Fahrzeug passende Rechteckscheinwerfer ersetzt, die optisch denen des gleichzeitig erschienenen Audi 200 entsprachen. Das in Europa nun optional angebotene Fünfgang-Schaltgetriebe zog serienmäßig in den Audi 5000 ein. Die US-typischen Seitenleuchten wurden hinten in die seitlich herumgezogenen Heckleuchten integriert; die vorderen waren identisch mit den Blinkern der italienischen Exportmodelle. Die Motorenpalette wurde bereits im Frühjahr 1979 um den Fünfzylinder-Dieselmotor mit 67 PS und im neuen Jahr 1980 um den turboaufgeladenen Fünfzylinder-Ottomotor ergänzt. Für den nordamerikanischen Markt erhielt der Audi 5000 Diesel einige kleine Änderungen: Bei der Auswahl der Achsübersetzung orientierten sich die Entwickler

2006 importierte Autor Andreas Bauditz diesen 1983er (!) Audi 5000 S zurück in seine alte Heimat. Das doppelte Wunschkennzeichen verwies auf die Erstbesitzer Frank und Frieda Parry.

Die zweite Generation – Typ 43

auch an den starken Steigungen in San Francisco. Paradoxerweise wurde der Diesel aber ausgerechnet in Kalifornien gar nicht angeboten, da er die dort geltenden Stickoxidgrenzwerte nicht einhielt. Zusätzlich wurde der Luftfilter neben das Saugrohr nach oben verlegt, um die serienmäßige Servolenkung besser erreichen zu können, und er erhielt eine bessere Geräuschdämmung. Der Audi 5000 Turbo basierte auf dem Audi 200 5T, hatte aber leider nur noch die gleiche Leistung wie der Saugmotor 5E in Europa. Dafür verfügte der 5000 Turbo von Grund auf, über den 200er und die S-Linie hinaus, serienmäßig über ein Automatik-Getriebe und ein Stereo-Kassetten-Radio mit automatischer Antenne. Ab dem Frühjahr 1982 bot Audi den 5000 auch als Turbodiesel an, den es in Deutschland erst im Nachfolge-Typ 44 geben sollte. Er hatte 87 PS, wurde nur mit dem Automatikgetriebe kombiniert und glänzte mit einem für amerikanische Verhältnisse extrem niedrigen Verbrauch. Mit seinen Rahmenkopfstützen und den breiten Stoßleisten auf Stoßfängerhöhe suchte er optisch die Nähe zum Topmodell und ähnelte hier der deutschen CS-Variante. Gleichzeitig entfielen der Saugdieselmotor und die bisherige Grundausstattung: Der 5000 S wurde zum Standard, nachdem ohnehin 85 % der Kunden dieses Paket bestellt haben.

Der Audi 5000 wurde sehr gut angenommen. Jetzt zahlte es sich aus, dass Audi schon bei der Konzeption die Wünsche der amerikanischen Kundschaft berücksichtigt hatte. So arbeitete zum Beispiel die Air-Condition als nunmehr integriertes Bauteil wesentlich effizienter als die Add-On-Lösung im Vorgänger. Auch das erheblich verbesserte Geräuschverhalten fand weithin Anklang. In der lokalen Werbung wurden die Ingenieursleistung, die Präzision und auch die Herkunft aus Deutschland – oder sogar Bayern – immer wieder gern hervorgehoben. Viel unbescheidener als das deutsche „Vorsprung durch Technik" war dann auch die Markenbotschaft für den amerikanischen Markt: „Luxury and elegance at the leading edge of technology". Mit einer Nennung von 88 Prozent war „Engineering" auch der wichtigste Kaufgrund für einen Audi 5000, wie das US-amerikanische Automagazin „Road & Track" im Januar 1983 festhielt. In einer Halterbefragung stellte es fest, dass Geschäftsleute, Manager, Ärzte und Ingenieure insgesamt 62 Prozent der Käufer ausmachten. Die meisten waren mit ihrer Wahl höchst zufrieden: Der Durchschnittswert von 86 % der Halter von ab 1980 lieferbaren Varianten – Benziner, Diesel und Turbo –, die sich wieder einen Audi 5000 kaufen würden, brachte diese Stimmung auf den Punkt. Weitere interessante Daten waren, dass 87 Prozent der Audi 5000-Kunden mehr als ein Auto besaßen, 32 % sogar drei oder mehr und dass 39 Prozent über ein Jahreseinkommen von über 50.000 US-Dollar verfügten (Diesel und Turbo: 54 %). Zur Relation sei der damalige Preis eines Audi 5000 Turbo in Höhe von 18.000 US-Dollar genannt – desjenigen Autos, das „Road & Track" 1981 zur besten Familienlimousine der Welt für die 1980er Jahre erkoren hatte. Zu den zuvor genannten Zahlen passte auch der sehr hohe Akademikeranteil von 72 Prozent unter den Audi Käufern; von ihnen nahm die Zeitschrift an, dass sie die Wahl ihres Autos ebenso sorgfältig planten wie ihr eigenes Leben. Insofern maß man der Beurteilung durch den Kunden noch mehr Bedeutung zu als sonst.

Ganz oben: Als Golf sogar in den USA noch ein exklusives Vergnügen war, durfte es standesgemäß auch ein Audi 5000 Turbo sein.

Oben: Die rechteckigen Scheinwerfer und die verlängerten Stoßfängerecken nach dem Facelift passten deutlich besser zum geradlinigen Design des Audi 5000, wie es dieser frühe Prototyp bereits andeutete. Er trug versuchsweise die breiten Stoßleisten, wie sie in ähnlicher Weise beim Audi 200 bzw. 5000 Turbo verwendet wurden. Ebenso fehltem ihm noch die in den USA vorgeschriebenen Seitenleuchten.

Insgesamt verkaufte Audi über 160.000 Typ 43-Fahrzeuge in den USA, darunter je gut 18.000 Turbo und Diesel, sowie 8551 Turbo Diesel. Zwei der restlichen 115.000 Einspritzer erlangten einen hohen Bekanntheitsgrad durch Film und Fernsehen: Wer erinnert sich nicht an die Audi 5000 S aus „E.T. – Der Außerirdische" oder aus der Detektivserie „Magnum" an ROBIN2, den Dienstwagen von Higgins, dem englischen Major Domus auf Hawaii?

Die zweite Generation – Typ 43

Audi 100 – die nackte Basis: keine Radkappen, keine Zierleisten, kurze Stoßfängerseitenteile.

Dieser Audi 100 GLS in der Stilhalle bei Audi in Ingolstadt erwies sich als Schluckspecht – was das Kofferraumvolumen betraf.

Gut ausgestattet

Der neue Audi 100 wurde in seinem ersten Modelljahr 1977 zunächst in drei Ausstattungslinien angeboten: ohne Kennzeichnung, L und GL. Zusammen mit den drei verfügbaren Motorisierungen (ohne Kennzeichnung, S und 5E) ergaben sich so neun Permutationen, da jeder Motor mit jeder Ausstattung kombiniert werden konnte. Mit der Einführung der Fließheckkarosserie Avant im Modelljahr 1978, die es allerdings nicht in der Grundausstattung gab, konnte man dadurch Fahrzeuge mit so eindrucksvollen Bezeichnungen wie „Audi 100 Avant GL 5E" bestellen.

In der Basis war zwar alles Notwendige an Bord, der optische und haptische Eindruck war jedoch von ergreifender Schlichtheit. Zur Grundausstattung gehörten Standardelemente wie Bilux-Breitbandscheinwerfer, ein getönter Außenspiegel, eine Parklichtschaltung, verchromte Stoßfänger mit Gummileisten und kurzen seitlichen Kunststoffecken, Stahlgürtelreifen der Dimension 165 SR 14, Scheibenbremsen vorn, eine Batterie mit 45 Ah bzw. 54 Ah in der Automatic-Variante, stufenlos verstellbare Vordersitzlehnen, ein zweistufiges Heiz- und Lüftungsgebläse, ein umschäumter Lenkradkranz, Ablagekästen an den vorderen Türen und eine Ablageschale auf dem Mitteltunnel. Zusätzlich wurden jedoch mit zwei Rückfahrleuchten, einer beheizbaren Heckscheibe, einem Bremskraftverstärker, einer zweistufigen Scheibenwischanlage mit Intervallschaltung, elektrischer Pumpe und Wasch-/Wisch-Automatik, einem Tageskilometerzähler und einer Zeituhr sowie Dreipunkt-Automatic-Sicherheitsgurten und verstellbaren Kopfstützen für die Vordersitze bereits serienmäßig Qualitäten mitgeliefert, die bei anderen Herstellern dieser Klasse noch aufpreispflichtig waren.

In der L-Ausstattung sorgte der Schlingenflor-Teppichbelag für ein deutlich behaglicheres Ambiente. Weitere zusätzliche Merkmale waren H4-Halogen-Hauptscheinwerfer mit Leuchtweitenregulierung, Radkappen, die Innenverstellung des Außenspiegels, ein abschließbarer Tankdeckel, seitliche und die Heckklappe abschließende Zierleisten auf der Gürtellinie mit Gummiprofil, an den Stoßfängern längere seitliche Kunststoffecken, die bis zu den Radausschnitten reichten, eine Ablage unter dem Armaturenbrett auf der Fahrerseite, eine Beleuchtung für das Handschuhfach, den Zigarrenanzünder und den Frontaschenbecher sowie ein dreistufiges Heiz- und Lüftungsgebläse.

Ein weiteres Plus an Komfort und Sicherheit erhielt man mit der GL-Ausstattung, die neben Velours-Teppichbelag und -Polsterung, einer Mittelkonsole, einer Ablage unter dem Armaturenbrett auch auf der Beifahrerseite, einer Mittelarmlehne hinten und einer Gasfederaufhaltung der Motorhaube auch noch eine Scheinwerfer-Reinigungsanlage, Halogen-Nebelscheinwerfer, Nebelschlussleuchte, Zweiklanghorn, Verbundglas-Windschutzscheibe und eine bronzegetönte Rundumverglasung enthielt.

Bewährungsprobe

Zur Markteinführung reichten die Preise von 14.835 DM für den Audi 100 mit 1,6-Liter-Vierzylinder und 85 PS bis zu rund 18.400 DM für den Audi 100 GL 5E mit 2,2-Liter-Fünfzylinder und 136 PS in der jeweils viertürigen Ausführung mit Schaltgetriebe. Demgegenüber hatte der Ro 80 (ohne vorangestelltes „NSU"!) im Modelljahr 1977 einen Preis von 22.695 DM. Zum Vergleich lag der durchschnittliche Bruttojahresverdienst für Angestellte im Produzierenden Gewerbe, Handel, Kredit- und Versicherungsgewerbe bei 27.249 DM und die Umsatzsteuer betrug traumhaft niedrige 11 Prozent.

Der erste Test in der Fachzeitschrift „auto motor und sport" im Oktober 1976 rief in Erinnerung, dass keine andere Neuerscheinung jenes Jahres mit so vielen Vorschusslorbeeren bedacht worden sei wie der neue Audi 100. Allerdings konnte das neue Modell auch tatsächlich rundherum überzeugen: Sowohl die äußere Form, der geräumige Innenraum und die Übersichtlichkeit als auch der Komfort und die Sicherheit wurden gelobt. Dabei wurde das Gurtsystem mit der weit hinten liegenden B-Säule und den an den Vordersitzen befestigen Gurtschlössern besonders hervorgehoben. Kritik rief die eigenwillige Farbgestaltung des Innenraums und auch damals schon die Bedienung von Licht und Warnblinkanlage über kleine Lenksäulenschalter hervor. Obwohl der kleinste Vierzylinder den Testwagen antrieb, wurden nicht nur der Verbrauch, sondern auch die Fahrleistungen zufriedenstellend beurteilt. Bei dem als sportlich empfundenen Fahrverhalten des neuen Audi wurden einzig die Bremsen als zu weich und schlecht dosierbar bemängelt. Abschließend befand der Tester, „dass der Audi 100 zu den besonders empfehlenswertesten Autos gehört – zumal er angesichts seiner Qualitäten zu günstigen Preisen angeboten wird."

Nur zwei Monate später stand demselben Blatt ein Audi 100 GL mit dem neuen Fünfzylinder zur Verfügung. Im Testzeugnis wurden alle Kriterien des Autos mit „Gut" bewertet – Motor, Kraftübertragung und Fahrleistungen erhielten sogar ein „Sehr gut". Allein die nur durchschnittliche Elastizität ging auf das Konto einer begeisternden Drehfreude. Dafür lag das Geräuschniveau sogar niedriger als bei den drei Sechszylinder-Modellen BMW 525, Mercedes 250 und Volvo 264 DL – und das bei Geschwindigkeiten bis zu 160 km/h. Besonderes Lob jedoch erfuhr die Wirtschaftlichkeit des Audi 100 GL 5E: Der Testverbrauch von 13,9 Litern auf 100 km wurde damals als günstig angesehen – in Anbetracht der Fahrzeugklasse und im Vergleich zu ähnlich leistungsfähigen Wagen völlig nachvollziehbar. Positiv fiel auch die geringere Stuckerneigung des Vorderwagens auf, die bei den Vierzylindermodellen noch für Kritik sorgte, während für den laufruhigen Fünfzylinder eine härtere Motoraufhängung verwendet werden konnte. So blieb dem Tester keine andere Wahl, als die Empfehlung seiner Kollegen für den Typ 43 im Falle des 5E noch zu bekräftigen.

Ebenso erfreulich ging es über den Jahreswechsel weiter, als „auto motor und sport" in zwei Ausgaben zum großen Vergleichstest eines Audi 100 GLS mit Mercedes 230, BMW 520, Citroën CX 2400 und Ford Granada GL 2.3 rief. Mit seinen guten Fahreigenschaften, den sehr guten Sitzen, seiner geräumigen und strömungsgünstigen Leichtbau-Karosserie, sowie dem leistungsstarken und sparsamen Motor setzte sich der Audi 100 an die Spitze des Feldes, das sich in der oben genannten Reihenfolge einsortierte.

Der zum Modelljahr 1978 erschienene Audi 100 Avant gefiel „auto motor und sport" in der Ausgabe 24/1977 wegen seines gut nutzbaren und sorgfältig verkleideten Gepäckraums. In der getesteten Variante GL 5E konnte auch die Ausstattung überzeugen, der – aufpreispflichtige – Skisack wurde in Bild und Schrift erläutert. Wie auch bei allen Betrachtungen zuvor, wurde

Früher Audi 100 GLS in Resedagrün-metallic, der an der C-Säule noch einen Markenschriftzug trug, der bald wegen seines zu „billigen" Eindrucks entfiel.

die Ausrüstung des Wagens mit einer Servolenkung als notwendig erachtet und dann für sehr gelungen befunden. Dass die Ladekante recht hoch war und das Geräuschniveau höher lag als bei der Limousine, könne den Mehrwert gegenüber dem konventionellen Stufenheck nur geringfügig schmälern. Genau ein Jahr nach dem Stufenheck musste sich dann ein Audi 100 Avant LS im großen Vergleichstest den ersten Platz mit dem ebenfalls völlig neuen Opel Rekord L 2.0 E teilen. Mit ihren ausgewogenen Eigenschaften ohne schwerwiegende Schwächen in den Einzelwertungen verwiesen sie den bereits seit fünf Jahren auf dem Markt befindlichen Alfa Romeo Alfetta 2000, die zweite Fließheck-Limousine Renault 20 TS und den jüngst eher optisch als technisch renovierten Ford Granada L 2.3 auf die Plätze.

Wiederum ein Jahr später bot der erste Dieselmotor erneut Gelegenheit zu einem Vergleichstest – und wieder konnte sich der Audi 100, hier als L 5D, mit seiner Ausgewogenheit an die Spitze setzen und verwies den Mercedes 300 D – wenn auch knapp – auf den zweiten Platz. Es folgten der vom VW-Sechszylinder angetriebene Volvo 244 GL D6, der trotz des großen Vierzylinders kultiviert und sparsam laufende Citroën CX Pallas 2500 D, der aufgeladene Peugeot 604 D turbo und schließlich der (zu) amerikanische Oldsmobile 98 Regency Diesel mit 5,7 Litern Hubraum.

Modelljahr 1977 – Der neue Audi 100

Die zweitürige Version wurde ebenso wie der Fünfzylinder-Einspritzmotor im März 1977 auf den Markt gebracht. Die zweite Scheibenwaschdüse und die Wasserkastenabdeckung setzten kurz nach dem Serienanlauf gleitend ein.

1,6-Liter-Vierzylinder-Vergasermotor	„-"	85 PS	(63 kW)	ab November 1976
2,0-Liter-Vierzylinder-Vergasermotor	„S"	115 PS	(85 kW)	ab September 1976
2,2-Liter-Fünfzylinder-Einspritzmotor	„5E"	136 PS	(100 kW)	ab März 1977

Die zweite Generation – Typ 43

Rechts: Audi beschrieb den später allseits bekannten Skisack in der damaligen Presseinformation noch etwas sperrig als „eine Art Durchreiche in der Rücksitzlehne mit Spezialsack".

Ganz rechts: Der EA-827-Vierzylindermotor mit 1,6 Litern Hubraum verrät sich mit dem vor dem Motor angeordneten Hauptkühler und der verrippten Ölwanne.

Modelljahr 1978 – Der Audi 100 Avant

Die größte Neuheit zum Modelljahr 1978 war die Einführung der Karosserievariante Avant, den es aufgrund der beabsichtigten Höherpositionierung nur in den Ausstattungsvarianten L und GL gab. Er kostete ca. 600 DM mehr als die entsprechende Limousine. Im September 1977 lief der 1.000.000ste Audi 100 vom Band. Dieser Jubilar, ein in Castellgelb lackierter Avant GL, wurde als Spende an die „Aktion Sorgenkind" übergeben. Zur Modellpflege ergänzte eine neue Farbvariante in Blautönung in Verbindung mit der neuen Polsterfarbe Azurblau die Innenausstattung, die bei bestimmten Außenfarben für alle Modelle zur bisherigen Brauntönung hinzukam. Die bisher dem GL vorbehaltene, große Mittelkonsole war nun für alle Modelle verfügbar.

In der Grund- und L-Ausstattung setzte die Änderung auf schwarze Türaußengriffe mit blanker Einlage gleitend ein. Die GL-Ausführung behielt die verchromten Griffe mit schwarzer Einlage. Beim L und GL saß nun ein breites Chromband als oberer Abschluss der Breitbandbelüftung, eine blanke Zierleiste unter der Holzimitatfolie und ein blanker Zierstreifen an der Glasabdeckung des Instrumententrägers. Die Zuziehbügel der vorderen Türen wurden an ihren Befestigungspunkten mit einem Chromrahmen verblendet und die Türschweller wurden mit einer Alu-Einstiegsleiste verdeckt. Der GL bekam einen neuen Schalthebelknopf aus Holz und der Handbremshebel wurde mit einer Manschette abgedeckt. Außerdem erhielt er Sitzbezüge in Crushed-Velours und Velours-Teppichböden in noch besserer Qualität.

Mit neuen Außenfarben entstanden erweiterte Kombinationsmöglichkeiten in Verbindung mit der Innenausstattung. Serienmäßig waren Alpinweiß, Malagarot, Dakotabeige, Achatbraun, Andorrablau und Schwarz. Gegen Aufpreis war Kolibrigrün-metallic lieferbar. Als Mehrausstattungen wurden eine Klimaanlage, ein elektrisch betriebenes Schiebedach, elektrisch betriebene Fensterheber, eine Zentralverriegelung, eine Geschwindigkeits-Regel-Anlage und nur für den Avant ein Heckscheibenwischer angeboten.

Bereits mitten im zweiten Modelljahr wurde der 5S-Motor mit 115 PS als Ablösung für den 2-Liter-Vierzylinder-Vergasermotor auf dem 48. Genfer Salon vom 2. bis 12. März 1978 vorgestellt:

2,2-Liter-Fünfzylinder-Vergasermotor	„5S"	115 PS	(85 kW)	ab März 1978

Nach der Markteinführung in der Limousine vergingen zwei Monate, bis der 5S für den Avant im Handel war. Der 2,0-Liter-S-Motor wurde zwar parallel noch weiterproduziert, doch „im Grunde wollen wir es dem Markt überlassen, darüber zu entscheiden", so die offizielle Aussage von Technikvorstand Ferdinand Piëch. Ein Test in der „auto motor und sport" 16/1978 lobte die perfekte Abstimmung des Vergasermotors 5S und die Laufruhe gegenüber dem Vierzylinder. Die sinkenden Verkaufszahlen der S-Varianten taten ihr Übriges, die Produktion zum Ende des Jahres einzustellen.

Modelljahr 1979 – Sparsamer Diesel und luxuriöser CD

Zum Modelljahr 1979 hielt der 5D-Motor als erster Dieselmotor Einzug in den Audi 100:

2,0-Liter-Fünfzylinder-Dieselmotor	„5D"	70 PS	(51 kW)	ab Oktober 1978

Der Entfall der S-Motorisierung mit dem 2-Liter-Vierzylinder war nur eine logische Konsequenz aus dem im Frühjahr vorgestellten 5S-Antrieb. Darüber, ob er seinen Audi 100 verbrauchsgünstig bewegte, informierte den Fahrer nun ein Econometer, indem ein Zeigerinstrument mit dem Saugrohrunterdruck verknüpft wurde.

Die neue Ausstattungsvariante CD basierte auf der GL-Linie und brachte einen Hauch von Luxus in die Mittelklasse von Audi. Sie war den mittlerweile drei verschiedenen Fünfzylindermodellen vorbehalten, wobei sie für den 5D und auch für die Avant-Modelle etwas später einsetzte. Der CD bot nun zusätzlich vier elektrische Fensterheber, einen höhenverstellbaren Fahrersitz, Dreipunkt-Automatikgurte und Kopfstützen auch im Fond, zwei Sitzkissen mit CD-Emblem, eine Servolenkung, eine Zentralverriegelung, eine leistungsverstärkte Heizung, einen innenverstellbaren Außenspiegel auch an der Beifahrerseite, eine zweite Innenleuchte und Kontaktschalter an den Fondtüren, zwei Zigarrenanzünder und Ascher mit Beleuchtung im Fond, sowie ein Stereo-Cassetten-Radio mit vier Lautsprechern und Automatic-Antenne. In der Außenausstattung enthielt der CD Leichtmetallräder, die grün getönte Rundum-Wärmeschutzverglasung und serienmäßig einen der sieben Metalliclacke.

Die zweite Generation – Typ 43

Ganz links: Einer von 1365 Zweitürern mit dem Fünfzylinder-Einspritzer vor dem Tor 6 am Audi Werk Neckarsulm.

Links oben: „Die ‚Audi 100 5D-Weltfahrt' bei der afghanischen Hochland-Passage. Im Hintergrund landesübliche Transportmittel mit genauso bescheidenen Ansprüchen wie der neuentwickelte Fünfzylinder-Dieselmotor", lautete der Pressetext zur Vorstellung des 70 PS starken Selbstzünders auf dem Pariser Automobilsalon im Oktober 1978.

Links: Die einteiligen und bis zu den Radläufen herumgezogenen Stoßfänger und die größeren Scheinwerfer mit den weißen Blinkergehäusen prägten das Facelift zum Modelljahr 1980.

Nur im ersten Modelljahr verwies statt der sonst üblichen Motorkennzeichen ein CD-Emblem im Frontgrill auf die Topausstattung.

Modelljahr 1980 – Zur Halbzeit kam das Facelift

Das Modelljahr 1980 war durch eine tiefgreifende Modellpflege gekennzeichnet. Schon von außen war sie deutlich zu erkennen an neuen, einteiligen Stoßfängern aus Chromstahl, die seitlich bis zu den Radausschnitten herumgezogen und mit einer breiten schwarzen Stoßleiste belegt waren. Die Halogen-Nebelscheinwerfer, bei den GL- und CD-Versionen serienmäßig, wurden in die Stoßfänger integriert; die Stoßfängerhörner für die je zwei Spritzdüsen der Scheinwerferreinigungsanlage etwas filigraner ausgeführt.

Größere Breitbandscheinwerfer, weiße und auch seitlich erkennbare Blinkleuchtengläser mit gelben Glühlampen und ein kürzerer mattschwarzer Kühlergrill mit blanken Audi Ringen gaben dem 100er ein neues Gesicht. Mit den weißen Frontblinkern setzte Audi damals einen Trend, der dann nach und nach auch von anderen Herstellern übernommen wurde. Allerdings erkannte Audi schon beim Nachfolger Typ 44, dass man mit diesem Ausrüstungsmerkmal die höherwertigen Ausstattungen attraktiver differenzieren konnte und hat sie nicht mehr als Standard verbaut. Am Heck sorgten breitere Rückleuchten mit um ca. 15 % vergrößerten Leuchtfeldern für ein moderneres Erscheinungsbild.

Auf den Leichtmetallrädern der CD-Version und der Mehrausstattung waren die Vertiefungen zwischen den „Speichen" nun mattanthrazitfarbig abgesetzt. Zusammen mit etwas wuchtiger ausgefallenen Außenspiegeln flossen sie im Laufe des Modelljahres gleitend ein.

Zu den auffälligsten Änderungen der Innenausstattung gehörten eine neue Armaturentafel ohne Holzimitatfolie mit größeren Türscheiben-Entfrosterdüsen und Lautsprechergittern und ein modifiziertes Kopfaufschlagpolster im „Sicherheitslenkrad". Rein stilistische Gründe hatte die Änderung des Schriftbildes der Instrumentierung, die nun sehr stark der gedrungenen Typografie auf den Skalen des Porsche 928 ähnelte. Die Ablage unter der Armaturentafel wurde zum Radkasten hin so verkürzt, dass der Motorhaubenentriegeler leichter zugänglich war. Für die viertürigen Limousinen ab der L-Ausstattung kamen neuartige Türverkleidungen mit höher angeordneten Armlehnen hinzu, die vorne mit aufgesetzten Ablagen über der gesamten Türbreite und hinten mit in die Türbrüstung verlegten Aschenbechern aufwarteten sowie – nur bei den CD-Modellen – zusätzlich über Zigarrenanzünder und Leselampen verfügten. Der Sitzbezugsstoff für die GL- und CD-Ausstattung wurde durch einen sogenannten Zacken-Raschel-Velours ersetzt und der Dachhimmel erhielt einen Wildledereffekt.

Weiterhin wurden sieben neue Serienfarben angeboten, zwei Sonderfarben als Mehrausstattung und sieben Metallic-Farben, die mit Ausnahme der CD-Version ebenfalls aufpreispflichtig waren. Der CD konnte nun außerdem in den Uni-Lacken Schwarz oder Alpinweiß geliefert werden. Der veränderte Serviceplan sah den Entfall des ersten Regel-Services vor, der früheren 1000-km-Grundwartung. Zusätzlich erhielt der Kunde einen Gutschein für die Durchführung der Arbeiten (Arbeitslohn) des nun kostenlosen Regel-Services nach 7500 km. Ansonsten blieb es wie bisher beim Regel-Service alle 15.000 km und beim Ölwechsel alle 7500 km.

Bei den Mehrausstattungen boten ein beleuchteter Make-up-Spiegel mit Integralschalter in der Beifahrer-Sonnenblende, ein Lehnenpolster zwischen den Vordersitzlehnen mit einer Ablagemöglichkeit, eine Durchladeeinrichtung für die Stufenhecklimousine wie beim Avant und elektrisch verstell- und

Die zweite Generation – Typ 43

Ein frühes Facelift-Modell, das noch mit dem alten Lenkrad gesteuert wurde. In der rechten Türtasche befand sich ein zeitgenössisches Navigationssystem.

beheizbare Außenspiegel für die Fahrer- und Beifahrerseite dem Käufer noch mehr Gelegenheit zur Individualisierung seines neuen Audi 100.

Das neue Spitzenmodell Audi 200 in den Versionen 5E mit dem bekanntem 136-PS-Fünfzylinder-Ottomotor und 5T mit dem darauf basierendem Turbomotor mit 170 PS wurde im Frühjahr in den Markt eingeführt. Rechteckige Doppelscheinwerfer, voluminöse Stoßfänger und die 15 Zoll großen Leichtmetallfelgen waren die augenfälligsten Unterschiede zum normalen Audi 100. Dazu dienten ein Vierspeichenlenkrad, eine Digitaluhr im Dach, Rahmenkopfstützen an allen Sitzen, zwei Mittelkonsolen und Ablagetaschen in den Rückenlehnen der Vordersitze als exklusive Ausstattungsmerkmale.

Zur Senkung des Kraftstoffverbrauchs wurde für alle Fünfzylinder-Versionen ein Fünfganggetriebe mit lang übersetztem Spar- und Schongang offeriert. Mit seiner „4+E"-Auslegung erreichten die beiden Fünfzylinder-Ottomotoren ihre Höchstgeschwindigkeit nur im vierten Gang. Der Audi 200 5E verfügte serienmäßig über dieses Getriebe, während im Audi 200 5T die ersten vier Gänge kürzer übersetzt wurden und der Fünfte einen Fahrgang darstellte, der auch zum Erreichen der Höchstgeschwindigkeit von 202 km/h eingelegt werden musste. Der 1,6-Liter große Vierzylindermotor erhielt den bereits vom 5S bekannten Igel als elektrische Saugrohrheizung.

Modelljahr 1981 – Mit der Formel E seiner Zeit voraus

Mit dem Modelljahr 1981 flossen viele Detailverbesserungen in die beiden 2,2-Liter-Fünfzylinder-Triebwerke. Beispielhaft genannt seien der neukonstruierte, leichtere Auspuffkrümmer aus Vermiculargraphit, Auslassventile mit größerem Durchmesser und die integrierte Vorwärmung des Saugrohres mit dem Kühlwasser zur Vermeidung zusätzlicher Schläuche und Dichtungen. Über diese Verbesserungen verfügte natürlich auch der neue 1,9-Liter-Fünfzylinder-Vergasermotor mit 100 PS (74 kW), der die Lücke zwischen dem 1,6-Liter-Vierzylinder mit 85 PS und dem 2,2-Liter-Fünfzylinder mit 115 PS schloss:

| 1,9-Liter-Fünfzylinder-Vergasermotor | „5" | 100 PS | (74 kW) | ab Oktober 1980 |

Seinen Ersteinsatz hatte dieser Antrieb im Avant, in der Limousine folgte er ab Januar 1981. Im Rahmen einer Pressevorführung vom 4. bis zum 7. Mai 1981 in Ingolstadt-Manching wurden den Journalisten verschiedene Fahrzeuge mit dem neuen „5"-Motor zur Verfügung gestellt. Während dieser Testtage wurde auch die Wirkung des Antiblockiersystems demonstriert, das seit September 1980 für 2995 DM exklusiv für den Audi 200 bestellbar war. Mit seinen Scheibenbremsen an allen vier Rädern bot er die Voraussetzungen für die Umsetzung dieser regelungstechnischen Herausforderung. Erst 1978 wurde das von Bosch entwickelte ABS 2, dank der Mikroelektronik mit nur noch 140 statt 1000 Bauelementen, endlich großserientauglich und erfuhr seine Markteinführung als Sonderausstattung im Oktober in der Mercedes-Benz S-Klasse (W 116) und gleich darauf im Dezember in der BMW 7er-Reihe (E 23). Audi war der dritte Hersteller, der diese aktive Sicherheitskomponente anbot und – zusammen mit Daimler-Benz – der erste in der gehobenen Mittelklasse. Zur selben Zeit konnte der Audi 200 auch mit elektrisch beheizbaren Vordersitzen und einer Echtleder-Ausstattung aufgewertet werden.

Zur Reduzierung des Kraftstoffverbrauchs und der Schadstoffemissionen wurde alle Ottomotoren überarbeitet und mit der wartungsfreien Transistorspulenzündung ausgerüstet. Mit einer höheren Verdichtung von 9,3 statt 8,2 arbeitete der 2,2-Liter-Fünfzylinder-Vergasermotor „5S" mit einem besseren Wirkungsgrad, erforderte nun jedoch Super- statt Normalbenzin. Eine Neuberechnung der Ladebilanz bot die Gelegenheit, für die GL-Modelle mit dem 1,6-Liter-Motor und für die GL- und CD-Modelle mit dem 5S-Motor einen Generator mit 55 statt mit 65 A max. zu verwenden. In ähnlicher Weise wurde der Maximalstrom des Generators im Audi 100 L 5E von 75 auf 65 Ampère reduziert.

In Ergänzung zu dem bereits 1979 eingeführten Econometer und dem seit einem Jahr als Mehrausstattung lieferbaren „4+E"-Getriebe mit benzinsparendem Economy-Gang hielt nun eine Hochschaltanzeige Einzug in alle Audi Modelle außer dem Audi 200 5T und dem Audi quattro. Ein aufleuchtender Pfeil forderte – außer natürlich im höchsten Gang – den Fahrer auf, in den nächsthöheren Gang zu schalten, wenn der Motor die geforderte Leistung mit einem günstigeren Verbrauch abgeben konnte. Die dazu notwendige Information von Drehzahl und Last erfolgte beim Ottomotor über die Zündspule und den Saugrohrunterdruck, beim Diesel über den Generator und die Regelstangenstellung der Einspritzpumpe. Ab Januar 1981 wurde beim Audi 100 mit dem 1,6-Liter-Motor – ebenso wie beim Audi 80 – das Technikpaket „Formel E" angeboten.

Weitere Charakteristika dieses Modelljahres waren neu gestaltete Stahlräder, neue Lackierungen und geänderte Details in der Innenausstattung. So hielten z. B. in der L-Ausstattung neue Sitzbezüge in Marengo-Wirkvelours Einzug, mit denen jetzt auch die Seiten- und Rückenteile der Sitze und Lehnen sowie die Kopfstützen bezogen waren. Außerdem wurde der Audi 100 Avant nicht mehr mit dem 1,6-Liter-Vierzylinder geliefert.

Modelljahr 1982 – Ein sportlicher Ausklang

Das Modelljahr 1982 war dadurch gekennzeichnet, dass die Ausstattungslinien teilweise neue Bezeichnungen erhielten und die neue Variante „CS" hinzukam.

Die Basisversion wurde nun als „C" bezeichnet. Sie verfügte – übrigens auch in der Modellreihe Audi 80 – über eine Windschutzscheibe aus Verbundglas, H4-Scheinwerfer, einen Scheibenwischer-Intervallschalter, beleuchtete Bedienungselemente und einen abschließbaren Tankdeckel. Alle Modelle erhielten einen Tageskilometerzähler, eine Zeituhr, einen Zigarettenanzünder und ein Ablagefach mit abschließbarem Deckel auf der Beifahrerseite.

Die L-Ausstattung hieß nun „CL", während die GL- und die CD-Ausstattung ihre Bezeichnungen behalten durften. Des Weiteren entfielen alle Motorkennzeichnungen am Heckdeckel, dafür wurden bei den Fünfzylinder-Ottomotoren die Motortypschilder am Frontgrill kleiner und farblich einheitlich als eine schwarzsilberne Plakette ausgeführt. Ebenso fiel die Zierleiste am Kofferraumdeckel etwas schmaler aus und war nun geklebt und nicht mehr geschraubt. Dazu wurden die Leisten der hinteren Seitenteile am Übergang zum Heckdeckel angepasst.

Die neue Ausstattungslinie „CS" auf Basis der CL-Ausstattung wandte sich an Käufer mit sportlicher Einstellung: Diese dokumentierte sich schon äußerlich durch Leichtmetallfelgen wie beim Audi Coupé mit Breitreifen des Formats 185/70 SR 14 (136 PS: 185/70 HR 14) sowie durch einen großen Frontspoiler, seitliche Stoßprofilleisten und eine schwarze Kennzeichenblende zwischen den Rückleuchten wie beim Audi 200. Die weiterhin verchromten Stoßstangen wurden unterhalb des breiten Gummiprofils mit schwarzer Folie bezogen. Die Regenrinnen-Zierleisten waren blank statt anthrazitgrau, die Seitenfenster hatten schwarze Rahmen und die Schachtleisten an der Unterkante der Fenster waren wiederum blank. Dass sich Sportlichkeit und fahrerische Umsicht nicht ausschließen müssen, bewies der im CS-Paket enthaltene rechte Außenspiegel.

Der Innenraum gewann durch das Vierspeichenlenkrad, die Rahmenkopfstützen und eine große Mittelkonsole aus dem Audi 200, während der Instrumententräger beibehalten wurde. Weitere CS-Insignien waren der Fahrersitz mit Höhenverstellung, eine Durchladeeinrichtung mit wasserfester Schutz-

Große Vielfalt an Formen, Farben und Ausstattungen im Modelljahr 1980.

Die zweite Generation – Typ 43

Im letzten Modelljahr 1982 des Typ 43 ergänzte der Audi 100 CS die Palette. Er wandte sich an Käufer mit sportlicher Einstellung und fuhr mit 185er Breitreifen auf den gleichen Leichtmetallfelgen wie das Audi Coupé. Der große Frontspoiler, die seitlichen Stoßprofilleisten und die schwarze Kennzeichenblende zwischen den Rückleuchten stammten vom Audi 200.

hülle, Sitzbezüge aus Tweed und ein Schalthebelknopf aus Holz. Mit Ausnahme des 1,9-Liter-Fünfzylinder-Vergasermotors konnte der CS mit allen Motoren kombiniert werden. Bei den Fünfzylinder-Motoren war dann sogar die Servolenkung inklusive. Serienmäßig war ein Vierganggetriebe, das gegen Mehrpreis durch ein „4+E"-Getriebe oder ein Automatic-Getriebe ersetzt werden konnte. An Außenfarben standen zunächst Alpinweiß und die drei Metallic-Lackierungen Surinam, Meteor und Lhasa zur Auswahl, ab März 1982 dann auch Gambiarot und Sundagrün sowie Diamant-, Inari- und Gobimetallic. Im Preis lag der CS sogar noch etwas über dem GL.

In der ebenfalls nicht umbenannten CD-Linie wurden mitten im Modelljahr 1982 noch andere Alufelgen eingeführt, nämlich die vom CS bekannten im „Waffeleisen"-Design. Diese Räder waren dann optional auch zu den anderen Ausstattungen zu bestellen. Nicht betroffen davon war der Audi 5000. Darüber hinaus entfiel die bis dato serienmäßige Wärmeschutzverglasung und wurde zur Sonderausstattung gegen Mehrpreis. Eine im Nachhinein sehr wertvolle Maßnahme war die Dauerschutzkonservierung für Unterboden und Radhäuser sowie eine Hohlraumkonservierung im unteren Karosseriebereich.

Im Audi 200 waren die Schalter der elektrischen Fensterheber durch ein beleuchtetes Symbol nun auch bei Dunkelheit leichter zu finden. Die Achsübersetzung beim Audi 200 Turbo wurde verlängert und betrug seitdem 3,083 statt 3,455. Die Motorkennzeichnungen am Heck entfielen auch hier, nur der Audi 200 Turbo trug das Wort „turbo" jetzt kursiv ausgeschrieben auf dem Kofferraumdeckel. Am Frontgrill fielen wie auch beim Audi 100 die Motortypschilder etwas kleiner aus und die den Grill und die Scheinwerferpaare umschließende Zierleiste war nun umlaufend blank und nicht nur auf der oberen Horizontalen. Leider entfiel auch die bronze-getönte Verglasung in der Serienausstattung, die nur durch die aufpreispflichtige, grüne Wärmeschutzverglasung zu ersetzen war. Zusätzlich waren neue Außen- und Polsterfarben verfügbar und die Polsterfarbe wurde der Armaturentafelfarbe angeglichen. So wurde aus azur/baltic nun baltic/baltic und aus schilf/efeu folglich efeu/efeu.

Die zweite Generation – Typ 43

Über den Ladentisch

Trotz der mit sechs Modelljahren kürzesten Laufzeit aller 100er-Generationen konnte Audi über 900.000 Typ 43 verkaufen. Mit knapp 50.000 Exemplaren lag der Anteil der ersten Avant-Generation an allen 850.000 Audi 100 – ohne Audi 200 – noch unter sechs Prozent. Die zweitürige Stufenhecklimousine war mit gut 14.000 Stück noch seltener. Erfolgreichster Antrieb war der in dieser Modellreihe eingeführte 5E mit beinahe 280.000 Motoren. Am anderen Leistungsende folgte ihm der 1,6-Liter-Vierzylinder mit über 200.000 Exemplaren. Die beiden 115-PS-Motoren liegen mit 120.000 bis 140.000 Stück etwa gleichauf; dabei fand der 5S trotz doppelt so langer Laufzeit weniger Zuspruch als der S. Anscheinend galt nach der Etablierung des neuen und zunächst unbekannten Fünfzylinder-Einspritzers das Motto: „Alles oder nichts!", sodass die Basis- und die Spitzenmotorisierungen in Summe über die Hälfte aller Audi 100 antrieben.

Der Typ 43 war also nicht nur in technischer, sondern auch in wirtschaftlicher Hinsicht ein Erfolg. Das erklärte Ziel von Audi, Aufsteiger von Opel und Ford, aber auch von ausländischen Marken zu erobern, ging auf. Umsteiger von BMW und Mercedes waren natürlich ebenso willkommen. Der schon beim Vorgänger gezogene Vergleich wurde auch hier wieder in der Presse kolportiert: Ob als „kleiner Mercedes" in der „Frankfurter Allgemeinen Zeitung" oder als „Griff nach den Sternen?" in „DIE ZEIT"; die öffentliche Meinung positionierte den Audi 100 in die Nähe der etablierten Oberklasse. Das ließ auch den hier betroffenen Stuttgarter Hersteller nicht kalt und er stellte die Frage: „Ist der Audi ein Anti-Mercedes?" In einer 1976 erschienenen Ausgabe der „Scheinwerfer" genannten Argumentationshilfebroschüre für Mercedes-Benz Verkäufer beleuchtete er den neuen Audi 100 und grenzte ihn als Wettbewerber zu Opel und Ford ein. In einem Vergleich des Einführungsmodells Audi 100 S mit dem Mercedes 200 bzw. 230 der neuen Baureihe W 123 sprach die „magere Ausstattung" des Audi noch für das eigene Produkt, wobei die Minderleistung von 21 bzw. 6 PS verschwiegen wurde. Doch nur wenige Seiten weiter zeigte eine Tabelle aller Ausstattungslinien, dass der Audi 100 schon als L vieles vorher Bemängelte an Bord hatte. Mit der GL-Ausstattung war er in vielen Punkten sogar besser ausgerüstet und hatte immer noch einen Preisvorteil von rund 2000 DM. Interessant ist auch, dass Mercedes-Benz die „Leichtbaukarosse" des Audi als Nachteil bezeichnete! Offensichtlich konnten sich jedoch die gut ausgebildeten Audi Kunden ihr eigenes Bild machen. Der Anteil der Kunden mit Abitur oder Universitätsabschluss lag nämlich überdurchschnittlich hoch. Für sie und alle anderen bot Audi mit der dritten Generation des Audi 100 genau das Richtige an und bereitete der Konkurrenz noch mehr Kopfzerbrechen.

Dieser Audi 200 zeigt die nur 1982 umlaufend blank ausgeführte Zierleiste um Scheinwerfer und Frontgrill, das verkleinerte und nun schwarz-silberne 5E-Emblem und er trägt das – wieder – serienmäßige Klarglas.

Kapitel 3
Die dritte Generation des Audi 100: Der Typ 44
1982 – 1991

Die Lage auf dem Automobilmarkt zu Beginn der 80er Jahre war angespannt und geprägt von rückläufigen Absatzzahlen und einer schwachen Wirtschaftskonjunktur. Steigende Rohstoffpreise der vergangenen Jahre machte das Autofahren immer teurer und bei vielen Kunden spielte der wirtschaftliche Betrieb des eigenen Wagens eine besonders wichtige Rolle.

Der Kraftstoffverbrauch eines Kraftfahrzeugs hängt unter anderem von seinem Fahrwiderstand ab. Dieser berechnet sich aus der Addition von Rollwiderstand, Luftwiderstand und Steigungswiderstand. In den Rollwiderstand und den Steigungswiderstand muss auch die Gewichtskraft des Fahrzeuges mit einbezogen werden. Oberstes Entwicklungsziel war es, die Fahrwiderstände beim neuen Audi 100, intern Typ 44 genannt, weiter zu reduzieren. Folglich sollte die Aerodynamik des Fahrzeuges deutlich verbessert und das Gewicht weiter reduziert werden.

Die Planungsphase für den Typ 44 begann 1976. Nach etwa einem Jahr startete die fünfjährige Entwicklungsphase, bei der in vier Baustufen 60 Versuchsfahrzeuge aufgebaut wurden. In diesen Fahrzeugen wurden alle neuen Komponenten bis zu ihrer Serienfreigabe erprobt. Danach wurden weitere 145 Vorserienwagen unter Serienbedingungen aufgebaut. Dazu kamen noch 25 Vorderwagen, um die Einbaubedingungen aller Motorvarianten zu überprüfen. 35 Vorserienwagen gingen in den Dauerlauf, mit ihnen wurden insgesamt 3,2 Millionen Testkilometer zurückgelegt, nachdem auf einem Straßensimulationsprüfstand keine Schwächen mehr erkannt wurden. Den Testwagen wurde nichts geschenkt, ob bei tiefsten Temperaturen in Skandinavien oder bei unerträglicher Hitze in der Sahara, ob auf Hochgeschwindigkeitsstrecken oder auf Pisten mit Schlaglöchern. Die Erkenntnisse aus diesen Tests waren unbedingt notwendig, um die Qualität des Audi 100 weiter voranzubringen.

Zwischen 43 und 44 – das Audi-Forschungsauto

Im Jahr 1978 schrieb das Bundesministerium für Forschung und Technik (BMFT) ein Förderungsprojekt zur Entwicklung eines Automobils aus, das gegenüber dem Stand der Technik deutliche Vorteile im kundenrelevanten Betrieb aufweisen sollte. Das Ergebnis sollte als Reiselimousine dargestellt werden, die fünf Personen ausreichend Platz bieten und in Bezug auf Energie- und Ressourcenschonung, Umweltfreundlichkeit, Sicherheit, Wirtschaftlichkeit und Nutzwert deutliche Vorteile aufweisen sollte. Die Lösungen mussten tauglich für die Großserie sein und die höheren Anschaffungskosten mussten durch geringere Betriebskosten ausgeglichen werden. Die Audi NSU Auto Union AG beteiligte sich neben Volkswagen und Mercedes-Benz an der Ausschreibung und präsentierte auf der IAA in Frankfurt 1981 das Ergebnis: das Audi Forschungsauto. Motorisiert war das Fahrzeug mit einem aufgeladenen 1,6-Liter-Vierzylinder-

Testfahrt mit Tarnkappe: Statt bei einem Ritt durch Nacht und Wind, pausiert dieser Typ 44 Erlkönig unter gleißender Sonne im Wüstencamp. Nach einem kurzen, aber intensiven Leben, erteilte man auch diesem Fahrzeug das Schicksal aller Prototypen – die Verschrottung.

Das Kleid des Audi Forschungsautos gab schon einmal einen Vorgeschmack auf den Audi 100 Typ 44. Darunter verbargen sich aber noch etliche Teile der Rohkarosserie des Typ 43. Das Fahrzeug existiert noch und befindet sich in der Fahrzeugsammlung der AUDI AG.

Dieses frühe Modell zeigte noch ein paar Ecken und Kanten. Ein paar typische Stylingmerkmale wies es aber dennoch auf, wie zum Beispiel das dritte Seitenfenster und den geraden hinteren Radlauf.

motor aus Leichtmetall mit vollelektronischer Kennfeldzündung und Klopfsensor. Das Aggregat leistete 110 PS (81 kW). Dank des niedrigen Leergewichts von 1179 kg beschleunigte der Technologieträger in weniger als 12 Sekunden von 0 auf 100 km/h und erreichte eine Höchstgeschwindigkeit von über 180 km/h. Mit einem Verbrauch von 8,5 l/100 km im Stadtzyklus, 5,0 l/100 km bei konstant 90 km/h und 6,9 l/100 km bei konstant 120 km/h wurde das Ziel der Verbrauchssenkung erreicht, da diese Werte gegenüber dem durchschnittlichen Kraftstoffverbrauch einer Limousine der damaligen gehobenen Mittelklasse eine Verbesserung von rund 30 % bedeuteten. Mit einem Luftwiderstandsbeiwert von $c_W = 0{,}30$ wies das Forschungsauto überdies eine hervorragende Aerodynamik aus.

Das Audi Forschungsauto war nicht nur stilistisch ein Vorgriff auf den kommenden Typ 44, es wies auch schon einige technische Details auf, die mit dem Typ 44 in Serienproduktion gehen sollten. Dazu gehörten die Hinterachse mit schräg gestellten Federbeinen und sehr langen Längslenkern, die Zentralhydraulik, das Dach in Sandwich-Bauweise und die zweiteiligen Türen in kombinierter Stahl- und Aluminiumbauweise. Darüber hinaus verfügte das Forschungsauto bereits über einen Bordcomputer, eine Fahrzeugdiagnose, einen Fahrzeugboden aus Faserverbundwerkstoff, Kotflügel aus Aluminium, eine Frontklappe in Sandwich-Konstruktion und eine Heckklappe aus faserverstärktem Kunststoff sowie einen integrierten Kindersitz.

Für Audi hatte das Forschungsauto eine weitere wichtige Aufgabe zu erfüllen: das Publikum auf die extravagante Form des neuen Audi 100 vorzubereiten und vorher die Reaktionen abzuprüfen. Außerdem konnte verdeutlicht werden, dass aus einem Forschungsauto für das Jahr 2000 viele Erkenntnisse in die Entwicklung eines sehr innovativen Serienautos für die 80er Jahre einfließen, das Trends setzen wird. Mit dem Typ 44 wurde quasi ein Zukunftsauto Wirklichkeit.

Die aerodynamisch beste Serienlimousine der Welt setzt neue Trends im Karosseriebau

Während bei den vergangenen Entwicklungen die Stilisten eine Form entwarfen und die Aerodynamiker ihre Verbesserungen einbrachten, beschritt man beim Typ 44 genau den umgekehrten Weg. Die Aerodynamiker entwickelten unter Berücksichtigung des Sitzplans und des Bauraumbedarfs für die Aggregate einen optimalen Grundkörper. Zusammen mit den Stilisten wurde daraus dann die Form des Audi 100 erarbeitet. Der von den Aerodynamikern entworfene Grundkörper entsprach den Abmessungen des späteren Typ 44 im Maßstab 1:4 und erreichte eine Luftwiderstandszahl von $c_W = 0{,}17$. Aus diesem Modell wurde dann in mehreren Entwicklungsstufen das Grundmodell in den tatsächlichen Ausmaßen entwickelt. Dieses erreichte eine Luftwiderstandszahl von $c_W = 0{,}25$. Das Grundmodell wurde schließlich an die Stylisten, Konstrukteure und Produktionsfachleute weitergegeben. Unter Berücksichtigung der dort definierten Anforderungen entstand schließlich ein Styling- und Konstruktionskonzept. Sämtliche Gestaltungsdetails wurden dabei auf ihren Luftwiderstand hin sorgfältig untersucht und deren Umsetzbarkeit in die Produktion, sowie Kosten und Nutzen kritisch bewertet. So gelang es zwar nicht, die Luftwiderstandszahl des Grundmodells beizubehalten, aber das Ergebnis des Serienfahrzeuges mit $c_W = 0{,}30$ bis $0{,}32$ (je nach Motorisierung) war ein Bestwert, den es bis dato bei Serienautomobilen noch nicht gegeben hatte.

Die dritte Generation – Typ 44

Dieses Modell entsprach schon weitgehend der Serie. Die Heckleuchten wurden noch angepasst, außerdem fehlten bei dem Modell noch die Regenrinnen im Dach und die Ausprägungen auf der Motorhaube. Das Abgasendrohr wurde noch nach unten abgewinkelt. Die Wölbung des Grundstraks ist hier besonders gut zu erkennen.

Die Optimierung der Aerodynamik ging sehr tief ins Detail und erforderte viele innovative Lösungen. Prinzipiell war die Form des Audi 100 durch eine glatte Front mit sanft ansteigender Motorhaube, eine stark geneigte Frontscheibe und ein hohes Heck geprägt. Man sprach häufig von der „Keilform" und verglich die Formgestaltung gerne mit der des NSU Ro 80. Tatsächlich konnte man dem Audi 100 Typ 44 eine gewisse Ähnlichkeit mit dem Neckarsulmer Wankel-Klassiker nicht absprechen. Bei näherer Betrachtung fielen viele – auch kleine – Gestaltungselemente auf, die in ihrer Gesamtheit zur hervorragenden Aerodynamik beitrugen:

- Frontgrill mit kleinstmöglicher Öffnung für den Kühlluftbedarf, um Verwirbelungen im Motorraum zu vermeiden
- Geneigte Bugform mit schräg gestelltem Kühlergrill und Scheinwerfern, tief heruntergezogen, mit kleiner Spoilerlippe
- Gummilippe an der Frontklappe, um den Übergang zum Kühlergrill abzudichten
- Kunststoffleiste zwischen Stoßstange und Kühlergrill / Scheinwerfern, um die vorhandene Lücke zu verdecken
- Teilweise verdeckte Scheibenwischer
- Stark geneigte und bündig verklebte Windschutzscheibe
- Entfall von Regenrinnen an der Dachaußenkante
- Strömungsgünstig verkleidete Außenspiegel
- Mittels einer Gummileiste geschlossene Türunterkanten
- Mit der Außenkante der Türen bündig geführte, nach oben weit eingezogenen Seitenscheiben
- Glatte Vollverkleidung der Stahlfelgen, bzw. glattes Design der beim Modell CS serienmäßigen und bei anderen Modellen optionalen Aluminiumfelgen
- Geneigt auslaufende, bündig verklebte Heckscheibe
- Spoiler am unteren Heckabschlussblech
- Optimierter, möglichst glatter Unterboden mit diffusorartig ausgearbeiteter Reserveradmulde
- Wölbung des Grundstraks

Der hohe betriebene Aufwand bescherte dem Audi 100 zu Recht den Anspruch, die aerodynamisch günstigste Serienlimousine der Welt zu sein, was sogar in das „Guinness Buch der Rekorde" eingetragen wurde. Mit einer Luftwiderstandszahl von $c_W = 0{,}30$ unterbot der Audi 100 den ebenfalls 1982 vorgestellten Ford Sierra und den Mercedes-Benz 190 und hatte somit auf dem Gebiet der Aerodynamik für Serienfahrzeuge bedeutende Pionierarbeit geleistet. Der Topwert $c_W = 0{,}30$ galt allerdings nur für die Basisversion mit 4-Zylinder-Motor und deren serienmäßigen schmalen 165er-Reifen und lediglich einem Außenspiegel auf der Fahrerseite. Da die so genannte projizierte Querschnittsfläche A als Maßgröße zur Ermittlung des Luftwiderstandes mit einfließt, ist dies von erheblicher Bedeutung. Aber auch das Topmodell mit 2,2-Liter-Fünfzylinder-Motor, breiteren Rädern und höherem Kühlluftbedarf erreichte noch den hervorragenden Wert von $c_W = 0{,}32$. Das Vorgängermodell Typ 43 zeigte eine Luftwiderstandszahl von $c_W = 0{,}42$ und repräsentierte damit den durchschnittlichen Wert der Wettbewerber zu Beginn der 80er Jahre. Unter Berücksichtigung des gleichen Fahrzeuggewichts, der gleichen Stirnfläche und einer gleichen Getriebeübersetzung ermöglichte die Optimierung von $c_W = 0{,}12$ eine Reduzierung des Verbrauchs um 18 % bei einer konstanten Autobahnfahrt mit 120 km/h. Weitere Vorteile der aerodynamisch ausgefeilten Form des Audi 100 waren eine geringe Seitenwindempfindlichkeit, kaum hörbare Windgeräusche und reduzierter Auftrieb an der Vorderachse.

An dieser Stelle darf aber nicht unerwähnt bleiben, dass es auch harsche Kritik gab. Die stark geneigten großen Fensterflächen sorgten für eine immense Innenraumaufheizung. Ein Schiebedach und grüne Wärmeschutzverglasung waren daher empfehlenswerte Sonderausstattungen, die auch oft geordert wurden. Aufgrund ihres hohen Preises wurde zumindest in den ersten Modelljahren die Klimaautomatik noch nicht ganz so häufig bestellt. Ein weiterer Punkt, der für manchen Verdruss beim Kunden sorgte, war die Tatsache, dass durch die fehlenden Regenleisten Wasser auf die Sitze tropfen konnte, wenn man die Tür öffnete. Freuen konnten sich die Kunden jedoch über das üppige Raumangebot. Durch eine Erhöhung der Sitzposition konnte man nun aufrechter sitzen. Zusammen mit der Innenraumverlängerung und ausgeformten Rückenlehnen der Vordersitze hatten sich insbesondere auch die Platzverhältnisse im Fond verbessert und setzten einen Maßstab in der gehobenen Mittelklasse. Auch die Schulterbreite war vorne um satte 50 mm gewachsen, Fahrer und Beifahrer saßen ungewohnt weit auseinander. Diese Sitzposition

Die dritte Generation – Typ 44

Weltrekord: Die unzähligen Stunden im Windkanal bescherten dem Audi 100 den Titel, die aerodynamisch beste Limousine der Welt zu sein. Die 75-PS-Variante erreichte mit den schmalen 165er Reifen und nur einem Außenspiegel einen Luftwiderstandsbeiwert von $c_w = 0{,}30$.

bedingte allerdings ein zum Fahrer hin leicht schräg gestelltes Lenkrad. Der Kofferraum wurde nochmals vergrößert und fasste ein Volumen von 570 l – da kam kein Wettbewerber heran. Besonders erfreulich war dessen hervorragende Zugänglichkeit, dank einer weit öffnenden Heckraumklappe, die zudem noch bis an die Stoßstange heranreichte.

Es ist erstaunlich, wie gut sich das Design des Audi 100 Typ 44 gehalten hat. Das Fahrzeug strahlt auch heute noch Souveränität aus und wirkt immer noch repräsentativ, besonders in dunkel gehaltenen Außenfarben. Hartmut Warkuß zeichnete mit seinem Team damals verantwortlich für das Styling. Zweifellos war ihm hier ein großer Wurf gelungen, der einen Meilenstein im Automobildesign gesetzt hat.

Intelligenter Karosseriebau reduziert das Gewicht und steigert die Qualität

Um das Fahrzeuggewicht zu senken – schon immer ein wichtiges Entwicklungsziel aller Audi 100 Generationen – begann beim Audi 100 Typ 44 der intelligente Einsatz verschiedener Materialien. So wurden neben Stahl zunehmend auch Kunststoff und Aluminium als Werkstoff eingesetzt. Folgende Gewichtseinsparpotenziale wurden bei der Entwicklung realisiert:

Türaußenhaut aus Stahl mit eingeschraubtem Türrahmen aus Aluminium, der zusätzlich als Aggregateträger für die Fensterscheibe samt Hebermechanismus diente. Diese Bauweise zeichnete sich zudem durch ihre Reparaturfreundlichkeit aus, da der Türrahmen mit der Außenhaut verschraubt war und diese einzeln ausgetauscht werden konnten. Das sparte Ersatzteil- und Lohnkosten. Gewichtsersparnis: 10,6 kg

- Verwendung von dünneren Hartglassorten an den Seitenscheiben und an der Heckscheibe: - 5 kg

Souverän zieht dieser Audi 100 CD seine Bahn. Dank der hervorragenden Aerodynamik belästigte der Typ 44 seine Passagiere nicht mit hohen Windgeräuschen. Dadurch vermittelte er ein hohes Sicherheitsgefühl, auch bei 200 km/h, die die 136-PS-Variante locker erreichte.

- Notrad als Reserverad: - 5,3 kg; dies traf bei der Kundschaft aber auf Kritik und so wurde optional ein vollwertiges Reserverad nachgereicht.
- Reserveradmulde aus glasfaserverstärktem Polyesterharz: - 3,0 kg
- Stoßfängerträger aus Aluminium vorne und aus glasfaserverstärktem Kunststoff hinten: - 4,4 kg
- Aluminiumkühler (bei 5-Zylinder-Modellen): - 4,0 kg
- Radhausschalen aus Kunststoff: - 2,0 kg
- Wagenheber aus Aluminium: - 1,05 kg

Die Kunststoffteile boten neben ihrer Gewichtsersparnis auch den Vorteil der Korrosionssicherheit. Durch das Verkleben der Scheiben und die Montage eines fest verklebten Dachhimmelformteils wurde eine hohe Karos-

Die dritte Generation – Typ 44

Wenn der Aufprall nicht ganz so heftig war, ließ sich der Typ 44 dank intelligenter Karosseriekonstruktion und vieler verschraubter Teile kostengünstig instand setzen. Für den Fall der Fälle bot die stabile Fahrgastzelle den Passagieren viel Sicherheit.

seriefestigkeit erreicht, die weitere Gewichtseinsparungen bei der Rohkarosserie ermöglichte.

Durch diese Maßnahmen gelang es, ein fortschrittliches und wirtschaftliches Automobil mit hohem Gebrauchswert und üppigem Platzangebot auf die Räder zu stellen. Der günstige Verbrauch, kombiniert mit dem 80 Liter großen Kraftstofftank, ermöglichte Reichweiten von über 1000 km – ein bis dato von keinem Serienwagen erreichter Wert; und das schon ein paar Jahre bevor Audi mit dem legendären Werbespot „Wo ist der Tank?" für den A6 Avant TDI Geschichte geschrieben hat.

Der neue Audi 100 setzte auch in Bezug auf die Reparaturfreundlichkeit der Karosserie neue Maßstäbe. Der Frontbereich des Fahrzeugs, der bei Unfällen besonders häufig beschädigt wurde, war einfach zu demontieren. Der Kühlergrill war mit nur einer Schraube befestigt, die Schrauben der vorderen Stoßstange waren unter einer Leiste abgedeckt und bestens zugänglich. Das Frontabschlussblech war verschraubt, die Blinker waren nur eingesteckt. Selbstverständlich waren auch die Kotflügel verschraubt und die vorderen Radhäuser aus Kunststoff waren ebenfalls demontierbar. So war es möglich, den gesamten Frontbereich in kürzester Zeit zu zerlegen. Durch die frei stehenden und äußerst stabil ausgelegten Längsträger, die im vorderen Teil keine Verbindung zu den Radhäusern hatten, war das Schadensbild bei leichten Auffahrunfällen gering und dementsprechend kostengünstig war der Typ 44 zu reparieren. Die bereits beschriebene Konstruktion der Türen erlaubte die Demontage des Türkörpers vom Türrahmen samt Aggregateträger. Dies sparte Ersatzteilkosten und Arbeitszeit beim Ummontieren von Scheibe, Schlosssystem und Fensterhebermechanismus. Die Versicherungen honorierten dies mit einer günstigen Kaskoeinstufung.

Um die Langzeitqualität zu verbessern, wurde als Entwicklungsziel ein verbesserter Korrosionsschutz mit ins Lastenheft geschrieben. Der verstärkte Einsatz von Streusalz, sowie der seit dem Winter 1981/1982 eingesetzte Streusplit stellten hier neue Herausforderungen an die Entwicklungsingenieure. In folgenden Bereichen ergriff man entsprechende Maßnahmen:

- konstruktionsseitige Optimierungen
- verbesserte Qualität des Korrosionsschutzes und der Lackierung
- Verwendung vorbeschichteter Bleche

Zu den konstruktiven Maßnahmen gehörte die Verwendung einer Bodenwanne, die aus einem Teil gefertigt wurde. Dadurch wurden korrosionsgefährdete Blechüberlappungen und Schweißstellen vermieden. Reserveradmulde und die vorderen Radhäuser waren aus Kunststoff gefertigt. Bördelkanten an den Türen und Hauben waren verklebt und somit abgedichtet. Die Konstruktion der hinteren Radhäuser – immer ein neuralgischer Punkt in Bezug auf Korrosion – beschritt einen völlig neuen Weg. Das Seitenteil war hier nicht am Radlauf mit dem Radhaus punktverschweißt, sondern dicht verklebt.

Im Werk Ingolstadt entstand im Norden des Komplexes eine neue Lackiererei, in Neckarsulm wurde die bestehende umgebaut, um das neue, wesentlich aufwändigere Lackierverfahren umzusetzen. Besonders die Vorbereitung der Rohkarosserie zur Lackierung wurde verbessert, damit der Lack gut haften kann. In zwölf Phasen wurde nun die Karosserie entfettet, aktiviert, phosphatiert, gespült und schließlich getrocknet. Nach der Lackierung wurden die Hohlräume mit heißem Wachs geflutet.

Bei den ersten Modelljahren, von 1983 bis 1985, verwendete Audi zu 35 % vorbeschichtete Bleche. Front- und Heckklappe sowie Türen, Vorderkotflügel, Schiebedachdeckel und Tankklappe bestanden aus beidseitig elektrolytisch verzinkten Blechen. Einseitig elektrolytisch verzinkt wurden die Federbeinaufnahme vorne und die Dämpferaufnahme hinten. Beidseitig feuerverzinkt wurden unter anderem der Windfang, das hintere Radhaus vorne, das Heckabschlussblech unten und der Schiebedachrahmen. Für mit Schiebedach ausgestattete Dächer wurde Zincrometal verwendet und diverse Scharniere wurden galvanisch verzinkt.

Erst auf der Internationalen Automobil Ausstellung 1985 in Frankfurt präsentierte Audi zum Modelljahr 1986 die vollverzinkte Karosserie und machte den Typ 44 damit zu einem echten Langzeitauto – sofern die Karosserie während dem Betrieb nicht unfachmännisch repariert wurde.

Die dritte Generation – Typ 44

Audi 300 hätte das geplante Sechszylindermodell heißen sollen. Der Name Audi 300 wurde später auch noch mal in Diskussion gebracht, als der Typ D1 mit V8-Motor entwickelt wurde, der schließlich als Audi V8 auf dem Markt kam. Auch wenn Teile der Rohkarosserie vom Typ 44 verwendet wurden, ist der Audi V8 doch als völlig eigenständiges Modell zu betrachten und wird daher in diesem Buch nicht berücksichtigt.

Bewährte Fünfzylinder-Motoren und ein neues Basistriebwerk

Der Audi 100 Typ 44 wurde zunächst in drei Ottomotor- und einer Dieselvariante vorgestellt:

- 1,8-Liter-Vierzylinder-Ottomotor mit 75 PS (55 kW)
- 1,9-Liter-Fünfzylinder-Ottomotor mit 100 PS (74 kW)
- 2,1-Liter-Fünfzylinder-Ottomotor mit 136 PS (100 kW)
- 2.0-Liter-Fünfzylinder-Dieselmotor mit 70 PS (51 kW)

Die oben aufgelisteten Fünfzylindermotoren wurden aus dem Motorenangebot des Typ 43 übernommen und auf geringeren Kraftstoffverbrauch hin optimiert. Eine Schubabschaltung unterbrach die Kraftstoffzufuhr ab 1200/min über ein elektronisches Regelglied an der Drosselklappe der 100-PS-Motoren mit Vergaser und über ein Bypassventil bei den 136-PS-Einspritzmotoren. Letztere erhielten auch eine Leerlaufregelung für einen Leerlauf bei 800/min. Damit die bei dieser niedrigen Leerlaufdrehzahl niedrigen Kraftstoffmengen sicher zerstäubt werden konnten, waren die Einspritzventile luftumfasst. Das Zündsystem war mit einer Transistorzündanlage mit Hall-Geber ausgestattet.

Neue Einstiegsvariante im Motorenangebot war der 1,8-Liter-Vierzylinder mit 75 PS. Gerade diese Variante sollte konsequent den Anspruch auf eine wirtschaftliche und komfortable Limousine mit großzügigem Platzangebot erfüllen. Wir erinnern uns, beim Vorgänger Typ 43 begann das Motorenprogramm mit einem 1,6-Liter-Vierzylinder mit 85 PS. Das geringere Fahrzeuggewicht, die sehr gute Aerodynamik sowie der auf möglichst hohes Drehmoment ausgelegte neue Vierzylinder trugen dazu bei, dass hier weniger mehr war. Ausgelegt war dieses langhubige Triebwerk auf möglichst viel Durchzug im unteren, statt auf hohe Leistung im oberen Drehzahlbereich. Der Hub von 86,4 mm bei einer Bohrung von 81 mm ergab einen Hubraum von nun 1781 cm^3. Die Pleuel waren 144 mm lang. Kolben und Bolzen waren nun kleiner und leichter als im 1,6-Liter-Motor. Die Ventile waren vergrößert und die Nockenwelle arbeitete mit einer geringeren Ventilüberschneidung, so dass sich die Zylinderfüllung im unteren Drehzahlbereich deutlich optimiert zeigte. Ein Drehmomentmaximum von 138 Nm, das schon bei 2500/min anstand, war das Ergebnis. Die Verdichtung von 8,75 erlaubte den Betrieb mit Normalbenzin. Die folgende Tabelle zeigt den Audi 100 Typ 44 mit 1,8-Liter-Motor im Vergleich zu seinem Vorgänger:

Audi 100	Typ 43 - Mj. 1982	Typ 44 - Mj. 1983
Leistung	85 PS (63 kW)	75 PS (55 kW)
Gewicht	1110 kg	1080 kg
Beschleunigung 0-100 km/h	13,4 s	14,9 s
Höchstgeschwindigkeit	160 km/h	165 km/h
Verbrauch im Drittelmix	9,2 l/100 km	7,4 l/100 km

Die dritte Generation – Typ 44

Die deutliche Verbrauchsreduzierung beim neuen Audi 100 war allerdings nicht nur auf den geringeren Luftwiderstand zurückzuführen, sondern auch auf ein länger übersetztes Getriebe – auf Kosten des Beschleunigungsvermögens, wie man in der Tabelle sieht. Dass trotz der gewachsenen Abmessungen eine Reduzierung des Gewichts um 30 kg erreicht wurde, war auf den im obigen Kapitel beschriebenen konsequenten Leichtbau zurückzuführen. Berücksichtigt man den größeren Tank beim neuen Audi 100, der gefüllt in die Angabe des Leergewichtes mit einfließt, waren es sogar 50 kg. Für sportlich ambitionierte Fahrer war der Vierzylindermotor im Audi 100 zwar kein passendes Angebot, umso mehr jedoch für diejenigen, die Wert auf eine ebenso wirtschaftliche wie geräumige Limousine legten.

Hervorragende Fahrleistungen ließen sich in der Version mit dem 136-PS-Fünfzylinder-Einspritzmotor erreichen. Diese erreichte die damals noch magischen 200 km/h, was seinerzeit nur wenigen Oberklassefahrzeugen vorbehalten war. Der Autor erinnert sich noch genau daran – damals altersbedingt noch Beifahrer –, wie man mit dem Audi 100 die linke Spur auf der Autobahn dominierte und das bei einem souveränen Sicherheitsgefühl, vor allem indiziert durch die geringen Windgeräusche und den ausgezeichneten Komfort dieser schnellen Reiselimousine. In den folgenden Jahren wurde das Motorenprogramm weiter ausgebaut und mit der Einführung diverser Abgas gereinigter Varianten mit ungeregeltem und geregeltem Katalysator bisweilen recht unübersichtlich. Um hier jedoch den Überblick zu behalten, sind neu eingeführte Motorvarianten im Kapitel Modellpflegemaßnahmen genauer beschrieben.

Weiterentwicklung des bewährten Fahrwerkkonzeptes für hohe Ansprüche an Komfort und Sicherheit

Das bewährte Fahrwerk des Audi 100 Typ 43 entwickelte man für den Typ 44 konsequent weiter. Die Torsionskurbel-Hinterachse mit zwei Längslenkern und Panhardstab wurde neu konstruiert. Um eine große Federabstützbasis zu erzielen, mussten die Federbeine unten möglichst nah an das Rad heranreichen und wurden daher schräg geneigt eingebaut. Sie endeten nun nicht mehr oben im Radhaus, sondern unten am Kofferraumboden, waren dadurch schneller demontierbar und ermöglichten einen breiteren Gepäckraum. Um den Geradeauslauf zu verbessern, wurden die Längslenker von 408 mm auf 638 mm verlängert, auch die Spur wurde verbreitert: von 1445 auf 1467 mm. Vorne verwendete man die schon beim Typ 43 eingesetzte Federbeinachse mit Stabilisator und unteren Querlenkern. Um das Fahrverhalten weiter zu optimieren, wurden die Schraubenfedern, die Teleskopstoßdämpfer und der Stabilisator neu aufeinander abgestimmt sowie verbesserte Gummimetalllager an den Radaufhängungen eingebaut, um den Fahrkomfort zu erhöhen und die Abrollgeräusche zu verringern.

Die optionale bzw. bei dem 136-PS-Einspritzmotor und dem 70-PS-Dieselmotor serienmäßige Servolenkung wurde über eine Zentralhydraulik mit Druckspeicher versorgt. Lenkung und Bremse sowie die optional erhältliche Niveauregulierung wurden gemeinsam über einen Kreislauf mit Hochdruck versorgt. Bei Ausfall des Motors war es somit möglich, noch einige Bremsungen mit Servounterstützung durchzuführen. Ein weiterer Vorteil war der geringere Leistungsbedarf dieses Systems, der einem niedrigeren Kraftstoffverbrauch zugute kam, sowie ein sehr spontanes Lenkgefühl und eine bessere Dosierbarkeit der Bremse ermöglichte.

An der Vorderachse waren Scheibenbremsen für alle Modelle obligatorisch, die 136-PS-Motoren erhielten innen belüftete Scheibenbremsen. Bei dieser Motorvariante wurden auch an der Hinterachse Scheibenbremsen verbaut, die kleineren Motoren kamen mit Trommelbremsen aus, welche in ihrem Durchmesser auf nun 230 mm vergrößert wurden.

Für jeden das Richtige

Vorgestellt wurde der Audi 100 in vier Ausstattungsvarianten, die im ersten Modelljahr mit allen vier Motoren lieferbar waren. Das Grundmodell war der Audi 100 ohne weitere Modellbezeichnung, dessen Ausstattungsumfang als elegant-funktional umschrieben wurde und tatsächlich eine gute Basis legte. Serienmäßig waren hier unter anderem Mittelkonsole, Nebelrückleuchte, Scheinwerfer mit Leuchtweitenregulierung, beheizbare Heckscheibe, von innen verstellbarer Außenspiegel auf der Fahrerseite, breite seitliche Stoßprofilleisten, zwei Gasdruckfedern zur Abstützung mit Kunstlederbezug an den vorderen Sitzen der Motorhaube, Verbundglas-Windschutzscheibe, Rahmenkopfstützen und Stoffsitzbezüge in „Oxford uni".

Darüber positioniert war der Audi 100 CC als komfortabel-elegante Version. Gegenüber der Basis waren hier insbesondere die in Interieur und Gepäckraum verwendeten Materialien hochwertiger. Die Sitze waren mit Velours bezogen, ebenso die obligatorischen Rahmenkopfstützen vorne und hinten. Auch der Teppich bestand aus wertvollem Velours, die Auskleidung des Gepäckraums war in Strukturvlies gehalten. Darüber hinaus hatte der Audi 100 CC eine schwarze Kunststoffblende zwischen den Rückleuchten und somit eine gegenüber der Basis gefälligere Heckansicht. Die seitlichen Stoßprofilleisten besaßen einen schmalen Chromstreifen.

Der Audi 100 CS stellte die sportlich-elegante Version dar. Serienmäßig waren hier Leichtmetallräder, Nebelscheinwerfer, schwarze Heckblende, Zentralverriegelung, Lederlenkrad, Drehzahlmesser, Motorraumbeleuchtung und ein höhenverstellbarer Fahrersitz. Der vorgesehene Stoffsitzbezug „Oxford" wirkte nicht besonders edel; überhaupt war das Konzept des Audi 100 CS bei dessen Modelleinführung nicht recht stimmig: Den Anspruch an ein sportlich ausgestattetes Automobil konnte er nicht erfüllen, weder mit den unspektakulären Vergasermotoren mit 75 und 100 PS und erst recht nicht mit dem schwachen 70-PS-Dieselmotor. Die Absatzzahlen der CS-Version blieben demnach zunächst recht niedrig. Erst als der Audi 100 CS im Zuge der Modellpflege überarbeitet wurde, erreichte auch dieses Modell höhere Stückzahlen und Attraktivität.

Am oberen Ende des Modellangebots stand die luxuriöse Topversion Audi 100 CD. Sie basierte auf dem Audi 100 CC samt Sitzbezügen in

Topmodell Audi 100 CD: Chromleisten auf den Stoßstangen vorne und hinten sowie in den seitlichen Stoßleisten werteten diese Variante optisch auf. Ganz so luxuriös wie im Vorgänger Typ 43 ging es aber nicht mehr zu – elektrische Fensterheber, grünes Wärmeschutzglas und Alufelgen wollten extra bezahlt werden.

Blick auf die Armaturentafel des Audi 100 CD. Das Stereo-Cassetten-Radio mit Automatikantenne war beim CD serienmäßig. Den Drehzahlmesser gab es hingegen nur beim Modell CS ohne Aufpreis.

Audi 100 CS in Sienarot-metallic mit den serienmäßigen aerodynamisch geformten Alufelgen. Großen Anklang fand diese Ausstattungsvariante zunächst nicht, der Stoff „Oxford" des Interieurs orientierte sich in der Anmutung zu sehr an dem Basismodell mit „Oxford uni".

Mohavi-Velours. Darüber hinaus gab es einen in der Höhe verstellbaren Fahrersitz, klappbare Haltegriffe (bei der Option Schiebedach waren diese auch bei den anderen Versionen serienmäßig), Nebelscheinwerfer, Scheinwerferreinigungsanlage, Auto-Check-System (mit Überwachungsfunktion für Bremsbeläge, Bremsflüssigkeitsstand, Bremslicht, Abblendlicht, Scheibenwaschwasserstand, Kühlflüssigkeitsstand, Batteriespannung, Tankreserve, Ölstand und -druck), Motorraumbeleuchtung, Leseleuchten für Beifahrer und im Fond, Zigarettenanzünder im Fond, Zentralverriegelung, Stereo-Radio mit Cassettenrecorder und Servolenkung mit Zentralhydraulik (grundsätzlich serienmäßig bei 136-PS-Einspritzmotor und 70-PS-Dieselmotor, aber bei CD auch serienmäßig bei 75- und 100-PS-Version). Zweifellos ein hohes Ausstattungsniveau, aber im Vergleich nicht mehr ganz so üppig wie im Typ 43, bei dem elektrische Fensterheber, Leichtmetallräder und grüne Wärmeschutzverglasung auch noch zum serienmäßigen Ausstattungsumfang gehörten (das grüne Glas fiel allerdings auch beim Typ 43 im letzten Modelljahr 1982 dem Rotstift zum Opfer).

Für bessere Qualität: Innovationen in der Produktion

Der neue Audi 100 wurde zunächst, wie sein Vorgänger, in den Werken Ingolstadt und Neckarsulm gefertigt. Um den Qualitätsstandard weiter zu erhöhen, waren auch auf dem Gebiet der Fertigung technologische Innovationen umzusetzen. Diese betrafen den Rohbau, die Lackiererei und die Endmontage. In den Jahren 1981 bis 1985 investierte Audi an beiden Standorten insgesamt 3,4 Milliarden DM, um die Fertigungsanlagen auf den neuesten Stand der Technik zu bringen.

Die dritte Generation – Typ 44

Hochkant durchliefen die lackierten Karosserien die Trocknungsanlagen in der neuen Lackiererei in Neckarsulm. Die Länge der Anlage konnte so reduziert werden und dadurch auch der notwendige Energieaufwand, um den Lack durchzuhärten.

Das alte Gehänge in der Endmontage in Halle B16 des Werkes in Neckarsulm. Die Platzverhältnisse waren eng, das Fahrzeug war nicht immer in der optimalen Lage, um es zu montieren. Das Bild wurde im Sommer 1982 aufgenommen.

Der Formteilhimmel wurde vollautomatisch mit dem Dach verklebt. Dies sparte Zeit in der Montage und erhöhte zudem die Steifigkeit des Daches.

Rückblende: Im Rohbau des Typ 43 dominierte noch schwerste Handarbeit. Die Blechteile wurden von Hand in Lehren eingelegt und mit schweren, unhandlichen Schweißpunktzangen miteinander verbunden. Somit waren Anzahl und Abstände der Schweißpunkte vom Rhythmus des zuständigen Mitarbeiters abhängig. Einen riesigen Schritt nach vorne bedeutete hier der Einsatz von Industrierobotern, die punktgenau und mit höchster Präzision ihre Arbeit verrichteten. Für die Mitarbeiter hieß das aber auch wieder die Schulbank zu drücken. Wer sein Lohnniveau halten wollte, das bis dato durch Zulagen für die schwere Arbeit erreicht worden war, musste das nun durch eine höhere Qualifizierung erreichen und wurde dann zum Beispiel als Anlagenführer mit hoher Verantwortung eingesetzt.

1981 wurde im Werk Ingolstadt die neue Lackiererei errichtet, am Standort Neckarsulm ein Jahr später die vorhandene komplett umstrukturiert. Es galt den Gesundheitsschutz, den Umweltschutz und die Güte der Lackierung zu verbessern.

Auch in der Endmontage war es Ziel, die Mitarbeiter zu entlasten und sie durch ein freundlicheres Umfeld zu motivieren. Insbesondere am Standort Neckarsulm wurde viel investiert. In den ersten beiden Jahren lief der Typ 44 noch gemeinsam mit dem Porsche 924 und 944 durch die Endmontage in Halle B16. Die Bedingungen waren schwierig, die Platzverhältnisse beengt, die Halle dunkel und schlecht ausgeleuchtet. Abhilfe kam im Jahr 1984 mit der Inbetriebnahme der neuen Endmontage in der für 230 Millionen DM errichteten neuen Halle A13. Auch die Endmontage in Ingolstadt wurde modernisiert und durch einen Anbau ergänzt. Die Hallen wirkten jetzt aufgeräumt, freundlich und hell. Die Karosserien durchliefen die Endmontage zunächst auf um 40 cm in der Höhe verstellbaren Skids, so dass sich die Mitarbeiter an der Fertigungsstraße nicht mehr so viel bücken mussten. Später wurden die Karossen noch in ein drehbares Schwenkgehänge gesetzt. Damit konnte das Auto bis zu 60° gedreht werden und es entfiel die Überkopf-Arbeit, etwa bei Montagearbeiten am Unterboden, wie z.B. dem Einlegen von Bremsleitungen. Zudem konnten die Gehänge in unterschiedlicher Höhe geführt werden. In den Erdgeschossen wurden ganze Baugruppen vormontiert und dann taktgenau der zugehörigen Karosserie zum Einbau in das Obergeschoss zugeführt. Nach jedem Produktionsabschnitt wurden die Arbeiten sorgfältig geprüft. Kurz vor Bandende teilte sich die Linie in zwei Spuren auf, damit bei gleicher Durchlaufmenge die Bandgeschwindigkeit halbiert werden konnte und so genug Zeit für die präzisen Endkontrollen vorhanden war.

Ehrgeiziges Ziel: neue Positionierung der Marke Audi

Der neue Audi 100 Typ 44 war für Audi ein besonders wichtiger Schritt auf dem Weg zum Premiumhersteller. Die Aufwertung einer Marke vollzieht sich nicht von jetzt auf gleich. In kleinen Schritten muss dem Kun-

Neue Bedingungen in der neuen Montage A13 in Neckarsulm. Das Fahrzeug durchlief auf höhenverstellbaren Skids oder, wie hier im Bild, in Schwenkgehängen die Montagelinie. Überkopfarbeiten entfielen dadurch. Darüber hinaus waren die Platzverhältnisse großzügiger und die gesamte Halle war heller und freundlicher gestaltet. Ideale Bedingungen und Grundvoraussetzung, um hohe Qualität zu produzieren.

den die Kompetenz auf den Gebieten innovative Technik und hohe Qualität plausibel gemacht werden. Damit man im Gespräch bleibt, sind mit jeder Modelleinführung neue technische Trends umzusetzen, die beim Publikum wahrgenommen werden und auch in Erinnerung bleiben. Ein erster wichtiger Schritt dieser Strategie war die Einführung des schnell laufenden Allradantriebs im Audi quattro, der auf dem Genfer Automobilsalon im Jahr 1980 seine Weltpremiere feierte.

Während das Vorgängermodell Typ 43 in Sachen Image und Marktposition eindeutig über Opel Rekord und Ford Granada rangierte, reichte es jedoch noch nicht an die Position des Mercedes W 123 und der BMW 5er Reihe heran. Für die Marketingstrategen des VW Konzerns war es wenig sinnvoll, den Audi 100 in dieser Position zu belassen, stellten sie doch im Jahr 1980 die neue Generation des VW Passat vor, der ab 1981 als VW Santana auch mit Stufenheck angeboten wurde – wenn auch mit sehr mäßiger Durchschlagskraft auf dem Markt. Der Passat der zweiten Generation war aber zweifellos ein hervorragendes Auto und aufgrund seiner Variabilität nicht nur für Kunden im B-Segment interessant, sondern auch für diejenigen, die bisher einen Audi 100 im C-Segment fuhren und für die der 1978 vorgestellte Audi 80 (Typ 81) aufgrund seines etwas zerklüfteten Kofferraums nicht in Frage kam.

Nachdem die erste Generation des Audi 100 das Überleben der Marke gesichert hatte und die zweite Generation erste Innovationen im Motoren- und Karosseriebau zeigte, galt es vor allem Letzteres in der dritten Generation weiter zu optimieren und das Auto höher im Markt zu positionieren. Um dies zu ermöglichen, musste Audi insbesondere die Langzeitqualität und die damit verbundene Werthaltigkeit des Fahrzeugs deutlich verbessern. Der Vorgänger Typ 43 war zweifellos ein gutes Auto, seine Mechanik gilt heute noch als äußerst zuverlässig und langlebig, jedoch war die Karosserie nicht besonders resistent gegen Korrosion. Eine Untersuchung der Zeitschrift „mot", Heft 2/1981, bei der Pkw verschiedener Marken der Baujahre 1978 bis 1980 auf Korrosionsansätze untersucht wurden, ergab, dass Audi Fahrzeuge hinsichtlich ihrer Rostanfälligkeit unter den deutschen Herstellern gerade einmal durchschnittlich abschnitten. Zwar waren die Marken Volkswagen, Ford und Opel deutlich schlechter, aber Mercedes und BMW hatten in dieser Disziplin die Nase vorn. Der Gebrauchtwagenkäufer honorierte dies mit höheren Preisen, während der Audi 100 (Typ 43) Besitzer einen erheblichen Wertverlust für sein Fahrzeug hinnehmen musste. Doch Audi lernte diese Lektion und machte seine Hausaufgaben. Eindrucksvoll gelang es, den Typ 44 in hoher Qualität zu entwickeln und zu fertigen und so ein echtes Langzeitauto auf die Räder zu stellen. Internationale Journalisten honorierten dies und verliehen dem Audi 100 den begehrten Titel „Auto des Jahres 1983". Auch heute noch schwören begeisterte Typ 44-Besitzer auf das hohe Qualitätsniveau des Wagens.

Die dritte Generation – Typ 44

Rechts: Mehr ein Automobil für Individualisten als ein klassischer Kombi: Der neue Audi 100 Avant suchte seinen Wettbewerb eher beim Mercedes T-Modell als bei den Raumwundern von Opel und Ford. Dieser frühe Audi 100 Avant CD hatte noch den etwas klobigen Heckspoiler, der nur bis Modelljahr 1986 verbaut wurde.

Ganz rechts: Im März 1983 wurde der Audi 100 Avant der Öffentlichkeit präsentiert.

Audi 100 Avant

Im März 1983 lud die Presseabteilung der Audi NSU Auto Union nach Port Grimaud an der Côte d'Azur ein, um den Journalisten den neuen Audi 100 Avant vorzustellen. Die Linie des Audi 100 Avant auf Basis des Typs 44 war eigenwillig. Wieder zeichnete sich die Kombilimousine durch eine sehr schräg gehaltene hintere Dachpartie aus. Das Dach wurde diesmal aber weiter nach hinten fortgeführt und bot so den Passagieren im Fond deutlich mehr Kopffreiheit und sorgte zudem für ein üppiges Raumgefühl. Dadurch war der Avant auch diesmal kein klassischer Kombi, sondern viel mehr eine elegante und individuelle Alternative mit höherer Variabilität im Vergleich zur Limousine. Der Kofferraum war durch die weit öffnende Heckklappe, die nun endlich bis zur Stoßstange herabreichte, bestens zugänglich. Die schon bei der Limousine beschriebene kompakte Achskonstruktion ermöglichte einen breiten Kofferraum zwischen den schmal gehaltenen Radhäusern. Optional waren eine Laderaumabdeckung und ein doppelter Laderaumboden erhältlich, der die durch den großen Tank bedingte unebene Bodenwanne ausglich und zudem Stauraum für kleine Utensilien bot. Der komplette Kofferraum war mit Teppich verkleidet und verdeutlichte den Anspruch, eher ein Lust- als ein Lastauto zu sein. Gegen Aufpreis war eine aufklappbare Kindersitzbank erhältlich. Die optionale Dachreling ließ den Audi 100 Avant sportlicher erscheinen und die Kombilimousine nicht ganz so gedrungen wirken. Auf der Heckklappe war ein zunächst etwas wuchtig geratener Spoiler montiert, der den Auftrieb an der Hinterachse minimierte und die Verschmutzung am Heck reduzierte. Durch die stark geneigte Heckscheibe kam der Avant ohne Heckwischer aus; wer dennoch nicht darauf verzichten wollte, konnte sich diesen aus dem Sonderausstattungsprogramm bestellen. Grundsätzlich erhielt der Avant zwischen den Heckleuchten eine schwarze Heckblende, die beim Grundmodell der Limousine nicht vorgesehen war. Darüber hinaus änderte man auch das Design der Rückleuchten. Während hier bei den Stufenheckmodellen in der Mitte eine Vertiefung eingearbeitet war, war die des Avant völlig eben.

Zielgruppe der Individualisten

Die Marketingstrategen wollten keineswegs nur klassische Kombikunden mit dem Avant ansprechen. Die Zielgruppen wurden wie folgt aufgeteilt:

1.) Freiberufler und Selbständige, die einen Pkw mit erhöhtem Raumbedarf benötigten, für die ein klassischer Kombi aber aus Prestigegründen nicht in Frage kam, sondern nur ein Auto das den Anspruch auf Hochwertigkeit und Eleganz erfüllte.
2.) Private Nutzer, die aus familiären Gründen oder wegen ihres Hobbys mehr Platz benötigten und die Mittel hatten, sich ein Fahrzeug der gehobenen Klasse zu leisten.
3.) Individualisten, die sich bewusst vom konventionellen Stufenheck abheben wollten.

Vor dem Hintergrund dieser Zielgruppenbeschreibung war der wichtigste Wettbewerber das Mercedes-Benz T-Modell, wenngleich dieses ein klassisches Kombi-Steilheck aufwies und nicht sonderlich individuell war, aber mit hoher Wertigkeit und hohem Prestige aufwarten konnte.

Analog zur Limousine war der Avant mit allen Ausstattungslinien lieferbar, also als Audi 100, CC, CS und CD. Das Motorenangebot umfasste den kleinen Vierzylinder mit 75 PS (55 kW), den Fünfzylinder mit 136 PS (100 kW) und den Vierzylinder-Dieselmotor mit 70 PS (51 kW). Der Fünfzylinder-Ottomotor mit 100 PS (74 kW) wurde im Avant erst gar nicht

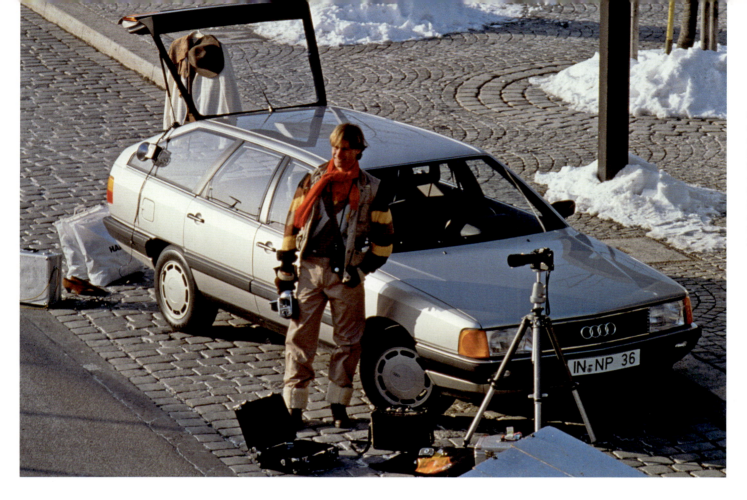

Der Audi 100 Avant sorgte stets für einen seriösen Auftritt, egal ob beruflich oder privat. Er bot ausreichend Platz für die Berufsausrüstung sowie für Kind und Kegel. Das Bild zeigt einen Audi 100 Avant CS, Modelljahr 1984 in Zermattsilber-metallic.

angeboten, da dieser auch in der Limousine bald auslaufen sollte. Dafür wurde das Motorenprogramm um den bereits aus dem Audi Coupé (Typ 81) bekannten 1,8-Liter-Vierzylinder mit 90 PS (66 kW) erweitert, auch für die Limousine. Das Triebwerk war mit einem 2E2-Fallstromregistervergaser mit Schubabschaltung und einer vollelektronischen unterbrecherlosen Zündung ausgestattet.

Das Dieselmotorenprogramm wurde um eine aufgeladene Variante erweitert, die bereits im Vorgänger Typ 43 auf dem US-Exportmarkt angeboten wurde. Der Fünfzylinder-Turbo-Diesel leistete 87 PS (64 kW) und verschaffte dem Typ 44 im Vergleich zum Audi 100 mit Saugdieselmotor neben wirtschaftlichem Betrieb nun auch annehmbare Fahrleistungen.

Das Fahrwerk des Avant wurde wegen des gegenüber der Limousine höheren Leergewichts und der zu erwartenden höheren Nutzlast entsprechend modifiziert. An der Hinterachse kamen härtere Schraubenfedern und Stoßdämpfer mit einer strafferen Abstimmung zum Einsatz. Dagegen beschränkten sich die Änderungen an der Vorderachse auf härtere Federn und einen stärkeren Stabilisator, die Abstimmung der Stoßdämpfer blieben jedoch gleich. Grundsätzlich erhielt der Audi 100 Avant innen belüftete Scheibenbremsen.

Audi 200

Die deutsche automobile Oberklasse zu Beginn der 80er Jahre wurde von zwei Baureihen repräsentiert: der Mercedes S-Klasse (Baureihe W 126) und der BMW 7er Reihe (Baureihe E 23) – mehr ging damals nicht. Diese

Der Audi 100 Avant hatte einen riesigen Gepäckraum. Der doppelte Ladeboden, wie im Bild zu sehen, kostete Aufpreis. Optional konnte auch eine Kindersitzbank und eine leider recht fummelige Laderaumabdeckung geordert werden. Besonders letztere Sonderausstattung hätte eigentlich zur Serienausstattung gehören müssen, da sonst jeder von außen das Gepäck einsehen konnte.

beiden Limousinen beherrschten nicht nur in Sachen Image und Prestige den exklusiven Markt der Luxusautomobile, auch auf der Autobahn dominierten beide mit ihrer Höchstgeschwindigkeit – bis 1983. Dann griff – gänzlich ungeniert – der neue Audi 200 Typ 44 an. Zumindest in der Höchstgeschwindigkeit gelang es ihm, seine beiden Konkurrenten abzuschütteln. In der Turboversion erreichte der neue Audi 200 sagenhafte 230 km/h, ein Wert, der bis dahin eher reinrassigen Sportwagen vorbehalten war. Mit seinen Imagewerten musste er sich aber wieder hinter die beiden Wettbewerber einreihen. Journalisten bescheinigten ihm zwar, ein sehr gutes Auto zu sein, ein Platz auf der höchsten Stufe das Siegerpo-

Angriff auf die etablierte deutsche Oberklasse. In Stuttgart und München musste man erkennen, dass der Audi 200 ganz gehörig aufholte.

dests war dem Audi 200 (im Gegensatz zum Audi 100) bei Vergleichstests jedoch noch nicht vergönnt. Der Abstand zur Spitze wurde aber geringer – bildlich gesprochen, hielt der Audi 200 den Sicherheitsabstand zu den Vorausfahrenden nicht mehr ein – er war ein respektloser Drängler, wollte dazugehören zum exklusiven Club der Oberklasse-Limousinen.

In der nur dreijährigen Bauzeit des Audi 200 Typ 43 wurden immerhin rund 51.000 Exemplare verkauft und dies ermutigte die Audi NSU Auto Union AG, einen Nachfolger der luxuriösen Reiselimousine anzubieten. Vorgestellt wurde der Audi 200 Typ 44 im Juni 1983 mit zwei Fünfzylinder-Triebwerken, dem bekannten Einspritzaggregat mit 136 PS (100 kW) und als Topmotorisierung dessen aufgeladene Variante, die aber weiterentwickelt wurde. Intern sprach man hier vom Turbomotor der dritten Generation, nachdem die erste Generation 1979 im Audi 200 Typ 43 Premiere hatte und die mit einem Ladeluftkühler versehene zweite Generation mit dem Audi quattro im Jahr 1980 vorgestellt wurde. Gegenüber der ersten Generation galt es, den hohen Kraftstoffverbrauch dieser Motoren und ihr Ansprechverhalten zu verbessern. Um dieses umgangssprachlich so genannte und oft kritisierte „Turboloch" zu minimieren, erhöhte man zunächst das stationäre Grunddrehmoment. Eine wichtige Maßnahme hierzu war die Anhebung der Verdichtung von 7,0 auf 8,8. Dadurch waren die Kolben hohen Temperaturen ausgesetzt und mussten wieder über einen Ölstrahl von unten gekühlt werden, damit die notwendige Standfestigkeit erzielt wurde. Die Spritzdüsen öffneten bei einem Überdruck des Öls ab 1,4 bar. Darüber hinaus wurden auch die Steuerzeiten der Nockenwelle angepasst. Das Saugrohr wurde völlig umkonstruiert, der Drosselklappenstutzen wurde nach vorne verlegt und damit eine kürzere und demnach verlustärmere Rohrlänge ohne Umlenkung realisiert. Zudem war das Saugrohr nun mit einer Anbindung für die Ladeluftkühlung versehen. Durch die engeren Platzverhältnisse musste ein einflutiger Drosselklap-

penstutzen verbaut werden. Um trotzdem den bei den sonst üblichen zweiflutigen Drosselklappen progressiven Durchfluss zu ermöglichen, wurde die Klappe mit einem Füllstück, dem so genannten Rucksack versehen.

Damit die für das Ansprechverhalten des Turboladers effektive Stoßaufladung umgesetzt werden konnte, wurden der Zündfolge entsprechend drei getrennte Abgasstränge mit in den Abgaskrümmer eingegossen, die bis kurz vor den Lader geführt wurden. Verwendung fand wieder ein Turbolader des Typs K26 von Kühnle, Kopp und Kausch (KKK), bei dem die Beschaufelung optimiert und der Lagerträger deutlich länger ausgelegt wurde, damit weniger Hitze von den bis zu 1000 °C heißen Abgasen zu den Lagerstellen fließen konnte. Nach dem Audi quattro erhielt nun auch der Audi 200 eine Ladeluftkühlung, um die Füllungsdichte im Zylinder zu steigern. Der Ladeluftkühler war leicht geneigt hinter dem Kühlergrill montiert, damit statt 12 nun 13 Kühlrippen untergebracht werden konnten. Im Kühler selbst waren die Rippen um 7° geneigt, um die schräge Einbaulage wieder auszugleichen. Das Ladedruckregelventil wurde beim neuen Audi 200 nicht mehr über den Abgasgegendruck, sondern über den Ladedruck angesteuert – der lag maximal bei 1,59 bar. Beim Typ 43 wurden zwar bis zu 1,82 bar zugelassen, dafür lag der reduzierte Druck beim Typ 44 aber in einem Drehzahlbereich von ca. 2800 bis 4000/min an, so dass eine ausgeglichenere Leistungsentfaltung erreicht wurde. Das Triebwerk leistete jetzt 182 PS (134 kW) bei 5700/min.

Die Zündung war vollelektronisch mit Kennfeldsteuerung und Klopfregelung, die die Zündung um bis zu 8° KW zurücknehmen konnte und dem Fahrer durch eine Warnleuchte anzeigte, falls es trotzdem zu längerem Klopfen kam. Darüber hinaus wurden noch Maßnahmen ergriffen, um den Kraftstoffverbrauch zu reduzieren, der beim Vorgänger immer wieder kritisiert wurde. Wie beim Sauger wurden jetzt luftummantelte Einspritzdüsen verwendet, um den Einspritzstrahl zu optimieren. Ebenso wurde die Leer-

Die dritte Generation – Typ 44

Ganz links: Schnittmodell des neuen Turbomotors. Oberste Entwicklungsziele bei diesem Motor waren, den Benzinverbrauch zu reduzieren und das Turboloch zu minimieren.

Links: Blick unter die Haube: Der aufgeladene Fünfzylinder im Audi 200 Turbo. Dem aufmerksamen Leser wird aufgefallen sein, dass dieses Vorserienfahrzeug einmal umlackiert worden ist. Im Motorraum ist stellenweise noch das hellere Saphir-metallic zu sehen, während außen das dunklere Amazonasblau-metallic zu sehen ist. Dies entsprach natürlich nicht dem Serienzustand.

laufdrehzahl auf 800/min abgesenkt und durch eine Leerlaufregelung stabilisiert, auch wenn Verbraucher, wie zum Beispiel die optionale Klimaanlage, hinzugeschaltet wurden. Eine Schubabschaltung unterband die Kraftstoffzufuhr im Schiebebetrieb. Die Verbesserungen spielten ihr Potenzial voll aus, wie der Vergleich zum Typ 43 zeigt. Zusammen mit der guten Aerodynamik wurde so eine Reduzierung des Kraftstoffverbrauchs um bis zu 30 % (bei schneller Autobahnfahrt) erreicht. Verbrauchte der Typ 43 bei konstant 180 km/h noch 21,0 l/100 km, waren es beim Typ 44 nur noch 15,5. Der Drittelmix reduzierte sich von 11,1 auf 9,5 l/100 km.

Darüber hinaus bot der Audi 200, der auf der Rohkarosse des Audi 100 basierte, dessen großzügige Platzverhältnisse, weit öffnende Türen und einen riesigen Kofferraum. Um sich entsprechend seiner höheren Positionierung vom Audi 100 abzuheben, wurden jedoch einige Details geändert. Zunächst fiel die geänderte Front auf. Die Scheinwerfer waren etwas flacher und breiter. Durch die Verlegung der Blinker in die Stoßstange konnten die Scheinwerfer beim Audi 200 etwas weiter nach außen rücken. Durch diesen optischen Trick wirkte die Frontansicht nun wesentlich sportlicher, was auch dem serienmäßigen breiten Bugspoiler zu verdanken war. Umrahmt wurde die Scheinwerfereinheit samt Kühlergrill von einer umlaufenden Zierleiste. Durch die serienmäßigen Nebelscheinwerfer und die Gummihörner der Scheinwerferreinigungsanlage wirkte die vordere Stoßstange recht wuchtig. Die Leisten der vorderen und hinteren Stoßstange waren aus matt eloxiertem Edelstahl gefertigt und hatten eine edle Anmutung. Die Motorhaube wies statt einer mittigen Erhebung beim Audi 100 zwei parallel verlaufende Vertiefungen auf. Der Styling-Gag am Heck war eine durchgehende Heckleuchteneinheit, die das Nummernschild eingefasst. Damit wirkte der Audi 200 von hinten fast ein wenig amerikanisch. Serienmäßig rollte das Topmodell der Typ 44-Baureihe auf 15-Zoll-Aluminiumfelgen, deren glattes Design etwas einfallslos wirkte. Erst die später auf Wunsch erhältlichen Alu-

Aufwändige Schnittmodelle haben bei Audi Tradition. Auch für die Präsentation des Audi 200 wurde wieder ein qualitativ hochwertiges Modell angefertigt.

miniumfelgen im Speichendesign unterstrichen die sportlichen Ambitionen der Hochgeschwindigkeits-Limousine. Damit diese sicher beherrschbar war, wurde das Fahrwerk den hohen Fahrleistungen angepasst. Die Federraten waren erhöht, die Dämpferkräfte angehoben und die Hinterachse erhielt einen zusätzlichen Stabilisator. Serienmäßig verfügte der Audi 200 über eine Servolenkung samt der bereits erwähnten Zentralhydraulik. Scheibenbremsen vorne (innen belüftet) und hinten waren obligatorisch. Optional wurde ein Antiblockiersystem von Bosch angeboten.

Der Innenraum präsentierte sich luxuriös und reichhaltig ausgestattet. Opulente Veloursitze und hochwertige Teppichmaterialien unterstrichen den wertvollen Charakter des Audi 200. Optional war auch eine sportliche Innenausstattung lieferbar, bestehend aus Sportsitzen mit lederbezogenen Sitzwangen und Kopfstützen, Lederlenkrad und lederbezogenen Türarmlehnen und Zuziehgriffen. Die Armaturentafel zeigte sich ebenfalls neu gestaltet, um sich auch im Innenraum vom Audi 100 abzuheben – vielleicht geriet sie hier im Audi 200 gar etwas wuchtig. Serienmäßig hatte der Audi 200 viel zu bieten, unter anderem elektrische Fensterheber an

Die dritte Generation – Typ 44

Links: Kritiker beklagten stets die Nähe des Audi 200 zum Audi 100. Die Unterschiede waren aber doch beträchtlich und beschränkten sich nicht nur auf den äußerlichen Auftritt. Auch im Innenraum wurde deutlich zum Schwestermodell abgegrenzt, zum Beispiel mit einer neu gestalteten Schalttafel.

Oben: Die Versuchsingenieure von Audi nahmen auf der A9 in Richtung Nürnberg die enge Kurve bei Greding gerne mit über 200 km/h. Dank des überarbeiteten Fahrwerks war dies ohne Schweißperlen auf der Stirn machbar. Heute sind in besagter Kurve nur noch 120 km/h erlaubt, offensichtlich waren andere Fahrzeuge und deren Fahrer doch ein wenig mit der Situation in Greding überfordert.

allen vier Türen, Zentralverriegelung und (endlich wieder) eine grüne Wärmeschutzverglasung nebst den bereits oben erwähnten Leichtmetallrädern, der Scheinwerferreinigungsanlage und den Nebelscheinwerfern. Ein nettes Detail war der beleuchtete Zündschlüssel und das neue Auto-Check-System. Letzteres beinhaltete einen Mikrocomputer, der Funktionen wie z.B. Bremslichtfunktion, Kühlmitteltemperatur und -stand, Ölstand, Beleuchtungsfunktion, Flüssigkeitsstand der Zentralhydraulik und der Scheibenwaschanlage, Bremsbelagverschleiß und Batteriespannung überwachte und gegebenenfalls Fehler über eine Anzeige im Kombiinstrument bekannt gab. Auch der momentane Kraftstoffverbrauch wurde hier digital angezeigt. Optional konnte das Auto-Check-System um einen Bordcomputer erweitert werden, der Durchschnittsverbräuche und -geschwindigkeiten errechnen, sowie Reichweiten, Außentemperatur, Uhrzeit und Fahrzeit anzeigen kkonnte.

Kritiker lasteten dem Audi 200 stets seine Nähe zum Audi 100 an. Zunächst war er eine Alternative für aufsteigende Audi 100-Fahrer, die aus Überzeugung der Marke treu bleiben wollten und für Individualisten, denen ein Mercedes zu fad, ein BMW zu aggressiv, ein Volvo 760 zu kantig, ein Jaguar zu britisch, ein Saab 9000 zu vierzylindrig und ein Citroën CX zu schlecht verarbeitet war. Im Zuge der Modellpflegemaßnahmen, insbesondere mit dem Einsatz des 165-PS (121 kW)-Turbomotors mit geregeltem Katalysator und des 162-kW-20V-Turbotriebwerks, sowie vielen netten Ausstattungsdetails, wurde aus dem Audi 200 mehr und mehr eine echte Alternative zu den etablierten Mercedes- und BMW-Modellen. Damals wussten das primär seine Besitzer – heute ist das auch vielen anderen Automobilenthusiasten klar.

Boom in den USA

Für den US-Export wurde der Audi 5000 Typ 43 noch etwas länger gebaut. Im Modelljahr 1983 rollte für Europa bereits der Typ 44 von den Bändern, für die USA blieb es jedoch zunächst beim Typ 43. Der neue Audi 5000 vom Typ 44 wurde schließlich zum Modelljahr 1984 lanciert und mischte die amerikanische Autowelt gehörig auf. Er wirkte dort wie ein Auto aus der Zukunft. Seine vorbildliche Aerodynamik wurde zwar durch die vorgeschriebenen wuchtigen 5-mph-Stoßstangen und die in den ersten beiden Modelljahren noch verbindlichen Sealed-Beam-Scheinwerfer konterkariert, aber einen so progressiven Auftritt hatte noch kein anderer Automobilhersteller auf dem amerikanischen Markt abgeliefert. Als Trendsetter findet man aber stets Nachahmer. Als Ford im Dezember 1985 den neuen Taurus in den USA vorstellte, wurde besonders deutlich, wie sich amerikanische Autodesigner am Vorbild des Audi 5000 orientierten. Strengere Vorgaben in Sachen Kraftstoffverbrauch zwangen schließlich auch die anderen beiden großen amerikanischen Hersteller GM und Chrysler dazu, aerodynamische Gesichtspunkte in ihr Automobildesign einfließen zu lassen.

Der Audi 5000 war auf dem nordamerikanischen Markt ein durchaus teures Auto – umso erstaunlicher ist es, wie gut er sich neben der etablierten Konkurrenz verkaufen ließ. In besseren Wohngegenden der Audi Hochburgen Los Angeles, San Francisco, Denver, New York und Boston gehörte der Audi 5000 bald zum täglichen Straßenbild. Der amerikanische Automobilclub AAA bescheinigte dem Audi 5000 eine Spitzenposition in seiner Klasse für die nächsten Jahre. Das Fachmagazin „Car and Driver" nahm ihn sogleich in seine Top-Ten-Liste der besten Automobile auf. Die Verkaufszahlen schnellten in die Höhe.

Die dritte Generation – Typ 44

Oben: Zum Modelljahr 1984 wurde der Audi 5000 Typ 44 auf dem amerikanischen Markt eingeführt. Die Fachpresse war begeistert und lobte das Auto in höchsten Tönen. Bis zum Modelljahr 1986 wurden noch die genormten Sealed-Beam-Scheinwerfer verbaut. Dieser 1987er Audi 5000 S hat schon die neuen Scheinwerfer, die sich am europäischen Design orientieren.

Rechts: Der Audi 100 Avant hieß auf dem amerikanischen Markt Audi 5000 S Wagon. Die üppigen Stoßfänger federten Aufpralle bis 8 km/h ab. Es gab ihn ausschließlich mit Fünfzylindermotoren.

Doch nicht alle Kunden in Amerika waren zufrieden. Man behauptete, es sei möglich, dass sich der Audi 5000 ungewollt in Bewegung setzte, auch wenn der Fahrer fest das Bremspedal tratt – die so genannte „Unintended Acceleration". Einige Audi 5000-Fahrer in New York schlossen sich zusammen und gründeten unter dem Namen „Audi Victims Network" eine Interessengruppe, die eng mit Verbrauchervertretungen zusammenarbeitete. Schließlich wurde diese noch vom „New York Attorney General" unterstützt, der eine Pressekonferenz mit Fragen über die Sicherheit des Audi 5000 abhielt. Das rief in der Folge die zuständige US-Transportbehörde NHTSA auf den Plan, die Untersuchungen einleitete. Höhepunkt der Kampagne war schließlich der 23. November 1986, an dem der Fernsehsender CBS sein Reportermagazin „60 Minutes" zur Prime Time sendete und Moderator Ed Bradley über angeblich selbst beschleunigende Audi 5000 berichtete. Diese Sendung bescherte dem Wagen – wenn auch ungewollt – eine Riesen-Publicity. Sämtliche Zeitungen nahmen sich des Themas an und die Gemüter erhitzten sich. In New York etwa wurde dem Audi 5000 die Zufahrt in öffentliche Parkhäuser verwehrt. Sogar in die Sprache der Rap-Musiker hielt der Audi 5000 Einzug. Frei übersetzt ist „I'm Audi 5000" das Synonym für „sich vom Acker machen".

Was steckte hinter all dem? Da technische Fehler grundsätzlich ausgeschlossen werden konnten, blieb nur eine Fehlbedienung durch die jeweiligen Fahrer. Die Eroberungsrate des Audi 5000 bei Besitzern amerikanischer Fahrzeuge war hoch. Deren Bremspedal war häufig deutlich breiter und weiter weg vom Gaspedal angeordnet. Dies verleitete viele US-Autofahrer zu der Unart, mit dem linken Fuß oder gar mit beiden zu bremsen, was zu den beschriebenen Effekten führte.

Audi reagierte schnell und rief sämtliche Automatikfahrzeuge der 5000-Serie zurück, auch den Typ 43, und rüstete diese mit einem „Shift-Lock"-System aus. Mechanisch wurde eine Parksperre aktiviert, die sich erst nach dem Betätigen des Bremspedals löste und erst so das Schalten von P in D ermöglichte. Dieses System ließ sich Audi patentieren, stellte es aber anderen Automobilherstellern ohne Lizenzgebühren zur Verfügung. Mit dem großen Facelift Anfang 1988 wurde der Typ 44 für den Nordamerika-Export analog zu den europäischen Varianten dann in Audi 100 und 200 umbenannt. Der Ruf der Baureihe war aber bereits ruiniert.

1989 ließ die NHTSA schließlich mitteilen, dass ihre Untersuchungen ergeben hätten, dass beim Audi 5000 weder eine Fehlkonstruktion, noch ein technischer Defekt festzustellen sei. Dieser Bericht betraf auch weitere Automobile von anderen Herstellern, denen ebenfalls „Unintended Acceleration" vorgeworfen worden war, aber zweifellos war der Audi 5000 der prominenteste Betroffene dieser haltlosen Vorwürfe. Doch die Zeit heilte auch diese Wunden, Audi ist inzwischen erfolgreicher denn je in Nordamerika und hat dort wieder viele begeisterte Kunden und Fans.

Nach dem großen Facelift im Februar 1988 führte man in den USA die europäische Nomenklatur ein. Der Audi 5000 hieß nun Audi 100 und der Audi 5000 Turbo Audi 200. Das Bild zeigt einen Audi 200 quattro 20V mit den in den USA sehr beliebten Alufelgen im Kreuzspeichen-Design.

Die dritte Generation – Typ 44

Links: Audi 100 CD für den Export nach Japan. Seitliche Blinker, gerades Abgasendrohr, volle Kopfstützen (statt Rahmenkopfstützen) und Aluminiumfelgen zeichneten diese Version aus. Trotz Linksverkehr kann der Kunde in Japan nach wie vor entscheiden, ob er lieber einen Links- oder Rechtslenker haben möchte.

Oben: Bereits mit der Einführung des Avant wurde der Turbo Diesel vorgestellt. Der abgebildete Audi 100 CD Turbo Diesel ist aus dem Modelljahr 1985, erkennbar an dem aufwendigeren Audi Emblem in der vorderen Seitenleiste, die jedoch noch den schmalen Chromstreifen trägt, der den CC- und CD-Modellen vorbehalten war.

Weitere Neuerungen im Modelljahr 1984

Beim Audi 100 waren die Ausstattungsvarianten CS und CD nun nicht mehr mit dem 1,8-Liter-Vierzylinder mit 75 PS (55 kW) und dem Saugdiesel mit 70 PS (51 kW) kombinierbar. Das Mehrausstattungsprogramm wurde um den Bordcomputer erweitert (nur in Verbindung mit dem 136-PS (100-kW)-Motor und Drehzahlmesser), der Durchschnittsverbrauch, Momentanverbrauch, Durchschnittsgeschwindigkeit, Fahrzeit, Reichweite und Uhrzeit anzeigt.

Ab sofort wurde die bereits im Audi 5000 für Amerika verbaute Klimaanlage mit vollautomatischer Regelung auch in Europa angeboten. Endlich entfiel damit die lästige Nachregulierung der manuellen Klimaanlage, da nun die Innenraumtemperatur weitgehend konstant gehalten werden konnte. Eine weitere Option, die für den USA-Export notwendig war, um den dortigen Komfortanspruch zu erfüllen, wurde in das Sonderausstattungsprogramm aufgenommen: Die Vordersitze waren jetzt mit einer elektrischen Einstellung mit Memory-Funktion erhältlich. Vier beliebige Sitzeinstellungen konnten abgespeichert und bequem per Knopfdruck abgerufen werden.

Modelljahr 1985: Neue Fünfzylindermotoren und Aufwertung des Audi 100 CS

Um die sportliche Positionierung des CS-Modells zu betonen, wurde dieses im Detail mit serienmäßigen Sportsitzen mit dem neuen Bezugsstoff „Karo-Tweed", schwarzen Einlagen in den Türgriffen, einem überarbeiteten Hochleistungsfahrwerk mit verstärkter Bremsanlage, einem Stabilisator an der Hinterachse, strafferer Feder-/Dämpferabstimmung und Reifen der Dimension 205/60 HR 15 auf 5-Loch-Leichtmetallrädern der Größe 6 x 15 im Speichen-Design aufgewertet. Damit war auch diese Ausstattungsvariante konzeptionell endlich stimmig. Wie beim CS erhielten auch die anderen Modellvarianten neue Stoffsitzbezüge. Beim Audi 100 wurde auf „Hastings-Gewebe" umgestellt, CC und CD erhielten „Kensington Velours". Auf Wunsch und gegen Aufpreis war nach wie vor Kunstleder (ausgenommen CS) oder Echtleder bestellbar. Bei allen Modellen wurde serienmäßig eine Windschutzscheibe mit grünem Colorstreifen verbaut.

Der 1,9-Liter-Fünfzylindermotor mit 100 PS (74 kW) wurde durch ein 2,0-Liter-Triebwerk mit ebenfalls fünf Zylindern und 115 PS (85 kW) ersetzt. Alle Audi 100-Varianten waren damit bestellbar, ausgenommen jedoch der CS, der nur mit dem neuen 138-PS (101-kW)-Motor kombinierbar war. Das 115-PS-Aggregat war ein alter Bekannter, das sich bereits im Audi Coupé und im Audi 80 CD bewährt hatte. Die auf 81 mm vergrößerte Zylinderbohrung, leichtere Kolben und längere Pleuel sorgten für einen ruhigen Motorlauf. Die Gemischaufbereitung erfolgte über eine mechanische Benzineinspritzung, die bekannte K-Jetronic, die mit einer Warmlaufregelung, luftumfassten Einspritzventilen und Schubabschaltung ausgestattet war. Ein Fünfganggetriebe war obligatorisch, optional wurde ein Getriebeautomat angeboten. Serienmäßig war die Servolenkung samt der zugehörigen Zentralhydraulik.

Der beliebte Fünfzylinder mit 136 PS wurde nach seiner Einführung im Typ 43 erstmals grundlegend überarbeitet, um eine verbesserte Drehmomentcharakteristik zu erhalten und den Kraftstoffverbrauch zu reduzieren. Analog zu der neuen 2,0-Liter-Variante wurde die Zylinderbohrung auf 81 mm erhöht. Dadurch vergrößerte sich der Hubraum von 2144 cm^3 auf nunmehr 2226 cm^3. Die Leistung stieg um 2 auf 138 PS (101 kW). Während der bisherige 136-PS-Motor sein maximales Drehmoment von 180 Nm erst bei recht hohen 4800/min bereit stellte, erreichte das überarbeitete Triebwerk seinen Bestwert von 188 Nm schon bei 3500/min. Es ging überdies agiler zu Werke – der Sprint auf 100 km/h ging in 9,7 statt wie

Die dritte Generation – Typ 44

bisher in 10,3 Sekunden vonstatten. Das neu abgestimmte Fünfganggetriebe reduzierte den Kraftstoffverbrauch deutlich. Nicht nur in den Audi 100 wurde der überarbeitete Fünfzylinder eingebaut, er wurde auch für den Audi 200 angeboten. Um die motorischen Geräusche und die innere Motorreibung zu reduzieren, wurden leichtere Kolben verwendet. Durch den Einbau von Hydrostößeln entfiel das Nachstellen der Ventile, was das Triebwerk deutlich servicefreundlicher machte. Einen weiteren wichtigen Beitrag zur Kostenersparnis auf Kundenseite leistete die neue Abgasanlage aus Edelstahl, deren Lebensdauer deutlich länger war – ein echter und wichtiger Qualitätssprung.

Der neue 2,2-Liter-Motor wurde auch in einer abgasgereinigten Variante angeboten, die insbesondere für den USA-Export im Audi 5000 vorgesehen war. Sie verfügte über Schubabschaltung, Leerlauf-Füllungsregelung, Lambda-Regelung und Katalysator. Die Leistung des Triebwerks reduzierte sich aufgrund des Katalysator-Systems auf 115 PS (85 kW).

Darüber hinaus wurden zum Modelljahr 1985 einige Ausstattungsdetails im Audi 100 und 200 optimiert. So erhielt der Typ 44 künftig ein vierstufiges Heiz- und Frischluftgebläse sowie vergrößerte Türablagekästen. Ein Warnsummer für eingeschaltete elektrische Verbraucher, wie etwa Licht oder Radio, sollte bei ausgeschalteter Zündung einer Entladung der Batterie vorbeugen. Die seitliche Stoßprofilleiste am vorderen Radlauf erhielt ein in die Leiste gesetztes edleres Audi Emblem mit silbernem Schriftzug auf schwarzem Grund. Der per Retractor aufrollbare Beckengurt für den hinteren Mittelsitz sorgte für mehr Ordnung und war beim Audi 100 CD sowie beim 200 serienmäßig bzw. als Option für die anderen Modelle erhältlich. Der Audi 200 Turbo erhielt die Stereo-Cassetten-Radioanlage „delta" mit Automatikantenne und zwei Kopfhöreranschlüssen im Fond ohne Aufpreis.

Pünktlich zur Wintersaison wurde der Audi 100 Avant CS quattro im November 1984 lanciert. Zermattsilber-metallic, grünes Wärmeschutzglas, Kopfstützen im Fond und Dachreling waren Sonderausstattungen, die dieses Modell noch begehrenswerter machten. Die schicken Alufelgen gab es freundlicherweise gratis dazu.

Die quattro Familie wurde ab Modelljahr 1985 größer

Ab Herbst 1984 wurde auch der Audi 200 als Limousine mit permanentem Allradantrieb als Audi 200 quattro angeboten. Am 25. November 1984 wurden der Audi 100 quattro, der Audi 100 Avant quattro und der Audi 200 Avant quattro vorgestellt. Mit diesen Modellen und dem gleichzeitig präsentierten Audi Coupé quattro wurde die quattro Familie auf das gesamte Modellprogramm ausgeweitet.

Der Aufwand, den Typ 44 mit dem quattro System auszustatten, war erheblich. Die Bodengruppe musste zur Aufnahme der Kardanwelle und der neu entwickelten angetriebenen Viergelenk-Trapezlenker-Hinterachse völlig neu konstruiert werden und unterschied sich damit auch von jener der Frontantriebsmodelle. Die Hinterachse war eine Doppelquerlenkerkonstruktion mit je einem unteren Trapezlenker und einem einstellbaren oberen Querlenker pro Seite. Während der Trapezlenker die Quer- und Längskräfte sowie das Bremsmoment abstützte, musste der Querlenker lediglich Seitenkräfte aufnehmen. Die recht kompakte Bauweise des Achskörpers verhinderte eine Reduzierung des Kofferraumvolumens. Erstmals wurde an der Hinterachse ein auf Querbeschleunigung ansprechender Bremskraftregler verbaut, der in Kurven ein Überbremsen des entlasteten

Die dritte Generation – Typ 44

Die aufpreispflichtigen 15-Zoll-Alufelgen im Speichen-Design bescherten dem Audi 200 einen wesentlich sportlicheren Auftritt, zu dem auch das Tornadorot beiträgt. Während ein kräftiges Rot bei vielen Limousinen unseriös wirkt, kommt der Typ 44 damit bestens zurecht.

 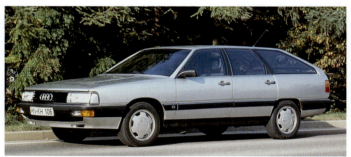

Rechts: Zuwachs in der quattro Familie: Ab Herbst 1984 ergänzte der Audi 200 quattro das Modellprogramm. Diese Version war ausschließlich mit dem Turbo-Aggregat lieferbar. Das durchgehende Heckleuchtenband kennzeichnet die Rückansicht des Audi 200. Der Zulieferer Hella bot auch einen entsprechenden Umrüstsatz für die Audi 100 Modelle an, der gerne gekauft wurde. Die glatten 15-Zoll-Alufelgen waren serienmäßig, wirkten aber langweilig.

Ganz rechts: Der Audi 200 Avant quattro wurde im November 1984 vorgestellt. Einen Audi 200 Avant mit Frontantrieb gab es hingegen nicht.

kurveninneren Hinterrades verhinderte. Davon profitierte die Bremsabstimmung: verkürzter Bremsweg ohne Stabilitätsverlust beim Bremsen in Kurven. Das Hinterachsdifferenzial war hinten auf dem Achsquerträger elastisch gelagert und wurde vorne über ein weiteres Querprofil ebenfalls elastisch aufgehängt. Die Kraftübertragung auf das sperrbare Hinterachsdifferenzial erfolgte vom Getriebe über ein ebenfalls sperrbares Zwischendifferenzial. Die Vorderachse entsprach weitgehend dem Frontantriebsmodell, der Durchmesser des Stabilisators wurde um 3 auf 26 mm verstärkt.

Die Audi 200 quattro Modelle wurden ausschließlich mit dem 182 PS (134 kW) starken Turbomotor angeboten. Den Audi 100 quattro gab es mit dem 1,8-Liter-Vierzylinder mit 90 PS und dem 2,2-Liter-Fünfzylinder mit 138 PS.

Modelljahr 1986:
Der Typ 44 wurde zum echten Langzeitauto
Auf der IAA 1985 in Frankfurt am Main präsentierte die AUDI AG zum Modelljahr 1986 die erste in Großserie produzierte vollverzinkte Karosserie. Umfangreiche Langzeitversuche und hohe Investitionen in der Fertigung mussten bewältigt werden. Bedingt durch unterschiedliche Anforderungen an die verschiedenen Karosserieteile, wurden diverse Verzinkungsverfahren verwendet:

▶ Alle Teile der Außenhaut, wie z.B. Kotflügel, Türen, Klappen und Dach, waren beidseitig elektrolytisch verzinkt.
▶ Partien der Bodengruppe, der Säulen und Verstärkungsbleche waren beidseitig feuerverzinkt.

Auch im Detail wurde der Modelljahrgang 1986 optimiert. Alle Motoren erhielten Longlife-Zündkerzen, die nur noch alle 30.000 km ausgetauscht werden mussten. Die elektronische Zündung der Ottomotoren besaß am Verteiler eine Verstellsicherung, die einen gleich bleibenden Zündzeitpunkt über die ganze Motorlebensdauer garantierte. Mit Ausnahme des 1,8-Liter-Vierzylinders mit 75 PS und des Turbomotors mit 182 PS waren alle Triebwerke mit hydraulischem Ventilspielausgleich ausgerüstet. Somit konnte das Intervall der großen Inspektion von 15.000 km auf 30.000 km angehoben werden bei gleichzeitiger Reduzierung des Arbeitsumfangs. Diese Maßnahmen senkten die Betriebskosten der Audi 100 bzw. 200-

Die dritte Generation – Typ 44

Ganz in Weiß: Schon damals konnte man besondere Kundenwünsche berücksichtigen, wie dieser individualisierte Audi 200 Avant quattro zeigt.

Modelle beträchtlich. Auch optisch wurde der Modelljahrgang geringfügig aufgewertet. Die Versionen CC und CD erhielten breitere blanke Einlagen in den seitlichen Stoßprofilleisten und die Audi 100 Avant-Modelle bekamen statt des etwas klobigen Heckspoilers die dezentere Spoilerlippe des Audi 200 Avant quattro spendiert.

Der Audi 100 CS quattro konnte nun mit einem 120 PS starken Fünfzylinder in abgasgereinigter Version mit geregeltem Katalysator geordert werden. Auch der Audi 100 quattro mit 1,8-Liter-Vierzylinder und 90 PS war mit geregeltem Kat lieferbar, auf Wunsch auch als Beipack-Lösung zum nachträglichen Einbau – für Kunden, denen das Angebot an bleifreiem Kraftstoff noch nicht flächendeckend genug erschien.

Der 2,2-Liter-Turbomotor mit Abgasreinigung und 141 PS (104 kW) wurde im Audi 200 durch ein gleich großes Triebwerk mit 165 PS (121 kW) abgelöst, das mit Hydrostößeln, Lambdasonde, mechanisch gesteuerter Einspritzanlage, Leerlauffüllungsregelung, Schubabschaltung, flüssigkeitsgekühltem Abgasturbolader mit Ladeluftkühlung sowie einer vollelektronischen Zündanlage samt Kennfeldsteuerung und Klopfgrenzregelung auf den Stand der Technik gebracht wurde. Dank der Klopfregelung war auch der Betrieb von Kraftstoff mit 91 ROZ möglich, falls solcher mit 95 ROZ

Dieser Audi 100 CC hat die breiteren Zierleisten in den seitlichen Stoßprofilen, die im Modelljahr 1986 eingeführt wurden. Dank vollverzinkter Karosserie war der Typ 44 von nun an ein echtes Langzeitauto.

Die dritte Generation – Typ 44

Quattro sticht Turbo: Beim Audi 100 Turbo quattro entfiel der Turbo-Schriftzug am Heck und es wurde nur der quattro Schriftzug ausgewiesen. Gegenüber den ähnlich aussehenden CS-Modellen ist die Turbo-Variante jedoch eindeutig über den größeren Endrohr-Durchmesser der Abgasanlage und an den Chromleisten auf den Stoßstangen identifizierbar. Gerade in Zermatt-silber-metallic und in Tornadorot wirkte der Avant zusammen mit den schönen 15-Zoll-Alufelgen im Speichen-Design besonders sportlich.

Links: Audi 100 oder Audi 200? Der abgasgereinigte Turbomotor mit 165 PS war in beiden Modellen lieferbar und das ergab durchaus Sinn. Während der Audi 200 Turbo den eleganteren Auftritt bot, war der Audi 100 Turbo die sportlichere Alternative und die richtige Wahl für den Kunden, der mehr Wert auf einen leistungsstarken Motor legte als auf eine luxuriöse Ausstattung.

nicht zur Verfügung stand. In der Übergangsphase zu bleifreiem Kraftstoff war Letzterer nicht immer erhältlich. Auch für diese Version des 2,2-Liter-Motors war das Abgasreinigungs-Set zum nachträglichen Einbau im Beipack lieferbar.

Beim Audi 5000 hatten die genormten Sealed-Beam-Doppelscheinwerfer mit ihren Chromeinfassungen endlich ausgedient. Die neuen Scheinwerfer im europäischen Look fügten sich nun harmonisch in die Linie des Typ 44 ein.

Modelljahr 1987: Audi 100 Turbo als neues Spitzenmodell der Audi 100 Baureihe

Das Angebot an Audi 100 Versionen erweiterte sich um den Audi 100 Turbo mit dem 165-PS-Triebwerk samt geregeltem Katalysator aus dem 200. Die Ausstattung basierte auf der des CS-Modells, ergänzt u.a. um eine serienmäßige grüne Wärmeschutzverglasung, Auto-Check-System und einige Details, die vom CD übernommen wurden, z.B. die blanken Leisten auf den Stoßstangen und die seitlichen Stoßprofilleisten.

Auch der Audi 100 CS wurde im Modelljahrgang 1987 nochmals deutlich aufgewertet. Sitzbezüge in „Pirell-Struktur" lösten den bisherigen „Karo-Tweed" ab. Beifahreraußenspiegel, grüne Wärmeschutzverglasung und Kopfstützen hinten waren ab sofort über den bisherigen Ausstattungsumfang hinaus serienmäßig. Die Türgriffe erhielten wieder blanke Einlagen. Auch das Motorenangebot für den sportlichen Audi 100 CS wurde wieder breiter. Neben den Fünfzylindermotoren mit 138 und 115 PS war der Vierzylinder mit 90 PS erhältlich, nebst Derivaten mit geregeltem und ungeregeltem Katalysator. Ebenso konnte der Turbo-Diesel geordert werden.

Am unteren Rand der Motorenpalette gab es ebenfalls Neues. Der bisherige 1,8-Liter-Vierzylinder wurde durch ein moderneres Aggregat mit hydraulischem Ventilspielausgleich, aber immer noch gleicher Leistung von 75 PS (55 kW) ersetzt. Dieses Aggregat war nur noch mit Schaltgetriebe bestellbar, ein Automatikgetriebe wurde nicht mehr angeboten. Auf Wunsch gab es für diesen Motor einen ungeregelten Katalysator.

Modelljahr 1988:
Vier Ringe am Heck und ein großes Facelift

Auf der IAA 1987 in Frankfurt wurden wie üblich die Neuheiten des kommenden Modelljahrgangs präsentiert. Seit Markteinführung des Audi 90 Typ 89 zierten die „Vier Ringe" dessen Heck. Ab dem Modelljahr 1988 wurde das berühmte Markenemblem dann auch auf die Kofferraumdeckel aller anderen Audi Modelle aufgebracht, auch beim Audi 100 und 200. Um dies zu ermöglichen, musste das Heckklappenschloss bei der Limousine in die Kennzeichenblende, die nun auch beim Grundmodell Audi 100 obligatorisch war, bzw. in das Heckleuchtenband der Audi 200 Limousine verlegt werden. Zudem wurden die Schriftzüge der Modellbezeichnung etwas filigraner gestaltet. Zusammen mit dem entfallenen Schloss wirkte die Heckansicht nun deutlich eleganter. Die quattro Modelle erhielten alle serienmäßig das Antiblockiersystem ABS und die mit Vierzylindermotoren serienmäßig eine Servolenkung.

Um den Fahrzeug-Abverkauf vor dem geplanten großen Facelift anzukubeln, konnten die Audi 100-Modelle mit Sonderausstattungspaketen zum Vorteilspreis bestellt werden. Beim Basis- und CC-Modell standen dabei Funktions-, Sicherheits- und Komfortdetails im Vordergrund, darüber hinaus wurde ein hochwertiges Luxus-Paket angeboten. Beim CS und CD entsprachen die gezielt zusammengestellten Pakete dem hohen Serienausstattungsniveau dieser Fahrzeuge. Eine wertvolle Bereicherung im Modellprogramm war überdies der Audi 200 quattro mit sportlicher Exclusivausstattung. Diese Version war sofort durch das um 15 mm tiefergelegte Fahrwerk mit Niederquerschnittsreifen der Dimension 215/60 VR 15 auf 7½ x 15-Leichtmetallrädern im Aero-Design und die dadurch erforderlich gewordenen ausgestellten Radhäuser identifizierbar. Letzteres machte neue Werkzeuge für die vorderen Kotflügel und die hinteren Seitenteile notwendig. Darüber hinaus waren elektrisch beheizbare Sportsitze, eine Lederausstattung, eine vollautomatische Klimaanlage, elektrisches Schiebedach und eine hochwertige Hifi-Anlage serienmäßig. Der Kunde konnte aus fünf Metallic- und einer Sonderlackierung wählen: Satinschwarz-, Nautic-, Maraschinorot-, Nilgrün- und Tizianrotmetallic sowie Steingrau. Kombinierbar waren diese Farben mit schwarzem Leder „Graphit" oder hellgrauem Leder „Platin".

Im Februar 1988, während des laufenden Modelljahres, wurde die umgangreichste Modellpflege in der gesamten Produktionszeit des Typ 44 durchgeführt. In der heutigen Fangemeinde des Audi 100 Typ 44 gibt

Oben: Auf der Internationalen Automobilausstellung 1987 in Frankfurt am Main wurde der Audi 200 quattro mit sportlicher Exclusiv-Ausstattung vorgestellt. Äußerlich identifizierbar ist diese Variante an den ausgestellten Radhäusern und den Leichtmetallfelgen im Aero-Design.

Rechts: Die Modelle mit den alten Türgriffen, dem alten Interieur und den filigraneren Schriftzügen am Heck samt Audi Emblem wurden nur etwa ein halbes Jahr lang gebaut.

es zwar geteilte Meinungen darüber, ob dieses Facelift gelungen war oder nicht; die seinerzeit wieder gestiegenen Absatzzahlen sprachen jedoch dafür, dass die Baureihen Audi 100 und 200 durch diese Maßnahmen wieder an Attraktivität gewannen.

Insbesondere war dies wohl vor allem der gelungenen Umgestaltung des Interieurs zu verdanken. Die Armaturentafel war nun eleganter gestylt, optional konnten die Armaturen beim Audi 100 gegen Aufpreis um Anzeigen für Motoröltemperatur, Öldruck und ein Voltmeter ergänzt werden. Beim Audi 100 Turbo und beim Audi 200 waren diese in den Instrumen-

Ab Februar 1988 wurde das neue Interieur verbaut. Neben einer neuen Schalttafel wurden auch die Türverkleidungen und die Sitzbezugsstoffe geändert. Man darf sagen, dass Audi im Design und in der Qualität mit dieser Modellpflege einen neuen Maßstab setzte, an dem sich bald viele Wettbewerber orientieren sollten.

teneinsatz integrierten Anzeigen serienmäßig. Die geschwungene Schalttafel ging optisch harmonisch in die neuen Türverkleidungen über. Die Anmutung des griffsympathischen, lederartig genarbten Kunststoffs war hochwertig und markierte aus heutiger Sicht den Beginn der hohen Kompetenz, die Audi beim Interieurdesign besitzt. Die breite mit Softlack lackierte Zierblende der Armaturentafel des Audi 100 (exklusives Zerbranoholz beim Audi 200) setzte sich ebenfalls in den Türverkleidungen fort und schaffte dadurch ein harmonisches Interieur. Das Armaturenbrett wurde somit integrales Teil eines schlüssigen Gesamtkonzepts der Innenraumgestaltung. Ebenfalls überarbeitet zeigten sich das Lenkrad und die nun etwas breiter ausgefallene Mittelkonsole.

Die Angebotspalette wurde mit der großen Produktaufwertung völlig neu geordnet. Sie war nun nicht mehr ausstattungs-, sondern leistungsorientiert. Die alten Ausstattungsvarianten Basismodell, CC, CS und CD entfielen – es gab nur noch den Basis-Audi 100, der aber in seinem serienmäßigen Lieferumfang aufgewertet wurde: Er verfügte jetzt über grüne Wärmeschutzverglasung, Drehzahlmesser (ab 85 kW), stoffbezogene Rahmenkopfstützen vorne, eine Höheneinstellung für die vorderen Sicherheitsgurte und eine schwarze Heckblende. Serienmäßig wurde der Audi 100 mit Sitzbezugsstoff „Crayon" ausgeliefert. Gegen Aufpreis war er mit der Wollstruktur-Ausstattung „Pirell", die dem ehemaligen CS-Bezugsstoff ähnelte, der luxuriösen Veloursausstattung „Serret" (ähnlich CC und CD) oder einer Lederausstattung bestellbar. Die Ausstattungen „Pirell" und „Serret" beinhalteten zudem noch Kopfstützen für die Rücksitzbank, eine Leseleuchte auf der Beifahrerseite sowie zwei im Fond, kaschierte Innenpfostenverkleidungen und vier klappbare Haltegriffe (nur bei der Limousine, da diese beim Avant ohnehin serienmäßig waren). Beim Audi 100 Turbo konnte der Kunde ohne Mehrpreis zwischen der Pirell- oder der Serret-Ausstattung wählen.

Am Heck des Audi 100 befand sich links lediglich der Schriftzug „Audi 100", mittig die schon zu Beginn des Modelljahres 1988 eingeführten „Vier Ringe" und rechts gab es Hinweise auf die stärkeren Motorisierungen mit geregeltem Katalysator: 2.0 E, 2.3 E oder turbo. Nur im Modelljahr 1988 war der Audi 100 2.2 E erhältlich, der noch den Fünfzylinder-Einspritzmotor mit 2226 cm^3 mit 138 PS ohne Katalysator besaß – falls Kunden auf verbleiten Kraftstoff nicht verzichten wollten oder konnten, da im Ausland das Angebot an bleifreiem Kraftstoff noch nicht flächendeckend war. Die Saugdieselmotoren erhielten einen ausgeschriebenen „diesel"-Schriftzug. Bei quattro Modellen dominierte der Hinweis auf den Allradantrieb, statt der Motorisierungsangabe gab es einen „quattro"-Schriftzug.

Weitere Details der Modellpflege waren am Exterieur sichtbar. Die vordere Stoßfängerleiste war nun nicht mehr in Wagenfarbe oder Chrom gehalten, sondern ebenso wie die hintere schwarz. Die Bügeltürgriffe wurden – analog zum Audi 80 Typ 89 – durch Klapptürgriffe ersetzt und fügten sich flächenbündig in die Karosserie ein. Ebenfalls vom Typ 89 wurden die neu gestalteten Radvollblenden übernommen. Dem ständigen Kritikpunkt von Kundenseite, dass man die Scheibenwischerarme nur bei geöffneter Motorhaube abklappen konnte, begegnete man nun endlich mit einer neuen Konstruktion, die dies beseitigte. Auch dem Wunsch nach einem vollwertigen Reserverad kam man nach. Der Wasserbehälter der Scheibenwaschanlage beinhaltete statt der bisher arg knapp bemessenen

Die dritte Generation – Typ 44

Oben: Analog zu den wichtigsten Wettbewerbern BMW und Mercedes gab man bei den Frontantriebsmodellen nun einen Hinweis auf die Motorisierung, wie es dieser Audi 100 2.0 E zeigt. Erstmalig konnten die Schriftzüge bei Audi auch auf Wunsch abbestellt werden. Audi traute sich zunächst sogar noch, dem Kunden dafür 42,- DM in Rechnung zu stellen.

Links: Das grüne Wärmeschutzglas, das in der weißen Landschaft besonders gut zur Geltung kommt, gehörte ab der großen Produktaufwertung zur Serienausstattung.

2 jetzt 5 Liter. Bei den Frontantriebsmodellen wurde die hintere Spur etwas verbreitert, was sowohl dem Fahrverhalten als auch der Optik zugute kam. Brems- und Kupplungsbeläge waren ab sofort asbestfrei.

Ebenfalls wurde die Auswahl an Sonderausstattungen erweitert. Das bereits im Audi 80 Typ 89 im Jahr 1986 präsentierte Sicherheitssystem procon-ten, bei dem im Falle eines Frontalaufpralls mechanisch über Seilzüge das Lenkrad vom Fahrer weggezogen und die beiden vorderen Gurte gestrafft wurden, hielt Einzug in die Modellfamilie des Typ 44. Die Bezeichnung des mit vielen internationalen Preisen ausgezeichneten Systems procon-ten steht für „programmed contraction" als Hinweis auf das unfallprogrammierte Zusammenziehen der Lenksäule sowie „tension" für die Vorspannung der vorderen Sicherheitsgurte. Durch das Wegziehen der Lenksäule und die Gurtstraffung wurde das Verletzungsrisiko für Fahrer und Beifahrer im Fall einer Frontalkollision erheblich vermindert. Die Genialität des Systems lag im simplen Aufbau, bestehend aus drei Edelstahlseilen, der verformbaren Wellrohr-Lenksäule und den beiden Vorspannvorrichtungen an den vorderen Sicherheitsgurt-Automaten. Ein Edelstahlseil war am oberen Teil der Lenksäule eingehängt, am unteren Teil war es in einer Schlinge um das Getriebe verlegt und am unteren Ende an der Karosserie befestigt. Nach demselben Prinzip waren die anderen beiden Edelstahlseile für die Sicherheitsgurte verlegt. Der Effekt ist frappierend: Ab einer bestimmten Unfallschwere verschob sich die Motor-/Getriebe-Einheit in der Karosserie nach hinten; durch diese Bewegung zogen die am Getriebe umgelenkten Seilenden an der Lenksäule und an den Gurten in die der Bewegung von Motor und Getriebe entgegengesetzten Richtung; das geschah in Sekundenbruchteilen. Das System war vollkommen wartungsfrei und eine unbeabsichtigte Auslösung nicht möglich. Im Vergleich zum Airbag, der sich damals ob seines hohen Aufpreises selbst in der Luxusklasse noch nicht durchgesetzt hatte, war das procon-ten kostengünstiger und für eine breitere Kundschaft erschwinglich.

Die optionalen Radios erhielten ein neues Design und aktualisierte Technik. Die Anlagen „gamma" und „delta" verfügten über eine Anti-Diebstahl-Codierung und eine geschwindigkeitsabhängige Lautstärkeanpassung (GALA). Auf vielfachen Kundenwunsch gab es elektrische Fensterheber lediglich für die beiden vorderen Türen. Für den Audi 100 2.3 E und die quattro-Modelle waren erstmalig Reifen der Dimension 205/60 VR 15 auf 6 x 15-Leichtmetallfelgen im Aero-Design lieferbar. Ein Bekenntnis zur Langzeitqualität der Audi Automobile war schließlich die 10-Jahres-Garantie gegen Karosserie-Durchrostung, die alle Audi-Modelle mit vollverzinkter Karosserie mit Zulassungsdatum ab 2. Januar 1988 erhielten. Dadurch definierte Audi Qualitätsmaßstäbe in der gesamten Automobilindustrie neu und setzte einen weiteren Meilenstein auf dem Weg zum Premiumhersteller.

Aufgrund der nach anfänglichem Erfolg immer geringer werdenden Nachfrage nach dem kleinen Vierzylindermotor mit 75 PS, wurde dieser aus dem Motorenangebot gestrichen. Alle Audi 100 erhielten nun serienmäßig ein Fünfganggetriebe. Die Einstiegsmotorisierung bildete fortan der mittels einer Zentraleinspritzung vom Typ Mono-Jetronic modernisierte 1,8-Liter-Vierzylinder mit 90 PS (66 kW). Neu im Programm war auch der 2,0-Liter-Fünfzylindermotor mit 115 PS (85 kW) für den Audi 100 2.0 E. Für den Audi 200 wurde kurzzeitig ein Fünfzylinder-Turbo-Triebwerk mit

Die dritte Generation – Typ 44

Die quattro Modelle bekamen das bereits aus dem Audi 80 Typ 89 bekannte Torsen-Differenzial, das die Antriebskraft variabel auf Vorder- und Hinterachse verteilen konnte.

2226 cm³ und 200 PS (147 kW), bzw. mit 190 PS (140 kW) in der Version mit Automatikgetriebe angeboten und ersetzte den bisherigen Motor mit 182 PS aus 2144 cm³. Neben der Hubraumerhöhung war es der Einsatz einer effektiveren Ladeluftkühlung und einer optimierten vollelektronischen Kennfeldzündung, die für das Leistungsplus sorgten. Die elektronische Ladedruckregelung ermöglichte eine kurzzeitige Ladedrucküberhöhung zur Drehmoment- und Leistungssteigerung sowie gleich bleibende Leistung unabhängig von der Höhenlage. Ohne Abgasreinigungssystem war dieses Angebot aber schon damals nicht mehr zeitgemäß und wurde folglich vom Kunden weitgehend ignoriert.

Bei allen Audi 100 quattro und Audi 200 quattro wurde das bisher verwendete Kegelrad-Zwischendifferenzial durch das neue Torsen-Zwischendifferenzial abgelöst. Letzteres wurde bereits im Audi 80 quattro im Jahr 1986 vorgestellt und konnte die Verteilung der Antriebskraft zwischen Vorder- und Hinterachse automatisch und variabel regeln. Ermöglicht wurde dies durch mit zwei Stirnrädern verbundene Schneckengetriebe. Auf mechanischem Weg konnte so eine stufenlose Verteilung zwischen der Vorder- und der Hinterachse erfolgen. Im Normalfall betrug die Verteilung 50:50 %, die automatische Anpassung an die Traktionsverhältnisse ermöglichte aber eine Kraftverteilung von bis zu 25:75 %. Die Achse mit der höchsten Traktion erhielt auch die jeweils höchste Antriebskraft, womit ein erheblicher Gewinn an Fahrsicherheit einherging. Die Sperre des Hinterachs-Differenzials konnte als zusätzliche Anfahrhilfe in extremen Situationen manuell hinzugeschaltet werden. Dabei wurde das serienmäßige, in solchen Situationen jedoch hinderliche Antiblockiersystem vorübergehend abgeschaltet. Oberhalb von 25 km/h wurde durch einen Impuls des elektronischen Tachometers die Sperre wieder gelöst und das ABS wieder aktiviert.

Audi 100 in exklusiver Sportserie ab Modelljahr 1989

Zum neuen Modelljahr 1989 gab es weitere Verbesserungen. Der Beifahreraußenspiegel gehörte nun zur Serienausstattung, der Tankverschlussdeckel hatte statt dem bisherigen Bajonett- ein Schraubgewinde und zum Auslesen der Diagnosesysteme gab es einen Diagnose-Stecker. Bereits ab der Basisversion wurden klappbare Haltegriffe am Dachrahmen verbaut. Für die Armaturentafel war die Farbe „Platin" lieferbar. Die Schaltgetriebe gab es nun ausschließlich mit fünf Gängen.

Der Audi 100 quattro war jetzt auch in einer exklusiven Sportserie lieferbar. Es gab ihn wahlweise mit 136 oder 165 PS. Identifizierbar war diese Variante sofort an den verbreiterten Radhäusern, die die 7½ x 15-Leichtmetallräder im Aero-Design und Reifen der Dimension 215/60 VR 15 beherbergten. Zudem war das Fahrwerk sportlich straff abgestimmt und um 15 mm abgesenkt. Sportsitze und Türverkleidungen waren mit Jacquard-Satin-Bezügen versehen, die einen eingewobenen „quattro"-

Die dritte Generation – Typ 44

Oben: Um den Audi 200 quattro 20V gegenüber den anderen Varianten abzugrenzen, bekam dieser die bereits bei einigen Sondermodellen verwendeten ausgestellten Radhäuser sowie die wuchtigeren Hüllen der USA-Stoßfänger. Letztere verlängerten den 20V im Vergleich zum Audi 200 um 106 mm.

Rechts: Positioniert wurde der in Genf 1989 vorgestellte Audi 200 quattro 20V als sportlichere Alternative zum schweren Audi V8. Konsequenterweise gab es die neue Topvariante der Audi 200 Baureihe nur als Handschalter. Die abgebildete Sonderfarbe Perlmutt war besonders in den USA beliebt. Bei Wahl dieser Option waren stets auch die Felgen in derselben Farbe lackiert.

Schriftzug zeigten. Drei Außenlackierungen standen zur Wahl: Cayenne-Perleffekt, Steingrau-Metallic und Brillantschwarz mit Klarlack. Nach einer Pause seit der großen Modellpflege war nun auch der Audi 200 quattro in Exklusivausstattung wieder lieferbar.

Nachdem das bisherige Turbo-Diesel-Aggregat mit 87 PS (64 kW) nur bis Februar 1988 angeboten worden war, schloss diese Lücke zum Modelljahr 1989 ein deutlich stärkeres Triebwerk mit Ladeluftkühlung und 100 PS (74 kW). Durch die Ladeluftkühlung zeigte sich der thermodynamische Wirkungsgrad deutlich optimiert und die Leistung erhöhte sich um 15 %, während der Drehmomentbestwert um 13 % auf 192 Nm bei 2200-3200/min zunahm. Jetzt erreichte der Audi 100 Turbo-Diesel respektable Fahrleistungen: Höchstgeschwindigkeit 185 km/h, Beschleunigung von 0 auf 100 km/h in 12,3 Sekunden. Äußerlich erkennbar war diese neue Variante am Heckschriftzug „turbo D".

Audi 200 quattro 20V

Auf dem Automobilsalon in Genf 1989 wurde schließlich das neue Topmodell der Audi 200 Baureihe vorgestellt, der Audi 200 quattro 20V. Nach erfolgreicher Einführung des Audi V8 wünschten sich einige Audi 200 Kunden, die nicht zum V8 aufsteigen wollten, eine leistungsstärkere Variante des 200 quattro. Zudem wuchs die Nachfrage nach einer sportlicheren Alternative zum Audi V8. Dieser sprach Interessenten an, für die das Prestige eines V8-Motors und hoher Fahrkomfort wichtige Kaufgründe waren. Der Audi 200 quattro 20V wurde nun für diejenigen Kunden entwickelt, denen es eher auf sportliche Fahrleistungen ankam. Es war daher konsequent, dass er ausschließlich mit 5-Gang-Schaltgetriebe lieferbar war. Dass der Audi 200 quattro 20V die sportliche Alternative zum Audi V8 verkörperte, unterstrich er auch mit seinen Fahrleistungen. In einem direkten Vergleich konnte „auto motor und sport" in Heft 13/1989 durchweg bessere Fahrleistungen für den aufgeladenen 20-Ventiler registrieren (Audi V8 in Klammern):

► Höchstgeschwindigkeit: 237 km/h (234 km/h)
► Beschleunigung von 0 bis 100 km/h: 7,9 s (9,5 s)
► Testverbrauch: 14,4 l/100 km (17,8 l/100 km)

Die direkten Wettbewerber waren der BMW 535i und der Mercedes 300 E 4-Matic. Während der BMW wie gewohnt ein sportliches Image hatte, aber nicht mit Allradantrieb lieferbar war, spielte der Mercedes mit seinen vier angetriebenen Rädern eher den Part der komfortorientierten Reiselimousine. Letztendlich führte die charakteristische Alleinstellung des Audi 200 quattro 20V zu einer hohen Eroberungsrate von Kunden anderer Marken. Zudem bot Audi mit dem 200 Avant quattro 20V noch die schnellste serienmäßige Kombi-Limousine an. Beide Modelle wurden im Mai 1989 eingeführt.

Motorisiert war der 200 quattro 20V mit einem aufgeladenen Fünfzylinder-Motor mit Vierventil-Technik. Für die Motorenentwicklung steckte man hohe Entwicklungsziele. Um Kosten zu sparen, sollte das Graugusskurbelgehäuse des Zweiventil-Turbomotors und der Vierventilzylinderkopf des Audi Sport quattro verwendet werden, der bereits auf der IAA 1983 vorgestellt und lediglich in einer Kleinserie von 200 Stück gefertigt worden war. Das beim Zweiventil-Turbomotor häufig kritisierte „Turboloch" galt es zu eliminieren. Der neue Motor sollte zudem schon bei geringen Motordrehzahlen hohe Durchzugskraft bieten, auf hohe Drehzahlen nicht angewiesen sein und damit in seiner Leistungsentfaltung einem großvolumigen Saugmotor nahe kommen. Nicht zuletzt galt es, die amerikanischen Emissionsvorschriften einzuhalten.

Um das gewünschte hohe Grundmoment – also hohes Drehmoment schon im Teillastbereich – zu erreichen, bedurfte es einer guten Zylinderfüllung bei möglichst hohem Verdichtungsverhältnis. Den hohen Massendurchsatz erreichte man durch eine gute Ladeluftkühlung in Kombination mit durch große Ventilquerschnitte bedingten geringen Strömungsverlusten auf der Ansaug- und Abgasseite.

Die dritte Generation – Typ 44

Abgasturboaufladung, Vierventiltechnik, vollelektronisches Motormanagement mit Ladedruckregelung und Erfüllung der damals schärfsten US-Abgasnorm. Den Motoreningenieuren bei Audi ist mit diesem Aggregat in seiner höchsten Evolutionsstufe ein Glanzstück gelungen. Ein Jammer, dass es diese Motoren, deren Klang einen jeden Fan in Verzückung versetzt, nicht mehr lange geben sollte!

Nicht nur schöne Kombis heißen Avant, sondern auch schnelle. Wer zu seiner Zeit für sich beanspruchen wollte, den schnellsten Kombi zu besitzen, kam am Audi 200 Avant quattro 20V nicht vorbei.

Die insgesamt 20 Ventile wurden über zwei oben liegende Nockenwellen gesteuert, die von einer Steuerkette angetrieben wurden. Die Kraftübertragung auf die Ventile erfolgte über Tassenstößel mit hydraulischem Ventilspielausgleich. Das gepanzerte Einlassventil hatte einen Durchmesser von 32 mm, das natriumgekühlte und ebenso gepanzerte Auslassventil einen von 28 mm. Die großen Ventilquerschnitte setzten der vom Turbolader geförderten Luft über den gesamten Drehzahlbereich einen geringen Widerstand entgegen.

Der neu entwickelte Abgasturbolader KKK K24 war über den Motorkreislauf flüssigkeitsgekühlt, um im Lagergehäuse Ölverkokung zu vermeiden. Zur weiteren Minimierung der Reibleistung war der Durchmesser der Wellen, die Verdichter und Turbine verbindet, von 10,0 auf 8,5 mm verringert. Die Regelung des Ladedrucks übernahm ein Waste-Gate, das bei zu hohem Druck einen gewissen Anteil des Abgasstromes an der Turbine vorbei direkt in die Abgasanlage leitete. Das Ladedruckregelventil wurde kennfeldabhängig über die Motorelektronik angesteuert. Um das bei plötzlichem Übergang von hoher Last in den Schub auftretende Pumpen des Verdichters zu vermeiden, waren Druck- und Saugseite mit einem Ventil verbunden. Durch das Pumpen entstehen Luftschwingungen, die unangenehme Geräusche verursachen und zudem das Signal des Luftmassenmessers verfälschen. Im Teillastbereich sorgte das Ventil für einen Kurzschluss zwischen Druck- und Saugseite, was zu einer höheren Verdichterdrehzahl führt und den Ladedruckaufbau beim Beschleunigen optimierte. Nachgeschaltet war ein Ladeluftkühler mit einem Netzvolumen von 5,7 Litern, der die vom Lader gelieferte Luft um etwa 60 °Celsius abkühlte, bevor diese in den Zylinder gelangte. Dadurch konnte die mit der sinkenden Temperatur einhergehende Dichtesteigerung in höhere Leistung umgesetzt werden. Die thermische Belastung des Motors sank, die Klopfgrenze erhöhte sich und ließ eine höhere Verdichtung zu. Im 20V-Triebwerk konnte ein Verdichtungsverhältnis von stattlichen 9,3 umgesetzt werden – für Turbomotoren ein sehr ordentlicher Wert, der maßgeblich zum hohen Leistungspotenzial beitrug. Die Abgaskanäle mündeten, wie bei Turbomotoren üblich, in einen gemeinsamen Sammler, in den auch die Abgasturbine des Laders integriert war. Von dort führte ein Rohr mit 65 mm Durchmesser zum Wagenboden. Dort wiederum verzweigte sich die Abgasanlage in zwei Stränge mit jeweils 55 mm Durchmesser, die beide mit einem Katalysator bestückt waren. Die Konstruktion der Abgasanlage bewirkte eine reduzierte Gaswechselarbeit, was den gewünschten höheren Massendurchsatz im Motor ermöglichte. Vor allem im Teillastbereich wurde auch der Kraftstoffverbrauch deutlich reduziert.

Der steife Grauguss-Zylinderblock, Kurbelwelle und Pleuel waren dem bekannten 5-Zylinder-Turbomotor mit 165 PS entliehen. Es wurden geschmiedete Kolben verwendet, die durch Ölspritzdüsen von unten benetzt und somit gekühlt wurden. Diese Technik hatte sich bereits bei den anderen Turbomotoren von Audi bewährt. Weiterhin waren der Schwingungsdämpfer auf dem vorderen Kurbelwellenzapfen, die Einscheiben-Trockenkupplung und das leichtere Schwungrad den speziellen Anforderungen angepasst. Die vernetzte Steuerung von Benzineinspritzung, Zündung und Ladedruckregelung erfolgte durch ein vollelektronisches Motormanagement (Bosch Motronic M 2.3). Der Hitzdraht-Luftmas-

Die dritte Generation – Typ 44

Trendsetter: Audi 100 TDI und Audi 100 Avant TDI sorgten für ein neues Image des Dieselmotors. Lahm war gestern, heute überzeugen die Drehmomentkurve und der niedrige Kraftstoffverbrauch.

senmesser, untergebracht im Luftfiltergehäuse, erfasste dabei die angesaugte Luftmasse. Zwei Klopfsensoren überwachten den Motor auf ungewollte Frühzündungen. So konnte die Motronic Zündwinkel, Leerlaufdrehzahl und das Kraftstoff-Luftgemisch selbständig regeln und bei den ersten Anzeichen des Klopfens, einen späteren Zündzeitpunkt einstellen und gegebenenfalls, als letzten Schritt zum Schutz des Motors, den Ladedruck reduzieren. Die Klopfregelung ermöglichte auch einen Betrieb mit Normalbenzin (91 ROZ), sofern Superbenzin (95 ROZ) einmal nicht zur Verfügung stand. Freilich musste der Kunde in einem solchen Fall sowohl mit erheblichen Leistungseinbußen als auch erhöhtem Kraftstoffverbrauch rechnen. Zwei Katalysatoren, Lambda-Regelung, ein geschlossenes Tankentlüftungssystem sowie ein Diagnosesystem brachten diesen Motor auch in Sachen Abgasreinigung auf den modernsten Stand der Technik. Das Aggregat leistete 220 PS (162 kW) bei 5700/min und stemmte ein maximales Drehmoment von 309 Nm bei 1950/min auf die Kurbelwelle. Damit ergab sich ein spezifisches Drehmoment von 140 Nm/l, ein Wert, der im Automobilbau bis dato unüblich war. Die Fahrleistungen lagen auf sehr sportlichem Niveau und entsprachen denen eines damaligen Porsche 911 Carrera: Die Limousine erreichte eine Höchstgeschwindigkeit von 242 km/h und beschleunigte von 0 auf 100 km/h in 6,6 Sekunden. Trotz dieser eindrucksvollen Leistungswerte war das Fahrzeug voll alltagstauglich.

Neben dem 20V-Motor präsentierte sich auch das Fahrwerk auf höchstem technischen Niveau. Um die stattliche Leistung auf die Straße zu bringen, wurde dieses Modell ausschließlich mit quattro-Antrieb angeboten. An der Vorderachse wurden neue, innen umfasste und belüftete Bremsscheiben verbaut, die bereits 1988 in dem neuen Audi V8 (Baureihe D1) ihre Premiere hatten und den Einbauraum innerhalb der Radschüsseln optimal nutzten. Niedrigere Temperaturen und größere Belagflächen reduzierten den Verschleiß von Belägen und Scheiben erheblich. Auch an der Hinterachse wurden innen belüftete Scheibenbremsen verbaut. Das Fahrwerk war sportlich-straff abgestimmt, bot aber den Insassen dennoch ausreichenden Komfort. Reifen der Dimension 215/60 ZR 15 auf Aluminiumfelgen der Größe 7½ x 15 Zoll im Aero-Design verhalfen zu einer guten Straßenlage.

Äußerlich trat der neue Audi 200 quattro 20V selbstbewusst auf. Neben den ausgestellten Radläufen (analog der Exklusivserie), trugen die Schürzen der großen US-Stoßfänger zu einem durchaus wuchtigen Auftritt bei und unterstrichen somit den Anspruch, das Flaggschiff der Audi 200-Baureihe zu sein. Die Innenausstattung entsprach weitgehend der des Audi 200 quattro, beinhaltete aber serienmäßig Sportsitze mit lederbezogenen Seitenteilen. Optional konnte der Kunde natürlich auch eine komplette Lederausstattung wählen. Der Preis von 74.500,- DM (für die Limousine; der Avant kostete 77.405,- DM) positionierte den 20V in das exklusive Premiumsegment.

Vorreiter in der Dieseltechnologie – der Audi 100 TDI

Zwei neue Diesel-Motoren wurden zum Modelljahr 1990 lanciert. Der nicht mehr zeitgemäße 2,0-Liter-Fünfzylinder-Dieselmotor mit nur 70 PS wurde durch einen 2,4-Liter-Fünfzylinder mit 82 PS (60 kW) ersetzt. Zur Drehmomentsteigerung besaß dieser Saugdiesel einen sehr langen Hub von 95,5 mm. Zwar erfüllte dieses Aggregat schärfere Abgasnormen, ein Elas-

Die dritte Generation – Typ 44

Links: 5 Zylinder, 2,5 Liter Hubraum, 120 PS und 265 Nm maximales Drehmoment bei niedrigen 2250/min. Dies reichte aus für eine Beschleunigung von 0-100 km/h von unter 10 s und eine Höchstgeschwindigkeit von 200 km/h. Der Verbrauch lag bei knapp 6 Liter/100 km. Beste Argumente, um in der Liga der schnellen Reiselimousinen mitzuspielen und die bisherigen Meinungen über den Selbstzünder zu überdenken.

Oben: Avant und TDI – diese Kombination überzeugte viele Kunden und bescherte Audi in den letzten Jahren große Verkaufserfolge. Dank der überzeugenden Technologie und Fahrleistungen wurde dem Dieselmotor ein positiver Imagewandel zuteil.

tizitätswunder war es jedoch wieder nicht. Erst die Einführung des TDI-Motors ließ die Kritik am lahmen Diesel endgültig verstummen.

Bereits 1976 begann die Vorentwicklung des Turbo-Dieselmotors mit Direkteinspritzung in der Technischen Entwicklung des Werks Neckarsulm. Während in schweren Nutzfahrzeugen Dieselmotoren mit Direkteinspritzung seit langem gang und gäbe waren, war dies für den Bereich Pkw Neuland. Kleinere Hubräume, höhere Drehzahlen sowie andere Anforderungen an Laufkomfort und Geräuschverhalten machten umfangreiche Forschungs- und Entwicklungsarbeiten notwendig, um diese Technologie auch im Pkw einsetzbar zu machen. Die Verbrennungsverfahren bei Dieselmotoren werden nach DIN 1940 in die indirekte Einspritzung mit geteilten Brennräumen und in die direkte Einspritzung mit ungeteiltem Brennraum unterschieden. Bei Pkw war es üblich, das Verfahren mit geteilten Brennräumen und indirekter Einspritzung anzuwenden, bei dem der Hauptbrennkammer eine Vorkammer oder eine Wirbelkammer vorgeschaltet ist. Vorkammermotoren zeichnen sich durch eine weiche Verbrennung aus, das umgangssprachlich „Nageln" genannte laute Verbrennungsgeräusch fällt hier nicht so deutlich aus wie bei den Wirbelkammermotoren. Aufgeteilte Brennräume haben jedoch den Nachteil, dass bedingt durch die große Brennraumoberfläche die Wärmeverluste groß sind, wodurch der Kraftstoffverbrauch steigt. Beim verengten Übergang von der Vorkammer zur Hauptkammer entstehen außerdem durch die Drosselung hohe Strömungsverluste. Zwar sind diese beim Wirbelkammermotor geringer, dafür erfolgt die Hauptverbrennung aber mit deutlich höherem Druckanstieg und es entsteht ein hartes Verbrennungsgeräusch.

Die direkte Einspritzung mit ungeteiltem Brennraum hat den Vorteil, dass durch dessen kleinere Oberfläche die Wärmeverluste gering sind. Durch das direkte Einspritzen in den Brennraum kommt es dennoch zu einem harten Motorlauf, da nach erfolgter Gemischaufbereitung ein schneller und heftiger Verbrennungsablauf einsetzt – kein Vorteil ohne Nachteil … Die Entwicklungsarbeit konzentrierte sich daher zunächst darauf, den Prozess der Einspritzung auf das sogenannte wandverteilende Einstrahlverfahren oder auf das sogenannte luftverteilende Mehrstrahlverfahren festzulegen. Zunächst begann man an einzylindrigen Prüfstandmotoren zu forschen. Die dabei erzielten Ergebnisse übertrug man dann auf Vierzylindermotoren, die auch in VW Golf Versuchsträger erstmalig eingebaut wurden. Die Forschungsarbeit war danach soweit fortgeschritten, dass man direkt einspritzende Diesel mit Einstrahlverfahren und Mehrstrahlverfahren mit dem bisherigen indirekt einspritzenden Wirbelkammer-Dieselmotor vergleichen konnte. Der Vergleich der beiden Direkteinspritzverfahren wies die Mehrstrahl-Technologie als das vorteilhaftere Konzept aus. Besseres Startverhalten, höhere spezifische Leistung, geringerer spezifischer Kraftstoffverbrauch und geringere Kohlenwasserstoffemissionen kristallisierten sich als klare Vorteile heraus. Gegenüber dem Mehrstrahlprinzip überzeugte das Einstrahlprinzip lediglich durch eine weichere Verbrennung und folglich einer besseren Akustik.

Nach Abwägung aller Vor- und Nachteile legte man sich schließlich auf das Mehrstrahlverfahren fest. Gegenüber dem Wirbelkammermotor wurden Verbrauchsvorteile von 15 bis 25 % ermittelt. Das vor allem unter Last höhere Geräuschniveau des Direkteinspritzers machte allerdings eine Motorraumkapselung notwendig. Als weiterer Vorteil des Direkteinspritzverfahrens erwies es sich übrigens, dass bis minus 10 °C sofort, d.h. ohne lästiges Vorglühen, gestartet werden konnte.

In der Serienentwicklung wurde schließlich zwei Punkten absolute Priorität eingeräumt, die in der Vorentwicklungsphase negativ aufgefallen waren: den NO_x- und Geräusch-Emissionen. Die bewährten Konstruktionsmerkmale der bisherigen Fünfzylinder-Benzin- und Dieselmotoren wur-

Audi 100 TDI in Alpinweiß und mit optionalen 15-Zoll-Leichtmetallrädern im Aero-Design. Mit der Farbe Weiß kommt der Typ 44 sehr gut zurecht. Die schwarz abgesetzten Stoßstangen und Stoßprofilleisten sowie die grüne Colorverglasung sorgten für genügend Kontrast. Wenige Jahre später war diese Farbe völlig aus der Mode. Erstaunlich, ist doch Weiß die ursprüngliche Nationalfarbe Deutschlands im Motorsport.

den übernommen: Graugusszylinderblock mit sechsfach gelagerter Kurbelwelle kombiniert mit Aluminium-Zylinderkopf, oben liegende Nockenwelle, Tassenstößel mit hydraulischem Ventilspielausgleich, Steuerung über Zahnriemen. Der hohe Verbrennungsdruck von 130 bar stellte aber konstruktive Herausforderungen und machte Verstärkungen an Motorblock, Kolben und Pleuels notwendig.

Ein echtes technisches Highlight war der Zylinderkopf. Die Luftströmung durch die Einlasskanäle ist ausschlaggebend für die Qualität der Verbrennung in den Zylindern. Um eine gute und möglichst vollständige Verbrennung zu erreichen, ist eine starke Luftverwirbelung notwendig. Beim TDI-Motor wurden daher Drallkanäle verwendet, deren Form in ausgiebigen Versuchsreihen ermittelt wurde, weil derart komplexe Formen seinerzeit noch nicht berechnet werden konnten. Bei der Fertigung der Zylinderköpfe waren höchste Präzision und Qualität gefordert, die zwischen den einzelnen Fertigungsschritten in der Gießerei bezüglich Lage- und Formabweichungen immer wieder durch Drallmessungen kontrolliert wurden. Den ständig steigenden Anforderungen an ein attraktives Motorraumdesign wurde man nicht zuletzt durch die Verwendung eines Ventildeckels aus Aluminiumdruckguss gerecht, der mittels einer gummielastischen T-Profil-Dichtung vom Motor akustisch abgekoppelt war.

Ausschlaggebend für die Reduzierung des Verbrennungsgeräusches und die feine Zerstäubung des Dieselkraftstoffs war der Einsatz der neuesten Bosch Verteiler-Einspritzpumpengeneration vom Typ VP34, die bis zu 900 bar Druck aufbauen konnte (bisher reichte für Vorkammermotoren ein Einspritzdruck von 450 bar aus), sowie der Einbau von 2-Feder-Düsenhaltern und 5-Loch-Einspritzdüsen. Die 2-Feder-Düsenhalter waren maßgeblich an einem weichest möglichen Verbrennungsablauf beteiligt, da der Kraftstoff in zwei Stufen eingespritzt werden konnte, was für eine längere Einspritzzeit und einen geringeren Druckanstieg im Zylinder sorgte. Wie der Name schon vermuten lässt, befand sich die Einspritzdüsennadel in einem Halter mit zwei Federn unterschiedlicher Federkraft. Zunächst geschah eine Voreinspritzung über eine kleinere Öffnung, die die erste Feder frei gab. Durch den folgenden höheren Druck in der Nadel wurde jetzt auch die Kraft der zweiten Feder überwunden und die vollständige Kraftstoffmenge konnte eingespritzt werden.

Die 5-Loch-Einspritzdüsen sorgten für eine gute Verteilung des Gemischs im Brennraum. Einspritzbeginn und -menge wurden über die elektronische Motorsteuerung geregelt, die die Bildung von Schwarzrauch unterband und die Abgas-Emissionen reduzierte. Erstmals verwendete Audi bei diesem Triebwerk ein elektronisches Gaspedal (E-Gas). Nach wie vor bestimmte der Fahrer über das Gaspedal, wie schnell er fahren mochte. Diese Information wurde nun aber nicht mehr mechanisch, sondern elektronisch über die Motorsteuerung weitergegeben, die auch die Hydrauliklager mit variabler Dämpfung, an denen das Triebwerk aufgehängt war, steuerte; abhängig von der Motordrehzahl wurde die Dämpfungscharakteristik von weich auf hart umgestellt. Die weiche Einstellung im Leerlauf reduzierte Geräusche und Schwingungen.

Dank Turboaufladung mit Ladedruckregelung und Ladeluftkühlung leistete das Aggregat mit 2460 cm^3 Hubraum letztendlich 120 PS (88 kW) und erreichte sein maximales Drehmoment von 265 Nm bei 2250/min. Dies verhalf dem Audi 100 TDI zu bis dato ungeahnten Fahrleistungen im Bereich der Diesel-Pkw: 200 km/h Höchstgeschwindigkeit und eine Beschleunigung von 0 auf 100 km/h in 9,9 s. Ebenso beeindruckend war die Wirtschaftlichkeit des Motors, im Drittelmix verbrauchte der Audi 100 TDI lediglich knapp 6,0 l/100 km. Damit war bei dem großen 80-Liter-Tank eine Reichweite von fast 1400 km möglich!

Die dritte Generation – Typ 44

Innenausstattung des Sondermodells Audi 100 Sport mit Sportsitzen und Jacquard-Satin-Bezügen. Die quattro Modelle erhielten zusätzlich den quattro Schriftzug in den Stoff eingewebt.

Vorgestellt wurde der Audi 100 TDI im September 1989 auf der 53. IAA in Frankfurt am Main. Seine Ausstattung orientierte sich am Audi 100 2.0 E mit serienmäßiger Servolenkung samt Zentralhydraulik, 5-Gang-Schaltgetriebe und elektrisch einstell- und beheizbaren Außenspiegeln. Einzigartig beim Audi 100 TDI waren die größeren 6 x 15-Stahlfelgen mit Reifen im Format 205/60. Optional waren auch Aluminiumfelgen erhältlich.

Mit der TDI-Technologie setzte das Entwicklungsteam der Aggregatentwicklung in Neckarsulm einen branchenweiten Trend. TDI ist mittlerweile das Synonym für eine hocheffiziente und moderne Technologie, die Umwelt wie Ressourcen schont. Heute, bald 20 Jahre danach, hat sich bei den Pkw mit Dieselmotor das Direkteinspritz-Verfahren auf breiter Front durchgesetzt. Gerade für die Reduzierung von CO_2-Emissionen ist diese Technologie wichtig und es kann auf sie nicht verzichtet werden. Und schließlich wurde bei Audi wieder mal ein Aggregat entwickelt, das für den gesamten Volkswagen-Konzern von so großer Bedeutung war und ist.

Zu früh präsentiert

Zum Automobilsalon in Genf 1990 präsentierte Audi sein erstes Hybridfahrzeug der Öffentlichkeit, lange bevor Toyota mit diesem Antrieb, der nur in einem eng definierten Einsatzbereich wie Großstädten mit besonders hoher Verkehrsdichte seine Vorteile ausspielen kann, in Serie ging. Das Audi duo genannte Hybridfahrzeug bestand aus einer Kombination aus Elektroantrieb und Verbrennungsmotor und basierte auf dem Audi 100 Avant 2.3 E. Durch den Betrieb mit Verbrennungsmotor wurde ein großer Aktionsradius bei annehmbaren Fahrleistungen erreicht. Der Betrieb mit Elektroantrieb bot dagegen niedrige Geräusch- und Abgasemissionen – zumindest wurden Letztere nicht direkt durch das Fahrzeug emittiert. Der herkömmliche Ottomotor trieb die Vorderachse an. An die hintere quattro-Hinterachse war anstelle der Kardanwelle ein Elektromotor direkt an das Hinterachsdifferenzial angeflanscht. In der Reserveradmulde befand sich (anstelle des Ersatzrades) der NC-Batteriesatz mit einer Gesamtspannung

Die dritte Generation – Typ 44

Bereits zum Modelljahr 1989 war die Audi 100 quattro Limousine in einer sportlichen Exclusiv-Serie lieferbar, erkennbar an den ausgestellten Radläufen und dem tiefer gelegten Fahrwerk mit 15-Zoll-Alufelgen im Aero-Design. Das Modell kam so gut an, dass es als Sondermodell „Sport", auch mit Frontantrieb, in das Modelljahr 1990 übernommen wurde.

von 64,8 Volt bzw. einer Leistung von 8,4 kW. Durch die Batterie (200 kg) und den zusätzlichen Elektromotor (60 kg) erhöhte sich jedoch das Leergewicht des Fahrzeuges auf stattliche 1740 kg, so dass sich bei Überlandfahrten die Fahrleistungen merklich verschlechterten und sich der Verbrauch des Verbrennungsmotors erhöhte – selbst bei aktuellen Hybridfahrzeugen relativiert sich der Verbrauchsvorteil, sobald das Automobil häufig bei zügigen Langstreckenfahrten eingesetzt wird. Audi kündigte zum Automobilsalon in Genf 1990 an, dass dieses Konzept serienreif sei und bei ausreichender Resonanz ein Markteinsatz in kurzer Zeit realisiert werden könne. Dieses innovative Konzept fand zwar Anerkennung, aber trotzdem wenig Interesse bei den Kunden. Erst gute 15 Jahre später sind Hybridfahrzeuge aufgrund der plötzlich aufgekommenen CO_2-Diskussion wieder im Gespräch und liegen besonders in den USA voll im Trend.

Detailverbesserungen und attraktive Sondermodelle im Modelljahr 1990

Der Audi 100 bekam zum neuen Modelljahr 1990 eine elektrische Scheinwerfer-Leuchtweitenregulierung, einen höhenverstellbaren Fahrersitz und eine neue beigefarbene Innenausstattungsfarbe „Travertin". Ab dem Audi 100 2.0 E waren elektrisch einstell- und beheizbare Außenspiegel serienmäßig. Zudem waren das Antiblockiersystem (ABS) und die Zentralverriegelung ab dem Audi 100 2.3 E ohne Aufpreis im serienmäßigen Lieferumfang enthalten und die Kunden des Audi 100 Turbo konnten sich über elektrische Fensterheber an den vorderen Türen sowie der neu entwickelten elektronischen Antriebsschlupfregelung (ASR) freuen.

Optional wurden nun eine Bose-HiFi-Anlage, Lendenwirbelstütze für die Vordersitze und eine Außentemperaturanzeige angeboten. Das Sicherheitssystem procon-ten war jetzt auch mit einem Fahrer-Airbag kombinierbar. Der Audi 100 2.3 E war gegen Aufpreis mit einem vierstufigen Automatikgetriebe erhältlich, der bisherige 3-Stufen-Automat entfiel für diese Motorvariante. Das neue Getriebe läutete eine neue Ära bei den Automatikgetrieben ein und enthielt eine elektronische Steuerzentrale. Diese führte die Schaltungen elektrohydraulisch aus – fein dosierbar, exakt und ruckfrei. Neben den vier Fahrstufen D, 3, 2 und 1 konnte der Fahrer über einen Schalter in der Mittelkonsole zwei unterschiedliche Fahrprogramme wählen, „E" und „S". Beim Economy-Programm „E" für wirtschaftliches Fahren wurde schon bei niedrigen Drehzahlen hoch geschaltet, um den Kraftstoffverbrauch zu senken. „S" stand für das sportliche Programm, die einzelnen Gänge wurden höher ausgedreht und eine schnellere Beschleunigung war möglich. Erstmalig wurden auch Funktionsstörungen in der Elektronik dem Fahrer in den Armaturen angezeigt, gegebenenfalls konnte er via Notprogramm noch zur Werkstatt fahren.

Um den Kundenservice weiter zu optimieren, erhielt jeder Kunde eines neu ausgelieferten Audi die Audi Mobilitätskarte. Diese Karte dokumentierte dem Kunden, dass er im Fall einer Panne Anspruch auf die Audi Mobilitätsgarantie und die damit verbundenen Serviceleistungen hat. Die Mobilitätskarte hatte den Umfange einer Kreditkarte, in deren Mitte ein Notschlüssel eingeclipst war, falls der Fahrer einmal seinen Schlüssel verlegt hatte. Über eine Notrufnummer konnte der Audi Besitzer Pannenhilfe und andere Serviceleistungen anfordern.

Seit März 1990 wurde die Leistung des Audi 100 2.3 E mit nur noch 133 PS (98 kW) angegeben, vorher waren es bekanntlich 136 PS (100 kW). Der Audi 100 Typ 44 befand sich inzwischen in seinem achten Modelljahr, die Kunden erwarten nun allmählich einen Modellwechsel und das Interesse schwächte sich langsam ab – es war an der Zeit, mit Sondermodellen, die attraktive Ausstattungspakete zu Vorteilspreisen boten, die Absatzzahlen zu stabilisieren. Die Sondereditionen „Business", „Sport" und „Komfort" für den Audi 100 und Audi 100 Avant sollten diesbezüglich neue Impulse setzen.

Das Ausstattungspaket „Business" umfasste serienmäßig Servolenkung, Zentralverriegelung, elektrische Fensterheber vorne, Schiebe-/Ausstelldach, Rahmenkopfstützen vorne und hinten, Stereo-Cassettenanlage „beta" und Skisack, sowie für den Avant zusätzlich Dachreling, Laderaumabdeckung und Heckscheibenwischer. Kombinierbar war dieses Paket mit

Die dritte Generation – Typ 44

Das Modell „Sport" gab es nicht nur als Limousine, sondern auch als Avant. Neben den 133 PS und 165 PS starken Ottomotoren, gab es diese Variante im letzten Modelljahr 1991 auch als TDI. In Liebhaberkreisen des Typ 44 ist gerade dieses Sondermodell eine begehrte Variante.

den Motoren von 90 (Audi 100) bis 133 PS (Audi 100 2.3 E). Dieses Ausstattungspaket sollte vor allem Vielfahrer und Geschäftsleute ansprechen.

Das Paket „Sport" konnte zunächst nur mit den beiden 5-Zylinder-Benzinmotoren mit 133 PS oder 165 PS mit Front- oder quattro-Antrieb bestellt werden. Dieses auf sportliche Fahrer zugeschnittene Ausstattungspaket war in der Vergangenheit schon als sportliche „Exclusiv"-Serie für den Audi 100 quattro bekannt und war nun auch für den Avant lieferbar. Radlaufverbreiterungen, ein um 15 mm tiefer gelegtes Sportfahrwerk, 7½ x 15-Zoll-Leichtmetallräder im Aero-Design, Reifen der Dimension 215/60 ZR 15, Metalliclackierung, Nebelscheinwerfer, größere Audi-Ringe auf dem Heckdeckel (ein Übernahmeteil vom Audi V8) und gänzlich in rot gehaltene Rückleuchten setzten äußerlich klare Akzente. Im Innenraum glänzte dieses gelungene und beliebte Sondermodell mit Sportsitzen, Zusatzinstrumenten, Rahmenkopfstützen vorne und hinten, elektrischen Fensterhebern an allen vier Türen, Zentralverriegelung, Stereo-Cassetten-Anlage „gamma", Schiebe-/Ausstelldach, lederbezogenem Lenkrad und Schalthebelknopf sowie ebenfalls lederner Schalthebelmanschette. Wie beim „Business"-Paket blieb auch beim Audi 100 Sport der Skisack der Limousine vorbehalten, während der Avant eine Dachreling, Gepäckraumabdeckung und einen Heckscheibenwischer mit auf den Weg zum Kunden bekam. Heute ist bei Freunden des Audi 100 Typ 44 gerade diese Sonderserie ein gesuchtes Liebhaberfahrzeug, obwohl die empfindliche Innenausstattung in Jacquard-Satin oft deutliche Beanspruchungsspuren zeigt.

Betont elegant trat das Sondermodell Audi 100 „Komfort" auf, lieferbar als Frontantriebs- oder quattro-Modell. Äußerlich war es sofort durch die rot eingefärbten Rückleuchten, die großen Audi-Ringe am Heck, Türgriffe in Wagenfarbe, blanke Leisten auf den Stoßfängern, blanke Zierstreifen auf den seitlichen Stoßprofilleisten sowie Leichtmetallräder im Aero-Design (6 x 14 mit Reifen 185/70 HR 14 für Audi 100 turbo D und 2.0 E; 6 x 15 mit Reifen 205/60 VR 15 für 2.3 E, turbo und TDI) zu identifizieren. Des Weiteren waren Zusatzinstrumente, elektrische Fensterheber an allen vier Türen, Radio „gamma", ein Schalthebelknopf aus Holz, eine Holzblende an der Schalttafel, Veloursitze, Schiebe-/Ausstelldach und vier Kopfstützen serienmäßig, für die Limousine auch wieder der Skisack, für den Avant überdies Heckscheibenwischer, Gepäckraumabdeckung und die Dachreling.

Ein Sondermodell, das nur auf Basis des Audi 100 Avant angeboten wurde, war die Edition „Reise und Hobby" mit „14 interessanten Extras", wie es der Prospekt verlauten ließ. Das Paket umfasste eine Wollstrukturausstattung, Rahmenkopfstützen vorne und hinten, procon-ten, Flankenschutz in den vier Türen, Zentralverriegelung, Schiebe-/Ausstelldach, elektrische Fensterheber an allen Türen, elektrisch einstell- und beheizbare Außenspiegel, Heckscheibenwischer, Gepäckraumabdeckung, Dachreling, Stereo-Cassetten-Anlage „beta" und Metallic-Lackierung. Rund 25 % der Audi 100 Avant-Kunden entschieden sich fortan für dieses attraktive Angebot.

Modelljahr 1991: Gnadenfrist für den Avant

Die oben beschriebenen vier Sondermodelle wurden vom Markt sehr positiv aufgenommen und bescherten der AUDI AG zufrieden stellende Absatzzahlen des Typ 44 auch in dessen letztem Modelljahr. Das Sondermodell Audi 100 Sport wurde nun auch mit dem TDI-Motor angeboten.

Made in China: Dank des frühen Engagements von Volkswagen und Audi ist die Marke mit den vier Ringen bereits fest im Land der aufgehenden Sonne etabliert. Der abgebildete Hongqi Luxury Sedan wird immer noch gebaut, jedoch nicht mehr unter Verantwortung der AUDI AG.

Der Audi 100 mit 1,8-Liter-Vierzylinder und 90 PS war ab sofort nur noch mit Frontantrieb und Schaltgetriebe lieferbar. Das aktuelle Volumenmodell beim Audi 100 war der 2.3 E mit 133 PS, der einen Verkaufsanteil von rund 50 % hatte, 14 % der Käufer kombinierten ihn mit dem quattro-Antrieb.

Innerhalb der Audi 200-Baureihe hatte sich der quattro 20V mit 80 % Verkaufsanteil eindeutig zum beliebtesten Modell entwickelt. Konsequenterweise wurde der Audi 200 turbo mit 165 PS nur noch mit Frontantrieb angeboten. Noch während des eigentlichen Modelljahres 1991 wurde die Produktion der Limousine mit Fahrgestellnummer Modelljahr 1990 eingestellt. Der Nachfolger Typ C4 hatte als Limousine im November 1990 seine Premiere, jedoch wurde der Typ 44 als Audi 100 Avant, Audi 100 Avant quattro und Audi 200 Avant quattro 20V noch einige Monate weitergebaut, nachdem bei diesen die Fahrgestellnummer auf das Modelljahr 1991 hoch gezählt wurde.

Überleben in China

Bereits im Oktober 1987 fand ein erstes Sondierungsgespräch zwischen Volkswagen, vertreten durch den damaligen Vorstandsvorsitzenden Carl Horst Hahn, und dem chinesischen Automobilproduzenten FAW (First Automobile Works) in Changchun über eine Kooperation zum Bau des Audi 100 Typ 44 in China statt. Im Mai 1988 wurde schließlich ein Vertrag zur Lizenzfertigung unterzeichnet. Dieser Vertrag sah jedoch nicht vor, den Typ 44 als Audi 100 zu fertigen, sondern vielmehr die Produktion eines eigenständigen Produkts unter dem FAW Markenzeichen und dem Produktnamen Hongqi (Rote Fahne). Zunächst wurde der Hongqi mit der Typ 44 Karosserie und Motoren von Chrysler gebaut. Das Fahrzeug war jedoch nicht für private Käufer gedacht, sondern eher für Staatsbedienstete, Politfunktionäre und Taxiunternehmungen. Im November 1989 wurde der Vertrag mit FAW dahingehend ergänzt, dass nun auch Fahrzeuge mit Audi Markenzeichen produziert werden konnten, da es Probleme mit der Motorenlieferung von Chrysler gab. Im April 1990 begann die Fertigung. Der Audi 100 Typ 44 war von da an mit 4- und 5-Zylinder-Motoren von Audi lieferbar und wurde aus CKD-Sätzen (CKD = completely knocked down) zusammengebaut. Parallel dazu lief aber die Fertigung des Hongqi weiter, mit Motoren von Audi, Nissan und Chrysler. Bis zum Auslauf im Jahre 2002 wurden insgesamt 97.440 Teilesätze nach China verschifft. 2002 bis 2003 wurden dann noch weitere 2592 Teilesätze des Typ 44 für den Aufbau des New Hongqi Century mit Audi V6-Motoren geliefert. Im Jahr 2003 beendete die AUDI AG schließlich die Lieferung von Teilesätzen nach Changchun. Jedoch wird unter dem Produktnamen Hongqi Luxury Sedan der Typ 44, bzw. dessen Karosserie, von FAW in eigener Verantwortung bis heute weitergebaut.

Rückblickend muss festgehalten werden, dass die dritte Modellgeneration des Audi 100 einen Meilenstein in Sachen Qualität und Langlebigkeit gesetzt hat. Belegt wird dies durch die vielen heute noch im täglichen Betrieb befindlichen Typ 44-Modelle und die große Fangemeinde, welche die Qualitäten dieses hervorragenden Automobils immer noch schätzt. Zudem war dieses Auto sehr innovativ, hat viele technische Trends gesetzt und dabei nicht nur den Automobilbau insgesamt vorangebracht, sondern auch die Anerkennung der Marke Audi auf breiter Front forciert. Zunehmend mussten die Wettbewerber, insbesondere Mercedes und BMW, erkennen, dass sich im Premiumsegment mit Audi eine weitere Marke etabliert.

Kapitel 4
Die vierte Generation des Audi 100: Der C4
1990 - 1994

Mit der vierten Generation seiner großen Mittelklasse-Limousine hat Audi den Erfolg der vorangegangenen Modellreihen konsolidiert. War der erste Audi 100 noch ein Achtungserfolg, wurde schon mit der zweiten Generation eine für die Zukunft der Marke wegweisende Karosserievariante eingeführt, die Zylinderzahl über den Standardwert von Vier erhöht und ein weltumspannender Markt bedient. Nach dem darauf folgenden c_W-Weltmeister mit in Serie gebrachten Errungenschaften wie quattro, Katalysator und Vollverzinkung war nunmehr Evolution gefragt. „Die Designaussage des alten Audi 100 ist immer noch so modern, da mussten wir den neuen nicht noch einmal revolutionär gestalten", befand Audi Designchef Hartmut Warkuß. Klar gestecktes Ziel war vielmehr, den schon mit den Audi 200-Varianten erhobenen Anspruch an den Oberklassestatus zu unterstreichen. Diesmal aber nicht mehr als Luxusvariante, sondern bereits ab dem Basismodell in einem einheitlichen, selbstbewussteren Erscheinungsbild. Ferdinand Piëch, ehemaliger Entwicklungschef und seit 1988 amtierender Vorstandsvorsitzender, vertrat im Interview mit dem Industriemagazin im Dezember 1990 folgende Ansicht: „Im Vergleich zum Vorgänger gibt es zwar keine medienträchtigen Paukenschläge, aber die Gesamtkonzeption des Fahrzeugs ist wesentlich homogener, die Details sind besser aufeinander abgestimmt und die Anmutungsqualität ist wirklich optimal. Insgesamt würde ich sagen: Das Auto ist rundherum so, wie ich es mir vorstelle."

Im Februar 1987 präsentierte die Werbeagentur Team/BBDO „Die Strategie für Aufsteiger" vor ihrem Kunden Audi. Ihre Marktforschung bezüglich fünf Automarken ergab in den Kriterien Qualität, Technischer Fortschritt/Sicherheit, Komfort/Ausstattung und Prestige folgende Reihenfolge in aufsteigender Nennung: Ford, Opel, Audi, BMW, Mercedes. Ausnahmen bildeten die Punkte Styling/Design, wo BMW vor Mercedes und Ford vor Opel lag, sowie die Sportlichkeit, die mit Audi vor Mercedes, aber hinter BMW besetzt war. Einzig in den Attributen Wirtschaftlichkeit/Preiswürdigkeit kehrte sich die zuerst genannte Reihenfolge komplett um. Audi lag also im Mittelfeld und sollte sich modell- und produktpolitisch höher positionieren, um neue Käuferpotenziale mit höheren Ansprüchen zu gewinnen. Die Berater stellten vor allem BMW und Mercedes als Markengegner heraus, machten aber gleichzeitig klar, dass das aktuelle Käuferpotenzial für Audi nicht primär die Fahrer dieser Marken bildeten, und dass mit einer solchen Entwicklung auf breiter Front auch nicht in kurzer Zeit zu rechnen sei. Audi sei nicht eo ipso die bessere Alternative zu BMW für einen BMW-Fahrer und schon gar nicht für einen Mercedes-Fahrer. Während diese Marken seit Jahren in diesem Käufersegment etabliert seien, befände sich Audi erst auf dem Weg dorthin. Sie hätten beide hohe Loyalitätsraten und gewännen ihre Neukunden überwiegend aus Aufsteigern. Weiter erklärte die Marketingstudie BMW zum Hauptwettbewerber, weil die Loyalität zu dieser Marke sinke, ihr Image „weicher" und angreifbarer

Die steife Karosserie erlaubte noch engere Spaltmaße als beim Vorgänger. Von ihm unterschied sich der Audi 100 C4 auch durch die von Anfang an kreisrunden und ausgestellten Radhäuser.

Unten: Bei den Vorgängern noch recht selten, wurde Silber die Autofarbe der 1990er Jahre und darüber hinaus. Bei diesem Exemplar war es Kristallsilber-metallic, das bereits beim Typ 44 zum Modelljahr 1990 Zermattsilber-metallic abgelöst hat.

Die vierte Generation – Typ C4

als dasjenige von Mercedes sei und Audi aufgrund der momentanen Marken- und Produktstärken eine wesentlich höhere Wettbewerbsfähigkeit gegenüber BMW als gegenüber Mercedes-Benz habe. Diese Untersuchung sei stellvertretend genannt für die verschiedensten Erkenntnisse, die Audi in die Entwicklung des neuen Modells einfließen ließ.

Die Vorgaben waren klar: Das neue Modell sollte in seinen Abmessungen nicht wachsen, weiterhin mit einer sehr guten Aerodynamik aufwarten und mit dem typischen Audi Gesicht seine Zugehörigkeit zur Modellfamilie unterstreichen. „Audi muss Audi sein und keine BMW- oder Mercedes-Kopie", bläute Ferdinand Piëch seinen Entwicklern ein und hängte die Latte hoch: „Audi soll der attraktivste Europäer am Weltmarkt sein." Um dieses anspruchsvolle Ziel zu erreichen, vereinten seine Ingenieure im neuen C4 alles, was sie während der letzten sechs Jahre für ihn entwickelt hatten: eine extrem steife und sichere Karosserie, ein straffes Fahrwerk mit breiter Spur und einen völlig neuen V6-Ottomotor. Natürlich

Oben: Im Dezember 1990 erschien der neue Audi 100 der vierten Generation. Der in der Motorhaube integrierte Frontgrill griff das mit dem Audi V8 geprägte Familiengesicht auf.

Ein Jahr nach der Modelleinführung ergänzte der Audi 100 2.0 E mit 115 PS das Antriebsprogramm, hier ein Exemplar in Bambus-metallic. Im Gegensatz zum Basismotor mit 101 PS konnte der kräftigere Vierzylinder auch mit quattro kombiniert werden – allerdings nur in seinem ersten Modelljahr 1992.

Die vierte Generation – Typ C4

Durch viel Detailarbeit konnte die Aerodynamik des neuen Audi 100 abermals verbessert werden und erreichte einen c_W-Wert von 0,29.

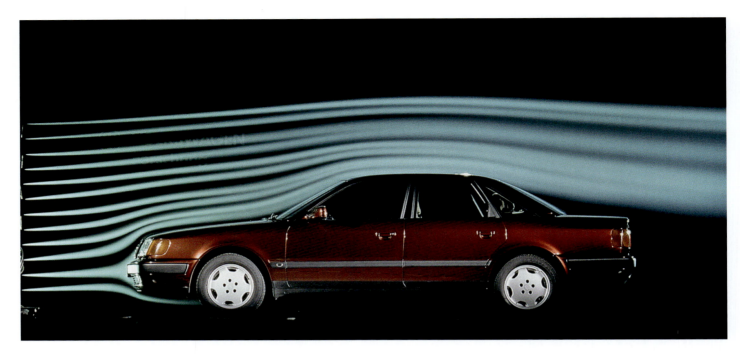

waren auch die bereits bekannten Alleinstellungsmerkmale der Marke Audi mit an Bord: der permanente Allradantrieb quattro, die Vollverzinkung und das nun serienmäßige Sicherheitssystem procon-ten. Die Integration all dieser Elemente wurde sehr gründlich angegangen: Als VW-Chef Carl H. Hahn und sein Entwicklungsvorstand Ulrich Seiffert den neuen 100er im Juli 1990 auf der Konzernteststrecke Ehra-Lessien Probe fuhren, lobten sie den Audi derart, dass die Wolfsburger Entwickler „blass vor Neid" wurden. Während der daran angeschlossenen Heißlandererprobung in der Sahara „ging gar nichts kaputt", so der damalige Vorstand für die Technische Entwicklung bei Audi, Jürgen Stockmar. Erst bei der darauf folgenden Reifeprüfung in der Tschechoslowakei traten Probleme im Bereich der Abgasanlage auf. Piëch sah den Verkaufsstart des C4 gefährdet, erklärte den Endspurt zur Chefsache und trennte sich bald darauf von seinem Chefentwickler, den er selber in den Vorstand berufen hatte. Der frühere Audi Sportchef Stockmar wechselte daher schon im September wieder zurück zu Steyr-Daimler-Puch, wo er zwischen seinen Audi Engagements bereits Vorstandsmitglied war. Um den neuen Audi 100 noch termingerecht und serienreif auf den Markt zu bringen, rückte der oberste Qualitätssicherer Dr. Martin Winterkorn noch näher an den Vorstandsvorsitzenden.

Evolution statt Revolution

Bereits kurz nach der Vorstellung seines Vorgängers entwickelte Audi Design erste Studien für den neuen Audi 100. Die Gestalter setzten zunächst zeichnerisch die technischen und stilistischen Vorgaben in Entwürfe um. Es folgten Plastilin-Modelle im Maßstab 1:4 und zweidimensionale Tape-Renderings in Lebensgröße, aus denen sich die optimale Form heraus kristallisierte. Anfang 1986 konnte der Vorstand aus fünf Hartmo-

Links: Ästhetisch wie aerodynamisch optimal war die optional erhältliche Scheinwerfer-Reinigungsanlage. Bei Betätigung fuhren die Düsen auf zwei hydraulischen Teleskopen heraus und reinigten dann mit einem Wasserstrahl von vier bar die Scheinwerfer.

Rechts: Die Audi 100 mit Reihenmotoren hatten schwarze Spiegelgehäuse. Dieses Modell in alpinweiß steht auf den optionalen 6 x 15 Zoll großen Alufelgen im 10-Speichen-Design.

dellen dasjenige auswählen, das seinen Vorstellungen für einen neuen Audi 100 der 90er Jahre am nächsten kam. War der C3 noch recht stark dem Diktat der Aerodynamik unterworfen, wirkte der neue Audi 100 konventioneller. Der Vorgänger verkörperte „die reine Wissenschaft", im neuen Modell „steckt eine Menge Zeitgeist drin", erläuterte Entwickler Franz-Josef Paefgen, der spätere Audi Vorstandsvorsitzende. Die stark geneigten Seitenscheiben mit dem schmalen Dach und die karosseriebündigen Radausschnitte wichen nun einem aufrechteren Glashaus, was die oft kritisierte Aufheizung des Innenraums durch Sonneneinstrahlung reduzierte. Das nun breitere Dach verhinderte mit seinen seitlich verlaufenden Wasserfangleisten, dass beim Öffnen der Türen oder Fenster Wasser auf die Sitze oder das Beinkleid der Insassen tropfte. Die seinerzeit revolutionär außenbündig und in Stiften geführten Seitenscheiben wurden natürlich übernommen. Zwischenzeitlich hinzugewonnene Erkenntnisse und viele Detailoptimierungen machten die Karosserie aerodynamisch sogar noch effizienter. Bei einer auf 2,12 Quadratmeter vergrößerten Stirnfläche konnte der c_W-Wert auf 0,29 verbessert werden. Ein kleines Detail, das hierzu seinen Beitrag lieferte und auch stilistisch einen klaren Fortschritt darstellte, war die optional erhältliche Scheinwerfer-Reinigungsanlage. Im Ruhezustand nur zwei unscheinbare Kappen unterhalb der Scheinwerfer, fuhr bei Betätigung je ein hydraulisches Teleskop um circa 60 mm aus der Front heraus. Die nun in Position gebrachten Düsen reinigten dann mit einem Druck von vier bar die Scheinwerfer und verschwanden danach wieder in der Front.

Unterhalb der Schulterlinie fielen die straff gespannten Seitenflächen und die nun ausgestellten Radhäuser auf. Letztere ermöglichten eine um gut vier Zentimeter breitere Spur, obwohl die Karosserie tatsächlich – bei gleicher Innenraumbreite – in beinahe gleichem Maß schmaler geworden war. Allerdings hatte der Vorgänger seine nominell große Breite nur im Bereich der B-Säule und war an Front und Heck recht stark eingezogen, was ihn im Verbund mit der schmalen Spur optisch zierlicher erscheinen ließ. Der stämmigere Eindruck des C4 wurde durch die in Wagenfarbe lackierten und in den Wagenkörper integrierten Stoßfänger, deren angeformte Schürzen und eingelassene Schutzleisten mattschwarz ausgeführt wurden, verstärkt. Dagegen war die schmalere Karosserie ein mitunter entscheidendes Kaufargument in den Ländern Südeuropas, wo zu breiten Autos viele Wege verschlossen bleiben. Die Höhe wuchs zugunsten der Kopffreiheit um einen Zentimeter auf 1,43 Meter, während Fahrzeuglänge und Radstand mit 4,79 und 2,69 Metern unverändert blieben.

Die mehr Solidität vermittelnden Proportionen des C4 haben die Designer durch den in die Motorhaube integrierten Kühlergrill noch betont. Sie zitierten so das Oberklasseprestige des Audi V8 und schufen zusammen mit der ähnlich gestalteten Front des zum Modelljahr 1991 erschienenen Audi 80 ein Familiengesicht, das für diese Modellreihen noch für viele Jahre Bestand haben sollte. Erst mit dem A6 der sechsten Generation im Jahr 2004, nach einigen in Concept Cars gezeigten Entwürfen, bekam die Audi Formensprache mit dem Single-Frame-Grill ein neues Identifikationsmerk-

mal. Knick im Heck: Am vormals vollständig nach außen gewölbten Abschluss wurde der Heckdeckel oberhalb des Leuchtenbandes mit einer Hohlkehle nach innen eingezogen, um den aerodynamisch erwünschten Strömungsabriss an der oberen Kante zu unterstützen. Hier wurde stilistisch angedeutet, was beim fünften Audi 80 ab dem Modelljahr 1995, dann A4 genannt, mit einer regelrechten Bügelfalte realisiert werden sollte.

Eine feste Burg

Neben allen stilistischen Feinheiten wurde die Karosserie vor allem deutlich steifer. Unterstützt durch aufwendige Berechnungsverfahren und Computersimulationen wurde der Aufbau gezielt verstärkt, ohne das Gewicht der Karosserie zu stark ansteigen zu lassen. Zusätzlich zur üblichen statischen Finite-Elemente-Methode wurde das Gesamtfahrzeug auch dynamisch rechnerisch analysiert und optimiert. Dabei wurde die Karosserie über die Aufhängungspunkte von Antrieb und Fahrwerk in verschiedenen Frequenzen und Amplituden angeregt, um schon im frühen Entwicklungsstadium etwaige Schwachstellen zu entdecken und zu beheben. Im Ergebnis war der C4 um 30 Prozent torsionssteifer als sein Vorgänger.

Dabei half auch ein produktionstechnischer Clou, der sich an das schon im C2 praktizierte Einkleben der Front- und Heckscheibe anlehnte: Das Dach wurde mit dem Dachrahmen verklebt und verteilte so die in die Karosserie eingeleiteten Kräfte über die gesamte Fläche. Um den Insassenschutz darüber hinaus zu verbessern, wurden die Türen mit einem Flankenschutz ausgerüstet und verfügten über Crash-Fugen, die ein Festklemmen der vorderen Türen nach einem Unfall zu verhindern helfen. In einem im Sommer 1991 von „auto motor und sport" zusammen mit dem TÜV Bayern durchgeführten Offset-Crashtest kam dem neuen Audi 100 außerdem zugute, dass er nun serienmäßig mit dem Sicherheitssystem procon-ten ausgestattet war, das zwar schon 1988 im Vorgänger eingeführt worden war, dort aber noch aufpreispflichtig war. Für einen Vergleichstest verschiedener Modelle im Jahr zuvor hatte die Zeitschrift nämlich nur den jeweiligen Standardumfang berücksichtigt und den „alten" Audi 100 wegen des bevorstehenden Modellwechsels noch zurückgestellt. So konnten also

Die Preise des neuen, im Dezember 1990 vorgestellten Audi 100 reichten von 37.600 DM für das Einstiegsmodell mit 101 PS bis zu 57.800 DM für den Audi 100 quattro mit dem neuen 2,8-Liter-V6-Motor.

Die vierte Generation – Typ C4

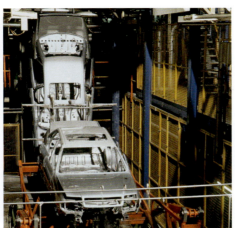

Spezielles Licht zur Kontrolle der Karosserieflächen am laufenden Band. Den Türen fehlen noch die Fensterrahmen aus Aluminiumprofilen.

Fertig lackierte Karosserien des Audi 100 C4 mit großen Schiebedachausschnitt in der verklebten Dachhaut auf ihrer langen Reise durch die Fertigung.

beim C4 das vorgezogene Lenkrad und die vorgespannten Gurte im Verbund mit der stabilen Fahrgastzelle eine optimale Einheit bilden, als der Testwagen mit knapp 55 km/h und halber Überdeckung auf den seitlich um 15 Grad abgeschrägten Betonblock trifft. Tatsächlich zeigten die Messwerte in nahezu allen Bereichen die geringste Insassenbelastung aller bis dato von „auto motor und sport" getesteten Fahrzeuge. Insbesondere im HIC-Wert (für Head Injury Criterion, einem Grenzwert für die integrierte Verzögerungsbelastung des Kopfes) setzte der C4 eine neue Bestmarke. Der Innenraum behielt im Wesentlichen seine Form und die Türen ließen sich leicht öffnen. Trotz seiner guten Wirksamkeit wiesen die Tester aber darauf hin, dass auch procon-ten einen Airbag nicht ersetzen könne. Auch bei Audi wusste man das und bot folgerichtig auch einen 80-Liter-Airbag für die Fahrerseite an. Das sich vorziehende Lenkrad ermöglichte eine Vergrößerung um 20 Liter gegenüber normalen Airbags, allerdings war er im Gegensatz zum procon-ten noch aufpreispflichtig und wurde erst einige Monate nach der Markteinführung angeboten.

Dass der neue Audi 100 an Solidität gewonnen hatte, konnte man ihm sogar ansehen, denn die Spaltmaße zwischen Türen, Hauben, Kotflügeln und Seitenteilen waren so klein wie nie zuvor. Um das zu erreichen, mussten sich die Konstrukteure auch auf eine sehr steife Karosserie verlassen können, damit beim Überfahren von Unebenheiten die einzelnen Karosserieteile einander nicht berührten. Die engen Spaltmaße erforderten allerdings auch einen sehr gleichmäßigen Fugenverlauf, da das Auge schon kleinste Abweichungen wahrnimmt, je enger die Einzelteile aneinander angrenzen – das kann jeder bestätigen, der schon mal selber Fliesen gelegt hat. Für einen dermaßen präzisen Karosseriebau brauchte man neben guten Mitarbeitern ausgefeilte Fertigungsverfahren mit engen Toleranzketten und eine penible Qualitätskontrolle. Die Voraussetzungen dazu wurden mit neuen Rohbauanlagen in der renovierten Halle A13 im Werk Neckarsulm geschaffen, wo der C4 ab 1992 ausschließlich gefertigt wurde. Auch die Montageabläufe für die Beschäftigten hatten sich geändert. Statt der taktgebundenen körperlichen Arbeit am klassischen Fließband waren sie nun eher überwachend tätig. Die Gruppenarbeitsplätze mit zwei bis zehn Mitarbeitern förderten das individuelle Verantwortungsbewusstsein und damit eben auch die Fertigungsqualität. Der für den Arbeitgeber erfreuliche Nebeneffekt, dass übermäßige Abwesenheit im Team hier eher auffällt, soll allerdings auch nicht verschwiegen werden.

Zusätzlich war diese Fertigung auch flexibler und konnte so zum Beispiel parallel zum alten Modell den Anlauf des neuen Audi 100 gewährleisten. Schließlich mussten zur Markteinführung 4000 neue Audi 100 bei den Händlern stehen, davon allein 45 % mit dem 2,8-Liter-V6: das erforderte eine steile Anlaufkurve für diesen völlig neuen Motor. Das Triebwerk wurde auf der neuen Motorenstraße in Ingolstadt gefertigt, die durch eine erstmals in Großserientechnik praktizierte Bearbeitungstechnik des Zylinderkurbelgehäuses hochflexibel war: Statt der Ölwannenfläche war nun der Kupplungsflansch die Auflagefläche. So wurde also das Werkstück in die jeweilige Bearbeitungsposition gebracht und nach dem Werkzeug ausgerichtet und nicht mehr umgekehrt. In diesem Zusammenhang war es natürlich auch von Vorteil, dass vom Reihenvierzylinder über den V6- bis zum V8-Motor der Zylinderabstand, die Zylinderkopfgeometrie und die Einbaulage gleich waren, von den Kostenvorteilen bei Einkauf und Logistik durch Gleichteile bei den Einzelkomponenten ganz zu schweigen.

Um die konstruktiven und fertigungstechnischen Finessen zur vollen Geltung kommen zu lassen, wurde die Produktions„mann"schaft (Audi hatte zu der Zeit den höchsten Frauenanteil unter allen Autoherstellern!) auf den neuen Audi 100 eingestimmt: Anfang 1990 startete das Informations- und Schulungsprogramm „Wir C4", das auf allen betrieblichen Ebenen die rund 22.000 direkt betroffenen Mitarbeiter bis hin zu den Zulieferern umfasste. Ab August liefen dann die ersten Exemplare der vierten Generation gleichzeitig mit dem Vorgänger vom Band. Der Händlerschaft präsentiert wurde der neue Audi 100 im November 1990 in Bonn, gleich danach, am 7. Dezember, wurde er in den Markt eingeführt. 1991 wurden dann über 750 Fahrzeuge pro Tag gefertigt.

Die Form folgt der Funktion

Das erste Modelljahr des C4 war der Limousine vorbehalten. Als Avant wurde noch der C3 weitergebaut, um in der Produktion nicht zwei Anläufe gleichzeitig schultern zu müssen. In der Silhouette unterschied sich der „Komfortliner", wie der neue Avant von Audi genannt wurde, von seinen beiden Vorgängern im Typ 43 und Typ 44 durch eine steiler stehende Heckklappe. Damit wirkte das Auto zwar weniger „avant"-gardistisch, bot aber auch eine deutlich bessere Raumausnutzung. Das Heck fiel dabei nicht beinahe senkrecht ab wie etwa bei zeitgenössischen Volvo, sondern zeigte eher eine elegante Neigung, wie sie auch das Mercedes T-Modell

Diese Phantomzeichnung des Audi 100 Avant 2.8 E quattro demonstrierte die Variabilität der geteilt umklappbaren Rücksitzbank.

der Baureihe W 124 aufwies. Auch der ebenfalls im Herbst 1991 erschienene BMW 5er Touring folgte dieser Designsprache.

Eine in Wagenfarbe lackierte Abrisskante über der Heckscheibe verringerte deren Verschmutzung bei Fahrten durch Nässe. Ein Heckscheibenwischer und -wascher war trotzdem notwendig, allerdings auch serienmäßig an Bord. Der Laderaum war vollständig verkleidet und konnte durch Umklappen der asymmetrisch geteilten Rücksitzbank von 1,08 Meter auf 1,85 Meter verlängert werden. Mit der Breite von 1,12 Metern und der Höhe von 0,76 Metern ergab sich im Audi 100 Avant ein variables Ladevolumen von bis zu 1,255 Kubikmetern – deutlich mehr als beispielsweise im Mercedes T. In einem zusätzlichen Ladeboden konnten unter einer Abdeckung auf einer Fläche von 60 mal 95 Zentimetern flachere Gegenstände mit einer Höhe von bis zu zehn Zentimetern versteckt werden. Weitere Staufächer in den Seitenteilen waren gegebenenfalls schon durch Funktionsteile von Sonderausstattungen besetzt oder auch dem Verbandkasten und dem Warndreieck vorbehalten. Mit Hilfe von vier Ösen am Laderaumboden konnten Gegenstände festgezurrt werden. Speziell für den Avant wurden Sonderausstattungen angeboten, um die unterschiedlichsten Transportaufgaben zu erfüllen. Dazu gehörten etwa eine Kindersitzbank, ein Durchladesack, ein vertikales Trenngitter, ein Gepäcknetz zur Verwendung mit den Verzurrösen, eine Wendematte, eine Gepäckraumabdeckung oder Querstäbe zur Nutzung der Dachreling.

Was den Audi 100 bewegt

Mit der Markteinführung im Dezember 1990 hatte der Käufer zunächst die Wahl zwischen drei Ottomotoren: Ein 2-Liter-Vierzylinder mit 101 PS (74 kW), ein 2,3-Liter-Fünfzylinder mit 133 PS (98 kW) und ein 2,8-Liter-V-Sechszylinder mit 174 PS (128 kW). Alle Motoren verfügten über eine

Eine ungewöhnliche Ausstattung von Metallic-Lack, Scheinwerferreinigungsanlage und Nebelscheinwerfern in Kombination mit Stahlfelgen.

Benzineinspritzung zur Gemischaufbereitung und einen geregelten Katalysator zur Abgasreinigung, der V6 sogar über zwei „Stereo-Katalysatoren", die später „Schmetterlings-Katalysatoren" genannt wurden.

Die Basismotorisierung des neuen Audi 100 entstand als eine Weiterentwicklung aus dem 1,8-Liter-Vierzylinder des Vorgängers. Durch die Vergrößerung von Bohrung und Hub auf 82,5 mm und 92,8 mm kam er nun auf einen Hubraum von knapp zwei Litern. Trotz des längeren Kolbenhubs konnte die Pleuellänge von 144 mm auf 159 mm vergrößert werden, weil auch die Blockhöhe um 16,5 mm angehoben wurde. Zusammen mit einer durch gezielte Verrippungen erreichten Erhöhung der Biegesteifigkeit des Motorblocks konnte die Laufruhe verbessert werden. Ebenfalls Geräusch mindernd wirkte eine Rücklaufsperre, die schon beim Start für eine ausreichende Ölmenge in den hydraulischen Tassenstößeln sorgte. Eine Thermospannrolle hielt die Zahnriemenspannung bei den unterschiedlichen Betriebstemperaturen auf konstantem Niveau und erhöhte die Lebensdauer des Zahnriemens. Das Steuergerät der Mono-Motronic überwachte sowohl die Zentraleinspritzanlage als auch die kennfeldgesteuerte und wartungsfreie Zündung.

Die vierte Generation – Typ C4

Der schmucklose 2-Liter-Vierzylindermotor mit 101 PS bildete die Antriebsbasis des Audi 100 der vierten Generation.

Optisch durchaus ansprechend, wenn auch weniger aufgeräumt, wirkte der 2,3 Liter große Fünfzylinder, der 133 PS leistete.

Mit 100 PS (74 kW) und einem Drehmoment von 157 Nm bei schon 2750/min beschleunigte der Audi 100 in 12,6 s von 0 auf 100 km/h und erreichte eine Höchstgeschwindigkeit von 182 km/h. Als Einziger noch mit Normalbenzin zu betreiben, lag sein Verbrauch bei 8,3 Litern auf 100 km/h im Drittelmix aus 90 km/h, 120 km/h und Stadtzyklus.

Deutlich besser zu dem allerdings auch schwerer gewordenen C4 passte der ausgereifte Fünfzylindermotor, der nun schon die dritte Audi 100-Generation antrieb. Seit dem Herbst 1986 mit 2,3 Litern Hubraum ausgestattet, übernahm er die Leistungs- und Drehmomentwerte aus dem Vorgängermodell, ebenso wie das Verdichtungsverhältnis von 10,0, die Multipoint-Einspritzung, die kennfeldgesteuerte Zündung und die zylinderselektive Klopfregelung. Neu hingegen war der Keilrippenriemen, der außer der Lichtmaschine und dem mechanischen Lüfter mit integrierter Visco-Kupplung auch alle Nebenaggregate antrieb. Eine Spannrolle sorgte automatisch für eine konstante Riemenspannung, die nicht mehr nachgestellt werden musste. Da es jetzt nur noch eine Riemenspur gab, verkürzte sich die Einbaulänge des Fünfzylinders so weit, dass der Kühler strömungsgünstig in der Fahrzeugmitte direkt vor dem Motor platziert werden konnte. Ebenso wie das Basistriebwerk besaß auch der Fünfzylinder eine Thermospannrolle für den Zahnriemen des Nockenwellenantriebs. Mit 10,2 s für den Spurt von 0 auf 100 km/h verpasste der Audi 100 2.3 E die magische Grenze in dieser Disziplin, übertraf sie aber mit 202 km/h in einer anderen.

Der V6 schaltet auch im Saugrohr

Nach mehreren Anläufen, einen entsprechenden Reihenmotor in der Modellreihe unterzubringen, gab es nun endlich einen Sechszylinder im Audi 100! Diesmal als V-Motor konstruiert, war er in der Baulänge so kurz, dass er nun spielend vor die Vorderachse passte. Der Längseinbau war wie bisher dadurch vorgegeben, dass mit nur einer einzigen Motorlage sowohl Frontantrieb als auch quattro gleichermaßen einfach und effizient umgesetzt werden konnten. Die ersten Ideen zum neuen Triebwerk entwickelten sich in Ingolstadt parallel zur Entstehung des V8-Konzepts, das allerdings in Neckarsulm entstand. Anfang 1986 wurde bereits die erste Baustufe des V6-Motors auf den Prüfständen erprobt. Mit der Zylinder- und Kurbeltriebgeometrie des 1,6-Liter-Vierzylinders kam er zunächst auf einen Hubraum von 2393 cm³. Die daraus erzielten ca. 154 PS (113 kW) reichten für erste Tests und die Festlegung weiterer Entwicklungsschritte. So wurden die Blockhöhe des Zylinderkurbelgehäuses von 216 mm auf 228 mm erhöht, die Pleuel um 10 mm auf 154 mm verlängert und schließlich der Hubraum auf 2,8 Liter vergrößert. Dass die beiden Zylinderbänke in einem Winkel von 90 Grad zueinander angeordnet waren, senkte nicht nur den Schwerpunkt des Aggregats und schuf Platz für eine aufwendige Sauganlage, sondern passte auch perfekt in die Fertigungs- und Montageabläufe, die sich schon für den V8-Motor bewährt hatten. So hatte auch dieser neue Motor den einheitlichen Zylinderabstand von 88 mm. Mit einer Bohrung von 82,5 mm wie bei den beiden Reihenmotoren und dem gleichen Hub von 86,4 mm wie beim Fünfzylinder kam der völlig neu entwickelte V6 auf einen Hubraum von 2771 Kubikzentimetern. Die Leistung von 174 PS (128 kW) und das Drehmoment von 250 Nm erfüllten die klassenüblichen Standards. Während die meisten anderen Sechszylinder mit einer spezifischen Leistung von ebenfalls über 60 PS pro Liter für ihr maximales Drehmoment jedoch Drehzahlen von mindestens 4000/min bemühen mussten, erreichte der Audi V6 seine größte Zugkraft bereits bei 3000/min. Aus Kostengründen wurde Grauguss als Werkstoff für das Kurbelgehäuse gewählt. Dessen Seitenwände wurden über die Mitte der Kurbelwellenachse hinaus bis zum Ölwannenflansch herunter-

Die kühne Lampenarchitektur und das künstliche Licht betonen noch die skulpturhafte Form des Audi 100 Avant.

gezogen und erhöhten damit die Steifigkeit des Kurbelgehäuses. Die gesenkgeschmiedete Kurbelwelle aus Stahl wurde vierfach gelagert. Die benachbarten Hubzapfen für zwei gegenüber liegende Zylinder waren um 30° zueinander versetzt und sorgten trotz des Bankwinkels von 90° für einen gleichmäßigen Zündabstand von 120°. Dass diese Maßnahme gut wirkt, hatte bereits der einst von Peugeot und Renault entwickelte Europa-V6 bewiesen. In den frühen 1970er Jahren – vor dem ersten Ölpreisschock – zunächst als V8-Motor entworfen, hatte er ebenfalls den für diese Zylinderzahl idealen Bankwinkel von 90°. Nachdem er auch bei Volvo und Lancia verwendet worden war, wurde er nachträglich mit dem 30°-Split-Pin komfortabel genug gemacht, dass er 1989 auch in den neuen großen Citroën XM einziehen durfte.

Zum ruhigen Lauf des Audi V6-Motors trugen auch minimierte Lagerspiele bei. Umgesetzt wurden die engen Toleranzen durch Vermessen von Kurbelwelle und Kurbelgehäusebohrungen sowie einer Klassierung der einzelnen Teile in drei Gruppen. Wiederum in Anlehnung an die beiden Reihenmotoren wurden auch beim V6 alle Nebenaggregate durch einen Keilrippenriemen mit einer automatischen Nachspannvorrichtung angetrieben. Eine solche hatte auch der Zahnriemen, der beide Nockenwellen und die Wasserpumpe antrieb. Die aus Aluminium gegossenen Zylinderköpfe entsprachen in ihren wesentlichen Abmessungen den Zweiventilköpfen der Audi Vierzylinder, auf deren Fertigungsanlage sie auch bearbeitet wurden. Allerdings waren für den Sechszylinder die Ein- und Aus-

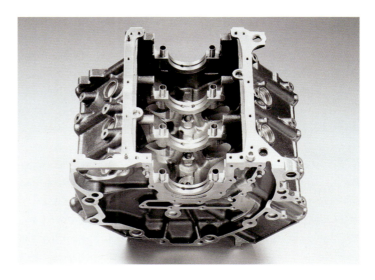

Das kompakte Zylinderkurbelgehäuse von unten mit der Lagergasse der Kurbelwelle.

lasskanäle vom Gleichstrom- auf das Querstromprinzip umgestellt worden. Die beiden Zylinderköpfe für den V6-Motor waren identisch und wurden auf Umschlag, das heißt um 180° zueinander gedreht eingebaut.

Der neue Sechszylindermotor von Audi sollte nicht die für diese Motorbauart typische Durchzugsschwäche im unteren Drehzahlbereich aufweisen. Daher wollte man die schon von den Reihenmotoren bekannte Schwingrohraufladung hier bei niedrigen Drehzahlen anwenden. Zunächst sei hier kurz das Prinzip der Schwingrohraufladung erklärt: Im Ansaughub

Die vierte Generation – Typ C4

Die komplexen Gussteile von Saugrohrober- und unterteil.

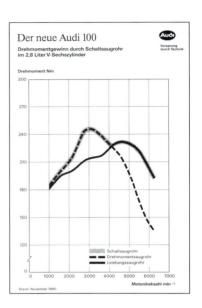

Im Schnitt des V6-Schaltsaugrohrs erkennt man, wie die Luft bei geschlossener Schaltklappe auf der Seite des ansaugenden Zylinders (rechts) aus dem Inneren des Sammlers angesaugt wird. Sie strömt dann nach unten, wird im Bogen wieder nach oben geführt und fließt schließlich über die Klappe hinweg zum Einlasskanal hinab. Bei einer Drehzahl von 3000/min sind die Laufzeit der reflektierten Druckwelle und die Öffnungsdauer des Einlassventils optimal für hohes Drehmoment.

Die beiden Drehmomentverläufe ergäben sich für die Fälle, dass die Schaltklappen im Saugrohr über dem gesamten Drehzahlband entweder geöffnet (Leistungsstellung) oder geschlossen (Drehmomentstellung) wären. Im tatsächlichen Betrieb sorgte das Schaltsaugrohr bei 3000/min für einen Drehmomentgewinn von 30 Nm gegenüber der klassischen Leistungsauslegung, respektive für einen Leistungsgewinn von 45 PS gegenüber der Drehmomentstellung bei 5500/min.

eines Motorzylinders bewegt sich der Kolben vom oberen zum unteren Totpunkt und vergrößert dabei das Volumen im Brennraum, während sich das Einlassventil öffnet. Durch den dabei entstehenden Unterdruck strömt frische Luft aus dem Sammler, der alle Schwingrohre miteinander verknüpft, in den Zylinder. Gleichzeitig wandert eine Unterdruckwelle mit Schallgeschwindigkeit über den Einlasskanal in das Schwingrohr. An dessen offenem Rohrende zum relativ großen Sammlervolumen wird diese Unterdruckwelle als Druckwelle reflektiert, die nun ihrerseits im Schwingrohr in Richtung Zylinder läuft. Die Länge des Schwingrohres wird so abgestimmt, dass diese Druckwelle kurz vor dem Schließen des Einlassventils den Zylinder erreicht. Da sich die Schallgeschwindigkeit quasi nicht ändert, ist die Dauer dieses Vorgangs nur von der Rohrlänge abhängig. Die dafür zur Verfügung stehende Zeit, etwa eine halbe Motorumdrehung, ist hingegen umso kürzer, je höher die Drehzahl liegt. Daher ergibt sich für jede Drehzahl eine optimale Schwingrohrlänge. Ein weiterer dynamischer Effekt ist die kinetische Energie der einmal in Bewegung gesetzten Luftsäule, die auch bei bereits ungünstigen Druckverhältnissen gegen Ende der Einlassphase noch den Zylinder nachlädt.

Für die hier zu optimierenden, niedrigen Drehzahlen brauchte der Motor eine große Schwingrohrlänge. Da der Aufladeeffekt gleichzeitig für eine gute Nennleistung bei höheren Drehzahlen sorgen sollte, entwickelten die Ingenieure ein längenvariables Schaltsaugrohr. Mit Hilfe der eindimensionalen Ladungswechselberechnung und verschiedener Studien, die neben der Schwingrohraufladung auch die Resonanzrohraufladung umfassten, entstanden mehrere Glasfaser-Kunststoff-Prototypen, deren Charakteristika am Motor untersucht wurden. Sie ergaben eine Länge von 780 mm für das Drehmomentrohr, das sich vom Einlassventil aus über die Schaltklappen hinweg platzsparend um den Sammler im Innen-V herum wickelte. Bei geschlossener Schaltklappe wurde dann die Unterdruckwelle erst an der Öffnung des Schwingrohres zum Sammler auf der gegenüber liegenden Seite reflektiert. Für etwa 3000/min ergab sich die beste Übereinstimmung der zurücklaufenden Druckwelle mit der Dauer der Einlassphase. Daraus resultierte eine hohe Zylinderfüllung, die in Drehmoment umgesetzt werden konnte. Für einen guten Liefergrad bei hohen Drehzahlen wurden die Schaltklappen in jedem Schwingrohr geöffnet und es wirkte nur das kurze Leistungsrohr von etwa 380 mm Länge und mit einem etwas größeren Querschnitt, wie es für die Nenndrehzahl von 5500/min notwendig war.

Das Diagramm zeigt die Vorteile des Schaltsaugrohrs, das einen fülligen Drehmomentverlauf und einen maximalen Gewinn von 30 Nm bewirkt. Dabei war nicht nur der Maximalwert – der bei Betankung mit Euro-Super (95 ROZ) nur um 5 auf 245 Nm fiel – beeindruckend. 90 Prozent dieses Wertes, nämlich mindestens 220 Nm standen von 2000/min bis zur Nenndrehzahl 5500/min zur Verfügung. Um einen Sprung in der Zugkraft und in den Kennfeldern der Motorsteuerung zu vermeiden, wurde zwischen den beiden Stellungen im Schnittpunkt der beiden Drehmomentlinien bei knapp 4000/min umgeschaltet. Trotz seiner komplexen Geometrie konnte das Saugrohr aus nur zwei Teilen zusammengesetzt werden. Die sechs Schaltklappen saßen auf zwei Wellen und wurden mit einer Unterdruckdose geöffnet, die über ein Magnetventil vom Motormanagement gesteuert wurde.

Die mit einem Hitzdraht gemessene Luftmasse bestimmte die notwendige Kraftstoffmenge für das sequenzielle Einspritzsystem mit sei-

Die vierte Generation – Typ C4

Links: Obwohl sonst unter einer Designhaube verborgen, wurden die Zündkabel ordentlich von den drei Zündspulen zu den Zylindern geführt. Aus dieser Perspektive erahnt man nur die Kürze des Motors.

Rechts: Bei Fahrzeugen mit Getriebeautomatik durfte ein Hinweis auf die Bedienung der Sicherheitsschaltung shift-lock III nicht fehlen.

nen Vierlochdüsen. Da die Drehzahl über einen Induktivgeber direkt am Anlasserzahnkranz erfasst wurde, lieferte ein Bezugsmarkengeber im Kurbelgehäuse das OT-Signal durch eine Radialnut an einer Kurbelwange. Wie üblich diente ein Hallsensor auf der Nockenwelle als Phasengeber. Die Kombination aus sehr guter Füllung bei niedrigen Drehzahlen und hoher Verdichtung barg die Gefahr klopfender Verbrennung. Dies konnte indes je ein Klopfsensor in jeder Bank eindeutig bei jedem Zylinder erkennen. Das adaptiv lernende System konnte den Zündzeitpunkt um bis zu 12 Grad Kurbelwinkel nach spät verstellen und den Motor so vor Klopfschäden schützen. Die Zündungsanlage des V6 hatte eine ruhende Hochspannungsverteilung mit drei Doppelfunkenspulen und kam ohne Verteiler aus. Jede Doppelfunkenspule zündete jeweils zwei um 360 Grad versetzt arbeitende Zylinder, deren Zündkerzen in Reihe geschaltet waren. Abwechselnd fiel die Zündung bei einem Zylinder in die Kompressionsphase und entflammte das Gemisch und bei dem anderen Zylinder wirkungslos in den Ausschubtakt. Mit der Zündfolge 1-4-3-6-2-5 lauteten die Zylinderpaare zu jeder Zündspule 1 und 6, 4 und 2 sowie 3 und 5.

Ein innovatives Element des Emissionsschutzes war die sogenannte „Stereo-Lambda-Regelung": Der V6-Motor hatte für jede Zylinderbank einen Katalysator, der sich jeweils hinter dem Getriebe im Unterboden befand. Damit die Katalysatoren trotzdem rasch die für eine hohe Konvertierungsrate notwendige Betriebstemperatur erreichten, wurden die Vorrohre hinter den Abgaskrümmern doppelwandig luftspaltisoliert ausgeführt. Dabei war das rein abgasführende Innenrohr sehr dünnwandig ausgeführt und nahm wenig Wärme auf. Das äußere tragende Rohr war dickwandiger und sorgte für die Abdichtung nach außen, da das Innenrohr wegen der unterschiedlichen Wärmeausdehnung mit einem Schiebesitz geführt werden musste. Auch aufgrund dieser Maßnahme konnten die bedarfsgerecht dimensionierten Keramikmonolithen ohne verbrauchs-

erhöhende Zündverstellungen schnell aufgeheizt werden. Die Luftverhältnisse wurden dank zweier unabhängiger Kreise mit beheizten Lambdasonden für jede Bank getrennt geregelt. Der mit diesem Triebwerk bestückte Audi 100 2.8 E erzielte eine Höchstgeschwindigkeit von 218 km/h und beschleunigte in glatten acht Sekunden von 0 auf 100 km/h. Der Verbrauch der 1400 kg schweren Limousine lag im Drittelmix mit 9,7 Litern auf 100 km unter der plakativen Zehn-Liter-Grenze.

Schalten und walten

Alle Audi 100 Modelle waren serienmäßig mit einem Fünfgang-Handschaltgetriebe ausgestattet – wie schon ihre Vorgänger seit dem Modelljahr 1989. Gegen Mehrpreis konnten der Audi 100 2.3 E sofort und mit einer kleinen Verzögerung dann ab Frühjahr 1991 auch die Vierzylinder- und Sechszylinder-Versionen mit einem Viergang-Automatikgetriebe versehen werden. Es verfügte über die beiden Fahrprogramme „E" wie Economy uns „S" wie Sport, in denen unter dem zusätzlich wählbaren „Kickdown"-Befehl die einzelnen Gänge voll ausgedreht wurden. Im vierten Gang und lastabhängig auch in der dritten Fahrstufe oberhalb von 50 km/h verbesserte eine Wandlerüberbrückung die Leistung und den Verbrauch. Nach den leidigen Erfahrungen mit den vermeintlichen Selbstfahrern in den USA, wie im vorigen Kapitel beschrieben, übernahm Audi natürlich auch die bereits bewährten Sicherheitsschaltungen aus dem Vorgänger für die Bedienung der Automatik: In der aktuellen Version shift-lock III konnte der Fahrer aus den Wählhebel-Stellungen „P" und „N" nur dann eine Fahrstufe einlegen, wenn er dabei die Bremse betätigte und nur in „P" ließ sich der Zündschlüssel abziehen. Um den entstandenen Image-Schaden – so unverdient er auch war – zu lindern, hatte bereits der C3 zum Facelift im Jahr 1988 seine US-Bezeichnung Audi 5000 verloren. Diese Strategie der „Umbenennung" wurde beim neuen Audi 100 natürlich fortgesetzt.

Die vierte Generation – Typ C4

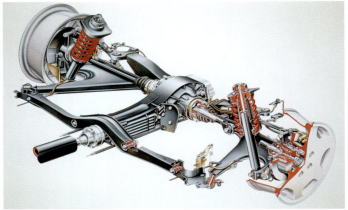

Links: „Mit hoher Geschwindigkeit 'rein in eine enge Kurve und dann ein abrupter Tritt auf die Bremse.* Diese Übung sagt viel darüber aus, ob ein Fahrwerk gut ist oder nicht." Auch in dieser Situation war Walter Röhrl vom Fahrverhalten des neuen Audi 100 beeindruckt, das „Sahnestück" sei aber der V6-Motor gewesen. (* Tun Sie das nicht zu Hause! Dieses Manöver sollte nur von professionellen Rennfahrern ausgeführt werden.)

Oben: Im Gegensatz zur einfachen Torsionskurbelachse bei Fahrzeugen mit Frontantrieb verfügte die quattro Hinterachse über eine Einzelradaufhängung.

Auf breiter Spur

Ein gutes Fahrwerk braucht ein solides Fundament. Dieses altbewährte Prinzip aus dem Motorsport fand sich beim neuen Audi 100 in einer um 30 Prozent erhöhten Torsionssteifigkeit der Karosserie wieder. Sie erleichterte die Abstimmung der Fahrwerksparameter zur gleichzeitigen Erfüllung der hohen Anforderungen an Fahrsicherheit, Fahrkomfort und Fahrdynamik. Am grundsätzlichen Entwurf der einzelnen Funktionsgruppen änderte sich gemäß dem oben schon erwähnten Evolutionsprinzip nicht viel: Wie schon beim Typ 43 oblag die Radführung an der Vorderachse zwei McPherson-Federbeinen, die von zwei Querlenkern und dem Querstabilisator geführt wurden. Selbstverständlich hatte auch der C4 den selbststabilisierenden Lenkrollradius, der beim Bremsen auf unterschiedlich griffiger Fahrbahn das Ausbrechen des Fahrzeugs weitgehend verhinderte. Das war umso wichtiger, da der neue Audi 100 zum Anlauf noch nicht bei allen Motorisierungen mit dem Anti-Blockier-System ausgerüstet war. Allerdings blieben Fronttriebler mit Vierzylindermotoren und ab Modelljahr 1992 mit Dieselmotoren zunächst die einzige Ausnahmen; erst ab Februar 1993 war ABS bei allen Varianten serienmäßig. Die Hinterachse blieb ebenfalls ihrer längslenkergeführten Torsionskurbel treu, bei der ein Panhard-Stab die Seitenführungskräfte abstützte. Ein zusätzlicher Stabilisator reduzierte bei Audi 100 2.3 E und 2.8 E die Seitenneigung bei Kurvenfahrt. Im Gegensatz zum Frontantrieb war beim quattro die Hinterachse völlig anders konstruiert: Eine oben an zwei Querlenkern und unten an zwei Trapezlenkern geführte Einzelradaufhängung schaffte den erforderlichen Platz für das Hinterachsdifferenzial. Wie bereits im Vorgänger seit dem Modelljahr 1988 verteilte das selbstsperrende Torsen-Zentraldifferenzial die Antriebskräfte automatisch und variabel zwischen der Vorder- und Hinterachse.

Wo lagen nun aber die Vorteile des Fahrwerks im neuen Audi 100? Sie fanden sich vor allem in der deutlich strafferen Grundabstimmung und dem gleichzeitig verbesserten Fahrkomfort; Merkmale, die – trotz ihrer widersprüchlichen Anforderungen – aufgrund der steiferen Karosseriestruktur und der Anpassung aller radführenden Komponenten miteinander vereint werden konnten. In punkto Fahrsicherheit galt die Zielvorgabe, dass sich das Auto für den Fahrer unter allen Bedingungen vorhersehbar und fehlerverzeihend zu verhalten hatte. Dazu mussten die im normalen Betrieb für den Fahrer erkennbaren und bekannten Fahreigenschaften auch bei Annäherung an den Grenzbereich erhalten bleiben. Das bedeutete, dass das neutrale bis untersteuernde Eigenlenkverhalten unter allen Fahrbahnbedingungen und auch unter dem Einfluss von Beschleunigungs- und Verzögerungskräften im Wesentlichen erhalten blieb und nicht etwa plötzlich in ein Übersteuern umschlug. Der quattro Antrieb war weniger untersteuernd ausgelegt und hatte aufgrund der gleichmäßiger auf alle Räder verteilten Beschleunigungskräfte einen höher angesiedelten Grenzbereich. Beim Bremsen durfte das Antriebssystem die geforderten Radkräfte nicht zu stark beeinflussen. Vor allem mit ABS musste zwischen allen Rädern ein freier Drehzahlausgleich möglich sein. Beim quattro gewährleistete dies das Torsen-Zentraldifferenzial, während es unter dem Einfluss von Antriebskräften seine Sperrwirkung entfaltete. Abhängig von den Reibwerten zwischen Rädern und Fahrbahn teilte das Torsen-Differenzial stufenlos bis zu 75 Prozent der Antriebskraft der Achse mit besserem Grip zu.

Um die bereits genannten Verbesserungen von Fahrkomfort und Fahrstabilität zu erreichen, wurden die kinematischen und elastokinematischen Eigenschaften der Aufhängung überarbeitet. Dazu wurden alle Gummilager in ihrem Steifigkeits- und Dämpfungsverhalten sowie in ihrer geome-

Die vierte Generation – Typ C4

Phantomzeichnung des Audi 100 2.8 E quattro mit Schwerpunkt auf den kompakten Antriebsblock an der Vorderachse mit den McPherson-Federbeinen.

trischen Lage nach fahrdynamischen Zielvorgaben neu ausgelegt. Mit den vergrößerten Spurweiten an beiden Achsen stand das Fahrwerk auf einer breiteren Basis. Der vordere Querlenker wurde am Hilfsrahmen weiter hinten, direkt unter dem Hilfsrahmenlager angelenkt; seine größere Länge sorgte für ein günstigeres Verhalten beim Ein- und Ausfedern. Die so erzielte Pfeilung zwischen Querlenker und Spurstange entfaltete beim Beschleunigen und Bremsen eine stabilisierende Funktion. Der Hilfsrahmen wurde erstmals als hydrogeformte Rohrkonstruktion gestaltet, die den Spagat zwischen Steifigkeit, Gewicht und Crash-Sicherheit meisterte. Auch bei den beiden Hinterachsvarianten wurden die Stützlager in ihren Volumina vergrößert. Sämtliche Auslegungen der Geometrien und der Lager wurden von Berechnungsmodellen und Mehrkörpersimulationen begleitet. Angepasste Federraten und neu gestaltete Zusatzfedern aus Polyurethan gewährleisteten eine relativ unveränderliche Aufbaueigenfrequenz auch bei unterschiedlichen Modellausführungen und Ausstattungen.

Die grundsätzlich servounterstützte Lenkung des Audi 100 konnte als Zusatzausstattung mit der geschwindigkeitsabhängigen Servotronic ausgerüstet werden. Die dann mit abnehmender Fahrgeschwindigkeit zunehmende Lenkhilfekraft ermöglichte sowohl komfortables Rangieren beim Einparken als auch einen vertrauenerweckenden Fahrbahnkontakt bei zügiger Fahrt. In allen Motorisierungsvarianten wurde der neue Audi 100 mit 15-Zoll-Rädern ausgestattet. Die Breite der stählernen Basisfelgen betrug sechs Zoll, während die Aluversionen sieben Zoll maßen. Für die Reifen kamen die Dimensionen 195/65 bzw. 205/60 oder 215/60 zum Einsatz. Durch den generellen Einsatz der um einen Zoll größeren Felgen konnten auch die Radbremsen vergrößert werden. Außer dem Durchmesser von Bremsscheibe bzw. Bremstrommel und dem daraus resultierenden, wirksamen Reibradius wurden auch die Bremskolben und Belagflächen vergrößert. Dadurch sanken die spezifische Belastung, der Bremsdruck, Temperaturen und Geräusche. Neben dem pneumatischen Bremskraftverstärker mit progressivem Ansprechverhalten gehörte eine lastabhängige Bremskraftregelung zur Grundausstattung; bei den quattro Modellen ergänzt um einen querbeschleunigungsabhängigen Bremskraftregler. In Summe ergaben sich daraus eine bessere Bremsleistung, eine geringere Neigung zum Fading, eine längere Lebensdauer und eine komfortable, klar definierte Betätigung des Bremspedals.

Die vierte Generation – Typ C4

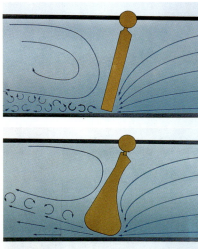

Die rechnerisch optimierten Luftklappen der Heizungsanlage senkten die Strömungsgeräusche spürbar.

Links: Nach dem Facelift des Typ 44 bedurfte die Armaturentafel des neuen Audi 100 nur kleiner Anpassungen, um auch für die weiteren Jahre modern zu bleiben.

Innere Werte

Das Interieur des neuen Audi 100 hat durch die steiler stehenden Seitenscheiben trotz unveränderten Radstandes an Räumlichkeit gewonnen. Die Gestaltung, insbesondere die der Armaturentafel, haben die Designer nur leicht retuschiert. Mit der Überarbeitung für das 1988er Facelift im Vorgänger Typ 44 gelang ihnen ein modernes und zeitloses Konzept, das sie für den C4 nur leicht modifizieren mussten. Es ist weniger modisch als manch späterer Entwurf und wirkt auch nach über 20 Jahren noch immer stilsicher. Alle Anzeigen wurden spiegelfrei unter einem Pultdach angeordnet. Das Lenkrad war gegen Mehrpreis im Abstand und in der Höhe verstellbar und befand sich nun endlich parallel und mittig vor dem Fahrersitz. Der Schalter für die Warnblinkanlage wanderte in die Mittelkonsole. In Ergänzung zu den Ablagemöglichkeiten in allen vier Türen konnten die Aschenbecher in den hinteren Türtaschen herausgenommen werden, um dort mehr Platz zu schaffen. Heizung und Belüftung des Innenraums wurden auch beim C4 weiter optimiert. Der als zugluftempfindlich bekannte Ferdinand Piëch sorgte dafür, dass die Luft durch großflächige Ausströmer mit relativ geringer Geschwindigkeit in den Innenraum gelangt. Ein neu entwickeltes, kräftiges Gebläse und speziell profilierte Luftklappen senkten die Strömungsgeräusche deutlich. Im ersten Halbjahr 1991 war eine Klimaanlage als Sonderausstattung lieferbar, bei den Modellen 2.3 E und 2.8 E auch mit automatischer Temperaturregelung und Luftverteilung. Bei ihr reduzierte eine kontinuierliche Leistungsregelung den störenden Einschaltruck.

Die Sitzwangen wurden gegenüber dem Mittelteil etwas fester ausgeführt, um bei Kurvenfahrt mehr Seitenhalt zu gewähren. Die Vordersitze besaßen einen um 28 mm vergrößerten Verstellbereich gegenüber dem Vorgänger. Dabei verliefen die Sitzschienen mit einer leichten Steigung zum Lenkrad hin. Das unterstützte die richtige Sitzposition für klein gewachsene Fahrer beim Vorschieben des Sitzes ebenso wie die als Parallelogramm gestaltete Höhenverstellung. Die bereits genannte, hohe Torsionssteifigkeit der Karosserie verbesserte in Verbindung mit einem optimierten Schwingungsverhalten auch den Innenraumkomfort. Die bewährte Schalldämmwanne basierte nun auf einem komplett einteiligen Teppichsystem mit integrierter Sandwichschicht. Um auch das Außengeräusch zu senken, wurden die Motorhauben aller Modelle mit Schalldämmmatten ausgekleidet und der Motorraum teilweise nach unten gekapselt. Insgesamt wurden je nach Motorisierung 15 bis 30 kg mehr Dämmmaterial eingesetzt als noch im Vorgänger. Im Gegensatz zu den 570 Litern im Typ 44 maß das Kofferraumvolumen im C4 „nur noch" 510 Liter, war damit aber immer noch oberer Klassenstandard. Der Kofferraum des Mercedes W 124 war nur 10 Liter größer und Kunden der BMW 5er-Reihe oder des Volvo 940 mussten sich gar mit deutlich weniger als 500 Litern begnügen. Viel wichtiger waren seine nach wie vor gute Nutzbarkeit und Zugänglichkeit sowie die nun oben liegenden Heckklappenscharniere, die eine Beschädigung der Gepäckstücke ausschlossen.

Ab Werk wurden fünf verschiedene Radio-Anlagen angeboten, die vom einfachsten „alpha" mit nur zwei Lautsprechern bis zum „gamma CD Bose" mit acht Schalleinheiten reichten. Neu im Audi 100 war das im „gamma" eingeführte „Radio Daten System" (RDS), das den permanenten Empfang eines Senders mit Programmanzeige ermöglichte. Unabhängig von der Frequenzeingabe suchte der Tuner immer die beste Frequenz der gewünschten Senderkette. Der Empfang erfolgte bei allen Modellen über eine Heckscheibenantenne.

Die vierte Generation – Typ C4

Das Schnittmodell des Audi S4 Avant zeigte nicht nur die Kardanwelle des quattro Antriebs, sondern auch den Jacquard-Satin-Stoff der Spotsitze mit eingewebtem quattro Schriftzug. Durch die Vorderradfelge erkennt man außerdem die Schüssel der von innen umfassten Scheibenbremse.

Vorsorgemaßnahmen

Im täglichen Betrieb sind es oft Kleinigkeiten, die an einem Auto für Zufriedenheit sorgen, aber auch großen Ärger verursachen können. Über Rost mussten sich Audi Kunden jedoch keine Sorgen machen. Neben der typischen Vollverzinkung gehörten auch eine Phosphatierung und eine Kataphorese-Tauchlackierung zur Grundbehandlung der Karosseriebleche. Alle Falze und Hohlräume im Bodenbereich wurden zusätzlich durch Heißwachs konserviert, indem die auf 65 °C aufgeheizte Karosserie mit 120 °C heißem Wachs geflutet wurde. Gegen mechanische Beschädigungen schützten Radhausschalen in den vorderen Kotflügeln, ein elastischer Unterbodenschutz und ein elastischer Steinschlagschutzfüller unter dem Decklack. Darauf bot Audi eine 10-Jahres-Gewährleistung gegen Karosserie-Durchrostung und eine dreijährige Gewährleistung auf den Lack ohne besondere Auflagen an den Kunden. Der durfte sogar ein gutes Umweltgewissen haben: Je besser das Blech erhalten blieb, desto besser konnte es recycelt werden – auch das Zink ließ sich wiedergewinnen. Weiterhin setzte Audi ausschließlich cadmiumfreie Lacke und schwermetallfreie Kunststoffe ein. Zumindest für die Grundierung der Karosserie wurden wasserlösliche Lacke verwendet und alle Schaumstoffe in den Sitzen, Armaturentafeln und Verkleidungen wurden ohne den Einsatz von FCKW hergestellt. Seit Januar 1992 wurde bei der Produktion von neuen Stoßfängerteilen Recycling-Material eingesetzt. Diese Thermoplaste wurden zum Beispiel aus den Stoßfänger-Kunststoffen von seit 1978 gebauten Audi 80 und Audi 100 gewonnen. Auch die aus Duroplast bestehenden Verstärkungsträger für Audi 100-Stoßfänger ab Modelljahr 1976 und die Reserveradwanne ab 1982 sowie die Heckklappe des Audi Coupé seit 1988 waren voll rezyklierbar und wurden für die Reserveradmulden von Audi 100 und Avant wiederverwendet.

Die wartungsarme Konstruktion der Motoren wurde auch in der Peripherie fortgesetzt: Für Reparaturen oder Einstellarbeiten am Fünfzylinder-Motor konnte zum Beispiel der Kühler seitlich weggeschwenkt werden. Am neuen V6-Triebwerk konnte der gesamte Kurbeltrieb fixiert werden, so dass bei Reparaturen am Steuertrieb keine Einstellungsfehler mehr möglich waren. Das Wechselintervall der Luftfilter konnte auf 60.000 km verdoppelt werden. Eine für alle C4-Varianten einheitliche Elektronikbox nahm das Motor- und das Getriebesteuergerät im rechten Fußraum auf. Der Sicherungsträger befand sich seitlich in der Schalttafel, so dass der Fahrer für einen einfachen Sicherungstausch nicht die Motorhaube öffnen musste. Letztere konnte für eine bessere Zugänglichkeit über den normalen Öffnungswinkel hinaus in die Servicestellung gebracht werden. Nach dem Entriegeln fährt ein kleiner Griff aus dem Kühlergrill, der nur noch etwas nach vorne gezogen werden musste, um die Haube anzuheben. Diese Lösung ersparte das Suchen des zweiten Sperrhebels und war schon von anderen Herstellern bekannt. Alle neuentwickelten Systeme der Steuerungselektronik verfügten über eine Eigendiagnose. Etwaige Fehler wurden gespeichert und konnten in der Werkstatt zur schnelleren Diagnose ausgelesen werden. Im unliebsamen Fall eines Unfalls war das reparaturfreundliche Karosseriekonzept des neuen Audi 100 bares Geld wert. Entweder wegen der niedrigen Instandsetzungskosten oder mittelbar durch günstige Kaskobeiträge. Das Frontend konnte zum Beispiel ohne Schweißarbeiten ausgetauscht werden. Typische Blechschäden konnten durch Abschnittslösungen repariert werden. Alle Rammschutzleisten waren geclipst oder verschraubt und de- und remontierbar. Die seitlichen Dreiecksscheiben waren genietet und dadurch leicht auszuwechseln.

Die vierte Generation – Typ C4

Sicherer Vortrieb auch auf Schnee mit dem Allradantrieb quattro, der im Audi 100 mit allen Fünf- und Sechszylinder-Ottomotoren kombiniert werden konnte.

Das Sechszylinder-Erstlingswerk von Audi schlug sich in Vergleichstests der Fachpresse sehr gut – auch gegen den etablierten Wettbewerb.

Kleine Presseschau

„Mit Sechs bei der Sache" hieß es bemüht zweideutig im typischen „auto motor und sport"-Stil in der Ausgabe 2/1991 über den ersten Vergleichstest des neuen Audi 100 mit dem neuen Sechszylinder. Immerhin stellte die Überschrift schon klar heraus, was dem Audi bisher noch für die rechte Anerkennung gegenüber seinen direkten Wettbewerbern BMW 525i und Mercedes 260 E fehlte. „Dass der Audi Sechszylinder auf Anhieb im direkten Vergleich mit den in jeder Beziehung sehr anspruchsvollen Maschinen von BMW und Mercedes mithalten kann, ja sie im Ansprechverhalten wie in der Leistungscharakteristik noch übertrifft, war auch für das Testteam überraschend." Damit ist dann auch schon das von den beiden Redakteuren am häufigsten verwendete Adjektiv genannt, das sich durch alle Bewertungen zog. Den alleinigen Sieg im Kapitel Antrieb verhinderten die sperrige Schaltung und die relativ weiche Motoraufhängung. Auch in den Wertungen für Karosserie („… ganz neu und doch solide wirkend wie nach langer Bauzeit."), Fahreigenschaften („… der Eindruck einer geradezu spielerischen Handlichkeit, den dieses Auto unter allen

Bedingungen vermittelt.") und Wirtschaftlichkeit (niedrigster Preis, geringster Verbrauch und günstigste Wartungskosten) fuhr der C4 die meisten Punkte ein. Einzig im Komfort landete er wegen der unbefriedigenden Sitze und der zu straffen Federung auf dem dritten Platz. In der Gesamtwertung lag der Audi 100 dann aber vor seinen beiden Mitstreitern – und sorgte wie üblich für heftige Reaktionen von Anhängern der vom Thron gestoßenen Marken in den nachfolgenden Ausgaben. Dabei hat, wie so oft, der „schlechteste" des Trios – hier der Mercedes als Dienstältester – mit 450 Punkten immerhin 90 % der maximal erreichbaren Punkte erhalten und der Gesamtsieger Audi nur neun Punkte oder zwei Prozent mehr. Trotzdem war dies für Audi ein weiterer Mosaikstein auf dem Weg zu einem der führenden Premiumhersteller.

Im ersten Test des Basismodells lobte „auto motor und sport" in Heft 4/1991 die gleichen Eigenschaften, die auch schon beim Vergleichstest des Sechszylinders aufgefallen waren: die geräumige Karosserie, das sichere und komfortable Fahrwerk oder die solide Verarbeitungsqualität, um nur einige zu nennen. Dass der Vierzylinder in den Fahrleistungen gegen die stärkeren Opel Omega 2.0i und Mercedes 200 E nicht mithalten konnte und bei Geräusch und Verbrauch nur Durchschnittliches zu bieten hatte, führte die Zeitschrift zu der Schlussfolgerung, die Kunden würden „vom neuen Automobil Audi 100 sicher mehr gelockt als von der Motorisierung 2.0".

Die Limousine macht den Anfang

In seinem ersten Modelljahr wurde der neue Audi 100 ausschließlich als Limousine angeboten. Mit zunächst drei Motoren, die vier, fünf oder sechs Zylinder hatten, deckte Audi bereits einen recht großen Leistungsbereich ab:

2,0-Liter-Vierzylinder-Ottomotor	„-"	101 PS	(74 kW)	ab Dezember 1990
2,3-Liter-Fünfzylinder-Ottomotor	„2.3 E"	133 PS	(98 kW)	ab Dezember 1990
2,8-Liter-V-Sechszylinder-Ottomotor	„2.8 E"	174 PS	(128 kW)	ab Dezember 1990

Ein geräumiger Avant und weitere Motoren

Zum Modelljahr 1992 erweiterte Audi das Motorenangebot deutlich: drei weitere Ottomotoren und zwei Dieselmotoren kamen hinzu:

2,0-Liter-Vierzylinder-Ottomotor	„2.0 E"	115 PS	(85 kW)	ab September 1991
2,4-Liter-Fünfzylinder-Dieselmotor	„2.4 D"	82 PS	(60 kW)	ab September 1991
2,5-Liter-Fünfzylinder-TDI-Motor	„2.5 TDI"	115 PS	(85 kW)	ab September 1991
2,2-Liter-Fünfzylinder-Turbo-Ottomotor	„S4"	230 PS	(169 kW)	ab August 1991
2,6-Liter-V-Sechszylinder-Ottomotor	„2.6 E"	150 PS	(110 kW)	ab Mai 1992

Aus „200 quattro 20V" wird schlicht „S4"

Als Topversion der Baureihe stellte Audi den S4 auf dem Automobilsalon in Barcelona vom 2. bis 12. Mai 1991 vor. In den Vorberichten der Autopresse wurde noch vermutet, dass diese Version wieder als Audi 200 erscheinen würde. Doch Audi hatte entschieden, die mit dem Sport quattro Evolutionsmodell „S1" und dem Coupé „S2" eingeführte Nomenklatur auch für diese Limousine fortzuführen. Allen Dreien gemeinsam waren der turboaufgeladene Fünfzylindermotor mit Vierventil-Zylinderkopf und der Allradantrieb quattro. Gegenüber dem Audi 200 quattro 20V leistete das Triebwerk im S4 nun 230 PS (169 kW) bei 5900/min und stellte bei 1950/min ein Drehmoment von 350 Nm bereit – via elektronisch geregeltem Overboost kurzzeitig auch über einen breiteren Drehzahlbereich. Neben der geringen Mehrleistung war es vor allem das deutlich gestiegene Drehmoment, das den um immerhin 90 kg schwerer gewordenen Wagen ähnlich leichtfüßig bewegte wie seinen Vorgänger. Der alte Spitzenwert von gut 300 Nm stand beim S4 in dem oft genutzten Drehzahlband von 1800 bis 4200/min bereit. Die nochmals gesteigerte Zylinderfüllung im mittleren Drehzahlbereich wurde durch eine modifizierte Zündanlage mit ruhender Hochspannungsverteilung sicher entflammt. Dabei verfügte jeder Zylinder – analog zum neuen V6 – über eine eigene Zündspule, die direkt über der Zündkerze saß. Über die Motorsteuerung mit der sequenziellen Kraftstoffeinspritzung wachte nun eine vollelektronische Motronic von Bosch. Zur schnelleren Erwärmung der nach wie vor zwei Katalysatoren war das Verbindungsrohr zum Turbolader luftspaltisoliert.

Für die Kraftübertragung auf die vier angetriebenen Räder standen zunächst ausschließlich Schaltgetriebe zur Verfügung: serienmäßig eines mit fünf Gängen und gegen Mehrpreis ein Sechsganggetriebe. Bei diesem waren die Gänge drei, vier und fünf enger gestuft, während der jeweils höchste Gang in beiden Schaltboxen mit einer Übersetzung von 0,730 gleich ausgelegt wurde. Auffälligste optische Merkmale des S4 waren die 16-Zoll-Alufelgen mit 225 mm breiten Reifen und die weit ausgestellten Radhäuser der vorderen Kotflügel, die der um 30 mm gewachsenen Spurweite Rechnung trugen. Auch die modifizierten Schürzen unterschieden den S4 von seinen schwächeren Brüdern: vorne für die

„Von den blauen Bergen kommen wir ...", sangen der Audi S4 und sein Turbomotor in vollendeter Fünftonmusik. Über 15.600 Kunden gefiel die Melodie.

Die vierte Generation – Typ C4

Auch von schräg hinten ein knackiger Anblick: Audi S4 mit durchgehendem Heckleuchtenband.

Um die Ladeluftkühlung des Audi S4 nicht zu beeinträchtigen, wurden die Nebelscheinwerfer zum Fahr- und Fernlicht in einem Gehäuse integriert. Dabei wurden das Fahrlicht und die Nebelscheinwerfer in Ellipsoid-Technik ausgeführt.

Anströmung des Ladeluftkühlers und hinten, um den Doppelrohrauspuff zu umfassen. Außerdem neu war die Integration von Fahr- und Fernlicht mit den Nebelscheinwerfern in einem Gehäuse. Dabei wurden das Fahrlicht und die Nebelscheinwerfer in Ellipsoid-Technik ausgeführt. Das Heck zierten wieder ein rotes, durchgehendes Leuchtenband und natürlich das kursiv gestaltete S4-Emblem. Mittels Gasdruckstoßdämpfern und modifizierten Federn wurde das Fahrwerk dem hohen Geschwindigkeitsniveau angepasst. Dazu gehörten auch rundum innenbelüftete Scheibenbremsen, vorne noch immer mit innenumfassten „Ufo"-Scheiben. Typisch für den Innenraum waren unter anderem Sportsitze in Jacquard-Satin mit eingewebtem quattro Schriftzug, ein Lederlenkrad, Zusatzinstrumente für Öldruck und -temperatur sowie elektrische Fensterheber und eine Zentralverriegelung. Die in den 1990er Jahren in Mode gekommenen, hellgrau hinterlegten Zifferblätter der Analoganzeigen dienten zwar als exklusives S4-Attribut, waren aber bei Dämmerung auch mit Beleuchtung nur schlecht ablesbar. Weiterhin serienmäßig waren ABS und die bereits erwähnten Alufelgen in 8 x 16 Zoll mit Reifen im Format 225/50 ZR 16. Mit einer Beschleunigung von 6,8 Sekunden von 0 auf 100 km/h und einer Höchstgeschwindigkeit von 244 km/h bot der Audi S4 hervorragende Fahrleistungen. Dabei lag der Verbrauch mit 10,7 Litern im Drittelmix aus

Die vierte Generation – Typ C4

Obwohl schlechter ablesbar, wurden helle Zifferblätter in den 1990er Jahren Mode für sportliche Modelle einer Baureihe, hier im S4.

Der Nutzwert des neuen „Komfortliners" gewann durch die steiler stehenden Scheiben in den Türen und der Heckklappe. Die aufpreispflichtige Dachreling wurde damit weniger notwendig als zuvor und oft auch aus optischen Gründen bestellt oder nur deshalb, weil sie einfach dazu gehörte.

90 km/h, 120 km/h und Stadtzyklus auf demselben Niveau wie beim Audi 100 quattro 2.8 E. Die Markteinführung des S4 erfolgte dann im August 1991 für das zweite Modelljahr des Audi 100.

Die dritte Generation des Avant

Im zweiten Modelljahr des C4 wurde endlich auch der Audi 100 Avant der Öffentlichkeit präsentiert. Auf der IAA in Frankfurt war er ab dem 14. September 1991 auf dem Audi Messestand zu bewundern. Er stand jedoch etwas im Schatten des Audi quattro Spyder, einem reinrassigen Sportwagen mit einer Aluminiumkarosserie in leuchtendem Orange, der seinen Motor in der Mitte trug – denjenigen des Audi 100 2.8 E. In der Studie war er allerdings im Gegensatz zur Frontantriebslimousine quer eingebaut. Die Markteinführung des Audi 100 Avant erfolgte einen Monat nach der Messe am 18. Oktober 1991. In einem Fahrbericht der Zeitschrift „mot" in der Ausgabe 21/1991 wurden der Audi 100 Avant und der beinahe gleichzeitig auf den Markt gekommene BMW 5er Touring miteinander verglichen. Für beide wurden „qualitätsbewusste Familien oder prestigeorientierte Freizeitsportler oder auch vielfahrende Freiberufler" als Zielgruppe ausgemacht. Die Fahreindrücke der Kombinationswagen unterschieden sich kaum von den Limousinen, ebenso gefielen den Journalisten Variabilität und Nutzbarkeit der Laderäume, trotz der geneigten Heckscheibe. Sie überzeugten weiter „durch absolute Karosseriesteifigkeit und die überragende Qualität, mit der die Ingolstädter und Münchner – zusammen mit Mercedes – nun mal den Maßstab setzen." Auch hier kam wieder zum Ausdruck, dass Audi mittlerweile zum „Trio der Noblen" gehörte.

Das Modelljahr 1992 begann mit der Erweiterung des Antriebsangebots für den Audi 100. Von der Einstiegsmotorisierung wurde ein gleich großer Vierzylinder-Ottomotor abgeleitet, der 115 PS (85 kW) bei moderaten 5400/min leistete. Wegen der höheren Verdichtung von 10,3 musste er mit Superbenzin gefüttert werden. In Verbindung mit der Mehrpunkteinspritzung stieg das maximale Drehmoment auf 168 Nm bei nur 3200/min und ermöglichte eine niedertourige und spritsparende Fahrweise. Trotzdem lag der Normverbrauch geringfügig höher. Weiterhin erhielt der Audi 100 2.0 E, dessen Preis 3000 DM über seinem schwächeren Bruder lag, eine zylinderselektive Klopfregelung und eine Schubabschaltung. Mit dem serienmäßigen Fünfgang-Schaltgetriebe verbesserten sich bei gleichen Schaltabstufungen die Fahrleistungen auf 191 km/h Höchstgeschwindigkeit und 11,0 s für den Spurt von 0 auf 100 km/h. Nur diese 115-PS-Variante des Vierzylinders konnte mit einem Viergang-Automatikgetriebe ausgestattet werden und erreichte damit beinahe die gleichen, etwas schlechteren Fahrleistungen der 101-PS-Basisvariante mit dem Schaltgetriebe. Dieses Triebwerk und der Fünfzylinder erhielten nun als letzte Motoren ebenfalls eine Schubabschaltung zur Verbrauchsreduzierung.

Der TDI erfüllt strengere Abgasnormen

Ebenfalls zum neuen Modelljahr wurde auch der aus dem Vorgänger bekannte 2,5-Liter-Fünfzylinder-Turbodiesel mit direkter Einspritzung angeboten. Für den neuen Audi 100 wurde dieser Motor weiterentwickelt, um die Abgasgrenzwerte „Schadstoffarm nach Anlage 23" zu unterschreiten, die im Wesentlichen dem US-Standard entsprachen. Der Grundmotor einschließlich des Zylinderkopfes konnte unverändert übernommen werden. Eine Überprüfung der Drallausbildung und der Brennraumform ergab kein weiteres Verbesserungspotenzial, sodass die Einlasskanäle und die Kolbengeometrie nicht geändert zu werden brauchten. Die Zahnriementriebe für die Nockenwelle und die Einspritzpumpe erhielten Spannrollen. Bei

Die vierte Generation – Typ C4

Die nach unten gebogenen Endrohre kennzeichneten den 115 PS starken Audi 100 2.5 TDI.

dem elektronisch geregelten Einspritzsystem von Bosch wurden die hochdruckführenden Volumina reduziert, der Haltedruck erhöht und die Dynamik des Spritzverstellers um 50 % erhöht. In den Düsen wurden die Durchmesser der je fünf Spritzlöcher von 0,21 mm auf 0,19 mm reduziert und die Sacklochvolumina verkleinert. Die Abgasturboaufladung mit Ladeluftkühlung wurde nur leicht modifiziert, um den geänderten Bedingungen bei Bauraum, Ladedruckverlauf und Abgasgegendruck Rechnung zu tragen. Neu hingegen waren die Abgasrückführung (AGR) und der Oxidationskatalysator.

Die Rückführung von Abgas zur Verdünnung der Verbrennungsluft mit Inertgas ist ein probates Mittel zur Reduzierung der Stickoxide (NO_x) bei Teillast. Sie senkt während der Verbrennung durch die Herabsetzung der Sauerstoffkonzentration und durch die Erhöhung der Wärmekapazität die Spitzentemperaturen, bei denen Stickoxide vorwiegend entstehen. Die AGR-Rate muss in jedem Betriebspunkt genau dosiert werden, da bei zu starkem Luftmangel die Kohlenwasserstoff- (HC), die Kohlenmonoxid- (CO) und vor allem die Ruß-Emissionen drastisch steigen. Daher kam für den abgasgereinigten TDI in Ergänzung zum AGR-Ventil am Saugrohr ein im Luftfilter integrierter Luftmassenmesser zum Einsatz. Wegen der Abgasrückführung wurde das Blow-by-Gas der Kurbelgehäuseentlüftung mit einem Ölabscheidezyklon „getrocknet". Die Motorsteuerung wurde in zwei wesentlichen Punkten geändert. Zum einen machte sie die Freigabe der Einspritzmenge nicht mehr vom Ladedruck, sondern von der angesaugten Luftmenge abhängig, da Letztere bei gegebenem Druck durch die AGR reduziert wird. Zum anderen gewährleistete das Steuergerät die AGR-Regelung und überwachte auch das AGR-System, um beim etwaigen Ausfall einer Komponente eine Notfunktion zu aktivieren.

Da jeder Dieselmotor prinzipiell mit Luftüberschuss arbeitet, kann kein geregelter Drei-Wege-Katalysator verwendet werden. Deshalb wurde beim Audi 100 2.5 TDI ein Oxidationskatalysator eingesetzt, der im Test die HC- und CO-Emissionen um bis zu 50 % reduzieren konnte. Bei warmem Motor konnten sogar 75 % HC konvertiert werden. Dieselpartikel und NO_x konnten nicht direkt reduziert werden; allerdings erlaubten die AGR und der Oxi-Kat zusätzliche Freiheitsgrade in der Applikation, um auch diese Rohemissionen noch zu optimieren. Im Ergebnis genoss der Halter mit der Einstufung seines TDI als „bedingt schadstoffarm" Steuervorteile und hatte nach wie vor einen geräumigen, komfortablen und gleichermaßen zügig wie sparsam zu bewegenden Mittelklassewagen. In Verbindung mit einem 80-Liter-Tank war davon auch „auto motor und sport" angetan und formulierte in Heft 22/1991: „Er zeigt nämlich, dass sich zügiges Reisen mit hohem Komfort mit einem Kleinwagen-Verbrauch realisieren lässt. Wenn man so will, erlebt man bei dieser Art Auto den wahrhaftigen Fortschritt." Dem sind an dieser Stelle nur noch ein paar Zahlen hinzuzufügen. Das maximale Drehmoment von 265 Nm blieb unverändert, während

Die vierte Generation – Typ C4

Phantomzeichnung des 2,5 Liter großen TDI-Fünfzylinders mit 115 PS, der im C4 mit Abgasrückführung und Oxidationskatalysator ausgerüstet wurde.

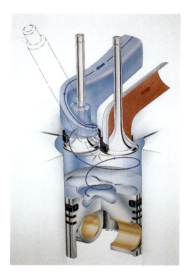

Die besondere Form des Einlasskanals (blau) versetzt die einströmende Luft in eine Drallbewegung und hilft damit, die Gemischbildung mit dem direkt eingespritzten Dieselkraftstoff zu verbessern.

die Nennleistung auf 115 PS bei 4000/min sank. In dem größeren und um gut 100 kg schwereren C4 wurden damit die magischen 10 Sekunden von 0 auf 100 und über 200 km/h, die im Typ 44 noch möglich waren, nicht mehr ganz erreicht. Dafür verbrauchte er mit dem serienmäßigen Fünfganggetriebe nur 6,3 Liter und mit der Automatik 6,4 Liter auf 100 km im Drittelmix. Mit dem als Sonderausstattung erhältlichen Sechsgang-Schaltgetriebe sank der Verbrauch dank des lang ausgelegten „Economy-Gangs" gar auf 6,0 Liter; die Avant Versionen genehmigten sich jeweils 0,2 Liter mehr. In der o. g. Ausgabe der „auto motor und sport" wurde der um 11 PS stärkere Mercedes 250 D Turbo dem Audi 100 2.5 TDI gegenübergestellt: Bei vergleichbaren Fahrleistungen lag der Stuttgarter Kammerdiesel im Testverbrauch mit 9,5 Litern auf 100 km um ein Drittel über dem „Sparwunder". Am nächsten kam ihm noch der schwächere und trägere Peugeot 605 – mit einem Abstand von nur 15 %. Mit der Unterschreitung des verschärften Partikelgrenzwertes von 0,08 g/km, der nach dem damaligen Bundesminister für Umwelt, Naturschutz und Reaktorsicherheit benannten „Töpfer-Norm" ab Mai 1992, wurde der Kauf mit einer entsprechenden Steuerbefreiung belohnt.

Da konnte der Fünfzylinder-Saugdieselmotor mit indirekter Einspritzung nach dem Wirbelkammerverfahren nicht mithalten. Er wurde unverändert aus dem Vorgänger übernommen und nach den Werksferien 1991 ebenfalls wieder angeboten. Im schwereren Audi 100 2.4 D mühten sich die 82 PS (60 kW) noch mehr um ansprechende Fahrleistungen und mussten sich im Verbrauch dem moderneren TDI geschlagen geben. Der ausschließlich mit einem Fünfgang-Schaltgetriebe erhältliche 2.4 D verbrauchte im Drittelmix 7,5 Liter auf 100 km, allein im genormten Stadtzyklus lag er mit 9,9 Litern circa ein Drittel höher als der 2.5 TDI. Sein Vorteil lag vor allem im günstigen Anschaffungspreis, der zur Markteinführung mit gut 40.000 DM auf dem Niveau des 2.0 E lag; gleichzeitig war er aber sparsamer war als diese Ottomotor-Version mit 115 PS. Der gleich starke Audi 100 2.5 TDI kostete dagegen etwa 6000 DM mehr, mit sechs Gängen sogar 7000 DM, verbrauchte allerdings noch weniger als der günstige Saugdiesel. Trotz des Preisaufschlags fand der 2.5 TDI über sechs Mal mehr Abnehmer als der 2.4 D.

Neues Getriebe: automatisch, dynamisch, selbstlernend

Ab einer Leistung von 115 PS (85 kW) ließen sich alle Ottomotoren mit einem Automatikgetriebe oder dem quattro Antrieb kombinieren. Das Viergang-Automatikgetriebe verfügte über zwei Schaltprogramme: In „E" wie Economy wurde zwecks günstigen Verbrauchs früh hochgeschaltet, während in „S" wie Sport die Gänge höher ausgedreht wurden, außerdem wurde beim Verzögern früher zurückgeschaltet. Im dritten Gang wurde der hydrodynamische Drehmomentwandler teilweise und im vierten Gang vollständig überbrückt. Sowohl mit quattro als auch mit Automatik ließen sich nur der Audi 100 2.8 E und der Audi S4 kombinieren. Für diese Fahr-

Hinter dem Schalthebel befand sich die Drucktaste für die Hinterachs-Differenzialsperre beim Audi 100 quattro.

Die vierte Generation – Typ C4

Links: Audi 100 Avant quattro 2.3 E: Mit 23 Zeichen ein rekordverdächtig langer Modellname. Die damit ausgedrückte Verknüpfung von Kombi und Allrad wollte Audi nicht verhehlen.

Rechts: Nach dem Entfall des Audi Schriftzuges am Heck zum Modelljahr 1993 sah man auch das „2.3 E" des Fünfzylinder-Ottomotors immer seltener. Mit dem im Mai 1992 erschienenen, kleinen Sechszylinder mit 150 PS, wurden in den beiden folgenden Jahren über 60.000 Audi 100 2.6 E verkauft – dreimal so viele wie gleichzeitig mit dem 2.3 E.

zeuge war das Automatikgetriebe mit dem Dynamischen Schaltprogramm (DSP) ausgerüstet, das auf dem Genfer Automobilsalon im Frühjahr 1992 vorgestellt wurde. Diese Steuerung verfügte über fünf Schaltprogramme (von SP 1, noch sparsamer als „E", bis SP 5, noch sportlicher als „S") und wählte selbstlernend das Programm in Abhängigkeit vom Fahrbetrieb. Das DSP zählte die Häufigkeit der verschiedenen Schaltvorgänge und versuchte so, den Fahrstil des Fahrers zu „lesen". Ein in Prinzip hehres Unterfangen, das indes seine Unzulänglichkeit offenbarte, wenn die Fahrzustände im Minutentakt wechselten. Dann hielt das DSP beispielsweise den Motor auf einem unnötig hohen Drehzahlniveau, wenn auf freie Fahrt über kurvige Landstraßen zähflüssiger Verkehr im Stadtgebiet folgte.

Beim Audi 100 2.8 E wurde im 1992er Modelljahr, unabhängig vom Antrieb und der Karosserie, die Verdichtung von 10,0 auf 10,3 angehoben. Für alle Modelle mit Fünf- und Sechszylindermotoren wurde ein Sportfahrwerk als Sonderausstattung angeboten. Es legte die Fahrzeuge um 20 mm bzw. 10 mm tiefer und war mit härteren Dämpfern und geänderten Federn etwas straffer abgestimmt. Für alle Audi 100 mit Frontantrieb konnte in Kombination mit ABS eine elektronische Differenzialsperre als Sonderausstattung bestellt werden. Es verbesserte die Traktion beim Anfahren und Beschleunigen auf ungleichmäßig glatter Fahrbahn, in scharf gefahrenen Kurven und beim Anhängerbetrieb.

Hybride und Millionäre

Mit einem Audi duo – jetzt in der Karosserie des neuen Avant quattro – und mit einem Demonstrationsmodell des duo-Antriebsstrangs wurde auf dem Genfer Salon die weiterentwickelte Antriebstechnik mit Drehstrom-Synchronmotor gezeigt. Damit gab es einen Nachfolger für den zwei Jahre zuvor an selber Stelle präsentierten Hybrid-Pionier im Typ 44. Obwohl der Audi duo mit seinem vollwertigen Raum- und Zuladungsangebot für eine spätere Serienfertigung konzipiert wurde, kam er über das Stadium einer Konzeptstudie nicht hinaus; dazu waren auch 1992 sowohl die Batterietechnik als auch die Zeit noch nicht reif genug. Davon unabhängig lief im März 1992 in Neckarsulm der dreimillionste Audi 100 vom Band – gut 23 Jahre nach der Markteinführung der ersten Generation im Dezember 1968.

Gut ein Jahr nach Einführung des C4 waren die Vorlieben der Audi 100-Kunden in Bezug auf Motorisierung und Ausstattung deutlich erkennbar, wie Audi anlässlich des Genfer Salons 1992 konstatierte: Rund 75 % aller Audi 100-Fahrer hatten sich für eine Fünf- oder Sechszylinder-Motorisierung entschieden, der Dieselanteil lag erst bei 13 %. 26 % der Käufer, die den 2.8 E-V6-Motor bestellt hatten, wollten auf den quattro Antrieb nicht verzichten. Ein Radio wurde bei 90 % aller Audi 100 gleich beim Neukauf mitbestellt. Um den Komfort zu steigern, wollten die Kunden zu 60 % die Vorteile der Zentralverriegelung und des elektrischen Schiebedachs nutzen, während 31 % eine Klimaanlage nicht missen mochten. Unter Sicherheitsaspekten waren den Audi 100-Fahrern die Außentemperaturmessung (60 %) und hintere Kopfstützen wichtig, die beim Sechszylinder zur Serienausstattung gehörten. ABS zählte ab dem 2.3 E und bei allen quattro zum Serienumfang – und wenn nicht, rüsteten es 60 % der Käufer auf. Die Ausstattung aller Audi 100 mit Airbag lag bei nur drei Prozent, allerdings mit steigender Einbaurate.

Der „kleine" V6

Den zeitlichen Schlusspunkt im Antriebsangebot des Audi 100 setzte der neue, kleinere Sechszylinder-Ottomotor mit einem Hubraum von 2,6 Litern. Mit seinen 150 PS (110 kW) schloss er die Lücke zwischen dem Fünfzylinder-Reihenmotor mit 133 PS (98 kW) und dem großen 2,8-Liter-V6 mit 174 PS (128 kW). Der kleinere Hubraum ergab sich aus einem verkürzten Hub von 81 mm statt 86,4 mm; die Bohrung blieb mit 82,5 mm konstant. Im Verein mit dem unverändert übernommenen Pleuel ergab sich eine günstigere Kolbenkinematik, die für eine hohe Laufkultur sorgte. In den wesentlichen Konstruktions- und Funktionsmerkmalen, wie dem Öl- und Kühlungshaushalt, den Riementrieben, der Motorsteuerung mit ruhender Hochspannungsverteilung und Klopfregelung, sowie der Abgasreinigung entsprach der 2,6-Liter-V6 als Derivat seinem großen Bruder. Unterschiede gab es hingegen in der Luftmengenerfassung und beim Saugrohr. Statt mit einem Hitzdrahtmesser wird die angesaugte Luftmasse beim 2,6-Liter-Motor aus der Motordrehzahl, dem Saugrohrdruck und der Lufttemperatur berechnet. Das Saugrohr wurde dreiteilig aus Kunststoff und Aluminiumdruckguss hergestellt und hatte keine Längenschal-

Die vierte Generation – Typ C4

tung wie beim 2,8-Liter-V6. Der Schwingrohreffekt wirkte hier also nur in einem Drehzahlbereich und ergab ein maximales Drehmoment von 225 Nm bei 3500/min; zwischen 2200/min und 5100/min waren mehr als 200 Nm abrufbar. Trotz der mit 150 PS aus 2,6 Litern niedrigeren spezifischen Leistung lag die Nenndrehzahl bei 5750/min und damit höher als beim größeren V6.

Im Verbrauch und in den Fahrleistungen orientierte sich der Audi 100 2.6 E eher am altbekannten Fünfzylinder-Ottomotor als am modernen 2.8 E, groß waren die Unterschiede jedoch nicht. Drastisch deutlicher setzte sich der kleine V6 im Preis vom großen Pendant ab: mit 47.700 DM war er glatte 8000 DM günstiger als der Audi 100 2.8 E und lag nur 1300 DM über dem Audi 100 2.3 E, dem er auch im Ausstattungsumfang glich. Wenn ihm auch die serienmäßigen Goodies der Topmotorisierung wie Auto-Check-System, elektrische Fensterheber vorn, Holzeinlagen, Gepäcknetz, Kopfstützen und Mittelarmlehne hinten, Chenille-Velours und die Außenspiegel in Wagenfarbe fehlten, war klar, dass der Preis für den 2.6 E eher marktpolitisch niedrig gehalten wurde, um einen weiteren Fuß in den prestigeträchtigen Sechszylindermarkt zu bekommen. Denn in der Preisregion über 50.000 DM entschieden sich – noch – viele gleich für einen BMW oder Mercedes, während man darunter nun Kunden aufhorchen ließ, die sich sonst eher bei Ford oder Opel umgesehen hätten. Der Audi 100 2.6 E wurde ab Mai 1992 als Limousine und Avant, mit Frontantrieb oder quattro angeboten. Auf die Kombination mit einem Automatikgetriebe musste die Kundschaft noch bis zum nächsten Modelljahreswechsel warten.

Ein V8 in der Mittelklasse

Im dritten Modelljahr 1993 erhielt der C4 jenen Motor, der in seiner Modellreihe für 15 Jahre die Spitze an Hubraum und Zylinderzahl bleiben sollte:

4,2-Liter-V-Achtzylinder-Ottomotor	„S4 4.2"	280 PS	(206 kW)	ab Dezember 1992

Nachdem im Laufe des Jahres das Antriebsangebot für den Audi 100 komplettiert worden war, wurde mit dem Modelljahr 1993 das DSP-gesteuerte Automatikgetriebe auch für den jüngsten Motor, den kleineren V6 2.6 E, lieferbar; in Verbindung mit quattro allerdings erst ab Oktober

So breit wie der V6 und kürzer als der Fünfzylinder: So passte auch der V8 aus der gleichnamigen Oberklasselimousine in den Audi S4 4.2. Der Luftfilter über dem hinteren Teil des Motors wurde von einer zweiflutigen Ansaugung versorgt.

Die vierte Generation – Typ C4

Links: Nur für den Avant war die Dachreling erhältlich – ab Modelljahr 1993 alternativ zur blanken Ausführung auch in schwarz zum gleichen Aufpreis von etwa 500 DM. Dieses '94er Modell in Rubinrot-perleffekt hatte den verkleinerten rechten Außenspiegel.

Oben: Zum Modelljahr 1993 entfiel der Markenhinweis auf der linken Seite des Hecks; die Vier Ringe standen nun alleine als Synonym für Audi.

1992. Ein Audi 100 quattro mit dem 2.0 E-Motor wurde nicht mehr angeboten und war somit nur im Modelljahr 1992 erhältlich. Beim 2,5-Liter-Fünfzylinder-TDI-Motor verdoppelte sich das Ölwechselintervall auf 15.000 km oder maximal ein Jahr und entsprach damit jenem der Ottomotoren. Durch die das Motoröl geringer belastende Direkteinspritzung erreichten die TDI-Modelle (auch im Audi 80 1.9 TDI) Service-Laufzeiten, die von keinem anderen Diesel-Pkw übertroffen wurden. Außerdem war für den Audi 100 2.5 TDI nun auch eine Standheizung lieferbar.

Die Vier Ringe als Symbol für Audi

Seit 1978 zierte das Kürzel V·A·G die Händler von VW und Audi Fahrzeugen. Es war langwierig und kostspielig installiert worden und sollte eine Klammer um die beiden Konzernmarken legen. Ein missglückter Versuch, der weder bei Kunden noch Händlern ankam, die weiterhin stärker ihrer Marke verbunden waren. V·A·G stand übrigens nicht für VW-Audi-Gruppe, wie vielfach angenommen, sondern schlicht für Volkswagen AG. Das nagte zum einen am Selbstbewusstsein der Marke Audi und war zum anderen auch der Kundschaft schwer vermittelbar. Hinzu kam, dass der Konzern mittlerweile auch die Marken Seat und Škoda aufgenommen hatte. Daher beschloss VW Chef Carl H. Hahn nach der Devise „Alle Macht den Marken" die Abschaffung dieses ungeliebten Logos und ermöglichte Audi damit einen weiteren Schritt in Richtung Unabhängigkeit. Zum 1. Januar 1993 übernahm die „Akademikerin" (Piëch 1990 im Industriemagazin zur Beziehung von VW und Audi: „Der Vater ist solider Handwerker und ließ die Tochter studieren.") dann selbständig das Marketing für ihre Fahrzeuge. In Vorgriff auf diesen Ausdruck erstarkten Selbstbewusstseins verließ Audi sich bei der Markenkennzeichnung seiner Autos zum neuen Modelljahr 1993 ganz auf das Renommee der Vier Ringe. Diese waren nun mittig am Fahrzeugheck der einzige Hinweis auf den Hersteller, der Schriftzug „Audi" entfiel. Links auf der Kofferraumhaube befand sich nun lediglich die Modellreihe, also „100", gegebenenfalls ergänzt durch „quattro", oder „S4" im rot-silbernen Parallelogramm. Rechts blieb es beim Hinweis auf die Motorisierung, außer beim 2-Liter-Vierzylinder-Basismotor.

Gestiegene Stückzahlen ermöglichten eine Senkung des Preises für den Fahrer-Airbag um rund 30 % auf 1790 DM. Die insgesamt bessere Wirksamkeit und der höhere Bekanntheitsgrad des Airbags gegenüber dem erklärungsbedürftigen, Audi spezifischen procon-ten-System trugen das Ihre dazu bei. Zusätzlich wurde auch ein Airbag für die Beifahrerseite angeboten. Eher ein Komfortmerkmal war eine Aufrollautomatik, die nun auch der Beckengurt im Fond bekam. Alle Modelle mit Ottomotor erhielten serienmäßig einen Staub- und Pollenfilter für den Fahrgastraum. Die Doppeltonfanfare gab es nun auch für die Audi 100 mit 2-Liter-Otto- und mit Diesel-Motoren. Falls Holzapplikationen an Bord waren, wurden diese jetzt in Nussbaumwurzelholz ausgeführt. Das Auto-Check-System, im Audi 100 2.8 E und Audi S4 serienmäßig, wurde um einen Geschwindigkeitswarner ergänzt. Der S4 erhielt „Carbon"-Applikationen und Seidennappa-Leder ersetzte das Kodiak-Leder in der Mehrausstattung, außerdem waren die 16-Zoll-Räder nur noch gegen Aufpreis erhältlich; zusätzlich wurden 17-Zoll-Räder mit 245er Breitreifen angeboten. Bei allen Avant Modellen wurde der dort wirklich sinnvolle Spoiler nun mit der Heckklappe aus einem Stück gefertigt und die aus einem Rollo bestehende Gepäckraumabdeckung serienmäßig verbaut.

Familiensportler

Im Avant debütierte im Dezember 1992 auch die neue Spitzenmotorisierung in der Audi 100-Modellreihe. Mit der Herztransplantation des leistungsstärkeren V8-Motors aus der gleichnamigen Luxusklasse entstand der Audi Avant S4 4.2. Das Spenderorgan mit einem Hubraum von 4172 cm^3 war erst zum Modelljahr 1992 als Ergänzung zum 3,6-Liter-V8 für die

Die vierte Generation – Typ C4

Modelle Audi V8 Exklusiv und Audi V8L (Langversion) eingeführt worden. In der Vollaluminiumbauweise, den Vierventil-Zylinderköpfen, der Luft- und Abgasführung, sowie der Motorsteuerung entsprach es dem kleineren Pendant. Die Hubraumerhöhung ergab sich aus der Vergrößerung des Kolbenhubs auf 93 mm und der Bohrung auf 84,5 mm. Zur Durchführung der letztgenannten Modifikation war ein Kunstgriff im Kurbelgehäuse nötig: Mit dem regulären Zylinderabstand von 88 mm wäre der Zwickel zwischen den Bohrungen unzulässig dünn geworden; daher wurde hier das Stichmaß auf 90 mm erhöht, um wieder 5,5 mm Material stehen lassen zu können. Diese Maßnahme wurde aus Kostengründen indes nur im Kurbelgehäuse getroffen, nicht jedoch im Zylinderkopf, der weiterhin mit einem Stichmaß von 88 mm hergestellt wurde. Das führte natürlich zu einem Versatz der einzelnen Bohrungen zu ihrem Zylinderkopf, der bei den beiden äußeren Zylindern noch etwas größer war als bei den beiden mittleren. Diese geometrische Asymmetrie tat der Leistungsfähigkeit des Motors jedoch keinen Abbruch: Mit einem Drehmoment von 400 Nm bei 4000/min und einer Leistung von 280 PS (206 kW) bei 5800/min

Oben: Die in Wagenfarbe lackierten Stoßleisten ließen den Audi S4 4.2 gerade in hellen Farbtönen, wie hier Kristallsilber-metallic, noch edler wirken.

Links: Im Gegensatz zum S4 mit Fünfzylinder-Turbomotor waren die doppelten Endrohre des S4 4.2 geschwärzt und mit Durchmessern von zwei mal 60 mm etwas größer.

Die vierte Generation – Typ C4

beschleunigte der Audi Avant S4 4.2 in 6,6 s von 0 auf 100 km/h und bis zu einer Höchstgeschwindigkeit von 247 km/h. Die Limousine zog im März 1993 mit 6,2 s und 249 km/h nach. Für einen Aufpreis von über 14.000 DM erhielt man mit dem V8 also noch bessere Fahrleistungen als im „Grundmodell" S4. Natürlich lag auch der Verbrauch – insbesondere im teillastintensiven Stadtverkehr – höher als mit dem aufgeladenen Fünfzylinder-Reihenmotor, bewegte sich aber mit einem Drittelmixwert von 13 Litern auf 100 Kilometern durchaus noch in einem den sportwagengleichen Fahrleistungen entsprechenden Rahmen.

Zusätzlich zum S4 mit dem 230-PS-Turbomotor hatte der S4 4.2 vollständig in Wagenfarbe lackierte Stoßfänger und Seitenprofilleisten. Am Heck fielen rechts die Hubraumangabe „4.2" und links die beiden geschwärzten, 60 mm durchmessenden Abgasendrohre auf. Der Audi S4 4.2 wurde ausschließlich mit einem enggestuften Sechsgang-Handschaltgetriebe ausgeliefert, mit dem die Höchstgeschwindigkeit im sechsten Gang erreicht wurde. Er war gegenüber dem S4 um 25 mm tiefer gelegt und mit 8 x 16-Zoll-Alufelgen im 5-Stern-Design und 225/50 ZR 16er Bereifung ausgerüstet. Optional konnten die Radhäuser wie beim S4 mit 8 x 17 Zoll-Rädern im 10-Speichen-Design „Bolero"

mit Reifen der Dimension 245/40 ZR 17 noch weiter ausgefüllt werden. Die wie beim S4 auch an den Hinterrädern mit innenbelüfteten Scheiben ausgerüstete Bremsanlage erhielt beim S4 4.2 eine neuentwickelte Doppelkolbenbremse an der Vorderachse. Neben dem schon seit zwei Jahren erhältlichen Mercedes 500 E und dem ebenfalls im Herbst 1992 erschienenen BMW 5er mit völlig neuem M60-V8 hatte der Kunde, der das Besondere suchte, also wieder die Wahl zwischen den drei üblichen Kandidaten.

Seit Februar 1993 war auch der Audi 100 2.5 TDI mit dem DSP-Automatikgetriebe lieferbar. Jetzt konnten aus dem 22 Varianten umfassenden Motor-, Antriebs- und Getriebe-Portfolio nur noch der Audi 100, der Audi 100 2.4 D und der Audi 100 quattro 2.3 E ausschließlich mit Handschaltung bestellt werden. Zur selben Zeit bekamen alle Audi 100 mit Fünf- und Sechszylinder-Ottomotor serienmäßig eine Zentralverriegelung und elektrisch einstell- und beheizbare Außenspiegel. Bei allen Modellen hielten Scheibenbremsen auch an der Hinterachse und ABS Einzug. Ebenfalls zum Februar bot Audi für den 2.0 E oder 2.6 E das Paket „Europa 1993" an, „ausgestattet für den gehobenen Anspruch Europas". Außen glänzte das Fahrzeug entweder in Europablau-perleffekt oder für 800 DM weni-

Die vierte Generation – Typ C4

Links: Im letzten Modelljahr 1994 fuhren beide Audi S4-Varianten auf „Avus"-Felgen in 7,5 x 16 Zoll. Gleichzeitig befanden sich wieder konventionelle Scheibenbremsen an der Vorderachse. Die schwarzen Stoßleisten und das etwas hochbeinige Fahrwerk weisen dieses Exemplar in Indigo-perleffekt als „Basis"-S4 aus.

Rechts: Zu den sportwagengleichen Fahrleistungen des Audi Avant S4 4.2 passte ein sportwagentypischer Farbton wie Tornadorot hervorragend.

ger in Titan-perleffekt, Zyclam-perleffekt, Kristallsilber-metallic oder Panthero-metallic und war innen immer mit dem Stoff Filanda in anthrazit ausgekleidet. Weitere Merkmale des rund 8000 DM teuren Pakets waren elektrisch einstell- und beheizbare Außenspiegel und die Zentralverriegelung, die beim 2.6 E allerdings sowieso an Bord waren. Zusätzlich gab es vorne elektrische Fensterheber, einen höhenverstellbaren Beifahrersitz, Alufelgen im Format 7 x 15 im 10-Speichen-Design, bereift mit 205/60 R 15 V, das Autoradio „gamma CC", das elektrische Schiebe-/Ausstelldach, den Skisack und Nebelscheinwerfer. Das Paket konnte auch mit einer Klimaanlage kombiniert werden.

Das letzte Modelljahr brachte nur kleine Retuschen

Im seinem letzten Modelljahr 1994 erhielten die Außenspiegel ein leicht geändertes Design – insbesondere wurde auf der Beifahrerseite der Spiegel schmaler gehalten, um die Aerodynamik zu verbessern. Immerhin waren sie nun in allen Modellen serienmäßig elektrisch einstellbar. Der Audi 100 mit dem Fünfzylinder 2.3 E konnte auch als Fronttriebler nicht mehr mit Automatikgetriebe bestellt werden. Im Herbst 1993 wurde dem frei konfigurierbaren Audi 100 das Sondermodell „sport edition" für einen Aufpreis von rund 4000 DM zur Seite gestellt. Audi wollte damit eine Brücke „zwischen dem eleganten Reisewagen Audi 100 und der High-Tech-Understatement-Sportlimousine S4" schlagen. Wie beim Audi S4 kamen Haupt- und darin integrierte Nebelscheinwerfer in Ellipsoid-Technik zum Einsatz. Der Audi 100 sport edition verfügte zudem über einen Drehzahlmesser, vorne über weiße Blinkergläser, ein durchgehend rotes Heckleuchtenband und in Wagenfarbe lackierte Außenspiegel. Zusatzinstrumente informierten bei den Modellen mit Ottomotor über Öldruck und Öltemperatur. Vorne waren höheneinstellbare Sportsitze mit Lendenwirbelstütze eingebaut, die ebenso wie die Rücksitze mit Jacquard-Satin bezogen waren. Modelle mit Fünf- und Sechszylinder-Ottomotor sowie der 2.5 TDI sport edition erhielten das tiefergelegte Sportfahrwerk. Alle Audi 100 sport edition rollten auf Alufelgen der Dimension 7 x 15 im 5-Stern-Design mit Reifen der Größe 215/60 ZR 15.

Entsprechend ihrer hohen Leistung werden die mit dem Fünfzylinder-Turbomotor angetriebenen S4-Modelle ebenfalls mit den Vorderradbremsen des großen V8-Modells S4 4.2 ausgestattet. Die jetzt wieder serienmäßig 16 Zoll großen, allerdings bei beiden S4 nur noch siebeneinhalb Zoll breiten, Räder im Design „Avus" erlaubten auch mit konventioneller Anordnung der Doppelkolbenbremssättel sehr gute Verzögerungsleistungen. Damit war die Ära der innenumfassten „Ufo"-Scheibenbremsen fünf Jahre nach ihrer Einführung im Audi V8 beendet. Die technischen Vorteile gegenüber konventionellen Anlagen waren nicht kundenrelevant genug, um den höheren Aufwand zu rechtfertigen. Da kein weiterer Autohersteller nachgezogen hatte, waren auch keine Potenziale zur Kostenreduzierung in Sicht. In der anderen Richtung bestand nun die Möglichkeit, auch den S4 4.2 statt mit dem Sportfahrwerk mit der komfortableren Variante des S4 auszustatten.

Mit dem neuen Modelljahr wurde der Fahrer-Airbag serienmäßig verbaut. Des Weiteren konnte auch der Audi 100 2.5 TDI mit dem Paket „Europa 1993" bestellt werden. Aufgrund des großen Erfolgs – rund 30 % aller Audi 100 Modelle wurden mit ihm bestellt – wurde es seit dem Jahreswechsel als „Europa Paket 1994" mit allen Motorisierungen verfügbar. Da gerade die TDI-Motoren das Stigma der bis dato dieseltypischen Langsamkeit abstreifen konnten, bot Audi auch für diese Modelle ein Sportfahrwerk an. Denn sowohl in Sachen Sparsamkeit als auch bei der Sportlichkeit fand sich die Effizienz als gemeinsamer Nenner. Die als Sonderausstattung erhältliche Diebstahlwarnanlage wurde im September 1993 um eine elektronische Wegfahrsicherung erweitert. Für den Audi S4 4.2 konnten die Ellipsoidscheinwerfer mit Gasentladungslampen geordert werden. Diese erzeugen ein besonders helles und weißes Licht, indem das Edelgas Xenon in einem Lichtbogen zum Leuchten angeregt wird. Mit diesem überschau-

Die vierte Generation – Typ C4

Gutes Fahrwerk: Mit den ab Modelljahr 1994 angebotenen 8 x 17 Zoll großen 10-Speichen-Felgen rollte der Audi S4 auf 245/40er ZR-Reifen.

baren Änderungsumfang endet nach nur vier Jahren der vierten Generation und insgesamt 26 Jahren die Ära des Audi 100.

Aus dem Audi 100 wird der Audi A6

Die Umbenennung des C4 in Audi A6 war der tiefgreifendste Wechsel anlässlich des Facelifts zum neuen Modelljahr 1995 und folgte dem Wunsch nach einer einheitlichen Namensgebung. Ein Jahr zuvor hatte die Verfügbarkeit eines V6-Motors im Nachfolger des Topmodells V8 eine neue A-Nomenklatur begründet. Das mit der revolutionären Vollaluminiumkarosserie entwickelte Luxusmodell hieß nun Audi A8. Zum Modellwechsel der Mittelklasse im Sommer 1995 machte auch der Audi A4 die Namensfamilie komplett.

Im Weiteren blieb es bei kosmetischen Retuschen und Veränderungen im Antriebsangebot. An der Front fielen ein neuer Kühlergrill und die schräg nach unten zulaufende Motorhaube auf. Serienmäßige Ellipsoid-Scheinwerfer wurden von breiteren Blinkern mit weißen Deckgläsern eingerahmt. Die modifizierten Stoßfänger waren ebenso wie die seitlichen Stoßleisten und die Außenspiegelschalen nun bei allen Modellen in Wagenfarbe lackiert – eine Maßnahme, die nicht bei allen Kunden auf Gegenliebe stieß. Die Rückleuchten erhielten zur Innenseite einen trapezoiden Zuschnitt und umfassten eine in Wagenfarbe lackierte Kennzeichenblende. Vollschaumkopfstützen ersetzten die früher wegen ihrer Durchsicht bevorzugten Rahmenkopfstützen. Serienmäßig hielten eine Lenkradverstellung, eine Service-Intervall-Anzeige und schließlich auch zwei Airbags Einzug in den Audi A6.

Fünfzylinder-Reihenmotoren gab es nur noch mit Abgasturboaufladung. Um den 82 PS starken Saugdiesel war es dabei nicht sonderlich schade – mit dem 2,3-Liter-Ottomotor starb jedoch ein Klassiker in der Motorengeschichte von Audi. Immerhin überlebte er als Turbomotor im nun S6 genannten Topmodell als Partner des S6 4.2, der mittlerweile über 290 PS (213 kW) verfügte. Der Fünfzylinder-TDI wurde bezüglich Anfahrverhalten, Geräusch und Schwingungskomfort überarbeitet und in einer weiteren Leistungsstufe angeboten: Mit 140 PS (103 kW) erreichte der Audi A6 2.5 TDI, mit einem roten Fähnlein am „I", souveräne Fahrleistungen. Völlig neu in der großen Mittelklasse war der aus Audi 80 und von VW Golf und Passat bekannte Vierzylinder-TDI. Der hatte zwar nur 90 PS (66 kW), aber gut 200 Nm Drehmoment schon bei weniger als 2000/min und konnte damit den mindestens 1400 kg schweren Audi 1.9 TDI durchaus angemessen bewegen.

Die vierte Generation – Typ C4

Mit der dritten Generation des Avant hatte Audi den Geschmack der Kunden getroffen. Dies und der Zeitgeist, der aus dem schnöden Kombi ein Lifestyle-Mobil machte, ließen seine Verkaufsanteile über 30 % wachsen.

Resümee des Erfolgs

Die Verkaufszahlen des vierten Audi 100 übertrafen anfänglich die seines Vorgängers deutlich. Nach der langen Laufzeit schwächelte der Absatz des Typ 44 nun doch spürbar. Dazu erweiterte sich der deutsche Markt für das neue Modell um rund 16 Millionen Bundesbürger aus dem Osten der Republik. Doch auch beim C4 sackte die Produktion nach über 160.000 zu Beginn des neuen Jahrzehnts auf knapp 90.000 im Modelljahr 1994. Als Konstante erwies sich dabei der Absatz von Avant-Modellen, der sich um die 30.000 pro Jahr einpendelte. Nicht zufällig war dann auch ein Avant in Form des Audi 100 Avant 2.8 E der letzte Preisträger der Modellreihe, als er im November 1993 das „Goldene Lenkrad" erhielt. Beim C4 hatte diese Karosserievariante endlich den aus Kundensicht richtigen Kompromiss zwischen Eleganz und Nutzwert gefunden. Mittlerweile betrug der Anteil an Avant-Verkäufen in Deutschland bis dato unerreichte 30 %, in anderen europäischen Ländern, wie zum Beispiel Schweden, gar bis zu 50 %.

Mit insgesamt über 185.000 produzierten Exemplaren war der Sechszylinder der erfolgreichste Motor der Baureihe. Dabei nahm das nachgeschobene 2,6-Liter-Derivat mit über 80.000 Stück eine fast ebenbürtige Rolle ein. Ohne ihn wäre wohl der 2,3-Liter-Fünfzylinder der beliebteste Antrieb geworden – mit der auch preislich attraktiven Variante des kleinen V6 brach der Absatz dieses Reihenmotors jedoch drastisch ein. Die Bestellungen mit den Vierzylindermotoren blieben relativ stabil und erreichten über Laufzeit knapp 100.000 Stück. Hier war die stärkere auch die beliebtere Variante. Bei den

Immer noch ein C4, aber kein Audi 100 mehr: Ab Modelljahr 1995 übernahm der A6 die mit dem Topmodell A8 eingeführte A-Nomenklatur. Das Facelift äußerte sich im geänderten Design von Anbauteilen wie Stoßfängern, Rädern oder Leuchten sowie in einem geänderten Antriebsangebot.

Dieselmodellen war dieses Verhältnis noch deutlicher ausgeprägt: Der Audi 100 TDI fand in vier Jahren rund 50.000 Käufer, während der Saugdiesel nur eine Nebenrolle spielen konnte. Auch die S4-Modelle waren naturgemäß keine Stückzahlenbringer; sie erfüllten indes vielmehr die Aufgabe, das Renommee der Marke Audi zu verbessern und mit ihrer Begehrlichkeit auf die schwächeren Modelle abzufärben.

Die folgenden Generationen der C-Reihe setzten den Erfolg fort, den die ersten vier Audi 100-Modelle begründeten. Als etabliertes Mitglied im Premiumsegment blieb sich Audi seinen Tugenden in Technikkompetenz und Qualitätsanspruch treu und festigte sein hohes Ansehen für die Zukunft auch mit mutigem Design.

Anhang

Der nun folgende Teil mit Zahlen, Daten und Fakten soll nicht ohne ein paar einleitende und auch erklärende Worte stehenbleiben. In den bisherigen Kapiteln, die jede Modellgeneration des Audi 100 in Bild und Text darstellten, wurde die C-Nomenklatur mit der Nummer der Generation nur sehr sparsam eingesetzt und erst mit dem C4 konsequent verwendet. Die vierte Generation war auch die erste, für die das „C4" dann auch offiziell und in der Breite gebraucht wurde, während beim Typ 44 das „C3" nur selten zu finden war; etwa in den Händlerinformationen zum jeweils neuen Modelljahr.

Die komplette Reihe der heute gebräuchlichen Kürzel C1, C2, C3 und eben C4 hat sich erst im Nachhinein ergeben und ist genau genommen historisch nicht „korrekt". Trotzdem hat sie praktische Vorteile und auch ihren logischen Reiz, weil sie die Chronologie der Modellreihen wiedergibt. Deshalb findet sie auch in den nun folgenden technischen Daten, den Farben und Ausstattungen sowie den Produktionszahlen ihren berechtigten Platz.

In den technischen Daten findet sich jedes Modell wieder, das auf dem deutschen, bzw. europäischen Markt angeboten wurde. Dabei dient der Motor als primäres Unterscheidungsmerkmal, gegebenenfalls unterteilt nach unterschiedlichen Getriebevarianten. Die ab der dritten Generation existierenden quattro Versionen unterschieden sich von ihren Frontantriebsbrüdern deutlich genug, um in den Tabellen als eigene Modelle gewürdigt zu werden. Von der jeweiligen Limousine abweichende Daten der Avant-Modelle sind in den Tabellen durch eckige Klammern gekennzeichnet. Die Verbrauchsangaben orientieren sich an den zeitgenössischen Angaben und können daher nur bedingt über mehrere Generationen hinweg miteinander verglichen werden.

Im Abschnitt FAHRWERK der technischen Daten werden die wesentlichen Eigenschaften der Vorder- und Hinterachsen der verschiedenen C-Modelle nicht aufgeführt. Da sie während der Modelllaufzeit oder sogar über Generationen hinweg sehr wenig verändert wurden, erscheinen sie hier zusammengefasst und lassen damit mehr Raum für die übrigen Daten in den Tabellen:

Generation	Vorderachse	Hinterachse
C1	Doppelquerlenker, Schraubenfedern, Querstabilisator, Scheibenbremsen innen liegend; ab Mj. '75: außen liegend, spurstabilisierender Lenkrollradius	Torsionskurbel-Längslenker, Panhardstab, Drehstabfedern; ab Mj. '74: Schraubenfedern
C2	McPherson-Federbeine, Querlenker, Querstabilisator als Zugstrebe, spurstabilisierender Lenkrollradius	Torsionskurbel-Längslenker, Panhardstab, Schraubenfedern
C3	Wie C2	Wie C2; quattro: Viergelenk-Trapezlenker
C4	Wie C3	Wie C3; ab 2.3 E: Querstabilisator

Technische Daten

Audi 100 C1 Teil 1

TYP	Audi 100	Audi 100 S	Audi 100	Audi 100
Bauzeit: Modell	Mj. '69 - '71: -	Mj. '69 - '71: S	Mj. '72 - '74: -; Mj. '74: LS	Mj. '75 - '76: L / LS
MOTOR	Vierzylinder-Ottomotor	Vierzylinder-Ottomotor	Vierzylinder-Ottomotor	Vierzylinder-Ottomotor
Motorkennbuchstabe	ZV	ZX	ZU	YM
Hubraum cm³	1760	1760	1760	1588
Bohrung x Hub mm	81,5 x 84,4	81,5 x 84,4	81,5 x 84,4	79,5 x 80,0
Leistung bei 1/min kW (PS)	59 (80) / 5000	66 (90) / 5500	63 (85) / 5100	63 (85) / 5800
Drehmoment bei 1/min Nm	135 / 3000	145 / 3000	135 / 3000	122 / 3500
Verdichtung	9,1; ab Mj. '71: 9,0	10,2	9,0; ab Mj. '73: 8,5	8,2
Gemischaufbereitung	Fallstromvergaser Solex 35 PDSIT-5	Fallstromvergaser Solex 35 PDSIT-5	Fallstromvergaser Solex 35 PDSIT-5	Fallstrom-Registervergaser Solex 32/35 DIDTA; Mj. '76: Zenith 2B2
Aufladung	–	–	–	–
Zündung	Batterie	Batterie	Batterie	Batterie
Ventilsteuerung	2V, Kipphebel, Stoßstangen, Duplexkette	2V, Kipphebel, Stoßstangen, Duplexkette	2V, Kipphebel, Stoßstangen, Duplexkette	2V, Tassenstößel, OHC, Zahnriemen
Abgasreinigung	–	–	–	–
ANTRIEB	Frontantrieb	Frontantrieb	Frontantrieb	Frontantrieb
Übersetzungen	4-Gang	4-Gang	4-Gang	4-Gang
1. Gang	3,399	3,399	3,399	3,454
2. Gang	1,944	1,944	1,944	1,947
3. Gang	1,360	1,360	1,360	1,370
4. Gang	0,966	0,966	0,966	0,968
5. Gang	–	–	–	–
6. Gang	–	–	–	–
Rückwärtsgang	3,100	3,100	3,100	3,166
Achsantrieb	4,111	3,888	4,111	4,111
FAHRWERK				
Lenkung	Mechanisch	Mechanisch mit Lenkungdämpfer	Mechanisch mit Lenkungdämpfer	Mechanisch mit Lenkungdämpfer
Bremsen	–	Bremskraftverstärker	Bremskraftverstärker	Bremskraftverstärker
vorn	Scheiben	Scheiben	Scheiben	Scheiben
hinten	Trommeln	Trommeln	Trommeln	Trommeln
Felgen	4 ½ J x 14	4 ½ J x 14	4 ½ J x 14	5 J x 14
Reifen	165 SR 14	165 SR 14	165 SR 14	155 SR 14
KAROSSERIE	Lim. 4-türig, ab Mj. '70: auch 2-türig	Lim. 4-türig, ab Mj. '70: auch 2-türig	Limousine 4-türig oder 2-türig	Limousine 4-türig oder 2-türig
Länge mm	4590	4590	4590; LS: 4625	4610; LS: 4636
Breite mm	1729	1729	1729	1728; LS: 1730
Höhe mm	1421	1421	1421	1414
Radstand mm	2675	2675	2675	2675
Spurweite vorn mm	1420	1420	1420	1420
Spurweite hinten mm	1425	1425	1425	1425
Leergewicht kg	1050	1050	1075	1050
zulässiges Gesamtgewicht kg	1530	1530	1550	1500
FAHRLEISTUNGEN	4-Gang	4-Gang	4-Gang	4-Gang
Höchstgeschwindigkeit km/h	156	165	160	160
0 - 100 km/h s	13,5	12,2	13,5	13,5
VERBRAUCH	4-Gang	4-Gang	4-Gang	4-Gang
Kraftstoffart	Normal 91 ROZ	Super 98 ROZ	Normal 91 ROZ	Normal 91 ROZ
Drittelmix l/100 km	8,9	8,9	8,9	8,9
PREIS	4-Gang	4-Gang	4-Gang	4-Gang
DM	8.890,- (04/69)	9.290,- (04/69)	10.320,- (10/71)/	12.695,- (L, 08/74)/
DM			12.095,- (03/74)	14.835,- (L, 03/76)

Audi 100 C1 Teil 2

TYP	Audi 100 LS		Audi 100 GL	
Bauzeit: Modell	Mj. '69 - '76: LS	Mj. '70 - '76: LS Automatic	Mj. '72 - '76: GL	Mj. '72 - '76: GL Automatic
MOTOR	Vierzylinder-Ottomotor		Vierzylinder-Ottomotor	
Motorkennbuchstabe	ZZ		ZJ	
Hubraum cm³	1760		1871	
Bohrung x Hub mm	81,5 x 84,4		84,0 x 84,4	
Leistung bei 1/min kW (PS)	74 (100) / 5500		82 (112) / 5600	
Drehmoment bei 1/min Nm	150 / 3500; ab Mj. '70: 150 / 3200		160 / 3500	
Verdichtung	10,2		10,0	
Gemischaufbereitung	Fallstrom-Registervergaser Solex 32/32 TDID; ab Mj. '72: 32/35 TDID		Fallstrom-Registervergaser Solex 32/35 TDID	
Aufladung	–		–	
Zündung	Batterie		Batterie	
Ventilsteuerung	2V, Kipphebel, Stoßstangen, Duplexkette		2V, Kipphebel, Stoßstangen, Duplexkette	
Abgasreinigung	–		–	
ANTRIEB	Frontantrieb		Frontantrieb	
Übersetzungen	4-Gang	Automatik	4-Gang	Automatik
1. Gang	3,399	2,650	3,399	2,650
2. Gang	1,944	1,590	1,944	1,590
3. Gang	1,360	1,000	1,360	1,000
4. Gang	0,966	–	0,966	–
5. Gang	–	–	–	–
6. Gang	–	–	–	–
Rückwärtsgang	3,100	1,800	3,100	1,800
Achsantrieb	3,888	3,670	3,700	3,670
FAHRWERK				
Lenkung	Mechanisch mit Lenkungsdämpfer		Mechanisch mit Lenkungsdämpfer	
Bremsen	Bremskraftverstärker; ab Mj. '75: Bremskraftregelung		Bremskraftverstärker; ab Mj. '75: Bremskraftregelung	
vorn	Scheiben		Scheiben	
hinten	Trommeln		Trommeln	
Felgen	4 ½ J x 14; ab Mj. '75: 5 J x 14		4 ½ J x 14; ab Mj. '75: 5 J x 14	
Reifen	165 SR 14		165 SR 14	
KAROSSERIE	Limousine 4-türig, ab Mj. '70: auch 2-türig		Limousine 4-türig oder 2-türig	
Länge mm	4625; ab Mj. '75: 4636		4625; ab Mj. '75: 4636	
Breite mm	1729; ab Mj. '75: 1730		1729; ab Mj. '75: 1730	
Höhe mm	1421		1421	
Radstand mm	2675		2675	
Spurweite vorn mm	1420		1420	
Spurweite hinten mm	1425		1425	
Leergewicht kg	1050; ab Mj. '72: 1090	1100; ab Mj. '72: 1120	1100	1120
zulässiges Gesamtgewicht kg	1530; ab Mj. '72: 1550	1550; ab Mj. '72: 1570	1550	1570
FAHRLEISTUNGEN	4-Gang	Automatik	4-Gang	Automatik
Höchstgeschwindigkeit km/h	170	168	179	175
0 - 100 km/h s	11,9	13,9	10,8	11,8
VERBRAUCH				
Kraftstoffart	Super 98 ROZ		Super 98 ROZ	
Drittelmix l/100 km	8,9	10,1	8,9	10,1
PREIS (bei Limousine: 4-türig)	4-Gang	Automatik	4-Gang	Automatik
DM	9.590,- (04/69)	12.090,- (01/71)	11.720,- (10/71)	12.920,- (10/71)
DM	15.765,- (03/76)	17.330,- (03/76)	16.980,- (03/76)	18.545,- (03/76)

Audi 100 C1 Teil 3

TYP	Audi 100 Coupé S	Audi 100 Coupé S	
Bauzeit: Modell	Mj. '71: Coupé S	Mj. '72 - '76: Coupé S	Mj. '72 - '76: Coupé S Automatic
MOTOR	Vierzylinder-Ottomotor	Vierzylinder-Ottomotor	
Motorkennbuchstabe	ZP	ZJ	
Hubraum cm³	1871	1871	
Bohrung x Hub mm	84,0 x 84,4	84,0 x 84,4	
Leistung bei 1/min kW (PS)	83 (115) / 5500	82 (112) / 5600	
Drehmoment bei 1/min Nm	159 / 4000	160 / 3500	
Verdichtung	10,2	10,0	
Gemischaufbereitung	2 Fallstrom-Registervergaser Solex 32/35 TDID	Fallstrom-Registervergaser Solex 32/35 TDID	
Aufladung	–	–	
Zündung	Batterie	Batterie	
Ventilsteuerung	2V, Kipphebel, Stoßstangen, Duplexkette	2V, Kipphebel, Stoßstangen, Duplexkette	
Abgasreinigung	–	–	
ANTRIEB	Frontantrieb	Frontantrieb	
Übersetzungen	4-Gang	4-Gang	Automatik
1. Gang	3,399	3,399	2,650
2. Gang	1,944	1,944	1,590
3. Gang	1,360	1,360	1,000
4. Gang	0,966	0,966	–
5. Gang	–	–	–
6. Gang	–	–	–
Rückwärtsgang	3,100	3,100	1,800
Achsantrieb	3,700	3,700	3,670
FAHRWERK			
Lenkung	Mechanisch mit Lenkungsdämpfer	Mechanisch mit Lenkungsdämpfer	
Bremsen	Bremskraftverstärker	Bremskraftverstärker; ab Mj. '75: Bremskraftregelung	
vorn	Scheiben	Scheiben	
hinten	Trommeln	Trommeln	
Felgen	5 J x 14	5 J x 14	
Reifen	185/70 HR 14	185/70 HR 14	
KAROSSERIE	Coupé 2-türig	Coupé 2-türig	
Länge mm	4398	4398	
Breite mm	1750	1750	
Höhe mm	1344	1344	
Radstand mm	2560	2560	
Spurweite vorn mm	1443	1443	
Spurweite hinten mm	1440	1440	
Leergewicht kg	1110	1100	1120
zulässiges Gesamtgewicht kg	1450	1450	1470
FAHRLEISTUNGEN	4-Gang	4-Gang	Automatik
Höchstgeschwindigkeit km/h	185	183	179
0 - 100 km/h s	9,9	10,2	11,2
VERBRAUCH	4-Gang	4-Gang	Automatik
Kraftstoffart	Super 98 ROZ	Super 98 ROZ	
Drittelmix l/100 km	9,5	8,9	10,1
PREIS	4-Gang	4-Gang	Automatik
DM	14.400,- (01/71)	14.400,- (10/71)	15.600,- (10/71)
DM		19.365,- (03/76)	20.930,- (03/76)

Audi 100 C2 Teil 1

TYP [Avant]	Audi 100		
Bauzeit: Modell	Mj. '77 - '81: - / L / GL [L / GL]; ab 01/81: Formel E L / GL; Mj. '82: C / CL / CS / GL / Formel E CL / GL [.\.]		
MOTOR	Vierzylinder-Ottomotor		
Motorkennbuchstabe	YV		
Hubraum cm³	1588		
Bohrung x Hub mm	79,5 x 80,0		
Leistung bei 1/min kW (PS)	63 (85) / 5600		
Drehmoment bei 1/min Nm	124 / 3200		
Verdichtung	8,2		
Gemischaufbereitung	Fallstrom-Registervergaser 2B2; ab Mj. '80: 2B5		
Aufladung	–		
Zündung	Batterie-Zündanlage; ab Mj. '81: Transistorzündanlage		
Ventilsteuerung	2V, Tassenstößel, OHC, Zahnriemen		
Abgasreinigung	–		
ANTRIEB	Frontantrieb		
Übersetzungen	4-Gang	4+E-Gang; Formel E; Mj. '82	Automatik
1. Gang	3,455	3,455	2,552
2. Gang	1,944	1,944	1,448
3. Gang	1,286	1,286	1,000
4. Gang	0,909	0,909	–
5. Gang	–	0,684	–
6. Gang	–	–	–
Rückwärtsgang	3,167	3,167	2,462
Achsantrieb	4,444	4,444	4,091
FAHRWERK			
Lenkung	Mechanisch mit Lenkungsdämpfer		
Bremsen	Bremskraftverstärker		
vorn	Scheiben		
hinten	Trommeln		
Felgen	5 ½ J x 14; CS: 6 J x 14, Alu		
Reifen	165 SR 14; CS: 185/70 SR 14		
KAROSSERIE [Avant]	Lim. 2-türig (nur bis L) und 4-türig, Avant nur 4-türig		
Länge mm	4680 [4587]; ab Mj. '80: 4683 [4590]; GL: +20		
Breite mm	1768		
Höhe mm	1393; ab Mj. '78: 1390		
Radstand mm	2685; ab Mj. '78: 2677; ab Mj. '80: 2676; Mj. '82: 2685		
Spurweite vorn mm	1470		
Spurweite hinten mm	1445		
Leergewicht kg	1110		
zulässiges Gesamtgewicht kg	1570		
FAHRLEISTUNGEN	Schaltgetriebe		Automatik
Höchstgeschwindigkeit km/h	160		156
0 - 100 km/h s	13,4		16,3
VERBRAUCH	4-Gang	4+E-Gang; Formel E; Mj. '82	Automatik
Kraftstoffart	Normal 91 ROZ		
Drittelmix l/100 km	9,2	8,7	9,7
PREIS [Avant]	4-Gang	4+E-Gang; Formel E; Mj. '82	Automatik
05/78, 4-türig, L DM	17.125,- [17.750,-]		18.825,- [19.450,-]
01/81, 4-türig, L DM	19.000,-	19.530,-	20.850,-

Audi 100 C2 Teil 2

TYP [Avant]	Audi 100 5		Audi 100 S	
Bauzeit: Modell	Mj. '81: 5 / L 5 / GL 5 [L 5 / GL 5]; Mj. '82: C / CL / GL [CL / GL]		Mj. '77 - '78: S / LS / GLS	
MOTOR	Fünfzylinder-Ottomotor		Vierzylinder-Ottomotor	
Motorkennbuchstabe	WH		WA; für Länder mit niedrigen Oktanzahlen: WF	
Hubraum cm³	1921		1984	
Bohrung x Hub mm	79,5 x 77,4		86,5 x 84,4	
Leistung bei 1/min kW (PS)	74 (100) / 5400; Mj. '82: 74 (100) / 5500		85 (115) / 5500; WF: 77 / 5500	
Drehmoment bei 1/min Nm	145 / 3800; Mj. '82: 146 / 3300		168 / 3500; WF: 155 / 3500	
Verdichtung	10,0		9,3; WF: 7,0	
Gemischaufbereitung	Registervergaser Keihin KSAC		Fallstrom-Registervergaser 2B3	
Auflading	–		–	
Zündung	Transistorspulenzündung		Batterie-Zündanlage	
Ventilsteuerung	2V, Tassenstößel, OHC, Zahnriemen		2V, Tassenstößel, OHC, Zahnriemen	
Abgasreinigung	–		–	
ANTRIEB	Frontantrieb		Frontantrieb	
Übersetzungen	4-Gang	4+E-Gang	4-Gang	Automatik
1. Gang	2,846	2,846	3,600	2,552
2. Gang	1,524	1,524	2,125	1,448
3. Gang	0,969	0,969	1,360	1,000
4. Gang	0,703	0,703	0,956; Mj. '78: 0,967	–
5. Gang	–	0,537	–	–
6. Gang	–	–	–	–
Rückwärtsgang	3,167	3,100	3,500	2,462
Achsantrieb	5,222	5,222	3,889	3,727
FAHRWERK				
Lenkung	Mechanisch mit Lenkungsdämpfer		Mechanisch mit Lenkungsdämpfer	
Bremsen	Bremskraftverstärker, Bremskraftregler		Bremskraftverstärker, Bremskraftregler	
vorn	Scheiben		Scheiben	
hinten	Trommeln		Trommeln	
Felgen	5 ½ J x 14		5 ½ J x 14	
Reifen	165 SR 14		165 SR 14	
KAROSSERIE [Avant]	Lim. 2-türig (nur bis L) und 4-türig, Avant nur 4-türig		Lim. 2-türig (nur bis L) und 4-türig, Avant nur 4-tü	
Länge mm	4683 [4590]; GL: +20		4680 [4587]; GL: +20	
Breite mm	1768		1768	
Höhe mm	1390		1393; ab Mj. '78: 1390	
Radstand mm	2676; Mj. '82: 2685		2685; Mj. '78: 2677	
Spurweite vorn mm	1470		1470	
Spurweite hinten mm	1445		1445	
Leergewicht kg	1170		1150	
zulässiges Gesamtgewicht kg	1630		1610	
FAHRLEISTUNGEN	Schaltgetriebe		4-Gang	Automatik
Höchstgeschwindigkeit km/h	170		179	175
0 - 100 km/h s	12,9; Mj. '82: 12,5		10,7	12,4
VERBRAUCH	4-Gang	4+E-Gang	4-Gang	Automatik
Kraftstoffart	Super 98 ROZ		Super 98 ROZ	Super 98 ROZ
Drittelmix l/100 km	9,2	8,7	10,0*	10,5*
PREIS [Avant]	4-Gang	4+E-Gang	4-Gang	Automatik
05/78, 4-türig, L DM			17.675,- [18.300,-]	19.375,- [20.000,-]
01/81, 4-türig, L DM	19.780,- [20.460,-]	20.215,- [20.895,-]		

*: aus vorhandener Messung geschätzt

Audi 100 C2 Teil 3

TYP [Avant]	Audi 100 5S		
Bauzeit: Modell	Mj. '78 - '81: 5S / L 5S / GL 5S; Mj. '79 - '81: CD 5S [Mj. '78 - '81: L 5S / GL 5S; Mj. '79 - '81: CD 5S]; Mj. '82: C / CL / CS / GL / CD [CL / GL / CD]		
MOTOR	Fünfzylinder-Ottomotor		
Motorkennbuchstabe	WB; für Schweden: WE		
Hubraum cm³	2144		
Bohrung x Hub mm	79,5 x 86,4		
Leistung bei 1/min kW (PS)	85 (115) / 5500; ab Mj. '81: 85 / 5400		
Drehmoment bei 1/min Nm	166 / 4000; ab Mj. '81: 170 / 3400		
Verdichtung	8,3; Mj. '80: 8,2; ab Mj. '81: 9,3		
Gemischaufbereitung	Fallstrom-Registervergaser 2B2		
Aufladung	–		
Zündung	Transistorspulenzündung		
Ventilsteuerung	2V, Tassenstößel, OHC, Zahnriemen		
Abgasreinigung			
ANTRIEB	Frontantrieb		
Übersetzungen	4-Gang	4+E-Gang; ab Mj. '80	Automatik
1. Gang	3,600	3,600	2,552
2. Gang	2,125; ab Mj. '81: 1,941	1,941	1,448
3. Gang	1,360; ab Mj. '81: 1,231	1,231	1,000
4. Gang	0,967; ab Mj. '81: 0,903	0,857; ab Mj. '81: 0,903	–
5. Gang	–	0,684	–
6. Gang	–	–	–
Rückwärtsgang	3,500	3,500	2,462
Achsantrieb	3,889	3,889	3,727; ab Mj. '81: 3,455
FAHRWERK			
Lenkung	Mechanisch mit Lenkungsdämpfer; CD: servounterstützt		
Bremsen	Bremskraftverstärker, Bremskraftregler		
vorn	Scheiben		
hinten	Trommeln		
Felgen	5 ½ J x 14; CS, CD: 6 J x 14, Alu		
Reifen	165 SR 14; CS, CD: 185/70 SR 14		
KAROSSERIE [Avant]	Lim. 2-türig (nur bis L) und 4-türig, Avant nur 4-türig		
Länge mm	4680 [4587]; ab Mj. '80: 4683 [4590]; GL, CD: +20		
Breite mm	1768		
Höhe mm	1390		
Radstand mm	2677; ab Mj. '80: 2676; Mj. '82: 2685		
Spurweite vorn mm	1470		
Spurweite hinten mm	1445		
Leergewicht kg	1170		
zulässiges Gesamtgewicht kg	1630		
FAHRLEISTUNGEN	Schaltgetriebe		Automatik
Höchstgeschwindigkeit km/h	177; Mj. '79: 179; ab Mj. '80: 176		172
0 - 100 km/h s	11,2; Mj. '80: 12,0; Mj. '81: 11,9; Mj. '82: 11,2		12,9; Mj. '81: 13,4; Mj. '82: 12,8
VERBRAUCH	4-Gang	4+E-Gang; ab Mj. '80	Automatik
Kraftstoffart	Normal 91 ROZ; ab Mj. '81: Super 98 ROZ		
Drittelmix l/100 km	10,0	9,3	10,5
PREIS [Avant]	4-Gang	4+E-Gang	Automatik
05/78, 4-türig, L DM	17.950,- [18.575,-]		19.650,- [20.275,-]
01/81, 4-türig, L DM	20.090,- [20.770,-]	20.525,- [21.205,-]	21.940,- [22.620,-]

Audi 100 C2 Teil 4

TYP [Avant]	Audi 100 5D		Audi 100 5E		
Bauzeit: Modell	Mj. '79 - '81: 5D / L 5D / GL 5D / CD 5D [L 5D / GL 5D / CD 5D]; Mj. '82: C / CL / CS / GL / CD [CL / GL / CD]		Mj. '77 - '81: 5E / L 5E / GL 5E; Mj. '79 - '81: CD 5E [Mj. '78 - '81: L 5E / GL 5E; Mj. '79 - '81: CD 5E]; Mj. '82: C / CL / CS / GL / CD [CL / GL / CD]		
MOTOR	Fünfzylinder-Dieselmotor		Fünfzylinder-Ottomotor		
Motorkennbuchstabe	CN		WC; für Schweden: WG		
Hubraum cm³	1986		2144		
Bohrung x Hub mm	76,5 x 86,4		79,5 x 86,4		
Leistung bei 1/min kW (PS)	51 (70) / 4800		100 (136) / 5700		
Drehmoment bei 1/min Nm	123 / 3000; ab Mj. '80: 129 / 3000; Mj. '82: 122 / 2800		185 / 4200; ab Mj. '82: 185 / 4800		
Verdichtung	23,0		9,3		
Gemischaufbereitung	Verteilereinspritzpumpe		Mech. Einspritzung K-Jetronic		
Aufladung	–		–		
Zündung	Wirbelkammer		Transistorspulenzündung		
Ventilsteuerung	2V, Tassenstößel, OHC, Zahnriemen		2V, Tassenstößel, OHC, Zahnriemen		
Abgasreinigung	–		–		
ANTRIEB	Frontantrieb		Frontantrieb		
Übersetzungen	4-Gang	4+E-Gang; ab Mj. '80	4-Gang	4+E-Gang; ab Mj. '80	Automatik
1. Gang	3,600	3,600	3,600	3,600	2,552
2. Gang	1,941	1,941	2,125; ab Mj. '81: 1,941	1,941	1,448
3. Gang	1,231	1,231	1,360; ab Mj. '81: 1,231	1,231	1,000
4. Gang	0,857	0,857	0,967; ab Mj. '81: 0,903	0,903	–
5. Gang	–	0,684	–	0,684	–
6. Gang	–	–	–	–	–
Rückwärtsgang	3,500	3,500	3,500	3,500	2,462
Achsantrieb	4,300	4,778	3,777; ab Mj. '78: 3,889	3,889	3,455; Mj. '78-'81: 3,727
FAHRWERK					
Lenkung	Mechanisch mit Lenkungsdämpfer; CD: servounterstützt		Mechanisch mit Lenkungsdämpfer; CD: servounterstützt		
Bremsen	Bremskraftverstärker, Bremskraftregler		Tandem-Bremskraftverstärker, Bremskraftregler		
vorn	Scheiben		Scheiben, innenbelüftet		
hinten	Trommeln		Trommeln		
Felgen	5 ½ J x 14; CS, CD: 6 J x 14, Alu		5 ½ J x 14; CS, CD: 6 J x 14, Alu		
Reifen	185/70 SR 14		185/70 HR 14		
KAROSSERIE [Avant]	Lim. 2-türig (nur bis L) und 4-türig, Avant nur 4-türig		Lim. 2-türig (nur bis L) und 4-türig, Avant nur 4-türig		
Länge mm	4680 [4587]; ab Mj. '80: 4683 [4590]; GL, CD: +20		4680 [4587]; ab Mj. '80: 4683 [4590]; GL, CD: +20		
Breite mm	1768		1768		
Höhe mm	1390		1393; ab Mj. '78: 1390		
Radstand mm	2677; ab Mj. '80: 2676; Mj. '82: 2685		2685; ab Mj. '78: 2677; ab Mj. '80: 2676; Mj. '82: 2685		
Spurweite vorn mm	1470		1470		
Spurweite hinten mm	1445		1445		
Leergewicht kg	1210		1170; ab Mj. '80: 1210		
zulässiges Gesamtgewicht kg	1670		1630; ab Mj. '80: 1700		
FAHRLEISTUNGEN	4-Gang	4+E-Gang; ab Mj. '80	Schaltgetriebe		Automatik
Höchstgeschwindigkeit km/h	150	150	190; ab Mj. '80: 188		185; ab Mj. '80: 183
0 - 100 km/h s	17,5; ab Mj. '80: 18,5	17,9	9,5; Mj. '80: 9,9; Mj. '81: 10,3		11,4; Mj. '81: 11,9; Mj. '82: 12,3
VERBRAUCH	4-Gang	4+E-Gang; ab Mj. '80	4-Gang	4+E-Gang; ab Mj. '80	Automatik
Kraftstoffart	Diesel		Super 98 ROZ		
Drittelmix l/100 km	7,7	7,1	9,9	9,3	10,6
PREIS [Avant]	4-Gang	4+E-Gang	4-Gang	4+E-Gang	Automatik
05/78, 4-türig, L DM	19.605,- [20.230,-]		18.815,- [19.440,-]		20.515,- [21.140,-]
01/81, 4-türig, L DM	21.345,- [22.025,-]	21.780,- [22.460,-]	21.055,- [21.735,-]	21.490,- [22.170,-]	22.905,- [23.585,-]

Audi 100 C2 Teil 5

TYP	Audi 200 5E		Audi 200 5T	
Bauzeit: Modell	Mj. '80 - '81: 5E; Mj. '82: -		Mj. '80 - '81: 5T; Mj. '82: turbo	
MOTOR	Fünfzylinder-Ottomotor		Fünfzylinder-Ottomotor mit Abgasturboaufladung	
Motorkennbuchstabe	WC		WJ; für Schweden: WS	
Hubraum cm³	2144		2144	
Bohrung x Hub mm	79,5 x 86,4		79,5 x 86,4	
Leistung bei 1/min kW (PS)	100 (136) / 5700		125 (170) / 5300	
Drehmoment bei 1/min Nm	185 / 4200; ab Mj. '82: 185 / 4800		265 / 3300	
Verdichtung	9,3		7,0	
Gemischaufbereitung	Mech. Einspritzung K-Jetronic		Mech. Einspritzung K-Jetronic	
Aufladung	–		Abgasturboaufladung KKK K26	
Zündung	Transistorspulenzündung		Transistorspulenzündung	
Ventilsteuerung	2V, Tassenstößel, OHC, Zahnriemen		2V, Tassenstößel, OHC, Zahnriemen	
Abgasreinigung	–		–	
ANTRIEB	Frontantrieb		Frontantrieb	
Übersetzungen	4+E-Gang	Automatik	5-Gang	Automatik
1. Gang	3,600	2,552	3,600	2,552
2. Gang	1,941	1,448	2,125	1,448
3. Gang	1,231	1,000	1,360	1,000
4. Gang	0,903	–	0,967	–
5. Gang	0,684	–	0,829	–
6. Gang	–	–	–	–
Rückwärtsgang	3,500	2,462	3,500	2,462
Achsantrieb	3,889	3,727; Mj. '82: 3,450	3,889	3,455; Mj. '82: 3,083
FAHRWERK				
Lenkung	servounterstützt		servounterstützt	
Bremsen	Tandem-Bremskraftverstärker, Bremskraftregler		Tandem-Bremskraftverstärker, Bremskraftregler	
vorn	Scheiben, innenbelüftet		Scheiben, innenbelüftet	
hinten	Scheiben		Scheiben	
Felgen	6 J x 15, Alu		6 J x 15, Alu	
Reifen	205/60 HR 15		205/60 HR 15	
KAROSSERIE	Limousine, 4-türig		Limousine, 4-türig	
Länge mm	4695		4695	
Breite mm	1768		1768	
Höhe mm	1390		1390	
Radstand mm	2676; Mj. '82: 2685		2676; Mj. '82: 2685	
Spurweite vorn mm	1475		1475	
Spurweite hinten mm	1453		1453	
Leergewicht kg	1260		1260	
zulässiges Gesamtgewicht kg	1765		1765	
FAHRLEISTUNGEN	4+E-Gang	Automatik	5-Gang	Automatik
Höchstgeschwindigkeit km/h	188	183	202	195
0 - 100 km/h s	10,5; ab Mj. '81: 10,6	12,5	8,7; ab Mj. '81: 8,6	9,4
VERBRAUCH	4+E-Gang	Automatik	5-Gang	5-Gang
Kraftstoffart	Super 98 ROZ		Super 98 ROZ	
Drittelmix l/100 km	9,3	10,6	11,1	12,0
PREIS	4+E-Gang	Automatik	5-Gang	Automatik
08/80 DM	29.200,-	31.050,-	32.000,-	33.850,-

Technische Daten

Audi 100 C3 Teil 1

TYP [Avant]	Audi 100		
Bauzeit: Modell	Mj. '83 - '87: - / CC; Mj. '83: CS / CD [Mj. '84 - '87: - / CC]		
MOTOR	Vierzylinder-Ottomotor		
Motorkennbuchstabe	DR		
Hubraum cm³	1781		
Bohrung x Hub mm	81,0 x 86,4		
Leistung bei 1/min kW (PS)	55 (75) / 4600; Mj. '87: 55 (75)/4500		
Drehmoment bei 1/min Nm	138 / 2500; Mj. '87: 140 / 2500		
Verdichtung	8,75; Mj. '87: 9,0		
Gemischaufbereitung	Fallstromvergaser; ab Mj. '87: Fallstrom-Registervergaser		
Aufladung	–		
Zündung	TSZ (Hall-Geber)		
Ventilsteuerung	2V, Tassenstößel, OHC, Zahnriemen		
Abgasreinigung	–		
ANTRIEB	Frontantrieb		
Übersetzungen	4-Gang	4+E-Gang; ab Mj. '85: 5-Gang	Automatik
1. Gang	3,455	3,455	2,714
2. Gang	1,789	1,789	1,500
3. Gang	1,065	1,065; ab Mj. '85: 1,133	1,000
4. Gang	0,703	0,778; ab Mj. '85: 0,829	–
5. Gang	–	0,600; ab Mj. '85: 0,684	–
6. Gang	–	–	–
Rückwärtsgang	3,167	3,167	2,429
Achsantrieb	4,111	4,111	3,417
FAHRWERK [Avant]			
Lenkung	Mechanisch mit Lenkungsdämpfer		
Bremsen	Bremskraftverstärker, Bremskraftregelung		
vorn	Scheiben [innenbelüftet]		
hinten	Trommeln		
Felgen	5 ½ J x 14; CS: 6 J x 14, Alu		
Reifen	165 SR 14; CS: 185/70 SR 14; ab Mj. '85: 185/70 SR 14		
KAROSSERIE [Avant]	Limousine; ab Mj. '84: Avant		
Länge mm	4792		
Breite mm	1814		
Höhe mm	1422		
Radstand mm	2687		
Spurweite vorn mm	1476; ab Mj. '84: 1468		
Spurweite hinten mm	1467		
Leergewicht kg	1080 [1130]; ab Mj. '85: 1090 [1130]		
zulässiges Gesamtgewicht kg	1580 [1630]; ab Mj. '85: 1640 [1680]		
FAHRLEISTUNGEN [Avant]	4-Gang	4+E-Gang; ab Mj. '85: 5-Gang	Automatik
Höchstgeschwindigkeit km/h	165 [163]	165 [163]	162 [160]
0 - 100 km/h s	14,9 [15,7]	14,9 [15,7]	17,2 [18,4]
VERBRAUCH [Avant]	4-Gang	4+E-Gang; ab Mj. '85: 5-Gang	Automatik
Kraftstoffart	Normal 91 ROZ		
Drittelmix l/100 km	7,5 [7,8]; ab Mj. '87: 7,3 [7,6]	7,3 [7,5]; ab Mj. '85: 7,5 [7,7]	8,7 [9,1]
PREIS [Avant]	4-Gang	4+E-Gang	Automatik
Bis Mj. '87: CC DM	23.760,- [26.155,-] (08/83)	24.270,- [26.665,-] (08/83)	25.905,- [28.300,-] (08/83)
Bis Mj. '87: CC DM	26.395,- [29.025,-] (06/86)	26.955,- [29.585,-] (06/86)	28.735,- [-] (06/86)

Audi 100 C3 Teil 2

TYP [Avant]	Audi 100		
Bauzeit: Modell	Mj. '84 - 03/88: - / CC / CD [- / CC / CD]		
MOTOR	Vierzylinder-Ottomotor		
Motorkennbuchstabe	DS		
Hubraum cm³	1781		
Bohrung x Hub mm	81,0 x 86,4		
Leistung bei 1/min kW (PS)	66 (90) / 5200		
Drehmoment bei 1/min Nm	145 / 3300		
Verdichtung	10,0		
Gemischaufbereitung	Fallstrom-Registervergaser, Schubabschaltung		
Aufladung	–		
Zündung	TSZ (Hall-Geber)		
Ventilsteuerung	2V, Tassenstößel; ab Mj. '86: Hydrostößel, OHC, Zahnriemen		
Abgasreinigung	–		
ANTRIEB	Frontantrieb		
Übersetzungen	4-Gang	4+E-Gang; ab Mj. '85: 5-Gang	Automatik
1. Gang	3,455	3,455	2,714
2. Gang	1,789	1,789	1,500
3. Gang	1,065	1,133	1,000
4. Gang	0,703	0,829	–
5. Gang	–	0,684	–
6. Gang	–	–	–
Rückwärtsgang	3,167	3,167	2,429
Achsantrieb	4,111	4,111	3,417
FAHRWERK [Avant]			
Lenkung	Mechanisch mit Lenkungsdämpfer		
Bremsen	Bremskraftverstärker, Bremskraftregelung		
vorn	Scheiben [innenbelüftet]		
hinten	Trommeln		
Felgen	5 ½ J x 14; CS: 6 J x 14, Alu		
Reifen	185/70 SR 14		
KAROSSERIE [Avant]	Limousine, Avant		
Länge mm	4792		
Breite mm	1814		
Höhe mm	1422		
Radstand mm	2687		
Spurweite vorn mm	1468		
Spurweite hinten mm	1467		
Leergewicht kg	1090 [1140]; ab Mj. '85: [1130]		
zulässiges Gesamtgewicht kg	1590 [1640]; ab Mj. '85: 1640 [1680]		
FAHRLEISTUNGEN [Avant]	4-Gang	4+E-Gang; ab Mj. '85: 5-Gang	Automatik
Höchstgeschwindigkeit km/h	176 [174]	176 [174]	173 [171]
0 - 100 km/h s	12,0 [12,8]	12,0 [12,8]	14,1 [15,3]
VERBRAUCH [Avant]	4-Gang	4+E-Gang; ab Mj. '85: 5-Gang	Automatik
Kraftstoffart	Super 98 ROZ		
Drittelmix l/100 km	7,2 [7,5]	7,1 [7,4]	8,0 [8,4]
PREIS [Avant]	4-Gang	4+E-Gang	Automatik
Bis Mj. '87: CC DM	24.650,- [27.045,-] (08/83)	25.160,- [27.555,-] (08/83)	26.795,- [29.190,-] (08/83)
Bis Mj. '87: CC DM	27.375,- [30.005,-] (06/86)	27.935,- [30.656,-] (06/86)	27.715,- [32.345,-] (06/86)

Audi 100 C3 Teil 3

TYP [Avant]	Audi 100		Audi 100	
Bauzeit: Modell	Mj. '83 - '84: - / CC / CS / CD		Mj. '85 - 03/88: - / CC / CD [- / CC / CD]	
MOTOR	Fünfzylinder-Ottomotor		Fünfzylinder-Ottomotor	
Motorkennbuchstabe	WH		KP	
Hubraum cm³	1921		1994	
Bohrung x Hub mm	79,5 x 77,4		81,0 x 77,4	
Leistung bei 1/min kW (PS)	74 (100) / 5600		85 (115) / 5200	
Drehmoment bei 1/min Nm	150 / 3200		170 / 3000	
Verdichtung	10,0		10,0	
Gemischaufbereitung	Fallstrom-Registervergaser		Mechanische Einspritzanlage, Warmlaufregler, Schubabschaltung	
Aufladung	–		–	
Zündung	TSZ (Hall-Geber)		TSZ (Hall-Geber)	
Ventilsteuerung	2V, Tassenstößel, OHC, Zahnriemen		2V, Tassenstößel; ab Mj. '86: Hydrostößel, OHC, Zahnriemen	
Abgasreinigung	–		–	
ANTRIEB	Frontantrieb		Frontantrieb	
Übersetzungen	4+E-Gang	Automatik	5-Gang	Automatik
1. Gang	2,846	2,714	3,600	2,714
2. Gang	1,524	1,500	2,125	1,500
3. Gang	0,909	1,000	1,458	1,000
4. Gang	0,641	–	1,071	–
5. Gang	0,488	–	0,857	–
6. Gang	–	–	–	–
Rückwärtsgang	3,167	2,429	3,500	2,429
Achsantrieb	5,222	3,455	3,889	3,455
FAHRWERK [Avant]				
Lenkung	Mechanisch mit Lenkungsdämpfer		servounterstützt	
Bremsen	Bremskraftverstärker, Bremskraftregelung		Bremskraftverstärker, Bremskraftregelung	
vorn	Scheiben		Scheiben; ab Mj. '85: innenbelüftet [innenbelüftet]	
hinten	Trommeln		Trommeln	
Felgen	5 ½ J x 14; CS: 6 J x 14, Alu		5 ½ J x 14	
Reifen	165 SR 14; ab Mj. '84: 185/70 SR 14		185/70 HR 14	
KAROSSERIE [Avant]	Limousine		Limousine, Avant	
Länge mm	4792		4792	
Breite mm	1814		1814	
Höhe mm	1422		1422	
Radstand mm	2687		2687	
Spurweite vorn mm	1476; ab Mj. '84: 1468		1468	
Spurweite hinten mm	1467		1467	
Leergewicht kg	1145		1250 [1290]	
zulässiges Gesamtgewicht kg	1645		1800 [1840]	
FAHRLEISTUNGEN [Avant]	4+E-Gang	Automatik	5-Gang	Automatik
Höchstgeschwindigkeit km/h	176	173	190 [188]	186 [184]
0 - 100 km/h s	12,2	14,1	10,7 [11,2]	12,6 [13,5]
VERBRAUCH [Avant]	4+E-Gang	Automatik	5-Gang	Automatik
Kraftstoffart	Super 98 ROZ		Super 98 ROZ	
Drittelmix l/100 km	7,7	8,9	8,9 [9,2]	9,9 [10,2]
PREIS [Avant]	4+E-Gang	Automatik	5-Gang	Automatik
Bis Mj. '87: CC DM	25.845,- (08/83)	27.650,- (08/83)	31.055,- [33.685,-] (06/86)	33.030,- [35.660,-] (06/86)

Audi 100 C3 Teil 4

TYP [Avant]	Audi 100		
Bauzeit: Modell	Mj. '83 - '84: - / CC / CS / CD [Mj. '84: - / CC / CS / CD]		
MOTOR	Fünfzylinder-Ottomotor		
Motorkennbuchstabe	WC		
Hubraum cm³	2144		
Bohrung x Hub mm	79,5 x 86,4		
Leistung bei 1/min kW (PS)	100 (136) / 5700		
Drehmoment bei 1/min Nm	180 / 4800		
Verdichtung	9,3		
Gemischaufbereitung	Mechanische Einspritzanlage, Warmlaufregler, Schubabschaltung		
Aufladung	–		
Zündung	TSZ (Hall-Geber)		
Ventilsteuerung	2V, Tassenstößel, OHC, Zahnriemen		
Abgasreinigung	–		
ANTRIEB	Frontantrieb		
Übersetzungen	4+E-Gang	5-Gang; ab Mj. '84	Automatik
1. Gang	3,600	3,600	2,714
2. Gang	1,882	2,125	1,500
3. Gang	1,185	1,458	1,000
4. Gang	0,844	1,071	–
5. Gang	0,641	0,829	–
6. Gang	–	–	–
Rückwärtsgang	3,500	3,500	2,429
Achsantrieb	3,889	3,889	3,250
FAHRWERK			
Lenkung	servounterstützt		
Bremsen	Bremskraftverstärker, Bremskraftregelung		
vorn	Scheiben, innenbelüftet		
hinten	Scheiben		
Felgen	5 ½ J x 14; CS: 6 J x 14, Alu		
Reifen	185/70 HR 14		
KAROSSERIE [Avant]	Limousine; ab Mj. '84: Avant		
Länge mm	4792		
Breite mm	1814		
Höhe mm	1422		
Radstand mm	2687		
Spurweite vorn mm	1476; ab Mj. '84: 1468		
Spurweite hinten mm	1459; ab Mj. '84: 1469		
Leergewicht kg	1210 [1260]		
zulässiges Gesamtgewicht kg	1710 [1760]		
FAHRLEISTUNGEN [Avant]	4+E-Gang	5-Gang; ab Mj. '84	Automatik
Höchstgeschwindigkeit km/h	200 [196]	200 [196]	193 [191]
0 - 100 km/h s	10,3 [10,8]	10,3 [10,8]	13,3 [14,8]
VERBRAUCH [Avant]	4+E-Gang	5-Gang; ab Mj. '84	Automatik
Kraftstoffart	Super 98 ROZ		
Drittelmix l/100 km	8,5 [8,7]	9,4 [9,7]	9,8 [10,2]
PREIS [Avant]	4+E-Gang	5-Gang	Automatik
Bis Mj. '87: CC DM	28.600,- [30.995,-] (08/83)	28.600,- [30.995,-] (08/83)	30.405,- [32.800,-] (08/83)

Technische Daten

Audi 100 C3 Teil 5

TYP [Avant]	Audi 100		Audi 100	
Bauzeit: Modell	Mj. '85 - 03/88: - / CC / CS / CD; 03/88 - 07/88: 2.2 E [Mj. '85 - 03/88: - / CC / CS / CD; 03/88 - 07/88: 2.2 E]		Mj. '87 - 03/88: - / CC [- / CC]	
MOTOR	Fünfzylinder-Ottomotor		Vierzylinder-Ottomotor	
Motorkennbuchstabe	HX		RS	
Hubraum cm³	2226		1781	
Bohrung x Hub mm	81,0 x 86,4		81,0 x 86,4	
Leistung bei 1/min kW (PS)	101 (138) / 5700		55 (75) / 4500	
Drehmoment bei 1/min Nm	188 / 3500		140 / 2500	
Verdichtung	10,0		9,0	
Gemischaufbereitung	Mechanische Einspritzanlage, Warmlaufregler, Schubabschaltung		Fallstrom-Registervergaser	
Aufladung	–		–	
Zündung	TSZ (Hall-Geber)		TSZ (Hall-Geber)	
Ventilsteuerung	2V, Hydrostößel, OHC, Zahnriemen		2V, Hydrostößel, OHC, Zahnriemen	
Abgasreinigung	–		Ungeregelter Katalysator	
ANTRIEB	Frontantrieb		Frontantrieb	
Übersetzungen	5-Gang	Automatik	4-Gang	5-Gang
1. Gang	3,600	2,714	3,455	3,455
2. Gang	2,125	1,500	1,789	1,789
3. Gang	1,458	1,000	1,065	1,133
4. Gang	1,071	–	0,703	0,829
5. Gang	0,857	–	–	0,684
6. Gang	–	–	–	–
Rückwärtsgang	3,500	2,429	3,167	3,167
Achsantrieb	3,889	3,250	4,111	4,111
FAHRWERK [Avant]				
Lenkung	servounterstützt		Mechanisch mit Lenkungsdämpfer	
Bremsen	Bremskraftverstärker, Bremskraftregelung		Bremskraftverstärker, Bremskraftregelung	
vorn	Scheiben, innenbelüftet		Scheiben [innenbelüftet]	
hinten	Scheiben		Trommeln	
Felgen	5 ½ J x 14; CS: 6 J x 15, Alu		5 ½ J x 14	
Reifen	185/70 HR 14; CS: 205/60 VR 15		185/70 SR 14	
KAROSSERIE [Avant]	Limousine, Avant		Limousine, Avant	
Länge	4792		4792	
Breite	1814		1814	
Höhe	1422		1422	
Radstand	2687		2687	
Spurweite vorn	1468		1468	
Spurweite hinten	1469		1467	
Leergewicht	1250 [1290]		1090 [1130]	
zulässiges Gesamtgewicht	1800 [1840]		1640 [1680]	
FAHRLEISTUNGEN [Avant]	5-Gang	Automatik	4-Gang	5-Gang
Höchstgeschwindigkeit	202 [199; ab Mj. '86: 200]	199 [196]	165 [163]	165 [163]
0 - 100 km/h	9,7 [10,2]	11,3 [11,8]	14,9 [15,7]	14,9 [15,7]
VERBRAUCH [Avant]	5-Gang	Automatik	4-Gang	5-Gang
Kraftstoffart	Super 98 ROZ		Normal 91 ROZ	
Drittelmix (DIN 70030, ggf. v. 7/78)	9,0 [9,3]	9,5 [9,8]	7,4 [7,7]	7,4 [7,6]
PREIS [Avant]	5-Gang	Automatik	4-Gang	5-Gang
Bis Mj. '87: CC DM	32.050,- [34.680,-] (06/86)	34.025,- [36.655,-] (06/86)	27.245,- [29.875,-] (06/86)	27.805,- [30.435,-] (06/86)

Audi 100 C3 Teil 6

TYP [Avant]	Audi 100		
Bauzeit: Modell	Mj. '87 - 03/88: - / CC / CD; Mj. '87 - 03/88: CS, 03/88 - 07/88: - [Mj. '87 - 03/88:- / CC / CD; Mj. '87 - 03/88: CS, 03/88 - 07/88: -]		
MOTOR	Vierzylinder-Ottomotor		
Motorkennbuchstabe	SH		
Hubraum cm³	1781		
Bohrung x Hub mm	81,0 x 86,4		
Leistung bei 1/min kW (PS)	65 (88) / 5200		
Drehmoment bei 1/min Nm	146 / 3300		
Verdichtung	9,0		
Gemischaufbereitung	Fallstrom-Registervergaser		
Aufladung	–		
Zündung	TSZ (Hall-Geber)		
Ventilsteuerung	2V, Hydrostößel, OHC, Zahnriemen		
Abgasreinigung	Ungeregelter Katalysator		
ANTRIEB	Frontantrieb		
Übersetzungen	4-Gang; bis 03/88	5-Gang	Automatik
1. Gang	3,455	3,455; ab 03/88: 3,545	2,714
2. Gang	1,789	1,789; ab 03/88: 1,857	1,500
3. Gang	1,065	1,133; ab 03/88: 1,156	1,000
4. Gang	0,703	0,829; ab 03/88: 0,889	–
5. Gang	–	0,684; ab 03/88: 0,725	–
6. Gang	–	–	–
Rückwärtsgang	3,167	3,167; ab 03/88: 3,500	2,429
Achsantrieb	4,111	4,111	3,417
FAHRWERK [Avant]			
Lenkung	Mechanisch mit Lenkungsdämpfer		
Bremsen	Bremskraftverstärker, Bremskraftregelung		
vorn	Scheiben [innenbelüftet]		
hinten	Trommeln		
Felgen	5 ½ J x 14; CS: 6 J x 14, Alu		
Reifen	185/70 SR 14		
KAROSSERIE [Avant]	Limousine, Avant		
Länge mm	4792		
Breite mm	1814		
Höhe mm	1422		
Radstand mm	2687		
Spurweite vorn mm	1468		
Spurweite hinten mm	1467		
Leergewicht kg	1090 [1130]		
zulässiges Gesamtgewicht kg	1640 [1680]		
FAHRLEISTUNGEN [Avant]	4-Gang; bis 03/88	5-Gang	Automatik
Höchstgeschwindigkeit km/h	175 [173]	175 [173]	172 [170]
0 - 100 km/h s	12,2 [13,0]	12,2 [13,0]	14,3 [15,5]
VERBRAUCH [Avant]	4-Gang; bis 03/88	5-Gang	Automatik
Kraftstoffart	Normal 91 ROZ		
Drittelmix l/100 km	7,7 [8,0]	7,8 [8,1]	8,5 [8,9]
PREIS [Avant]	4-Gang	5-Gang	Automatik
Bis Mj. '87: CC DM	28.225,- [30.855,-] (06/86)	28.785,- [31.415,-] (06/86)	30.565,- [33.195,-] (06/86)

Audi 100 C3 Teil 7

TYP [Avant]	Audi 100		Audi 100		
Bauzeit: Modell	Mj. '87 - 03/88: - / CC / CD [Mj. '87 - 03/88: - / CC / CD]		Mj. '85 - 03/88: - / CC / CD; Mj. '87 - 03/88: CS [Mj. '85 - 03/88: - / CC / CD; Mj. '87 - 03/88: CS]		
MOTOR	Fünfzylinder-Ottomotor		Vierzylinder-Ottomotor		
Motorkennbuchstabe	SL		PH		
Hubraum cm³	1994		1781		
Bohrung x Hub mm	81,0 x 77,4		81,0 x 86,4		
Leistung bei 1/min kW (PS)	83 (113) / 5200		66 (90) / 5500; ab Mj. '86: 66 (90) / 5300		
Drehmoment bei 1/min Nm	165 / 3000		137 / 3250; ab Mj. '86: 138 / 3000		
Verdichtung	10,0		9,0		
Gemischaufbereitung	Mechanische Einspritzanlage, Warmlaufregler, Schubabschaltung		Mechanische Einspritzanlage, Warmlaufregler		
Aufladung	–		–		
Zündung	VEZ		TSZ (Hall-Geber)		
Ventilsteuerung	2V, Hydrostößel, OHC, Zahnriemen		2V, Tassenstößel; ab Mj. '86: Hydrostößel, OHC, Zahnriemen		
Abgasreinigung	Ungeregelter Katalysator		Geregelter Katalysator		
ANTRIEB	Frontantrieb		Frontantrieb		
Übersetzungen	5-Gang	Automatik	4-Gang	5-Gang	Automatik
1. Gang	3,600	2,714	3,455	3,455	2,714
2. Gang	2,125	1,500	1,789	1,944	1,500
3. Gang	1,458	1,000	1,133	1,286	1,000
4. Gang	1,071	–	0,829	0,969	–
5. Gang	0,857	–	–	0,800	–
6. Gang	–	–	–	–	–
Rückwärtsgang	3,500	2,429	3,167	3,167	2,417
Achsantrieb	3,889	3,455	4,111	4,111	3,417
FAHRWERK [Avant]					
Lenkung	servounterstützt		Mechanisch mit Lenkungsdämpfer		
Bremsen	Bremskraftverstärker, Bremskraftregelung		Bremskraftverstärker, Bremskraftregelung		
vorn	Scheiben, innenbelüftet		Scheiben [innenbelüftet]		
hinten	Trommeln		Trommeln		
Felgen	5 ½ J x 14; CS: 6 J x 14, Alu		5 ½ J x 14; CS: 6 J x 14, Alu		
Reifen	185/70 HR 14		185/70 SR 14		
KAROSSERIE [Avant]	Limousine, Avant		Limousine, Avant		
Länge mm	4792		4792		
Breite mm	1814		1814		
Höhe mm	1422		1422		
Radstand mm	2687		2687		
Spurweite vorn mm	1468		1468		
Spurweite hinten mm	1467		1467		
Leergewicht kg	1250 [1290]		1110 [1150]		
zulässiges Gesamtgewicht kg	1800 [1840]		1660 [1700]		
FAHRLEISTUNGEN [Avant]	5-Gang	Automatik	4-Gang	5-Gang	Automatik
Höchstgeschwindigkeit km/h	188 [186]	184 [182]	176 [174]	176 [174]	173 [171]
0 - 100 km/h s	10,9 [11,4]	12,8 [13,7]	12,0 [12,8]	12,0 [12,8]	14,1 [15,3]
VERBRAUCH [Avant]	5-Gang	Automatik	4-Gang	5-Gang	Automatik
Kraftstoffart	Super 95 ROZ		Normal 91 ROZ		
Drittelmix l/100 km	9,3 [9,6]	10,3 [10,6]	8,4 [8,7]	8,3 [8,6]	8,9 [9,3]
PREIS [Avant]	5-Gang	Automatik	4-Gang	5-Gang	Automatik
Bis Mj. '87: CC DM	32.330,- [34.960,-] (06/86)	34.305,- [36.935,-] (06/86)	29.390,- [32.020,-] (06/86)	29.950,- [32.580,-] (06/86)	31.730,- [34.630,-] (06/86)

Audi 100 C3 Teil 8

TYP [Avant]	Audi 100		Audi 100	
Bauzeit: Modell	Mj. 03/88 - Mj. '90: - [-]		Mj. '85 - 03/88: - / CC / CD; Mj. '87 - 03/88: CS [Mj. '85 - 03/88: - / CC / CD; Mj. '87 - 03/88: CS]	
MOTOR	Vierzylinder-Ottomotor		Fünfzylinder-Ottomotor	
Motorkennbuchstabe	4B		KZ	
Hubraum cm³	1781		2226	
Bohrung x Hub mm	81,0 x 86,4		81,0 x 86,4	
Leistung bei 1/min kW (PS)	66 (90) / 5500; ab 02/90: 66 (90) / 5300		85 (115) / 5500	
Drehmoment bei 1/min Nm	142 / 3250; ab 02/90: 138 / 3000		165 / 2500	
Verdichtung	9,0		8,5	
Gemischaufbereitung	Mechanische Einspritzanlage		Mechanische Einspritzanlage, Warmlaufregelung, Schubabschaltung	
Auflading	–		–	
Zündung	Elektronische Zündanlage		TSZ (Hall-Geber)	
Ventilsteuerung	2V, Hydrostößel, OHC, Zahnriemen		2V, Hydrostößel, OHC, Zahnriemen	
Abgasreinigung	Geregelter Katalysator; Mj. '88: auf Wunsch ohne Abgasreinigung		Geregelter Katalysator	
ANTRIEB	Frontantrieb		Frontantrieb	
Übersetzungen	5-Gang	Automatik	5-Gang; ab Mj. '84	Automatik
1. Gang	3,545	2,714	3,600	2,714
2. Gang	1,857; ab Mj. '89: 2,105	1,500	2,125	1,500
3. Gang	1,300	1,000	1,360	1,000
4. Gang	0,889; ab Mj. '89: 0,943	–	0,967	–
5. Gang	0,725; ab Mj. '89: 0,789	–	0,730	–
6. Gang	–	–	–	–
Rückwärtsgang	3,500	2,429	3,500	2,429
Achsantrieb	4,111	3,417	4,111	3,455
FAHRWERK [Avant]				
Lenkung	Mechanisch mit Lenkungsdämpfer		servounterstützt	
Bremsen	Bremskraftverstärker, Bremskraftregelung		Bremskraftverstärker, Bremskraftregelung	
vorn	Scheiben [innenbelüftet]		Scheiben; ab Mj. '85: innenbelüftet [innenbelüftet]	
hinten	Trommeln		Trommeln	
Felgen	5 ½ J x 14		5 ½ J x 14; CS: 6 J x 14, Alu	
Reifen	185/70 SR 14		185/70 HR 14	
KAROSSERIE [Avant]	Limousine, Avant		Limousine, Avant	
Länge mm	4792		4792	
Breite mm	1814		1814	
Höhe mm	1422		1422	
Radstand mm	2687		2687	
Spurweite vorn mm	1476		1468	
Spurweite hinten mm	1483		1467	
Leergewicht kg	1110 [1150]; ab Mj. '89: 1160 [1200]		1250 [1290]	
zulässiges Gesamtgewicht kg	1660 [1700]; ab Mj. '89: 1710 [1750]		1800 [1840]	
FAHRLEISTUNGEN [Avant]	5-Gang	Automatik	5-Gang; ab Mj. '84	Automatik
Höchstgeschwindigkeit km/h	176 [174]	173 [171]	190 [187]	186 [183]
0 - 100 km/h s	12,0 [12,3]; ab Mj. '89: 12,6 [12,9]	14,1 [14,4]	11,0 [11,5]	12,9 [13,7]
VERBRAUCH [Avant]	5-Gang	5-Gang	5-Gang; ab Mj. '84	Automatik
Kraftstoffart	Normal 91 ROZ		Normal 91 ROZ	
Drittelmix l/100 km	8,1 [8,4]	8,7 [9,0]	9,8 [10,3]	10,6 [10,9]
PREIS [Avant]	5-Gang	5-Gang	5-Gang	Automatik
Bis Mj. '87: CC DM	30.975,- [33.780,-] (04/88)	33.085,- [35.890,-] (04/88)	33.515,- [36.145,-] (06/86)	35.490,- [38.120,-] (06/86)
Bis Mj. '87: CC DM	33.380,- [36.370,-] (05/90)			

Audi 100 C3 Teil 9

TYP [Avant]	Audi 100		Audi 100		
Bauzeit: Modell	03/88 - Mj. '90: 2.0 E [03/88 - Mj. '91: 2.0 E]		Mj. '87 - 03/88: - / CC / CS / CD; 03/88 - Mj. '90: 2.3 E [Mj. '87 - 03/88: - / CC / CS / CD; 03/88 - Mj. '91: 2.3 E]		
MOTOR	Fünfzylinder-Ottomotor		Fünfzylinder-Ottomotor		
Motorkennbuchstabe	RT		NF		
Hubraum cm³	1994		2309		
Bohrung x Hub mm	81,0 x 77,4		82,5 x 86,4		
Leistung bei 1/min kW (PS)	85 (115) / 5400		100 (136) / 5600; ab 02/90: 98 (133) / 5600		
Drehmoment bei 1/min Nm	172 / 4000		190 / 4000; ab 02/90: 186 / 4000		
Verdichtung	10,0		10,0		
Gemischaufbereitung	Mechanische Einspritzanlage, Warmlaufregelung, Schubabschaltung		Mechanische Einspritzanlage, Warmlaufregelung, Schubabschaltung		
Aufladung					
Zündung	Vollelektronisch mit Kennfeldsteuerung		Vollelektronisch mit Kennfeldsteuerung		
Ventilsteuerung	2V, Hydrostößel, OHC, Zahnriemen		2V, Hydrostößel, OHC, Zahnriemen		
Abgasreinigung	Katalysator mit Lambdaregelung; Mj. '88: auf Wunsch ohne Abgasreinigung		Geregelter Katalysator		
ANTRIEB	Frontantrieb		Frontantrieb		
Übersetzungen	5-Gang	Automatik	5-Gang	Automatik; bis Mj. '90	Automatik; ab 03/90
1. Gang	3,545	2,714	3,600	2,714	2,714
2. Gang	2,105	1,500	2,125	1,500	1,551
3. Gang	1,429	1,000	1,458; ab 03/88: 1,429	1,000	1,000
4. Gang	1,029	–	1,071; ab 03/88: 1,029	–	0,679
5. Gang	0,838	–	0,857; ab 03/88: 0,838	–	—
6. Gang	–	–	–	–	–
Rückwärtsgang	3,500	2,429	3,500	2,429	2,111
Achsantrieb	3,889	3,455	3,889	3,250	5,001
FAHRWERK					
Lenkung	servounterstützt		servounterstützt		
Bremsen	Bremskraftverstärker, Bremskraftregelung		Bremskraftverstärker, Bremskraftregelung; ab Mj. '90: ABS		
vorn	Scheiben, innenbelüftet		Scheiben, innenbelüftet		
hinten	Trommeln		Scheiben		
Felgen	5 ½ J x 14		5 ½ J x 14; CS: 6 J x 15, Alu		
Reifen	185/70 HR 14		185/70 HR 14; CS: 205/60 VR 15		
KAROSSERIE [Avant]	Limousine, Avant		Limousine, Avant		
Länge mm	4792		4792		
Breite mm	1814		1814		
Höhe mm	1422		1422		
Radstand mm	2687		2687		
Spurweite vorn mm	1476		1468; ab 03/88: 1476		
Spurweite hinten mm	1483		1485		
Leergewicht kg	1250 [1290]		1250 [1290]		
zulässiges Gesamtgewicht kg	1800 [1840]		1800 [1840]		
FAHRLEISTUNGEN [Avant]	5-Gang	Automatik	5-Gang	Automatik	Automatik
Höchstgeschwindigkeit km/h	190 [188]	186 [184]	201 [199]	198 [196]	198 [196]
0 - 100 km/h s	10,7 [10,9]	12,6 [12,8]	9,8 [10,4]; ab 03/88: 10,0	11,6 [12,2]; ab 03/88: 11,5 [11,7]	11,5 [11,7]
VERBRAUCH [Avant]	5-Gang	Automatik	5-Gang	Automatik	Automatik
Kraftstoffart	Super 95 ROZ		Super 95 ROZ		
Drittelmix l/100 km	8,9 [9,1]	10,2 [10,6]	8,9 [9,1]	9,4 [9,6]	9,6 [9,8]
PREIS [Avant]	5-Gang	Automatik	5-Gang	Automatik	Automatik
Bis Mj. '87: CC DM	35.260,- [38.065,-] (04/88)	37.370,- [40.175,-] (04/88)	35.980,- [38.785,-] (04/88)	38.090,- [40.895,-] (04/88)	43.850,- [46.840,-] (05/90)
Bis Mj. '87: CC DM	38.225,- [41.215,-] (05/90)	40.485,- [43.475,-] (05/90)	41.075,- [44.065,-] (05/90)	43.335,- [46.325,-] (05/90)	

Audi 100 C3 Teil 10

TYP [Avant]	Audi 100 Turbo		Audi 100 quattro	Audi 100 quattro
Bauzeit: Modell	Mj. '86 - '90: turbo [Mj. '86 - '91: turbo]		Mj. '85 - '88: quattro [quattro]	Mj. '85 - 03/88: CS quattro; 03/88 - 07/88: quattro [Mj. '85 - 03/88: CS quattro; 03/88 - 07/88: quattro]
MOTOR	Fünfzylinder-Ottomotor mit Abgasturboaufladung		Vierzylinder-Ottomotor	Fünfzylinder-Ottomotor
Motorkennbuchstabe	MC		NP	HX
Hubraum cm³	2226		1781	2226
Bohrung x Hub mm	81,0 x 86,4		81,0 x 86,4	81,0 x 86,4
Leistung bei 1/min kW (PS)	121 (165) / 5500		66 (90) / 5200	101 (138) / 5700
Drehmoment bei 1/min Nm	240 / 3000		150 / 3300	188 / 3500
Verdichtung	7,8		10,0	10,0
Gemischaufbereitung	Mechanische Einspritzanlage, Warmlaufregelung, Schubabschaltung		Fallstrom-Registervergaser	Mechanische Einspritzanlage, Warmlaufregelung, Schubabschaltung
Aufladung	Abgasturboaufladung mit Ladeluftkühlung		–	–
Zündung	Vollelektronisch mit Kennfeldsteuerung		TSZ (Hall-Geber)	TSZ (Hall-Geber)
Ventilsteuerung	2V, Hydrostößel, OHC, Zahnriemen		2V, Tassenstößel; ab Mj. '86: Hydrostößel, OHC, Zahnriemen	2V, Hydrostößel, OHC, Zahnriemen
Abgasreinigung	Geregelter Katalysator		–	–
ANTRIEB	Frontantrieb		Permanenter Allradantrieb; ab Mj. '88: mit Torsen-Differenzial	Permanenter Allradantrieb; ab Mj. '88: mit Torsen-Differenzial
Übersetzungen	5-Gang	Automatik; ab Mj. '87	5-Gang	5-Gang
1. Gang	3,600	2,714	3,600	3,600
2. Gang	2,125	1,500	2,125	2,125
3. Gang	1,360	1,000	1,458	1,458
4. Gang	0,967	–	1,071	1,071
5. Gang	0,778	–	0,778	0,806
6. Gang	–	–	–	–
Rückwärtsgang	3,500	2,429	3,500	3,500
Achsantrieb	3,889	3,083	4,778	4,111
FAHRWERK				
Lenkung	servounterstützt		Mechanisch mit Lenkungsdämpfer	servounterstützt
Bremsen	Bremskraftverstärker, Bremskraftregelung; ab 03/88: ABS		Bremskraftverstärker, Bremskraftregelung	Bremskraftverstärker, Bremskraftregelung; ab Mj. '88: ABS
vorn	Scheiben, innenbelüftet		Scheiben, innenbelüftet	Scheiben, innenbelüftet
hinten	Scheiben		Scheiben	Scheiben
Felgen	6 J x 15, Alu		5 ½ J x 14	6 J x 15, Alu
Reifen	205/60 VR 15		185/70 SR 14	205/60 VR 15
KAROSSERIE [Avant]	Limousine, Avant		Limousine, Avant	Limousine, Avant
Länge	4792		4792	4792
Breite	1814		1814	1814
Höhe	1422		1422	1422
Radstand	2687		2687	2687
Spurweite vorn	1468; ab 03/88: 1476		1468	1468
Spurweite hinten	1473		1469	1469; ab Mj. '86: 1490
Leergewicht	1300 [1340]		1200 [1240]	1330 [1370]
zulässiges Gesamtgewicht	1850 [1890]		1750 [1790]	1880 [1920]
FAHRLEISTUNGEN [Avant]	5-Gang	Automatik	5-Gang	5-Gang
Höchstgeschwindigkeit	216 [213]	212 [209]	176 [174]	202 [199]
0 - 100 km/h	8,0 [8,2]	9,2 [9,4]	12,9 [13,4]	9,9 [10,2]
VERBRAUCH [Avant]	5-Gang	Automatik	5-Gang	5-Gang
Kraftstoffart	Super 95 ROZ		Super 98 ROZ	Super 98 ROZ
Drittelmix (DIN 70030, ggf. v. 7/78)	10,0 [10,2]	10,9 [11,2]	8,9 [9,1]	9,4 [9,7]
Preis [Avant]	5-Gang	Automatik	5-Gang	5-Gang
Bis Mj. '87: CC DM	41.160,- [43.790,-] (06/86)	43.135,- [45.765,-] (06/86)	33.600,- [36.230,-] (06/86)	42.440,- [45.070,-] (06/86)
Bis Mj. '87: CC DM	51.730,- [54.720,-] (05/90)	53.990,- [56.980,-] (05/90)		

Audi 100 C3 Teil 11

TYP [Avant]	Audi 100 quattro	Audi 100 quattro	Audi 100 quattro	Audi 100 quattro
Bauzeit: Modell	Mj. '85 - '88: quattro [quattro]	Mj. '85 - '88: quattro [quattro]	Mj. 03/88 - Mj. '90: quattro [quattro]	Mj. '86 - '87: CS quattro [CS quattro]
MOTOR	Vierzylinder-Ottomotor	Vierzylinder-Ottomotor	Vierzylinder-Ottomotor	Fünfzylinder-Ottomotor
Motorkennbuchstabe	SH	PH	4B	PX
Hubraum cm³	1781	1781	1781	2226
Bohrung x Hub mm	81,0 x 86,4	81,0 x 86,4	81,0 x 86,4	81,0 x 86,4
Leistung bei 1/min kW (PS)	65 (88) / 5200	66 (90) / 5200	66 (90) / 5500	88 (120) / 5600
Drehmoment bei 1/min Nm	146 / 3300	138 / 3000	145 / 3250	172 / 3400
Verdichtung	9,0	9,0	9,0	8,5
Gemischaufbereitung	Fallstrom-Registervergaser	Mechanische Einspritzanlage	Mechanische Einspritzanlage	Mechanische Einspritzanlage, Warmlaufregelung, Schubabschaltung
Aufladung	–	–	–	–
Zündung	TSZ (Hall-Geber)	TSZ (Hall-Geber)	elektronisch (Hall-Geber)	TSZ (Hall-Geber)
Ventilsteuerung	2V, Hydrostößel, OHC, Zahnriemen	2V, Hydrostößel, OHC, Zahnriemen	2V, Hydrostößel, OHC, Zahnriemen	2V, Hydrostößel, OHC, Zahnriemen
Abgasreinigung	Ungeregelter Katalysator	Geregelter Katalysator	Geregelter Katalysator	Geregelter Katalysator
ANTRIEB	Permanenter Allradantrieb; ab Mj. '88: mit Torsen-Differenzial	Permanenter Allradantrieb; ab Mj. '88: mit Torsen-Differenzial	Permanenter Allradantrieb mit Torsen-Differenzial	Permanenter Allradantrieb
Übersetzungen	5-Gang	5-Gang	5-Gang	5-Gang
1. Gang	3,600; ab 03/88: 3,545	3,600	3,545	3,600
2. Gang	2,125; ab 03/88: 1,857	1,882; ab Mj. '87: 2,125	1,857; ab Mj. '89: 2,105	2,125
3. Gang	1,458; ab 03/88: 1,156	1,185; ab Mj. '87: 1,458	1,156	1,458
4. Gang	1,071; ab 03/88: 0,789	0,857; ab Mj. '87: 1,071	0,789	1,071
5. Gang	0,778; ab 03/88: 0,643	0,667; ab Mj. '87: 0,778	0,643	0,829
6. Gang	–	–	–	–
Rückwärtsgang	3,500	3,500	3,500	3,500
Achsantrieb	4,778; ab 03/88: 4,556	4,778	4,556	4,111
FAHRWERK				
Lenkung	Mechanisch mit Lenkungsdämpfer	Mechanisch mit Lenkungsdämpfer	servounterstützt	servounterstützt
Bremsen	Bremskraftverstärker, Bremskraftregelung; ab Mj. '88: ABS	Bremskraftverstärker, Bremskraftregelung; ab Mj. '88: ABS	Bremskraftverstärker, Bremskraftregelung, ABS	Bremskraftverstärker, Bremskraftregelung
vorn	Scheiben, innenbelüftet	Scheiben, innenbelüftet	Scheiben, innenbelüftet	Scheiben, innenbelüftet
hinten	Scheiben	Scheiben	Scheiben	Scheiben
Felgen	5 ½ J x 14	5 ½ J x 14; CS: 6 J x 14, Alu	5 ½ J x 14	6 J x 15, Alu
Reifen	185/70 SR 14	185/70 SR 14	185/70 SR 14	205/60 VR 15
KAROSSERIE [Avant]	Limousine, Avant	Limousine, Avant	Limousine, Avant	Limousine, Avant
Länge mm	4792	4792	4792	4792
Breite mm	1814	1814	1814	1814
Höhe mm	1422	1422	1422	1422
Radstand mm	2687	2687	2687	2687
Spurweite vorn mm	1468	1468	1476	1468
Spurweite hinten mm	1490	1490	1490	1490
Leergewicht kg	1200 [1240]	1240 [1280]	1240 [1280]; ab Mj. '89: 1270 [1310]	1330 [1370]
zulässiges Gesamtgewicht kg	1750 [1790]	1790 [1830]	1790 [1830]; ab Mj. '89: 1820 [1860]	1880 [1920]
FAHRLEISTUNGEN [Avant]	5-Gang	5-Gang	5-Gang	5-Gang
Höchstgeschwindigkeit km/h	175 [173]	176 [174]	176 [174]	191 [188]
0 - 100 km/h s	13,1 [13,6]	12,9 [13,4]	12,9 [13,4]	10,9 [11,4]
VERBRAUCH [Avant]	5-Gang	5-Gang	5-Gang	5-Gang
Kraftstoffart	Normal 91 ROZ	Normal 91 ROZ	Normal 91 ROZ	Normal 91 ROZ
Drittelmix l/100 km	8,7 [9,0]	9,0 [9,3]	8,8 [9,0]	10,6 [10.9]
PREIS [Avant]	5-Gang	5-Gang	5-Gang	5-Gang
Bis Mj. '87: CC DM	34.450,- [37.080,-] (06/86)	35.615,- [38.245,-] (06/86)	42.250,- [45.055,-] (04/88)	44.105,- [46.735,-] (06/86)
Bis Mj. '87: CC DM				

Audi 100 C3 Teil 12

TYP [Avant]	Audi 100 quattro	Audi 100 Turbo quattro	Audi 100 Diesel			
Bauzeit: Modell	Mj. '87 - 03/88: CS quattro; 03/88 - Mj. '90: quattro [Mj. '87 - 03/88: CS quattro; 03/88 - Mj. '91: quattro]	Mj. '86 - '90: quattro [Mj. '86 - '91: quattro]	Mj. '83 - 03/88: - / CC; Mj. '83: CS / CD; 03/88 - Mj. '89: diesel [Mj. '84 - 03/88: - / CC; 03/88 - Mj. '89: Diesel]			
MOTOR	Fünfzylinder-Ottomotor	Fünfzylinder-Ottomotor mit Abgasturboaufladung	Fünfzylinder-Dieselmotor			
Motorkennbuchstabe	NF	MC	CN			
Hubraum cm³	2309	2226	1986			
Bohrung x Hub mm	82,5 x 86,4	81,0 x 86,4	76,5 x 86,4			
Leistung bei 1/min kW (PS)	100 (136) / 5600; ab 02/90: 98 (133) / 5600	121 (165) / 5500	51 (70) / 4800			
Drehmoment bei 1/min Nm	190 / 4000; ab 02/90: 186 / 4000	240 / 3000	123 / 2800			
Verdichtung	10,0	7,8	23,0			
Gemischaufbereitung	Mechanische Einspritzanlage, Warmlaufregelung, Schubabschaltung	Mechanische Einspritzanlage, Warmlaufregelung, Schubabschaltung	Verteiler-Einspritzpumpe			
Aufladung	–	Abgasturboaufladung mit Ladeluftkühlung				
Zündung	Vollelektronisch mit Kennfeldsteuerung	Vollelektronisch mit Kennfeldsteuerung	Wirbelkammer			
Ventilsteuerung	2V, Hydrostößel, OHC, Zahnriemen	2V, Hydrostößel, OHC, Zahnriemen	2V, Tassenstößel, ab Mj. '86: Hydrostößel, OHC, Zahnriemen			
Abgasreinigung	geregelter Katalysator	geregelter Katalysator	–			
ANTRIEB	permanenter Allradantrieb; ab Mj. '88: mit Torsen-Differenzial	permanenter Allradantrieb; ab Mj. '88: mit Torsen-Differenzial	Frontantrieb			
Übersetzungen	5-Gang	5-Gang	4+E-Gang; bis Mj. '84	5-Gang; ab Mj. '85		Automatik
1. Gang	3,600; ab 03/88: 3,545	3,600	3,600	3,600		2,714
2. Gang	2,125; ab 03/88: 2,105	2,125	1,882	1,882		1,500
3. Gang	1,458; ab 03/88: 1,429	1,360	1,185	1,185		1,000
4. Gang	1,071; ab 03/88: 1,029	0,967	0,844	0,844		–
5. Gang	0,857; ab 03/88: 0,838	0,730	0,641	0,684		–
6. Gang	–	–	–	–		–
Rückwärtsgang	3,500	3,500	3,500	3,500		2,429
Achsantrieb	4,111	4,111	4,556	4,556; ab 03/88: 4,778		3,455
FAHRWERK [Avant]						
Lenkung	servounterstützt	servounterstützt	servounterstützt			
Bremsen	Bremskraftverstärker, Bremskraftregelung; ab Mj. '88: ABS	Bremskraftverstärker, Bremskraftregelung; ab Mj. '88: ABS	Bremskraftverstärker, Bremskraftregelung			
vorn	Scheiben, innenbelüftet	Scheiben, innenbelüftet	Scheiben [innenbelüftet]			
hinten	Scheiben	Scheiben	Trommeln			
Felgen	6 J x 15; CS: Alu	6 J x 15, Alu	5 ½ J x 14; CS: 6 J x 14, Alu			
Reifen	205/60 VR 15	205/60 VR 15	185/70 SR 14			
KAROSSERIE [Avant]	Limousine, Avant	Limousine, Avant	Limousine, Avant			
Länge	4792	4792	4792			
Breite	1814	1814	1814			
Höhe	1422	1422	1422			
Radstand	2687	2687	2687			
Spurweite vorn	1476	1476	1476; ab Mj. '84: 1468			
Spurweite hinten	1490	1490	1467			
Leergewicht	1330 [1370]	1410 [1450]	1210 [1260]; ab Mj. '85: 1250 [1290]			
zulässiges Gesamtgewicht	1880 [1920]	1960 [2000]	1710 [1760]; ab Mj. '85: 1800 [1840]			
FAHRLEISTUNGEN [Avant]	5-Gang	5-Gang	4+E-Gang; bis Mj. '84	5-Gang; ab Mj. '85		Automatik
Höchstgeschwindigkeit	201 [199]	216 [213]	155 [154]	158 [156]		154 [152]
0 - 100 km/h	9,8 [10,4]; ab 03/88: 10,0	8,0 [8,2]	17,9 [18,7]	18,6 [19,0]		21,3 [22,2]
VERBRAUCH [Avant]	5-Gang	5-Gang	4+E-Gang; bis Mj. '84	5-Gang; ab Mj. '85		Automatik
Kraftstoffart	Super 95 ROZ	Super 95 ROZ	Diesel			
Drittelmix (DIN 70030, ggf. v. 7/78)	9,2 [9,4]	10,8 [11,1]	6,6 [6,8]	6,6 [6,8]		7,6 [7,8]
Preis [Avant]	5-Gang	5-Gang	4+E-Gang	5-Gang		Automatik
Bis Mj. '87: CC DM	46.070,- [48.875,-] (04/88)	48.365,- [50.995,-] (03/86)	28.465,- [30.860,-] (08/83)	31.570,- [34.200,-] (06/86)		30.475,- [32.870,-] (08/83)
Bis Mj. '87: CC DM	45.870,- [48.860,-] (05/90)	56.090,- [59.890,-] (05/90)	32.885,- [35.690,-] (04/88)	35.225,- [38.030,-] (04/88)		33.765,- [36.395,-] (06/86)

Audi 100 C3 Teil 13

TYP [Avant]	Audi 100 Turbo Diesel		Audi 100 Diesel	Audi 100 Turbo Diesel
Bauzeit: Modell	Mj. '84 - 03/88: - / CC / CD; Mj. '84 und Mj. '87 - 03/88: CS [Mj. '84 - 03/88: - / CC / CD; Mj. '84 und Mj. '87 - 03/88: CS]		Mj. '90: diesel [Mj. '90 - '91: diesel]	Mj. '89 - '90: turbo D [Mj. '89 - '91: turbo D]
MOTOR	Fünfzylinder-Dieselmotor mit Abgasturboaufladung		Fünfzylinder-Dieselmotor	Fünfzylinder-Dieselmotor mit Abgasturboaufladung
Motorkennbuchstabe	DE		3D	NC
Hubraum cm³	1986		2370	1986
Bohrung x Hub mm	76,5 x 86,4		79,5 x 95,5	76,5 x 86,4
Leistung bei 1/min kW (PS)	64 (87) / 4500		60 (82) / 4400	74 (100) / 4500
Drehmoment bei 1/min Nm	172 / 2750		164 / 2400	192 / 2200 - 3200
Verdichtung	23,0		22,0	23,0
Gemischaufbereitung	Verteiler-Einspritzpumpe		Verteiler-Einspritzpumpe	Verteiler-Einspritzpumpe
Aufladung	Abgasturboaufladung		–	Abgasturboaufladung mit Ladeluftkühlung
Zündung	Wirbelkammer		Wirbelkammer	Wirbelkammer
Ventilsteuerung	2V, Tassenstößel, ab Mj. '86: Hydrostößel, OHC, Zahnriemen		2V, Hydrostößel, OHC, Zahnriemen	2V, Hydrostößel, OHC, Zahnriemen
Abgasreinigung	–		–	–
ANTRIEB	Frontantrieb		Frontantrieb	
Übersetzungen	4+E-Gang; ab Mj. '85: 5-Gang	Automatik	5-Gang	5-Gang
1. Gang	3,600	2,714	3,600	3,600
2. Gang	1,882	1,500	1,882	1,882
3. Gang	1,185	1,000	1,185	1,185
4. Gang	0,844	–	0,844	0,844
5. Gang	0,641; ab Mj. '85: 0,684	–	0,641	0,641
6. Gang	–	–	–	–
Rückwärtsgang	3,500	2,429	3,500	3,500
Achsantrieb	4,111	3,083	4,556	4,111
FAHRWERK [Avant]				
Lenkung			servounterstützt	servounterstützt
Bremsen	Bremskraftverstärker, Bremskraftregelung		Bremskraftverstärker, Bremskraftregelung	Bremskraftverstärker, Bremskraftregelung
vorn	Scheiben [innenbelüftet]		Scheiben [innenbelüftet]	Scheiben [innenbelüftet]
hinten	Trommeln		Trommeln	Trommeln
Felgen	5 ½ J x 14; CS: 6 J x 14, Alu		5 ½ J x 14	5 ½ J x 14
Reifen	185/70 SR 14		185/70 TR 14	185/70 HR 14
KAROSSERIE [Avant]	Limousine, Avant		Limousine, Avant	Limousine, Avant
Länge mm	4792		4792	4792
Breite mm	1814		1814	1814
Höhe mm	1422		1422	1422
Radstand mm	2687		2687	2687
Spurweite vorn mm	1468		1476	1476
Spurweite hinten mm	1467		1483	1483
Leergewicht kg	1250 [1300]; ab Mj. '85: 1280		1300 [1340]	1300 [1340]
zulässiges Gesamtgewicht kg	1750 [1800]; ab Mj. '85: 1830		1850 [1890]	1850 [1890]
FAHRLEISTUNGEN	4+E-Gang; ab Mj. '85: 5-Gang	Automatik	5-Gang	5-Gang
Höchstgeschwindigkeit km/h	172 [170]; ab Mj. '85: 174 [172]	164 [162], ab Mj. '85: 168 [166]	166 [164]	185 [183]
0 - 100 km/h s	13,1 [13,6]	15,6 [16,5]	16,5 [17,0]	12,3 [12,8]
VERBRAUCH [Avant]	4+E-Gang; ab Mj. '85: 5-Gang	Automatik	5-Gang	5-Gang
Kraftstoffart			Diesel	Diesel
Drittelmix l/100 km	6,9 [7,1]	8,1 [8,3]	7,1 [7,3]	6,7 [6,9]
PREIS [Avant]	4+E-Gang	Automatik	5-Gang	5-Gang
Bis Mj. '87: CC DM	31.615,- [34.010,-] (08/83)	33.625,- [36.020,-] (08/83)		37.000,- [39.805,-] (04/88)
Bis Mj. '87: CC DM	35.005,- [37.635,-] (06/86)	37.200,- [39.830,-] (06/86)	36.710,- [39.700,-] (05/90)	39.820,- [42.810,-] (05/90)

Audi 100 C3 Teil 14

TYP [Avant]	Audi 100 TDI	Audi 200		
Bauzeit: Modell	Mj. '90: TDI [Mj. '90 - '91: TDI]	Mj. '84: -		
MOTOR	Fünfzylinder-Dieselmotor mit Abgasturboaufladung	Fünfzylinder-Ottomotor		
Motorkennbuchstabe	1T	KH		
Hubraum cm³	2460	2144		
Bohrung x Hub mm	81,0 x 95,5	79,5 x 86,4		
Leistung bei 1/min kW (PS)	88 (120) / 4250	100 (136) / 5700		
Drehmoment bei 1/min Nm	265 / 2250	180 / 4800		
Verdichtung	21,0	9,3		
Gemischaufbereitung	Verteiler-Einspritzpumpe	Mechanische Einspritzanlage, Warmlaufregelung, Schubabschaltung		
Aufladung	Abgasturboaufladung mit Ladeluftkühlung	–		
Zündung	Direkteinspritzung	TSZ (Hall-Geber)		
Ventilsteuerung	2V, Hydrostößel, OHC, Zahnriemen	2V, Tassenstößel, OHC, Zahnriemen		
Abgasreinigung	–	–		
ANTRIEB	Frontantrieb	Frontantrieb		
Übersetzungen	5-Gang	4+E-Gang	5-Gang	Automatik
1. Gang	3,600	3,600	3,600	2,714
2. Gang	1,882	1,882	2,125	1,500
3. Gang	1,185	1,185	1,458	1,000
4. Gang	0,844	0,844	1,071	–
5. Gang	0,641	0,641	0,829	–
6. Gang	–	–	–	–
Rückwärtsgang	3,600	3,500	3,500	2,250
Achsantrieb	3,889	4,111	4,111	3,417
FAHRWERK				
Lenkung	servounterstützt	servounterstützt		
Bremsen	Bremskraftverstärker, Bremskraftregelung	Bremskraftverstärker, Bremskraftregelung		
vorn	Scheiben, innenbelüftet	Scheiben, innenbelüftet		
hinten	Scheiben	Scheiben		
Felgen	6 J x 15	6 J x 15, Alu		
Reifen	205/60 VR 15	205/60 HR 15		
KAROSSERIE [Avant]	Limousine, Avant	Limousine		
Länge mm	4793	4807		
Breite mm	1814	1814		
Höhe mm	1422	1422		
Radstand mm	2687	2687		
Spurweite vorn mm	1476	1468		
Spurweite hinten mm	1473	1469		
Leergewicht kg	1320 [1360]	1100		1120
zulässiges Gesamtgewicht kg	1870 [1910]	1450		1470
FAHRLEISTUNGEN [Avant]	5-Gang	4+E-Gang	5-Gang	Automatik
Höchstgeschwindigkeit km/h	200 [198]	200	200	195
0 - 100 km/h s	9,9 [10,1]	11,1	11,1	15,1
VERBRAUCH [Avant]	5-Gang	4+E-Gang	5-Gang	Automatik
Kraftstoffart	Diesel	Super 98 ROZ		
Drittelmix l/100 km	5,7 [6,0]	8,5	9,4	9,9
PREIS [Avant]	5-Gang	4+E-Gang	5-Gang	Automatik
DM	43.360,- [46.350,-] (05/90)	39.950,- (09/83)	39.950,- (09/83)	41.795,- (09/83)

Audi 100 C3 Teil 15

TYP	Audi 200		Audi 200 Turbo	
Bauzeit: Modell	Mj. '85: -		Mj. '84 - '87: turbo	
MOTOR	Fünfzylinder-Ottomotor		Fünfzylinder-Ottomotor mit Abgasturboaufladung	
Motorkennbuchstabe	KU		KG	
Hubraum cm³	2226		2144	
Bohrung x Hub mm	81,0 x 86,4		79,5 x 86,4	
Leistung bei 1/min kW (PS)	101 (138) / 5700		134 (184) / 5700	
Drehmoment bei 1/min Nm	188 / 3500		252 / 3600	
Verdichtung	10,0		8,8	
Gemischaufbereitung	Mechanische Einspritzanlage, Warmlaufregelung, Schubabschaltung		Mechanische Einspritzanlage, Warmlaufregelung	
Aufladung	–		–	
Zündung	TSZ (Hall-Geber)		TSZ (Hall-Geber)	
Ventilsteuerung	2V, Tassenstößel, OHC, Zahnriemen		2V, Tassenstößel, OHC, Zahnriemen	
Abgasreinigung	–		–	
ANTRIEB	Frontantrieb		Frontantrieb	
Übersetzungen	5-Gang	Automatik	5-Gang	Automatik
1. Gang	3,600	2,714	3,600	2,714
2. Gang	2,125	1,500	2,125	1,500
3. Gang	1,458	1,000	1,360	1,000
4. Gang	1,071	–	0,967	–
5. Gang	0,857	–	0,778	–
6. Gang	–	–	–	–
Rückwärtsgang	3,500	3,250	3,500	2,429
Achsantrieb	3,889	3,417	3,889	3,083
FAHRWERK				
Lenkung	servounterstützt		servounterstützt	
Bremsen	Bremskraftverstärker, Bremskraftregelung		Bremskraftverstärker, Bremskraftregelung, ABS	
vorn	Scheiben, innenbelüftet		Scheiben, innenbelüftet	
hinten	Scheiben		Scheiben	
Felgen	6 J x 15, Alu		6 J x 15, Alu	
Reifen	205/60 HR 15		205/60 VR 15	
KAROSSERIE	Limousine		Limousine	
Länge mm	4807		4807	
Breite mm	1814		1814	
Höhe mm	1422		1422	
Radstand mm	2687		2687	
Spurweite vorn mm	1468		1468	
Spurweite hinten mm	1469		1469	
Leergewicht kg	1250		1290	
zulässiges Gesamtgewicht kg	1800		1790	
FAHRLEISTUNGEN	5-Gang	Automatik	5-Gang	Automatik
Höchstgeschwindigkeit km/h	202	199	230	223
0 - 100 km/h s	9,7	11,3	8,1	8,9
VERBRAUCH	5-Gang	Automatik	5-Gang	Automatik
Kraftstoffart	Super 98 ROZ		Super 98 ROZ	
Drittelmix l/100 km	9,0	9,5	9,3	10,2
PREIS	5-Gang	Automatik	5-Gang	Automatik
DM	40.975,- (06/84)	42.855,- (06/84)	44.950,- (09/83)	46.795,- (09/83)
DM			50.150,- (06/86)	52.080,- (06/86)

Audi 100 C3 Teil 16

TYP [Avant]	Audi 200 Turbo quattro	Audi 200 Turbo		Audi 200 Turbo quattro
Bauzeit: Modell	Mj. '85 - '87: quattro [quattro]	Mj. '88 - '89: turbo		Mj. '88 - '89: quattro [quattro]
MOTOR	Fünfzylinder-Ottomotor mit Abgasturboaufladung	Fünfzylinder-Ottomotor mit Abgasturboaufladung		Fünfzylinder-Ottomotor mit Abgasturboaufladung
Motorkennbuchstabe	KG	1B	2B	1B
Hubraum cm³	2144	2226		2226
Bohrung x Hub mm	79,5 x 86,4	81,0 x 86,4		81,0 x 86,4
Leistung bei 1/min kW (PS)	134 (184) / 5700	147 (200) / 5800	Automatik: 140 (190) / 5800	147 (2000) / 5800
Drehmoment bei 1/min Nm	252 / 3600	270 / 3000		270 / 3000
Verdichtung	8,8	8,6		8,6
Gemischaufbereitung	Mechanische Einspritzanlage, Warmlaufregelung	Mechanische Einspritzanlage, Warmlaufregelung		Mechanische Einspritzanlage, Warmlaufregelung, Schubabschaltung
Aufladung	–	Abgasturboaufladung mit Ladeluftkühlung		Abgasturboaufladung mit Ladeluftkühlung
Zündung	TSZ (Hall-Geber)	Vollelektronisch mit Kennfeldsteuerung		Vollelektronisch mit Kennfeldsteuerung
Ventilsteuerung	2V, Tassenstößel, OHC, Zahnriemen	2V, Hydrostößel, OHC, Zahnriemen		2V, Hydrostößel, OHC, Zahnriemen
Abgasreinigung	–	–		–
ANTRIEB	Permanenter Allradantrieb	Frontantrieb		Permanenter Allradantrieb mit Torsen-Differenzial
Übersetzungen	5-Gang	5-Gang	Automatik	5-Gang
1. Gang	3,600	3,600	2,714	3,600
2. Gang	2,125	2,125	1,500	2,125
3. Gang	1,360	1,360	1,000	1,360
4. Gang	0,967	0,967	–	0,967
5. Gang	0,730	0,778	–	0,730
6. Gang	–	–	–	–
Rückwärtsgang	3,500	3,500	2,429	3,500
Achsantrieb	4,111	3,889	3,083	4,111
FAHRWERK				
Lenkung	servounterstützt	servounterstützt		servounterstützt
Bremsen	Bremskraftverstärker, Bremskraftregelung, ABS	Bremskraftverstärker, Bremskraftregelung, ABS		Bremskraftverstärker, Bremskraftregelung, ABS
vorn	Scheiben, innenbelüftet	Scheiben, innenbelüftet		Scheiben, innenbelüftet
hinten	Scheiben	Scheiben		Scheiben
Felgen	6 J x 15, Alu	6 J x 15, Alu		6 J x 15, Alu
Reifen	205/60 VR 15	205/60 VR 15		205/60 VR 15
KAROSSERIE [Avant]	Limousine, Avant	Limousine		Limousine, Avant
Länge	4807	4792		4807
Breite	1814	1814		1814
Höhe	1422	1422		1422
Radstand	2687	2687		2687
Spurweite vorn	1476	1468		1476
Spurweite hinten	1494	1471		1490
Leergewicht	1410 [1450]	1300		1410 [1450]
zulässiges Gesamtgewicht	1960 [2000]	1850		1960 [2000]
FAHRLEISTUNGEN [Avant]	5-Gang	5-Gang	Automatik	5-Gang
Höchstgeschwindigkeit	230 [224]	231	224	231 [227]
0 - 100 km/h	8,1 [8,2]	7,5	8,5	7,5 [7,7]
VERBRAUCH [Avant]	5-Gang	5-Gang	Automatik	5-Gang
Kraftstoffart	Super 98 ROZ	Super 98 ROZ		Super 98 ROZ
Drittelmix (DIN 70030, ggf. v. 7/78)	10,1 [10,4]	9,7	10,3	10,5 [10,7]
Preis [Avant]	5-Gang	5-Gang	Automatik	5-Gang
DM	59.755,- [62.385,-] (12/84)	59.755,- [62.385,-] (12/84)	60.470,- (12/88)	67.840,- [70.690,-] (12/88)
DM	60.370,- [63.000,-] (06/86)	60.370,- [63.000,-] (06/86)	61.635,- (02/89)	

Audi 100 C3 Teil 17

TYP [Avant]	Audi 200 Turbo	Audi 200 Turbo		Audi 200 Turbo quattro	
Bauzeit: Modell	Mj. '85: turbo	Mj. '86 - '90: turbo		Mj. '86 - '90: quattro [quattro]	
MOTOR	Fünfzylinder-Ottomotor mit Abgasturboaufladung	Fünfzylinder-Ottomotor mit Abgasturboaufladung		Fünfzylinder-Ottomotor mit Abgasturboaufladung	
Motorkennbuchstabe	KG	MC		MC	
Hubraum cm³	2144	2226		2226	
Bohrung x Hub mm	79,5 x 86,4	81,0 x 86,4		81,0 x 86,4	
Leistung bei 1/min kW (PS)	104 (141) / 5500	121 (165) / 5500		121 (165) / 5500	
Drehmoment bei 1/min Nm	202 / 2500	240 / 3000		240 / 3000	
Verdichtung	8,3	7,8		7,8	
Gemischaufbereitung	Mechanische Einspritzanlage, Warmlaufregelung, Schubabschaltung	Mechanische Einspritzanlage, Warmlaufregelung, Schubabschaltung		Mechanische Einspritzanlage, Warmlaufregelung, Schubabschaltung	
Aufladung	–	Abgasturboaufladung KKK mit Ladeluftkühlung		Abgasturboaufladung KKK mit Ladeluftkühlung	
Zündung	TSZ (Hall-Geber)	Vollelektronisch mit Kennfeldsteuerung		Vollelektronisch mit Kennfeldsteuerung	
Ventilsteuerung	2V, Tassenstößel, OHC, Zahnriemen	2V, Hydrostößel, OHC, Zahnriemen		2V, Hydrostößel, OHC, Zahnriemen	
Abgasreinigung	Katalysator mit Lambdaregelung	Geregelter Katalysator		Geregelter Katalysator	
ANTRIEB	Frontantrieb	Frontantrieb		Permanenter Allradantrieb; ab Mj. '88: mit Torsen-Differenzial	
Übersetzungen	Automatik	5-Gang	Automatik	5-Gang	
1. Gang	2,714	3,600	2,714	3,600	
2. Gang	1,500	2,125	1,500	2,125	
3. Gang	1,000	1,360	1,000	1,360	
4. Gang	–	0,967	–	0,967	
5. Gang	–	0,778	–	0,730	
6. Gang	–	–	–	–	
Rückwärtsgang	2,429	3,500	2,429	3,500	
Achsantrieb	3,250	3,889	3,083	4,111	
FAHRWERK					
Lenkung	servounterstützt	servounterstützt		servounterstützt	
Bremsen	Bremskraftverstärker, Bremskraftregelung, ABS	Bremskraftverstärker, Bremskraftregelung, ABS		Bremskraftverstärker, Bremskraftregelung, ABS	
vorn	Scheiben, innenbelüftet	Scheiben, innenbelüftet		Scheiben, innenbelüftet	
hinten	Scheiben	Scheiben		Scheiben	
Felgen	6 J x 15, Alu	6 J x 15, Alu		6 J x 15, Alu	
Reifen	205/60 HR 15	205/60 VR 15		205/60 VR 15	
KAROSSERIE [Avant]	Limousine	Limousine		Limousine, Avant	
Länge mm	4807	4807		4807	
Breite mm	1814	1814		1814	
Höhe mm	1422	1422		1422	
Radstand mm	2687	2687		2687	
Spurweite vorn mm	1468	1468; ab 03/88: 1476		1476	
Spurweite hinten mm	1469	1469; ab Mj. '89: 1473		1490	
Leergewicht kg	1290	1300		1410 [1450]	
zulässiges Gesamtgewicht kg	1790	1850		1960 [2000]	
FAHRLEISTUNGEN [Avant]	Automatik	5-Gang	Automatik	5-Gang	
Höchstgeschwindigkeit km/h	201	216	212	216 [213]	
0 - 100 km/h s	10,5	8,0	9,2	8,0 [8,2]	
VERBRAUCH [Avant]	Automatik	5-Gang	Automatik	5-Gang	
Kraftstoffart	Super Plus 98 ROZ	Super 95 ROZ		Super 95 ROZ	
Drittelmix l/100 km	11,6	9,9	10,9	10,8 [11,1]	
PREIS [Avant]	Automatik	5-Gang	Automatik	5-Gang	
DM	51.645,- (10/84)	51.770,- (06/86)	53.745,- (06/86)	62.035,- [64.665,-] (06/86)	
DM		60.700,- (05/90)	62.960,- (05/90)	67.340,- [70.190,-] (12/88)	

Audi 100 C3 Teil 18

TYP [Avant]	Audi 200 quattro 20V
Bauzeit: Modell	Mj. '89 - '90: quattro 20V [Mj. '89 - '91: quattro 20V]
MOTOR	Fünfzylinder-Ottomotor mit Abgasturboaufladung
Motorkennbuchstabe	3B
Hubraum cm³	2226
Bohrung x Hub mm	81,0 x 86,4
Leistung bei 1/min kW (PS)	162 (220) / 5700
Drehmoment bei 1/min Nm	309 / 1950
Verdichtung	9,3
Gemischaufbereitung	Mechanische Einspritzanlage, Warmlaufregelung, Schubabschaltung
Aufladung	Abgasturboaufladung KKK mit Ladeluftkühlung
Zündung	Vollelektronisch mit Kennfeldsteuerung
Ventilsteuerung	4V, Hydrostößel, OHC, Zahnriemen
Abgasreinigung	2 geregelte Katalysatoren
ANTRIEB	Permanenter Allradantrieb mit Torsen-Differenzial
Übersetzungen	5-Gang
1. Gang	3,600
2. Gang	2,125
3. Gang	1,360
4. Gang	0,967
5. Gang	0,730
6. Gang	–
Rückwärtsgang	3,500
Achsantrieb	4,111
FAHRWERK	
Lenkung	servounterstützt
Bremsen	Bremskraftverstärker, Bremskraftregelung, ABS
vorn	Scheiben, innenbelüftet
hinten	Scheiben, innenbelüftet
Felgen	7½ J x 15
Reifen	215/60 ZR 15
KAROSSERIE [Avant]	Limousine, Avant
Länge mm	4913
Breite mm	1814
Höhe mm	1422
Radstand mm	2695
Spurweite vorn mm	1514
Spurweite hinten mm	1511
Leergewicht kg	1520 [1560]
zulässiges Gesamtgewicht kg	2070 [2110]
FAHRLEISTUNGEN [Avant]	5-Gang
Höchstgeschwindigkeit km/h	242 [238]
0 - 100 km/h s	6,6 [6,7]
VERBRAUCH [Avant]	5-Gang
Kraftstoffart	Super 95 ROZ
Drittelmix l/100 km	10,5 [10,8]
PREIS [Avant]	5-Gang
DM	74.500,- [77.405,-] (02/89)
DM	76.700,- [79.690,-] (05/90)

Audi 100 C4 Teil 1

TYP [Avant]	Audi 100		Audi 100 2.0 E	
Bauzeit:	Mj. '91 - '94 [Mj. '92 - '93]		Mj. '92 - '94 [Mj. '92 - '94]	
MOTOR				
Motorkennbuchstabe	AAE		AAD	
Hubraum cm³	1984		1984	
Bohrung x Hub mm	82,5 x 92,8		82,5 x 92,8	
Leistung bei 1/min kW (PS)	74 (101) / 5500		85 (115) / 5400	
Drehmoment bei 1/min Nm	157 / 2750		168 / 3200	
Verdichtung	9,2		10,3	
Gemischaufbereitung	Vollelektronische SPI; ab Mj. '92: Schubabsch.		Vollelektronische MPI, Schubabsch.	
Aufladung	–		–	
Zündung	Kennfeldgesteuert		Kennfeldgesteuert, zyl.-selekt. Klopfregelung	
Ventilsteuerung	2V, Hydrostößel, OHC, Zahnriemen		2V, Hydrostößel, OHC, Zahnriemen	
Abgasreinigung	Geregelter Katalysator		Geregelter Katalysator	
ANTRIEB	Frontantrieb		Frontantrieb	
Übersetzungen	Schaltgetriebe		Schaltgetriebe	Automatik
1. Gang	3,545		3,545	2,714
2. Gang	2,105		2,105	1,441
3. Gang	1,429		1,429	1,000
4. Gang	1,029		1,029	0,743
5. Gang	0,838		0,838	–
6. Gang	–		–	–
Rückwärtsgang	3,500		3,500	2,884
Achsantrieb	4,111		4,111	4,929; ab 02/92: 4,894; ab 02/93: 4,530
FAHRWERK				
Lenkung	servounterstützt, procon-ten		servounterstützt, procon-ten	
Bremsen	Bremskraftverstärker, -regler; ab 02/93: ABS		Bremskraftverstärker, -regler; ab 02/93: ABS	
vorn	Scheiben		Scheiben	
hinten	Trommeln; ab 02/93: Scheiben		Trommeln; ab 02/93: Scheiben	
Felgen	6 J x 15		6 J x 15	
Reifen	195/65 R 15 T; ab 02/92: V		195/65 R 15 H; ab Mj. '93: V	
KAROSSERIE [Avant]	Limousine; Mj. '92 - '93: Avant		Limousine, Avant	
Länge mm	4790		4790	
Breite mm	1777		1777	
Höhe mm	1430 [1440]		1430 [1440]	
Radstand mm	2687		2687	
Spurweite vorn mm	1520; nur Mj. '92: 1526		1520; nur Mj. '92: 1526	
Spurweite hinten mm	1524		1524	
Leergewicht kg	1310 [1360]		1325 [1375]	
zulässiges Gesamtgewicht kg	1860 [1910]		1875 [1925]	
FAHRLEISTUNGEN [Avant]	Schaltgetriebe		Schaltgetriebe	Automatik
Höchstgeschwindigkeit km/h	182 [175]		191 [184]	188 [179]
0 - 100 km/h s	12,6 [13,1]		11,0 [11,5]	12,6 [13,1]; ab 02/93: 13,4 [13,9]
VERBRAUCH [Avant]	Schaltgetriebe		Schaltgetriebe	Automatik
Kraftstoffart	Normal 91 ROZ		Super 95 ROZ	
Drittelmix (letztes Mj.) l/100 km	8,3 [8,5]		8,5 [8,9]	8,9 [9,2]
PREIS [Avant]	Schaltgetriebe		Schaltgetriebe	Automatik
10/91 DM	38.700,- [42.400,-]		40.600,- [44.300,-]	43.600,- [47.300,-]
01/93 DM	41.510,- [45.575,-]		43.427,- [47.492,-]	46.554,- [50.619,-]

Audi 100 C4 Teil 2

TYP [Avant]		Audi 100 quattro 2.0 E	Audi 100 2.3 E	
Bauzeit:		Mj. '92 [Mj. '92]	Mj. '91 - '94 [Mj. '92 - '94]	
MOTOR		Vierzylinder-Ottomotor	Fünfzylinder-Ottomotor	
Motorkennbuchstabe		AAD	AAR	
Hubraum	cm³	1984	2309	
Bohrung x Hub	mm	82,5 x 92,8	82,5 x 86,4	
Leistung bei 1/min	kW (PS)	85 (115) / 5400	98 (133) / 5500	
Drehmoment bei 1/min	Nm	168 / 3200	186 / 4000	
Verdichtung		10,3	10,0	
Gemischaufbereitung		Vollelektronische MPI, Schubabschaltung	mechan.-/elektron. MPI; ab Mj. '92: Schubabschaltung	
Aufladung		–	–	
Zündung		Kennfeldgesteuert, zyl.-selekt. Klopfregelung	Kennfeldgesteuert, zyl.-selekt. Klopfregelung	
Ventilsteuerung		2V, Hydrostößel, OHC, Zahnriemen	2V, Hydrostößel, OHC, Zahnriemen	
Abgasreinigung		Geregelter Katalysator	Geregelter Katalysator	
ANTRIEB		Permanenter Allradantrieb mit Torsen-Differenzial	Frontantrieb	
Übersetzungen		Schaltgetriebe	Schaltgetriebe	Automatik; bis Mj. '93
1. Gang		3,545	3,545	2,714
2. Gang		2,105	2,105	1,551; ab 02/93: 1,441
3. Gang		1,300	1,429	1,000
4. Gang		0,943	1,029	0,679; ab 02/93: 0,743
5. Gang		0,789	0,838	–
6. Gang		–	–	–
Rückwärtsgang		3,500	3,500	2,111; ab 02/93: 2,884
Achsantrieb		4,556	3,889	4,929; ab 02/92: 4,894; ab 02/93: 4,530
FAHRWERK				
Lenkung		servounterstützt, procon-ten	servounterstützt, procon-ten	
Bremsen		Bremskraftverstärker, -regler, ABS	Bremskraftverstärker, -regler; ABS	
	vorn	Scheiben	Scheiben	
	hinten	Scheiben	Scheiben	
Felgen		6 J x 15	6 J x 15	
Reifen		195/65 R 15 H; ab Mj. '93: V	195/65 R 15 H; ab Mj. '93: V	
KAROSSERIE [Avant]		Limousine, Avant	Limousine; ab Mj. '92: Avant	
Länge	mm	4790	4790	
Breite	mm	1777	1777	
Höhe	mm	1435 [1446]	1431 [1440]	
Radstand	mm	2692	2687	
Spurweite vorn	mm	1520; nur Mj. '92 bis 01/92: 1526	1520; nur Mj. '92: 1526	
Spurweite hinten	mm	1527; ab 02/92: 1524	1524	
Leergewicht	kg	1430 [1480]	1370 [1420]	
zulässiges Gesamtgewicht	kg	1980 [2030]	1920 [1970]	
FAHRLEISTUNGEN [Avant]		Schaltgetriebe	Schaltgetriebe	Automatik; bis Mj. '93
Höchstgeschwindigkeit	km/h	191 [184]	202 [194]	199 [189]; ab 02/93: 197 [189]
0 - 100 km/h	s	11,4 [11,9]	10,2 [10,5]	11,9 [12,2]; ab 02/93: 12,4 [12,9]
VERBRAUCH [Avant]		Schaltgetriebe	Schaltgetriebe	Automatik; bis Mj. '93
Kraftstoffart		Super 95 ROZ	Super 95 ROZ	
Drittelmix (letztes Mj.)	l/100 km	9,2 [9,6]	9,5 [9,9]	9,8 [9,9]
PREIS [Avant]		Schaltgetriebe	Schaltgetriebe	Automatik
10/91	DM	47.900,- [51.600,-]	45.100,- [48.800,-]	48.100,- [51.800,-]
01/93	DM		46.807,- [50.872,-]	49.934,- [54.000,-]

Audi 100 C4 Teil 3

TYP [Avant]	Audi 100 quattro 2.3 E	Audi 100 2.6 E	
Bauzeit:	Mj. '91 - '94 [Mj. '92 - '94]	05/92 - Mj. '94 [05/92 - Mj. '94]	
MOTOR	Fünfzylinder-Ottomotor	V-Sechszylinder-Ottomotor	
Motorkennbuchstabe	AAR	ABC	
Hubraum cm³	2309	2598	
Bohrung x Hub mm	82,5 x 86,4	82,5 x 81,0	
Leistung bei 1/min kW (PS)	98 (133) / 5500	110 (150) / 5750	
Drehmoment bei 1/min Nm	186 / 4000	225 / 3500	
Verdichtung	10,0	10,0	
Gemischaufbereitung	mechan.-/elektron. MPI; ab Mj. '92: Schubabsch.	vollelektron. MPI, Schubabschaltung	
Aufladung	–	–	
Zündung	Kennfeldgesteuert, zyl.-selekt. Klopfregelung	Kennfeldgesteuert, zyl.-selekt. Klopfregelung	
Ventilsteuerung	2V, Hydrostößel, OHC, Zahnriemen	2V, Hydrostößel, OHC, Zahnriemen	
Abgasreinigung	Geregelter Katalysator	2 geregelte Katalysatoren	
ANTRIEB	Permanenter Allradantrieb mit Torsen-Differenzial	Frontantrieb	
Übersetzungen	Schaltgetriebe	Schaltgetriebe	Automatik; ab Mj. '93
1. Gang	3,545	3,545	2,580
2. Gang	2,105	1,857	1,407
3. Gang	1,429	1,300	1,000
4. Gang	1,029	1,029	0,742
5. Gang	0,838	0,838	–
6. Gang	–	–	–
Rückwärtsgang	3,500	3,500	2,882
Achsantrieb	4,111	3,889	4,333
FAHRWERK			
Lenkung	servounterstützt, procon-ten	servounterstützt, procon-ten	
Bremsen	Bremskraftverstärker, -regler, ABS	Bremskraftverstärker, -regler, ABS	
vorn	Scheiben	Scheiben, innenbelüftet	
hinten	Scheiben	Scheiben	
Felgen	6 J x 15	6 J x 15	
Reifen	195/65 R 15 H; ab Mj. '93: V	195/65 R 15 V	
KAROSSERIE [Avant]	Limousine; ab Mj. '92: Avant	Limousine, Avant	
Länge mm	4790	4790	
Breite mm	1777	1777	
Höhe mm	1431; Mj. '92: 1437 [1448]	1420; ab Mj. '93: 1431 [1440]	
Radstand mm	2692	2687	
Spurweite vorn mm	1520	1520	
Spurweite hinten mm	1524	1524	
Leergewicht kg	1470 [1520]	1400 [1450]	
zulässiges Gesamtgewicht kg	2020 [2070]	1950 [2000]	
FAHRLEISTUNGEN [Avant]	Schaltgetriebe	Schaltgetriebe	Automatik; ab Mj. '93
Höchstgeschwindigkeit km/h	202 [194]	210 [203]	207 [200]
0 - 100 km/h s	10,4 [10,7]	9,5 [9,8]	11,0 [11,3]
VERBRAUCH [Avant]	Schaltgetriebe	Schaltgetriebe	Automatik; ab Mj. '93
Kraftstoffart	Super 95 ROZ	Super 95 ROZ	
Drittelmix (letztes Mj.) l/100 km	9,9 [10,1]	9,4 [9,5]	10,1 [10,2]
PREIS [Avant]	Schaltgetriebe	Schaltgetriebe	Automatik; ab Mj. '93
10/91 DM	50.600,- [54.300,-]		
01/93 DM	52.456,- [56.521,-]	48.118,- [52.184,-]	51.246,- [55.311,-]

Audi 100 C4 Teil 4

TYP [Avant]	Audi 100 quattro 2.6 E		Audi 100 2.8 E	
Bauzeit:	05/92 - Mj. '94 [05/92 - Mj. '94]		Mj. '91 - '94 [Mj. '92 - '94]	
MOTOR	V-Sechszylinder-Ottomotor		V-Sechszylinder-Ottomotor	
Motorkennbuchstabe	ABC		AAH	
Hubraum cm³	2598		2771	
Bohrung x Hub mm	82,5 x 81,0		82,5 x 86,4	
Leistung bei 1/min kW (PS)	110 (150) / 5750		128 (174) / 5500	
Drehmoment bei 1/min Nm	225 / 3500		250 / 3000	
Verdichtung	10,0		10,0; ab Mj. '92: 10,3	
Gemischaufbereitung	vollelektron. MPI, Schubabschaltung		vollelektron. MPI, Schubabschaltung	
Aufladung	–		Schaltsaugrohr	
Zündung	Kennfeldgesteuert, zyl.-selekt. Klopfregelung		Kennfeldgesteuert, zyl.-selekt. Klopfregelung	
Ventilsteuerung	2V, Hydrostößel, OHC, Zahnriemen		2V, Hydrostößel, OHC, Zahnriemen	
Abgasreinigung	2 geregelte Katalysatoren		2 geregelte Katalysatoren	
ANTRIEB	Permanenter Allradantrieb mit Torsen-Differenzial		Frontantrieb	
Übersetzungen	Schaltgetriebe	Automatik; ab Mj. '93	Schaltgetriebe	Automatik
1. Gang	3,545	2,580	3,500	2,714; ab 02/92: 2,580
2. Gang	1,857	1,407	1,842	1,551; ab 02/92: 1,407
3. Gang	1,300	1,000	1,300	1,000
4. Gang	1,029	0,742	1,029	0,679; ab 02/92: 0,742
5. Gang	0,838	–	0,838	–
6. Gang	–	–	–	–
Rückwärtsgang	3,500	2,882	3,444	2,111; ab 02/92: 2,882
Achsantrieb	4,111	4,333	3,700	4,288; ab 02/92: 4,096
FAHRWERK				
Lenkung	servounterstützt, procon-ten		servounterstützt, procon-ten	
Bremsen	Bremskraftverstärker, -regler, ABS		Bremskraftverstärker, -regler, ABS	
vorn	Scheiben, innenbelüftet		Scheiben, innenbelüftet	
hinten	Scheiben		Scheiben	
Felgen	6 J x 15		6 J x 15	
Reifen	195/65 R 15 V		195/65 R 15 V	
KAROSSERIE [Avant]	Limousine, Avant		Limousine; ab Mj. '92: Avant	
Länge mm	4790		4790	
Breite mm	1777		1777	
Höhe mm	1437 [1446; ab Mj. '93: 1448]		1431 [1440]	
Radstand mm	2692		2687	
Spurweite vorn mm	1520		1524; Mj. '92: 1528; ab 02/92: 1520	
Spurweite hinten mm	1524		1524	
Leergewicht kg	1500 [1550]		1400 [1450]	
zulässiges Gesamtgewicht kg	2050 [2100]		1950 [2000]	
FAHRLEISTUNGEN [Avant]	Schaltgetriebe	Automatik; ab Mj. '93	Schaltgetriebe	Automatik
Höchstgeschwindigkeit km/h	210 [203]	207 [200]; ab 02/93: 204 [198]	218 [212]	216 [207]
0 - 100 km/h s	9,7 [10,0]	11,9 [12,2]	8,0 [8,3]	9,2 [9,5]
VERBRAUCH [Avant]	Schaltgetriebe	Automatik; ab Mj. '93	Schaltgetriebe	Automatik
Kraftstoffart	Super 95 ROZ		Super 98 ROZ	
Drittelmix (letztes Mj.) l/100 km	10,5 [10,7]	11,3 [11,4]	9,7 [9,9]	10,4 [10,6]
PREIS [Avant]	Schaltgetriebe	Automatik; ab Mj. '93	Schaltgetriebe	Automatik
10/91 DM			54.100,- [57.800,-]	57.100,- [60.800,-]
01/93 DM	53.768,- [57.833,-]	57.298,- [61.364,-]	56.189,- [60.254,-]	59.316,- [63.681,-]

Audi 100 C4 Teil 5

TYP [Avant]	Audi 100 quattro 2.8 E		Audi 100 2.4 D
Bauzeit:	Mj. '91 - '94 [Mj. '92 - '94]		Mj. '92 - '94 [Mj. '92 - '94]
MOTOR	V-Sechszylinder-Ottomotor		Fünfzylinder-Dieselmotor
Motorkennbuchstabe	AAH		AAS
Hubraum cm³	2771		2370
Bohrung x Hub mm	82,5 x 86,4		79,5 x 95,5
Leistung bei 1/min kW (PS)	128 (174) / 5500		60 (82) / 4400
Drehmoment bei 1/min Nm	250 / 3000		164 / 2400
Verdichtung	10,0; ab Mj. '92: 10,3		22,5
Gemischaufbereitung	vollelektron. MPI, Schubabschaltung		Verteilereinspritzpumpe
Aufladung	Schaltsaugrohr		–
Zündung	Kennfeldgesteuert, zyl.-selekt. Klopfregelung		Wirbelkammer
Ventilsteuerung	2V, Hydrostößel, OHC, Zahnriemen		2V, Hydrostößel, OHC, Zahnriemen
Abgasreinigung	2 geregelte Katalysatoren		
ANTRIEB	Permanenter Allradantrieb mit Torsen-Differenzial		Frontantrieb
Übersetzungen	Schaltgetriebe	Automatik; ab Mj. '92	Schaltgetriebe
1. Gang	3,500	2,580	3,545
2. Gang	1,842	1,407	1,857
3. Gang	1,300	1,000	1,156
4. Gang	0,943	0,742	0,789
5. Gang	0,789	–	0,643
6. Gang	–	–	–
Rückwärtsgang	3,444	2,882	3,500
Achsantrieb	4,111	4,096	4,556
FAHRWERK			
Lenkung	servounterstützt, procon-ten		servounterstützt, procon-ten
Bremsen	Bremskraftverstärker, -regler, ABS		Bremskraftverstärker, -regler; ab 02/93: ABS
vorn	Scheiben, innenbelüftet		Scheiben
hinten	Scheiben		Trommeln; ab 02/93: Scheiben
Felgen	6 J x 15		6 J x 15
Reifen	195/65 R 15 V		195/65 R 15 T; ab Mj. '93: V
KAROSSERIE [Avant]	Limousine; ab Mj. '92: Avant		Limousine, Avant
Länge mm	4790		4790
Breite mm	1777		1777
Höhe mm	1431; Mj. '92: 1437 [1448]		1430 [1440]
Radstand mm	2692		2687
Spurweite vorn mm	1520		1526; ab Mj. '93: 1520
Spurweite hinten mm	1524		1524
Leergewicht kg	1500 [1550]		1385 [1435]
zulässiges Gesamtgewicht kg	2050 [2100]		1935 [1985]
FAHRLEISTUNGEN [Avant]	Schaltgetriebe	Automatik; ab Mj. '92	Schaltgetriebe
Höchstgeschwindigkeit km/h	218 [212]	216 [207]	167 [160]
0 - 100 km/h s	8,0 [8,3]	10,2 [10,5]	16,8 [17,5]
VERBRAUCH	Schaltgetriebe	Automatik; ab Mj. '92	Schaltgetriebe
Kraftstoffart	Super 98 ROZ		Diesel 45 CZ
Drittelmix (letztes Mj.) l/100 km	10,7 [10,8]	11,1 [11,3]	7,5 [7,6]
PREIS [Avant]	Schaltgetriebe	Automatik; ab Mj. '92	Schaltgetriebe
10/91 DM	59.600,- [63.300,-]	63.000,- [66.700,-]	40.300,- [44.000,-]
01/93 DM	61.838,- [65.903,-]	65.368,- [69.434,-]	43.074,- [47.139,-]

Audi 100 C4 Teil 6

TYP [Avant]		Audi 100 2.5 TDI		
Bauzeit:		Mj. '92 - '94 [Mj. '92 - '94]		
MOTOR		Fünfzylinder-Dieselmotor mit Abgasturboaufladung		
Motorkennbuchstabe		AAT		
Hubraum	cm³	2461		
Bohrung x Hub	mm	81,0 x 95,5		
Leistung bei 1/min	kW (PS)	85 (115) / 4000		
Drehmoment bei 1/min	Nm	265 / 2250		
Verdichtung		21,0		
Gemischaufbereitung		Verteilereinspritzpumpe		
Aufladung		Abgasturbolader, Ladeluftkühlung		
Zündung		Direkteinspritzung		
Ventilsteuerung		2V, Hydrostößel, OHC, Zahnriemen		
Abgasreinigung		Oxi-Katalysator, Abgasrückführung		
ANTRIEB [Avant]		Frontantrieb		
Übersetzungen		5-Gang	6-Gang (5+E)	Automatik; ab 02/93
1. Gang		3,500; ab 03/94: 3,778	3,500	2,580
2. Gang		1,889; ab 03/94: 2,176	1,889	1,407
3. Gang		1,231; ab 03/94: 1,300	1,231	1,000
4. Gang		0,871; ab 03/94: 0,889	0,871	0,742
5. Gang		0,667; ab Mj. '93: 0,641 [0,667]; ab 03/94: 0,683	0,667; ab Mj. '93: 0,641; ab 03/94: 0,667	–
6. Gang		–	0,561; ab 03/94: 0,548	–
Rückwärtsgang		3,500; ab Mj. '93: 3,455; ab 03/94: 3,444	3,500; ab Mj. '93: 3,455	2,882
Achsantrieb		3,875; ab 03/94: 3,700	3,875	3,390
FAHRWERK				
Lenkung		servounterstützt, procon-ten		
Bremsen		Bremskraftverstärker, -regler; ab 02/93: ABS		
	vorn	Scheiben		
	hinten	Scheiben		
Felgen		6 J x 15		
Reifen		195/65 R 15 V		
KAROSSERIE [Avant]		Limousine, Avant		
Länge	mm	4790		
Breite	mm	1777		
Höhe	mm	1430 [1440]		
Radstand	mm	2687		
Spurweite vorn	mm	1526; ab Mj. '93: 1520		
Spurweite hinten	mm	1524		
Leergewicht	kg	1425 [1475]		
zulässiges Gesamtgewicht	kg	1975 [2025]		
FAHRLEISTUNGEN [Avant]		Schaltgetriebe		Automatik; ab 02/93
Höchstgeschwindigkeit	km/h	195 [188]		192 [185]
0 - 100 km/h	s	11,1 [11,6]		13,5 [14,0]
VERBRAUCH [Avant]		5-Gang	6-Gang (5+E)	Automatik; ab 02/93
Kraftstoffart		Diesel 45 CZ		
Drittelmix (letztes Mj.)	l/100 km	6,3 [6,5]	6,0 [6,2]	6,4 [6,6]
PREIS [Avant]		5-Gang	6-Gang (5+E)	Automatik; ab 02/93
10/91	DM	46.300,- [50.000,-]	47.250,- [50.950,-]	
01/93	DM	49.278,- [53.343,-]	50.286,- [54.352,-]	52.405,- [56.470,-]

Audi 100 C4 Teil 7

TYP [Avant]	Audi 100 S4			Audi S4 4.2
Bauzeit:	Mj. '92 - '94 [Mj. '92 - '94]			03/93 - Mj. '94 [12/92 - Mj. '94]
MOTOR	Fünfzylinder-Ottomotor mit Abgasturboaufladung			V-Achtzylinder-Ottomotor
Motorkennbuchstabe	AAN			ABH
Hubraum cm³	2226			4172
Bohrung x Hub mm	81,0 x 86,4			84,5 x 93,0
Leistung bei 1/min kW (PS)	169 (230) / 5900			206 (280) / 5800
Drehmoment bei 1/min Nm	350 / 1950		Automatik: ab 02/92: 310 / 1850 - 3800	400 / 4000
Verdichtung	9,3			10,6
Gemischaufbereitung	Motronic, Schubabschaltung			Motronic, Schubabschaltung
Aufladung	Abgasturbolader, Ladeluftkühlung			–
Zündung	Kennfeldgesteuert, zyl.-selekt. Klopfregelung			Kennfeldgesteuert, zyl.-selekt. Klopfregelung
Ventilsteuerung	4V, Hydrostößel, DOHC, Zahnriemen			4V, Hydrostößel, DOHC, Zahnriemen
Abgasreinigung	2 geregelte Katalysatoren			2 geregelte Katalysatoren
ANTRIEB	Permanenter Allradantrieb mit Torsen-Differenzial			Permanenter Allradantrieb mit Torsen-Differenzial
Übersetzungen	5-Gang	6-Gang	Automatik; ab 02/92	6-Gang
1. Gang	3,500	3,500	2,580	3,500
2. Gang	1,889	1,889	1,407	1,889
3. Gang	1,231	1,320	1,000	1,231
4. Gang	0,993	1,034	0,742	0,967
5. Gang	0,730; ab Mj. '93: 0,757	0,857	–	0,806
6. Gang	–	0,730	–	0,684
Rückwärtsgang	3,455	3,455	2,882	3,455
Achsantrieb	4,111	4,111	4,096	4,111
FAHRWERK				
Lenkung	servounterstützt, procon-ten			servounterstützt, procon-ten
Bremsen	Bremskraftverstärker, -regler, ABS			Bremskraftverstärker, -regler, ABS
vorn	Scheiben, innenbelüftet; ab Mj. '94: Doppelkolben			Scheiben, innenbelüftet, Doppelkolben
hinten	Scheiben, innenbelüftet			Scheiben, innenbelüftet
Felgen	7 ½ J x 15 o. bis Mj. '92: 8 J x 16, Alu; ab Mj. '94: 7 ½ J x 16, Alu			8 J x 16, Alu; ab Mj. '94: 7 ½ J x 16, Alu
Reifen	215/60 ZR 15 o. bis Mj. '92: 225/50 ZR 16; ab Mj. '94: 225/50 ZR 16			225/50 ZR 16
KAROSSERIE [Avant]	Limousine, Avant			Avant; ab 03/93: Limousine
Länge mm	4790			4790
Breite mm	1804			1804
Höhe mm	1426 [1437]; ab Mj. '93: 1432 [1443]			1432; ab Mj. '94: 1420 [1422]
Radstand mm	2692			2692
Spurweite vorn mm	1556; ab Mj. '94: 1562			1563; ab Mj. '94: 1569
Spurweite hinten mm	1525; ab Mj. '94: 1531			1528; ab Mj. '94: 1534
Leergewicht kg	1610; ab Mj. '93: 1650 [1660 ab 02/92: 1740]			1680 [1730]
zulässiges Gesamtgewicht kg	2160 [2210]; ab 02/92: 2200 [2290]			2230 [2280]
FAHRLEISTUNGEN [Avant]	Schaltgetriebe		Automatik; ab 02/92	6-Gang
Höchstgeschwindigkeit km/h	244 [235]		239 [230]	249 [247]
0 - 100 km/h s	6,8 [7,1]		8,3 [8,6]	6,2 [6,6]
VERBRAUCH [Avant]	Schaltgetriebe		Automatik; ab 02/92	6-Gang
Kraftstoffart	Super 95 ROZ			Super 98 ROZ
Drittelmix (letztes Mj.) l/100 km	10,7 [10,9]		11,6 [11,9]	13,0 [13,2]
PREIS [Avant]	5-Gang	6-Gang	Automatik; ab 02/92	6-Gang
10/91 DM	75.950,- [79.650,-]	76.900,- [80.600,-]		
01/93 DM	77.373,- [81.438,-]	78.382,- [82.447,-]	80.904,- [84.969,-]	92.777,- [96.842,-]

Produktionszahlen
Audi 100 C1

Typ	Hubr. Liter	Zyl.	Leist. kW	1968 IN	1968 NSU	1968 total	1969 IN	1969 NSU	1969 total	1970 IN	1970 NSU	1970 WOB	1970 total	1971 IN	1971 NSU	1971 WOB	1971 total	1972 IN	1972 NSU	1972 total
Audi 100 / 100, LS / L, LS	1,8 / 1,8 / 1,6	4	59 / 63 / 63	11	0	11	11.612	0	11.612	11.450	0	1.663	13.113	5.632	4.881	391	10.904	11.428	15.043	26.471
davon 2-türig						0			1.079				4.113				1.265			5.361
davon 4-türig						11			10.533				9.000				9.639			21.110
Audi 100 S	1,8	4	66	13	0	13	15.393	0	15.393	16.116	0	4.981	21.097	5.860	4.384	1.216	11.460	0	0	0
davon 2-türig						0			1.602				4.648				1.329			0
davon 4-türig						13			13.791				16.449				10.131			0
Audi 100 LS	1,8	4	74	66	0	66	40.844	0	40.844	51.615	822	14.267	66.704	47.444	19.332	2.127	68.903	49.004	33.992	82.996
davon 2-türig						0			2.489				12.597				10.928			14.186
davon 4-türig						66			38.355				54.107				57.975			68.810
Audi 100 GL	1,9	4	82	0	0	0	0	0	0	0	0	0	0	4.818	4.897	0	9.715	14.691	28.959	43.650
davon 2-türig						0			0				0				685			5.583
davon 4-türig						0			0				0				9.030			38.067
total Limousine, 2-türig						0			5.170				21.358				14.207			25.130
total Limousine, 4-türig						90			62.679				79.556				86.775			127.987
Audi 100 Coupé S	1,9	4	85/82	0	0	0	3	0	3	741	0	0	741	8.586	0	0	8.586	2.631	5.775	8.406
total (Limousine und Coupé S)						90			67.852				101.655				109.568			161.523

Typ	Hubr. Liter	Zyl.	Leist. kW	1973 IN	1973 NSU	1973 total	1974 IN	1974 NSU	1974 total	1975 IN	1975 NSU	1975 total	1976 IN	1976 NSU	1976 total	total
Audi 100 / 100, LS / L, LS	1,8 / 1,8 / 1,6	4	59 / 63 / 63	2	22.023	22.025	1.003	19.248	20.251	24.986	9.703	34.689	13.582	3.121	16.703	155.779
davon 2-türig						4.833			1.813			3.487			1.764	23.715
davon 4-türig						17.192			18.438			31.202			14.939	132.064
Audi 100 S	1,8	4	66	0	0	0	0	0	0	0	0	0	0	0	0	47.963
davon 2-türig						0			0			0			0	7.579
davon 4-türig						0			0			0			0	40.384
Audi 100 LS	1,8	4	74	26.334	62.852	89.186	519	55.595	56.114	6.623	27.207	33.830	7.774	14.729	22.503	461.146
davon 2-türig						14.173			11.102			3.976			2.590	72.041
davon 4-türig						75.013			45.012			29.854			19.913	389.105
Audi 100 GL	1,9	4	82	7.155	32.861	40.016	0	14.880	14.880	5.416	10.410	15.826	6.328	1.484	7.812	131.899
davon 2-türig						3.957			1.124			806			306	12.461
davon 4-türig						36.059			13.756			15.020			7.506	119.438
total Limousine, 2-türig						22.963			14.039			8.269			4.660	115.796
total Limousine, 4-türig						128.264			77.206			76.076			42.358	680.991
Audi 100 Coupé S	1,9	4	85/82	0	7.989	7.989	0	2.490	2.490	0	1.476	1.476	1	995	996	30.687
total (Limousine und Coupé S)						159.216			93.735			85.821			48.014	827.474

Anmerkungen:
IN = Produktionsstandort Ingolstadt
NSU = Produktionsstandort Neckarsulm
WOB = Produktion bei Volkswagen in Wolfsburg
Die Stückzahl von der Limousine mit 2 und 4 Türen wurde nur über beide Standorte zusammen dokumentiert, daher ist deren Zuordnung nach Produktionsstandort nicht möglich.

Produktionszahlen

Audi 100 C2 Teil 1

Typ	Hubraum Liter	Zylinder	Leistung kW	1976			1977			1978		
				IN	NSU	total	IN	NSU	total	IN	NSU	total
Audi 100 / C, 2-türig	1,6	4	63	2	0	2	607	0	607	55	2.197	2.252
Audi 100 / C, 4-türig				1.043	0	1.043	4.518	6	4.524	5.059	1.044	6.103
Audi 100 L / CL, 2-türig				0	0	0	2.030	0	2.030	143	1.253	1.396
Audi 100 L / CL / CS, 4-türig				10.450	607	11.057	31.825	13.427	45.252	21.756	6.741	28.497
Audi 100 CL Formel E, 4-türig				0	0	0	0	0	0	0	0	0
Audi 100 GL, 4-türig				1.626	452	2.078	7.868	3.606	11.474	5.454	1.779	7.233
Audi 100 GL Formel E, 4-türig				0	0	0	0	0	0	0	0	0
Audi 100 Avant L / CL				0	0	0	3	1.014	1.017	0	5.001	5.001
Audi 100 Avant GL				0	0	0	1	150	151	1	1.020	1.021
total Limousine, 2-türig				2	0	2	2.637	0	2.637	198	3.450	3.648
total Limousine, 4-türig				13.119	1.059	14.178	44.211	17.039	61.250	32.269	9.564	41.833
total Avant				0	0	0	4	1.164	1.168	1	6.021	6.022
Audi 100 S, 2-türig	2,0	4	85	0	0	0	144	0	144	23	55	78
Audi 100 S, 4-türig				482	0	482	1.523	44	1.567	415	1	416
Audi 100 LS, 2-türig				6	0	6	1.537	0	1.537	184	368	552
Audi 100 LS, 4-türig				13.074	2.973	16.047	25.482	13.296	38.778	8.954	4.152	13.106
Audi 100 GLS, 4-türig				9.744	1.233	10.977	29.738	11.966	41.704	8.858	3.679	12.537
Audi 100 Avant LS				0	0	0	3	521	524	0	1.208	1.208
Audi 100 Avant GLS				0	0	0	1	1.122	1.123	0	1.283	1.283
total Limousine, 2-türig				6	0	6	1.681	0	1.681	207	423	630
total Limousine, 4-türig				23.300	4.206	27.506	56.743	25.306	82.049	18.227	7.832	26.059
total Avant				0	0	0	4	1.643	1.647	0	2.491	2.491
Audi 100 5 / C, 2-türig	1,9	5	74	0	0	0	0	0	0	0	0	0
Audi 100 5 / C, 4-türig				0	0	0	0	0	0	0	0	0
Audi 100 L 5 / CL, 2-türig				0	0	0	0	0	0	0	0	0
Audi 100 L 5 / CL, 4-türig				0	0	0	0	0	0	0	0	0
Audi 100 GL 5 / GL, 4-türig				0	0	0	0	0	0	0	0	0
Audi 100 CD 5 / CD, 4-türig (Export)				0	0	0	0	0	0	0	0	0
Audi 100 Avant L 5 / CL				0	0	0	0	0	0	0	0	0
Audi 100 Avant GL 5 / GL				0	0	0	0	0	0	0	0	0
total Limousine, 2-türig				0	0	0	0	0	0	0	0	0
total Limousine, 4-türig				0	0	0	0	0	0	0	0	0
total Avant				0	0	0	0	0	0	0	0	0
Audi 100 5S / C, 2-türig	2,1	5	85	0	0	0	0	0	0	0	132	132
Audi 100 5S / C, 4-türig				0	0	0	0	0	0	1.407	3	1.410
Audi 100 L 5S / CL, 2-türig				0	0	0	4	0	4	0	792	792
Audi 100 L 5S / CL / CS, 4-türig				0	0	0	55	0	55	14.864	5.129	19.993
Audi 100 GL 5S / GL, 4-türig				3	0	3	76	0	76	11.709	4.508	16.217
Audi 100 CD 5S / CD, 4-türig				0	0	0	0	0	0	194	508	702
Audi 100 Avant L 5S / CL				0	0	0	4	0	4	0	2.216	2.216
Audi 100 Avant GL 5S / GL				0	0	0	0	0	0	1	2.871	2.872
Audi 100 Avant CD 5S / CD				0	0	0	0	0	0	0	0	0
total Limousine, 2-türig				0	0	0	4	0	4	0	924	924
total Limousine, 4-türig				3	0	3	131	0	131	28.174	10.148	38.322
total Avant				0	0	0	4	0	4	1	5.087	5.088

Produktionszahlen

	1979			1980			1981			1982			total
	IN	NSU	total	IN	NSU	total	IN	NSU	total	IN	NSU	total	
	0	466	466	0	147	147	0	145	145	0	65	65	3.684
	2.009	63	2.072	1.860	0	1.860	680	237	917	461	203	664	17.183
	0	600	600	0	321	321	0	167	167	0	60	60	4.574
	13.256	6.779	20.035	9.571	5.287	14.858	3.094	5.142	8.236	1.020	2.064	3.084	131.019
	0	0	0	0	0	0	1.865	2.369	4.234	967	564	1.531	5.765
	3.150	1.855	5.005	2.726	1.299	4.025	636	810	1.446	162	155	317	31.578
	0	0	0	0	0	0	94	191	285	59	68	127	412
	0	2.304	2.304	0	913	913	0	0	0	0	0	0	9.235
	0	376	376	0	236	236	0	0	0	0	0	0	1.784
	0	1.066	1.066	0	468	468	0	312	312	0	125	125	8.258
	18.415	8.697	27.112	14.157	6.586	20.743	6.369	8.749	15.118	2.669	3.054	5.723	185.957
	0	2.680	2.680	0	1.149	1.149	0	0	0	0	0	0	11.019
	0	0	0	0	0	0	0	0	0	0	0	0	222
	0	0	0	0	0	0	0	0	0	0	0	0	2.465
	0	0	0	0	0	0	0	0	0	0	0	0	2.095
	0	0	0	0	0	0	0	0	0	0	0	0	67.931
	0	0	0	0	0	0	0	0	0	0	0	0	65.218
	0	0	0	0	0	0	0	0	0	0	0	0	1.732
	0	0	0	0	0	0	0	0	0	0	0	0	2.406
	0	0	0	0	0	0	0	0	0	0	0	0	2.317
	0	0	0	0	0	0	0	0	0	0	0	0	135.614
	0	0	0	0	0	0	0	0	0	0	0	0	4.138
	0	0	0	0	0	0	0	10	10	0	10	10	20
	0	0	0	15	0	15	161	85	246	272	625	897	1.158
	0	0	0	0	2	2	0	49	49	0	7	7	58
	0	0	0	222	249	471	953	1.498	2.451	248	499	747	3.669
	0	0	0	147	94	241	447	649	1.096	599	1.207	1.806	3.143
	0	0	0	585	0	585	410	493	903	317	57	374	1.862
	0	0	0	0	107	107	0	263	263	0	82	82	452
	0	0	0	0	26	26	0	108	108	0	29	29	163
	0	0	0	0	2	2	0	59	59	0	17	17	78
	0	0	0	969	343	1.312	1.971	2.725	4.696	1.436	2.388	3.824	9.832
	0	0	0	0	133	133	0	371	371	0	111	111	615
	0	132	132	0	25	25	0	8	8	0	6	6	303
	1.415	1	1.416	475	0	475	143	46	189	98	88	186	3.676
	0	674	674	0	157	157	0	74	74	0	31	31	1.732
	16.724	6.873	23.597	3.412	2.479	5.891	1.728	3.504	5.232	654	1.374	2.028	56.796
	11.586	5.712	17.298	2.918	1.627	4.545	2.189	932	3.121	866	466	1.332	42.592
	1.999	400	2.399	470	301	771	133	330	463	78	125	203	4.538
	0	1.817	1.817	0	520	520	0	222	222	0	78	78	4.857
	0	2.985	2.985	0	543	543	0	145	145	0	50	50	6.595
	1	141	142	0	117	117	0	42	42	0	14	14	315
	0	806	806	0	182	182	0	82	82	0	37	37	2.035
	31.724	12.986	44.710	7.275	4.407	11.682	4.193	4.812	9.005	1.696	2.053	3.749	107.602
	1	4.943	4.944	0	1.180	1.180	0	409	409	0	142	142	11.767

Produktionszahlen

Audi 100 C2 Teil 2

Typ	Hubraum	Zylinder	Leistung	1976			1977			1978		
	Liter		kW	IN	NSU	total	IN	NSU	total	IN	NSU	total
Audi 100 5E / C, 2-türig	2,1	5	100	0	0	0	18	0	18	10	53	63
Audi 100 5E / C, 4-türig				8	0	8	151	0	151	242	0	242
Audi 100 L 5E / CL, 2-türig				1	0	1	255	0	255	74	461	535
Audi 100 L 5E / CL / CS, 4-türig				16	0	16	4.367	1.856	6.223	4.932	1.106	6.038
Audi 100 GL 5E / GL, 2-türig				0	0	0	1	0	1	0	0	0
Audi 100 GL 5E / GL, 4-türig				31	0	31	13.512	7.154	20.666	18.290	9.401	27.691
Audi 100 CD 5E / CD, 4-türig				0	0	0	0	0	0	2.242	5.966	8.208
Audi 100 Avant L 5E / CL				0	0	0	0	110	110	0	814	814
Audi 100 Avant GL 5E / GL				0	0	0	10	3.305	3.315	4	5.831	5.835
Audi 100 Avant CD 5E / CD				0	0	0	0	0	0	0	58	58
Audi 5000, 2-türig (NAR)	2,1	5	79	0	0	0	0	0	0	0	0	0
Audi 5000, 4-türig (NAR)				125	0	125	13.702	0	13.702	21.191	0	21.191
total Limousine, 2-türig				1	0	1	274	0	274	84	514	598
total Limousine, 4-türig				180	0	180	31.732	9.010	40.742	46.897	16.473	63.370
total Avant				0	0	0	10	3.415	3.425	4	6.703	6.707
Audi 100 5D / C, 2-türig	2,0	5	51	0	0	0	0	0	0	0	2	2
Audi 100 5D / C, 4-türig				0	0	0	0	0	0	22	0	22
Audi 100 L 5D / CL, 2-türig				0	0	0	0	0	0	0	1	1
Audi 100 L 5D / CL / CS, 4-türig				0	0	0	0	0	0	1.690	785	2.475
Audi 100 GL 5D / GL, 4-türig				0	0	0	0	0	0	362	37	399
Audi 100 CD 5D / CD, 4-türig				0	0	0	0	0	0	8	1	9
Audi 100 Avant L 5D / CL				0	0	0	0	0	0	0	6	6
Audi 100 Avant GL 5D / GL				0	0	0	0	0	0	0	7	7
Audi 100 Avant CD 5D / CD				0	0	0	0	0	0	0	0	0
Audi 5000 diesel, 4-türig (NAR)	2,0	5	51	0	0	0	0	0	0	54	0	54
Audi 5000 turbo diesel, 4-türig (NAR)	2,0	5	64	0	0	0	0	0	0	0	0	0
total Limousine, 2-türig				0	0	0	0	0	0	0	3	3
total Limousine, 4-türig				0	0	0	0	0	0	2.136	823	2.959
total Avant				0	0	0	0	0	0	0	13	13
total Audi 100 2-türig				9	0	9	4.596	0	4.596	489	5.314	5.803
total Audi 100 Limousine 4-türig				36.602	5.265	41.867	132.817	51.355	184.172	127.703	44.840	172.543
total Audi 100 Avant				0	0	0	22	6.222	6.244	6	20.315	20.321
total Audi 100				36.611	5.265	41.876	137.435	57.577	195.012	128.198	70.469	198.667
Audi 200 5E / -	2,1	5	100									
Audi 200 5T / turbo	2,1	5	125									
Audi 200 Avant 5T	2,1	5	125									
Audi 5000 turbo (NAR)	2,1	5	96									
Audi 200 5D	2,0	5	51									
Audi 200 turbo diesel	2,0	5	64									
total Audi 200												
total Audi 100 und 200 Typ 43				36.611	5.265	41.876	137.435	57.577	195.012	128.198	70.469	198.667

Anmerkungen:
IN = Produktionsstandort Ingolstadt
NSU = Produktionsstandort Neckarsulm
NAR = „North American Region" (Nordamerika)

Ab Modelljahr 1982 entfiel die Motorangabe wie z.B. „5E" in der Modellbezeichnung.

Das Modell CS basiert auf dem CL und wurde nicht extra in der Produktionsstatistik geführt.

Produktionszahlen

	1979			1980			1981			1982			total
	IN	NSU	total	IN	NSU	total	IN	NSU	total	IN	NSU	total	
	0	36	36	0	17	17	0	6	6	0	4	4	144
	193	0	193	96	0	96	59	126	185	52	242	294	1.169
	2	247	249	1	92	93	0	61	61	0	25	25	1.219
	4.563	1.838	6.401	1.758	1.079	2.837	962	3.834	4.796	878	1.441	2.319	28.630
	0	0	0	0	0	0	0	0	0	0	0	0	1
	9.983	3.962	13.945	3.528	2.960	6.488	1.729	2.999	4.728	434	1.660	2.094	75.643
	11.630	3.748	15.378	4.277	2.861	7.138	2.194	3.663	5.857	650	2.006	2.656	39.237
	0	469	469	0	208	208	0	133	133	0	46	46	1.780
	2	2.042	2.044	1	758	759	0	650	650	0	225	225	12.828
	0	1.881	1.881	0	849	849	1	615	616	0	203	203	3.607
	0	0	0	0	0	0	1	0	1	0	0	0	1
	1.310	24.866	26.176	2	16.568	16.570	7	18.999	19.006	2	18.754	18.756	115.526
	2	283	285	1	109	110	1	67	68	0	29	29	1.365
	27.679	34.414	62.093	9.661	23.468	33.129	4.951	29.621	34.572	2.016	24.103	26.119	260.205
	2	4.392	4.394	1	1.815	1.816	1	1.398	1.399	0	474	474	18.215
	0	38	38	0	5	5	0	0	0	0	0	0	45
	933	0	933	354	1	355	363	255	618	182	478	660	2.588
	0	108	108	0	24	24	0	47	47	0	8	8	188
	10.481	1.955	12.436	4.040	878	4.918	3.172	3.596	6.768	335	1.968	2.303	28.900
	4.782	524	5.306	1.122	559	1.681	794	627	1.421	215	452	667	9.474
	3.647	278	3.925	5.239	663	5.902	3.826	4.344	8.170	958	1.196	2.154	20.160
	0	1.234	1.234	0	695	695	0	302	302	0	61	61	2.298
	0	547	547	0	148	148	0	153	153	0	46	46	901
	0	106	106	0	228	228	1	233	234	0	67	67	635
	51	4.111	4.162	0	7.943	7.943	2	6.203	6.205	0	5	5	18.369
	0	0	0	0	0	0	0	8	8	0	8.543	8.543	8.551
	0	146	146	0	29	29	0	47	47	0	8	8	233
	19.894	6.868	26.762	10.755	10.044	20.799	8.157	15.033	23.190	1.690	12.642	14.332	88.042
	0	1.887	1.887	0	1.071	1.071	1	688	689	0	174	174	3.834
	2	2.301	2.303	1	790	791	1	567	568	0	216	216	14.286
	97.712	62.965	160.677	42.817	44.848	87.665	25.641	60.940	86.581	9.507	44.240	53.747	787.252
	3	13.902	13.905	1	5.348	5.349	2	2.866	2.868	0	901	901	49.588
	97.717	79.168	176.885	42.819	50.986	93.805	25.644	64.373	90.017	9.507	45.357	54.864	851.126
	149	12	161	1.709	5.524	7.233	1	3.150	3.151	1	1.977	1.978	12.523
	0	0	0	622	10.585	11.207	5	5.958	5.963	30	3.377	3.407	20.577
	0	0	0	1	0	1	0	0	0	0	0	0	1
	0	0	0	2	6.461	6.463	0	7.018	7.018	5	4.692	4.697	18.178
	1	0	1	0	0	0	0	0	0	0	0	0	1
							1		1	1		1	2
	150	12	162	2.334	22.570	24.904	7	16.126	16.133	37	10.046	10.083	51.282
	97.867	79.180	177.047	45.153	73.556	118.709	25.651	80.499	106.150	9.544	55.403	64.947	902.408

Die Stückzahlangaben der einzelnen Ausstattungsvarianten für alle 5-Zylinder-Motoren beim Audi 100 im Produktionsjahr 1982 sind geschätzt, da diese nicht mehr einzeln erfasst wurden. Die Summe der Motorvarianten über alle Ausstattungsvarianten stimmt jedoch genau.

Produktionszahlen

Audi 100 C3 Teil 1

Typ	Hubraum Liter	Zylinder	Leistung kW	1982 IN	1982 NSU	1982 total	1983 IN	1983 NSU	1983 total	1984 IN	1984 NSU	1984 total	1985 IN	1985 NSU	1985 total
Audi 100	1,8	4	55	3297	6234	9531	11.837	17.388	29.225	20.175	2.389	22.564	9.529	7.620	17.149
Audi 100	1,8	4	65	0	0	0	0	0	0	0	0	0	0	0	0
Audi 100	1,8	4	66	0	0	0	4.732	4.379	9.111	4.333	2.900	7.233	2.274	3.291	5.565
Audi 100 quattro	1,8	4	65	0	0	0	0	0	0	0	0	0	0	0	0
Audi 100 quattro	1,8	4	66	0	0	0	0	0	0	8	0	8	257	0	257
Audi 100 Avant	1,8	4	55	11	0	11	3.739	0	3.739	3.950	0	3.950	5.199	0	5.199
Audi 100 Avant	1,8	4	65	0	0	0	0	0	0	0	0	0	0	0	0
Audi 100 Avant	1,8	4	66	0	0	0	4	0	4	1	0	1	0	0	0
Audi 100 Avant quattro	1,8	4	65	0	0	0	0	0	0	0	0	0	0	0	0
Audi 100 Avant quattro	1,8	4	66	0	0	0	0	0	0	7	0	7	115	0	115
Audi 100	1,9	5	74	4103	0	4103	12.079	14.313	26.392	4.522	2.906	7.428	0	0	0
Audi 100 Avant	1,9	5	74	12	0	12	0	0	0	0	0	0	0	0	0
Audi 100	2,0	5	83	0	0	0	0	0	0	0	0	0	0	0	0
Audi 100	2,0 / 2,2	5	85	1767	0	1767	0	0	0	2.962	1.621	4.583	4.888	5.765	10.653
Audi 100 Avant	2,0	5	83	0	0	0	0	0	0	0	0	0	0	0	0
Audi 100 Avant	2,0 / 2,2	5	85	22	0	22	0	0	0	307	0	307	953	0	953
Audi 100 / 5000	2,1	5	100	0	0	0	24.434	48.464	72.898	23.609	61.198	84.807	11.718	54.693	66.411
Audi 100 / 5000	2,2	5	101	0	0	0	0	0	0	0	0	0	0	0	0
Audi 100	2,3	5	100 / 98	0	0	0	0	0	0	0	0	0	0	0	0
Audi 100 Avant / 5000 Wagon	2,1	5	100	0	0	0	8.604	0	8.604	10.992	0	10.992	7.988	0	7.988
Audi 100 Avant / 5000 Wagon	2,2	5	101	0	0	0	0	0	0	0	0	0	0	0	0
Audi 100 Avant	2,3	5	100 / 98	0	0	0	0	0	0	0	0	0	0	0	0
Audi 100 quattro	2,2	5	88	0	0	0	0	0	0	0	0	0	0	0	0
Audi 100 quattro	2,1	5	100	0	0	0	0	0	0	702	0	702	3.463	0	3.463
Audi 100 quattro	2,2	5	101	0	0	0	0	0	0	0	0	0	0	0	0
Audi 100 quattro	2,3	5	98 / 100	0	0	0	0	0	0	0	0	0	0	0	0
Audi 100 Avant quattro	2,1	5	88	0	0	0	0	0	0	0	0	0	0	0	0
Audi 100 Avant quattro	2,1	5	100	0	0	0	2	0	2	209	0	209	1.900	0	1.900
Audi 100 Avant quattro	2,2	5	101	0	0	0	0	0	0	0	0	0	0	0	0
Audi 100 Avant quattro	2,3	5	98 / 100	0	0	0	0	0	0	0	0	0	0	0	0
Audi 100 turbo	2,1	5	121	0	0	0	0	0	0	0	0	0	0	0	0
Audi 100 turbo quattro	2,1	5	121	0	0	0	0	0	0	0	0	0	0	0	0
Audi 100 Avant turbo	2,1	5	121	0	0	0	0	0	0	0	0	0	0	0	0
Audi 100 Avant turbo quattro	2,1	5	121	0	0	0	0	0	0	0	0	0	0	0	0
Audi 100 V6 Prototyp	2,5	6	129	0	0	0	0	0	0	0	0	0	0	0	0
Audi 100 quattro V6 Prototyp	2,5	6	129	0	0	0	0	0	0	0	0	0	0	0	0
Audi 100 Avant V6 Prototyp	2,5	6	129	0	0	0	0	0	0	0	0	0	0	0	0
Audi 100 Avant quattro V6 Prototyp	2,5	6	129	0	0	0	0	0	0	0	0	0	0	0	0
Audi 100 diesel	2,0	5	51	5636	6777	12413	3.070	5.454	8.524	3.925	1.456	5.381	2.440	2.842	5.282
Audi 100 diesel	2,4	5	60	0	0	0	0	0	0	0	0	0	0	0	0
Audi 100 turbo diesel	2,0	5	64	49	8559	8608	2.618	1.105	3.723	2.329	2.177	4.506	1.774	2.798	4.572
Audi 100 turbo D	2,0	5	74	0	0	0	0	0	0	0	0	0	0	0	0
Audi 100 TDI	2,5	5	88	0	0	0	0	0	0	0	0	0	0	0	0
Audi 100 Avant diesel	2,0	5	51	9	0	9	352	0	352	358	0	358	609	0	609
Audi 100 Avant diesel	2,4	5	60	0	0	0	0	0	0	0	0	0	0	0	0
Audi 100 Avant turbo diesel	2,0	5	64	10	0	10	565	0	565	700	0	700	1.040	0	1.040
Audi 100 Avant turbo D	2,0	5	74	0	0	0	0	0	0	0	0	0	0	0	0
Audi 100 Avant TDI	2,5	5	88	0	0	0	0	0	0	0	0	0	0	0	0
Audi 100 Limousine				14.852	21.570	36.422	58.770	91.103	149.873	62.565	74.647	137.212	36.343	77.009	113.352
Audi 100 Avant				64	0	64	13.266	0	13.266	16.524	0	16.524	17.804	0	17.804
total Audi 100				14.916	21.570	36.486	72.036	91.103	163.139	79.089	74.647	153.736	54.147	77.009	131.156
davon Audi 100 CKD				0	0	0	0	0	0	0	0	0	0	0	0

184

Produktionszahlen

	1986			1987			1988			1989			1990			1991			1992 - 1999	total
	IN	NSU	total	IN	NSU	total	IN	NSU	total	IN	NSU	total	IN	NSU	total	IN	NSU	total	NSU	
	1.580	1.085	2.665	91	1.294	1.385	0	0	0	0	0	0	0	0	0	0	0	0		82.519
	2.126	2.217	4.343	237	6.903	7.140	0	2.065	2.065	0	0	0	0	0	0	0	0	0		13.548
	10.325	8.796	19.121	436	11.366	11.802	0	13.053	13.053	0	11.606	11.606	0	8.981	8.981	0	7.008	7.008		93.480
	34	5	39	1	11	12	0	1	1	0	0	0	0	0	0	0	0	0		52
	284	2	286	1	66	67	0	6	6	0	49	49	0	28	28	0	0	0		701
	115	0	115	79	18	97	0	0	0	0	0	0	0	0	0	0	0	0		13.111
	353	0	353	396	102	498	0	137	137	0	0	0	0	0	0	0	0	0		988
	4.424	0	4.424	2.656	383	3.039	0	3.449	3.449	0	1.109	1.109	0	973	973	0	0	0		12.999
	19	0	19	8	9	17	0	1	1	0	0	0	0	0	0	0	0	0		37
	102	0	102	16	31	47	0	4	4	0	26	26	0	13	13	0	0	0		314
	0	0	0	0	0	0	0	0	0	0	0	0	0	0	0	0	0	0		37.923
	0	0	0	0	0	0	0	0	0	0	0	0	0	0	0	0	0	0		12
	1.057	1.390	2.447	96	3.472	3.568	0	0	0	0	0	0	0	0	0	0	0	0		6.015
	10.250	34.334	44.584	435	12.241	12.676	0	13.716	13.716	0	13.537	13.537	0	9.948	9.948	0	0	0		111.464
	168	0	168	334	51	385	0	2	2	0	0	0	0	0	0	0	0	0		555
	4.151	0	4.151	1.652	725	2.377	0	2.837	2.837	0	5.011	5.011	0	4.256	4.256	0	0	0		19.914
	7.237	11.777	19.014	73	8.803	8.876	0	0	0	0	0	0	0	0	0	0	0	0		252.006
	422	10.713	11.135	157	26.100	26.257	0	8.767	8.767	0	8.335	8.335	0	6.441	6.441	0	792	792		61.727
	0	0	0	0	0	0	0	26.593	26.593	0	27.082	27.082	0	30.652	30.652	0	551	551		84.878
	4.840	0	4.840	1.466	529	1.995	0	0	0	0	0	0	0	0	0	0	0	0		34.419
	765	0	765	2.842	1.548	4.390	0	1.735	1.735	0	843	843	0	45	45	0	0	0		7.778
	0	0	0	0	0	0	0	6.339	6.339	0	7.645	7.645	0	7.508	7.508	0	7	7		21.499
	333	0	333	0	0	0	0	0	0	0	0	0	0	0	0	0	0	0		333
	1.892	114	2.006	10	784	794	0	0	0	0	0	0	0	0	0	0	0	0		6.965
	193	31	224	9	3.990	3.999	0	350	350	0	325	325	0	3	3	0	0	0		4.901
	0	0	0	0	0	0	0	2.400	2.400	0	2.540	2.540	0	2.120	2.120	0	64	64		7.124
	263	0	263	0	0	0	0	0	0	0	0	0	0	0	0	0	0	0		263
	1.096	0	1.096	308	236	544	0	0	0	0	0	0	0	0	0	0	0	0		3.751
	115	0	115	284	520	804	0	385	385	0	227	227	0	1	1	0	0	0		1.532
	0	0	0	0	0	0	0	1.111	1.111	0	1.735	1.735	0	1.750	1.750	0	0	0		4.596
	1.136	31	1.167	6	2.385	2.391	0	1.269	1.269	0	1.727	1.727	0	1.497	1.497	0	0	0		8.051
	689	54	743	2	925	927	0	1.080	1.080	0	1.170	1.170	0	760	760	0	0	0		4.680
	293	0	293	313	127	440	0	487	487	0	462	462	0	352	352	0	0	0		2.034
	341	0	341	245	379	624	0	741	741	0	881	881	0	788	788	0	0	0		3.375
	0	0	0	0	0	0	0	7	7	0	0	0	0	0	0	0	0	0		7
	0	0	0	0	0	0	0	2	2	0	0	0	0	0	0	0	0	0		2
	0	0	0	0	0	0	0	1	1	0	0	0	0	0	0	0	0	0		1
	0	0	0	0	0	0	0	3	3	0	0	0	0	0	0	0	0	0		3
	3.138	2.087	5.225	236	4.104	4.340	0	2.869	2.869	0	1.061	1.061	0	0	0	0	0	0		45.095
	0	0	0	0	0	0	0	6	6	0	1.226	1.226	0	1.491	1.491	0	1	1		2.724
	2.328	2.762	5.090	96	4.109	4.205	0	0	0	0	0	0	0	0	0	0	0	0		30.704
	0	0	0	2	26	28	0	2.534	2.534	0	2.923	2.923	0	852	852	0	0	0		6.337
	0	0	0	0	0	0	0	13	13	0	36	36	0	2.816	2.816	0	26	26		2.891
	605	0	605	355	68	423	0	301	301	0	103	103	0	0	0	0	0	0		2.760
	0	0	0	0	0	0	0	1	1	0	168	168	0	322	322	0	0	0		491
	1.416	0	1.416	755	152	907	0	0	0	0	0	0	0	0	0	0	0	0		4.638
	0	0	0	0	3	3	0	603	603	0	763	763	0	314	314	0	1	1		1.684
	0	0	0	0	0	0	0	8	8	0	33	33	0	1.807	1.807	0	25	25		1.873
	43.024	75.398	118.422	1.888	86.579	88.467	0	74.731	74.731	0	71.617	71.617	0	65.589	65.589	0	8.442	8.442		956.581
	19.066	0	19.066	11.709	4.881	16.590	0	18.145	18.145	0	19.006	19.006	0	18.129	18.129	0	33	33		138.627
	62.090	75.398	137.488	13.597	91.460	105.057	0	92.876	92.876	0	90.623	90.623	0	83.718	83.718	0	8.475	8.475		1.095.208
	0	0	0	0	0	0	0	12	12	0	4.072	4.072	0	4.308	4.308	0	7.800	7.800	92.454	108.646

Produktionszahlen

Audi 100 C3 Teil 2

Typ	Hubraum Liter	Zylinder	Leistung kW	1982 IN	1982 NSU	1982 total	1983 IN	1983 NSU	1983 total	1984 IN	1984 NSU	1984 total	1985 IN	1985 NSU	1985 total
Audi 200	2,1 / 2,2	5	100 / 101	1	0	1	114	0	114	920	369	1.289	72	220	292
Audi 200	2,2	5	121	0	0	0	0	0	0	0	0	0	0	0	0
Audi 200	2,1	5	134	17	0	17	5.106	0	5.106	2.526	5.230	7.756	187	2.366	2.553
Audi 200	2,2	5	140	0	0	0	0	0	0	0	0	0	0	0	0
Audi 200	2,2	5	147	0	0	0	0	0	0	0	0	0	0	0	0
Audi 200 quattro	2,2	5	121	0	0	0	0	0	0	0	0	0	0	0	0
Audi 200 quattro	2,1	5	134	0	0	0	0	0	0	1.398	0	1.398	3.156	207	3.363
Audi 200 quattro	2,2	5	140	0	0	0	0	0	0	0	0	0	0	0	0
Audi 200 quattro	2,2	5	147	0	0	0	0	0	0	0	0	0	0	0	0
Audi 200 quattro 20V	2,2	5	162	0	0	0	0	0	0	0	0	0	0	0	0
Audi 200 turbo diesel (Prototyp)	2,0	5	64	0	0	0	15	0	15	0	0	0	0	0	0
Audi 200 V6 (Prototyp)	2,5	6	129	0	0	0	0	0	0	0	0	0	0	0	0
Audi 200 V8 (Prototyp)	3,6	8	184	0	0	0	0	0	0	0	0	0	0	0	0
Audi 5000 turbo	2,2	5	117	5	0	5	48	873	921	7	10.974	10.981	7	8.613	8.620
Audi 5000 quattro	2,2	5	117	0	0	0	0	0	0	11	0	11	30	1.133	1.163
Audi 200 Avant (Prototyp)	2,2	5	121	0	0	0	2	0	2	2	0	2	0	0	0
Audi 200 Avant quattro	2,2	5	121	0	0	0	0	0	0	0	0	0	0	0	0
Audi 200 Avant quattro	2,1	5	134	0	0	0	1	0	1	35	0	35	1.092	0	1.092
Audi 200 Avant quattro	2,2	5	140	0	0	0	0	0	0	0	0	0	0	0	0
Audi 200 Avant quattro	2,2	5	147	0	0	0	0	0	0	0	0	0	0	0	0
Audi 200 Avant quattro 20V	2,2	5	162	0	0	0	0	0	0	0	0	0	0	0	0
Audi 5000 Wagon quattro	2,2	5	117	0	0	0	1	0	1	6	0	6	0	0	0
Audi 200 Avant V6 quattro (Prototyp)	2,5	6	129	0	0	0	0	0	0	0	0	0	0	0	0
Audi 200 Limousine				23	0	23	5.283	873	6.156	4.862	16.573	21.435	3.452	12.539	15.991
Audi 200 Avant				0	0	0	4	0	4	43	0	43	1.092	0	1.092
total Audi 200				23	0	23	5.287	873	6.160	4.905	16.573	21.478	4.544	12.539	17.083
total Audi 100 und 200 Typ 44				14.939	21.570	36.509	77.323	91.976	169.299	83.994	91.220	175.214	58.691	89.548	148.239

Anmerkungen:

IN = Produktionsstandort Ingolstadt
NSU = Produktionsstandort Neckarsulm (ab 1988 wurde der Typ 44 nur noch in Neckarsulm gebaut)

Der Audi 5000 für Export nach Nordamerika wurde nur als Version mit Turbo-Motor gesondert gelistet (Basis Audi 200), daher sind die Stückzahlen der Version mit Saugmotor (Basis Audi 100) im Audi 100 mit enthalten.
CKD = „completely knocked down" (Bausätze für Montagewerk in China und andere)
Produktionsangaben 1992 bis 1999 nur noch CKD für China

Produktionszahlen

1986			1987			1988			1989			1990			1991			1992 - 1999	total
IN	NSU	total	IN	NSU	total	IN	NSU	total	IN	NSU	total	IN	NSU	total	IN	NSU	total	NSU	
0	0	0	0	0	0	0	0	0	0	0	0	0	0	0	0	0	0		1.696
2	718	720	0	750	750	0	2.629	2.629	0	1.992	1.992	0	1.790	1.790	0	53	53		7.934
5	1.388	1.393	3	852	855	0	0	0	0	0	0	0	0	0	0	0	0		17.680
1	9	10	1	8	9	0	211	211	0	65	65	0	7	7	0	0	0		302
0	0	0	0	5	5	0	442	442	0	136	136	0	30	30	0	0	0		613
1	781	782	0	1.132	1.132	0	2.256	2.256	0	1.245	1.245	0	380	380	0	1	1		5.796
34	1.842	1.876	16	916	932	0	0	0	0	0	0	0	0	0	0	0	0		7.569
0	3	3	2	1	3	0	0	0	0	0	0	0	0	0	0	0	0		6
0	0	0	0	25	25	0	832	832	0	233	233	0	20	20	0	0	0		1.110
0	0	0	2	3	5	0	31	31	0	1.972	1.972	0	2.553	2.553	0	206	206		4.767
0	0	0	0	0	0	0	0	0	0	0	0	0	0	0	0	0	0		15
0	0	0	0	0	0	0	1	1	0	0	0	0	0	0	0	0	0		1
0	0	0	0	0	0	0	1	1	0	0	0	0	0	0	0	0	0		1
0	8.023	8.023	1	2.867	2.868	0	0	0	0	0	0	0	0	0	0	0	0		31.418
0	4.622	4.622	1	2.733	2.734	0	0	0	0	0	0	0	0	0	0	0	0		8.530
0	0	0	0	0	0	0	0	0	0	0	0	0	0	0	0	0	0		4
232	0	232	101	163	264	0	516	516	0	367	367	0	118	118	0	0	0		1.497
493	0	493	108	112	220	0	0	0	0	0	0	0	0	0	0	0	0		1.841
8	0	8	3	0	3	0	0	0	0	0	0	0	0	0	0	0	0		11
0	0	0	0	4	4	0	173	173	0	39	39	0	0	0	0	0	0		216
0	0	0	0	3	3	0	15	15	0	647	647	0	905	905	0	46	46		1.616
338	0	338	181	444	625	0	0	0	0	0	0	0	0	0	0	0	0		970
0	0	0	0	0	0	0	1	1	0	0	0	0	0	0	0	0	0		1
43	17.386	17.429	26	9.292	9.318	0	6.403	6.403	0	5.643	5.643	0	4.780	4.780	0	260	260		87.438
1.071	0	1.071	393	726	1.119	0	705	705	0	1.053	1.053	0	1.023	1.023	0	46	46		6.156
1.114	17.386	18.500	419	10.018	10.437	0	7.108	7.108	0	6.696	6.696	0	5.803	5.803	0	306	306		93.594
63.204	92.784	155.988	14.016	101.478	115.494	0	99.984	99.984	0	97.319	97.319	0	89.521	89.521	0	8.781	8.781		1.188.802

Produktionszahlen

Audi 100 C4

Typ	Hubraum Liter	Zylinder	Leistung kW	1990 IN	1990 NSU	1990 total	1991 IN	1991 NSU	1991 total	1992 NSU	1993 NSU	1994 NSU	total
Audi 100 (nur für Export)	1,6	4	75	0	0	0	0	0	0	114	5	0	119
Audi 100	2,0	4	74	2.046	0	2.046	11.093	4.487	15.580	3.866	1.643	1.422	24.557
Audi 100	2,0	4	79	0	0	0	0	0	0	0	16	44	60
Audi 100 2.0 E	2,0	4	85	20	0	20	5.844	9.235	15.079	12.539	8.496	10.030	46.164
Audi 100 2.0 E 16 V (nur für Italien)	2,0	4	103	1	0	1	0	3	3	1.617	785	719	3.125
Audi 100 Avant 1.6 (nur für Export)	1,6	4	75	0	0	0	0	0	0	16	0	0	16
Audi 100 Avant	2,0	4	74	0	0	0	1	255	256	456	113	0	825
Audi 100 Avant 2.0 E	2,0	4	85	0	0	0	0	1.976	1.976	4.550	3.362	3.771	13.659
Audi 100 Avant 2.0 E 16 V (nur für Italien)	2,0	4	103	0	0	0	0	1	1	2.596	2.230	1.414	6.241
Audi 100 quattro 2.0 E	2,0	4	85	0	6	6	0	78	78	34	0	0	118
Audi 100 quattro 2.0 E 16 V (nur für Italien)	2,0	4	103	0	0	0	0	1	1	80	251	139	471
Audi 100 Avant quattro 2.0 E	2,0	4	85	0	0	0	0	20	20	37	0	0	57
Audi 100 Avant quattro 2.0 E 16 V (nur für Italien)	2,0	4	103	0	0	0	0	1	1	456	1.053	619	2.129
Audi 100 2.3 E	2,3	5	98	1.928	3.165	5.093	8.372	58.860	67.232	26.204	9.535	3.776	111.840
Audi 100 Avant 2.3 E	2,3	5	98	1	0	1	0	6.473	6.473	6.201	1.624	783	15.082
Audi 100 2.3 E quattro	2,3	5	98	4	341	345	0	3.022	3.022	946	200	93	4.606
Audi 100 Avant 2.3 E quattro	2,3	5	98	0	0	0	0	417	417	1.079	169	60	1.725
Audi 100 (nur für Export)	2,6	6	102	0	0	0	0	0	0	0	2.628	3.382	6.010
Audi 100 2.6 E	2,6	6	110	0	0	0	0	25	25	14.258	14.758	18.892	47.933
Audi 100 2.8 E	2,8	6	128	17	2.384	2.401	0	31.377	31.377	15.609	9.032	6.695	65.114
Audi 100 Avant (nur für Export)	2,6	6	102	0	0	0	0	0	0	0	2	5	7
Audi 100 Avant 2.6 E	2,6	6	110	0	0	0	0	3	3	4.854	6.583	7.264	18.704
Audi 100 Avant 2.8 E	2,8	6	128	1	0	1	0	2.049	2.049	2.668	1.464	1.661	7.843
Audi 100 quattro (nur für Export)	2,6	6	102	0	0	0	0	0	0	0	0	17	17
Audi 100 2.6 E quattro	2,6	6	110	0	0	0	0	18	18	905	1.464	2.052	4.439
Audi 100 2.8 E quattro	2,8	6	128	12	923	935	0	8.239	8.239	5.541	2.896	2.246	19.857
Audi 100 Avant quattro (nur für Export)	2,6	6	102	0	0	0	0	0	0	0	0	1	1
Audi 100 Avant 2.6 E quattro	2,6	6	110	0	0	0	0	5	5	955	1.513	2.309	4.782
Audi 100 Avant 2.8 E quattro	2,8	6	128	2	0	2	3	1.517	1.520	4.260	2.209	2.460	10.451
Audi 100 2.4 D	2,4	5	60	2	12	14	0	2.246	2.246	1.956	1.589	791	6.596
Audi 100 2.5 TDI	2,5	5	85	1	8	9	0	7.163	7.163	7.609	7.455	7.457	29.693
Audi 100 Avant 2.4 D	2,4	5	60	0	0	0	1	137	138	365	415	201	1.119
Audi 100 Avant 2.5 TDI	2,5	5	85	0	0	0	3	1.329	1.332	6.404	6.778	7.257	21.771
Audi S4	2,2	5	169	2	8	10	0	2.576	2.576	4.209	2.194	1.406	10.395
Audi S4 4.2	4,2	8	213	2	0	2	0	0	0	7	392	321	722
Audi S4 Avant	2,2	5	169	0	0	0	1	277	278	2.185	1.629	1.120	5.212
Audi S4 Avant 4.2	4,2	8	213	0	0	0	0	0	0	81	1.143	518	1.742
total Audi 100 / S4 Limousine				4.035	6.847	10.882	25.309	127.330	152.639	95.494	63.339	59.482	381.836
total Audi 100 / S4 Avant				4	0	4	9	14.460	14.469	37.163	30.287	29.443	111.366
total Audi 100 C4				4.039	6.847	10.886	25.318	141.790	167.108	132.657	93.626	88.925	493.202

Anmerkungen:

IN = Produktionsstandort Ingolstadt
NSU = Produktionsstandort Neckarsulm

Farben und Ausstattungen

Audi 100 C1

Bauzeit – Modelljahr Karosserie-Außenfarben	Lack-Nr.	1969 Best.-Schl.	1970 Best.-Schl.	1971 Best.-Schl.	1972 Best.-Schl.	1973 Best.-Schl.	1974 Best.-Schl.	1975 Best.-Schl.	1976 Best.-Schl.
Savannenbeige	620	02	02						
Kobaltblau	630	07	07						
Schwarz	041	10	10	10	10	10	A1	A1	A1
Königsrot	30A	17	17						
Chinchilla	70F	19	19						
Rauchblau	51Z	24	24	24	24	24	J4		
Smaragdgrün	60Z	25	25	44	44				
Lotosweiß	282	42	42	42	42				
Tiefseegrün	66B			50	50				
Pastellweiß	90D		06	06					
Saphirblau	50D			01					
Ulmengrün	60D			09					
Clementine	20D			12	12				
Nevadabeige	81Z			19	19				
Riverblau	50Y			70	70				
Jagdgrün	60Y			73	73				
Marinablau	54Z			21					
Kansasbeige	91D			65					
Iberischrot	31F			28	28	28	G3	G3	G3
Spanischgrün	63Z				38				
Achatbraun	86Z				48	T1	T1		
Coralle	32Z				45	G7	G7	G7	G7
Atlasweiß	91Z				61	R3	R3	R3	R3
Saharabeige	80Z				60	D3			
Delftblau	55Z				61	K1			
Tropengrün	60A					N6			
Maroon	87Z					T4			
Cylonbeige	31H						D1		
Aquablau	54Y						K8	K8	
Mehrausstattung									
Tibetorange	21Z			40	40	40	E4	E4	
Coronagelb	10Z			26	26	26	B7		
Isisgrün	61Z			36					
Opalgrün	62Z				22				
Bermudagrün	64Z					52	N1		
Phönixrot	32K						G5		
Cadizorange	210						L2	L2	
Bananagelb	11Y						L5	L5	
Signalgrün	62Y						N2	N2	
Kupfer-metallic	82Z	61	61						
Silber-metallic	96D	80	80	80					
Gemini-metallic	96E			86	86				
Colorado-metallic (rot)	97D			81	81	81	Z3		
Aeroblau-metallic	96Z				85				
Türkis-metallic	95B				79	79			
Achatbraun-metallic	98Z/95Y					72	Z1		
Alaska-metallic (blau)	96B					78	X4		
Marathon-metallic (blau)	96M					89	X2	X2	X2
Türkis-hell-metallic	95B						Y4		
Malachit-metallic (türkis)	96Y						W3	W3	
Tizian-metallic (braun)	97Y						W6	W6	
Atlantic-metallic (blau)	98Y						W7	W7	
Polster/Innenausstattung									
Stoff									
Ausstattung		-/S, LS	-/S, LS	-/S, LS Cpé.	-/LS/ Cpé.	-/LS/ GL, Cpé.	-/LS/GL/ Cpé.	L/LS/GL/ Cpé.	L/LS/GL/ Cpé.
bambus/gazelle (beige/braun); LS, GL, Coupé S: bambus (braun)		25 / 29	25 / 29	05 / 01 / 07	05 / 01 / 07	05 / 01 / 07			
gazelle/gazelle; S, LS: gazelle (braun)		24 / 28	24 / 28	24 / 02 / 11	24 / 02 / 11	24 / 02 / 11			
bordeauxrot				06 / 04 / 11	06 / 04 / 11	06 / 04 / 11			
bernstein (beige)						36 / 20 / 31 / 90	36 / 20 / 31 / 90	36 / 20 / 31 / 90	
dattel (braun)						37 / 21 / -/ -	-37 / 21 / - / -	-37 / 21 / - / -	
flaschengrün		27 / 31	27 / 31	27 / 26 / 08	27 / 26 / 08	80 / 23 / 32 / 91	80 / 23 / 32 / 91	80 / 23 / 32 / 91	
weinrot						81 / 25 / 33 / 92	81 / 25 / 33 / 92	81 / 25 / 33 / 92	
graublau; GL, Coupé S: marineblau		39 / 40	39 / 40	13 / 12 / 10	13 / 12 / 10	39 / 03 / 09	82 / 98 / 34 / 97	82 / 98 / 34 / 97	82 / 98 / 34 / 97
schwarz				13 / 12 / 10	13 / 12 / 10	13 / 12 / 10	83 / 99 / 35 / 93	83 / 99 / 35 / 93	83 / 99 / 35 / 93
Kunstleder									
Ausstattung									
bambus (beige)		33 / 45	33 / 45	50	50	50			
bordeauxrot		37 / 49	37 / 49	51	51	51			
flaschengrün		35 / 47	35 / 47	52	52	52			
gazelle (braun)		32 / 44	32 / 44	44	61 / 61	-61 / -	54	50	50
schwarz		36 / 48	36 / 48	54	54	54	58	58	58
bernstein (beige)							59		
weinrot									
graublau; GL, Coupé S: marineblau		41 / 42	41 / 42	42	60 / 60 / 53	60 / 60 / 53	60 / 60 / 53	60 / 60 / 53	60 / 60 / 53
dattel (braun)						62 / 62 / -		62	
chromgrün						63	63	63	63

Audi 100 C2

Bauzeit		08/76 - 07/77	08/77 - 07/78	08/78 - 07/79	08/79 - 07/80	08/80 - 07/81	08/81 - 07/82
von Fgst.-Nr.		437 2000001	438 2000001	439 2000001	43A 0000001	43-B-000001	43-C-000001
bis Fgst.-Nr.		437 2200000	438 2300000	439 2200000	43A 0200000	43-B-106270	43-C-100000
Karosserie-Außenfarben	Lack-Nr.	Best.-Schl.	Best.-Schl.	Best.-Schl.	Best.-Schl.	Best.-Schl.	Best.-Schl.
Inselgrün	13Y	B5					
Brokatrot	32A	H7					
Bahiablau	50A	J2					
Manilagrün	63Y	M4	M4	M4	M4		
Polarweiß	90A	R5					
Achatbraun	86Z	T1	T1				
Schwarz	041		A1	A1	9000, nur CD	9000, nur CD	9000, nur CD
Dakotabeige	13A		D5				
Malagarot	30C		H5	H5	H5	H5	
Andorrablau	56Y		K3				
Alpinweiß	90E		P1	P1	P1	P1	P1
Limagelb	A1B			B3	B3	B3	
Mexicobeige	E1M			D9	D9		
Floridablau	A5A			J1			
Merianbraun	A8A			T2	T2		
Monacoblau	A5D				J3	J3	J3
Coloradobeige	A1M					D5	D5
Sundagrün	B6A					N8	N8
Havannabraun	D8A					T4	T4
Gabungrau	Y7A						A3
Togogelb	D1A						B1
Gambiarot	A3B						H2
Mehrausstattung							
Castellgelb	12Y	B1	B1				
Nubisrot	33Y	H6	H6				
Cordobarot	Y3A			G8			
Amethyst (blau)	Y4A			K5	K5		
Venusrot	Y3B				G3	G3	
Mauritiusblau	Y5A				K9		K9
Kupfer-metallic	95F	W2	W2	W2	W2		
Resedagrün-metallic	95E	X3	X3				
Bahamablau-metallic	99F	Y3	Y3				
Diamantsilber-metallic	97A	Z4	Z4	Z4	Z4	Z4	Z4
Kolibrigrün-metallic	99Y		Z7	Z7			
Azoren-metallic (blau)	A5V			W3			
Indianarot-metallic	A3V			W9	W9	W9	
Inarisilber-metallic (grün)	94A			Y4	Y4	Y4	Y4
Dolomitgrau-metallic	Y7V			Z9	Z9		
Heliosblau-metallic	A5Y				W5	W5	W5
Onyx-metallic (schwarz)	D6V				Z2	Z2	
Saturn-metallic (violett)	Y4V					Y3	
Meteor-metallic (grau)	Y7Z					Y5	Y5
Lhasa-metallic (grün)	A6V						W1
Surinam-metallic (rot)	A3Y						Y2
Gobi-metallic (beige)	Y1V						Y6
Rad: Chromfarben-metallic	091	x	x	x			
Polster/Innenausstattung							
Stoff							
N, C		Feincord	Feincord	Feincord	Feincord	Feincord	Feincord
L, CL		Feincord	Feincord	Streifenvelours	Streifenvelours	Marengo-Wirkvelours	Marengo-Wirkvelours
GL		Flock-Velours	Crushed-Velours	Crushed-Velours	Crushed-Velours	Zacken-Raschel-Velours	Zacken-Raschel-Velours
CD				Crushed-Velours	Crushed-Velours	Zacken-Raschel-Velours	Zacken-Raschel-Velours
CS							Karo-Tweed
Ausstattung		N+L / GL	N / L / GL	N / L / GL+CD	N / L / GL+CD	N / L / GL+CD	C / CL / GL+CD / CS
lindgrün		10 / 26	05 / 20 / 40				
silbergrau		11 / 27					
sand (beige)		12 / 28	12 / 30 / 44	AD / BN / CJ	AD / BN / CJ	AD / GT / HP	AD / GT / HP
coralle (rot)		13 / 29	13 / 45 / 36	AE / BP / CK	AE / BP / CK	AB / GQ / HM	AB / GQ / HM
azurblau			07 / 17 / 39	AB / BL / CG	AB / BL / HM	AB / GQ / HM	AC / GS / HN / WK
schilf (grün)				AC / BM / CH	AC / BM / HN	AC / GS / HN	
negro (braun)					AS / BG / HV	AS / GU / HV	AS / GU / HV / WM
Kunstleder		Bisonnarbe	Ledernarbe	Rindledernarbe	Rindledernarbe	Rindledernarbe	Rindledernarbe
lindgrün		N / L / GL	N / L / GL	N / L / GL	N / L / GL	N / L / GL	C / CL / GL
silbergrau		69	56				
sand (beige)		70					
coralle (rot)		78	57	LJ / MT / PN	LJ / MT / PN	LJ / MT / PN	LJ / MT / PN
azurblau		79	60	LK / MU / PP			
schilf (grün)			54	LG / MQ / PL	LG / MQ / PL	LG / MQ / PL	LG / MQ / PL
negro (braun)				LH / MS / PM	LH / MS / PM	LH / MS / PM	LH / MS / PM

Farben und Ausstattungen

Audi 100 C3

Bauzeit	08/82 - 07/83	08/83 - 07/84	08/84 - 07/85	08/85 - 07/86	08/86 - 12/87	01/88 - 07/88	08/88 - 07/89	08/89 - 12/90	01/91 - 07/91
von Fgst.-Nr.	43-D-000001	44-E-000001	44-F-000001	44-G-000001	44-H-000001	44-J-200100	44-K-000001	44-L-000001	44-M-050001
bis Fgst.-Nr.	44-D-200000	44-E-300000	44-F-300000	44-G-300000	44-J-200099	44-J-300000	44-K-150000	44-M-050000	

Karosserie-Außenfarben	Lack-Nr.	Best.-Schl.	Best.-Schl.	Best.-Schl.	Best.-Schl.	Best.-Schl.	Best.-Schl.	Best.-Schl.	Best.-Schl.	Best.-Schl.
Pasadenagelb	Y1L	B4	B4							
Bahiabeige	Y1M	D3								
Gambiarot	A3B	H2	H2							
Kopenhagenblau	Y5B	K3		K3	K3					
Malachitgrün	Y6A	N4	N4							
Alpinweiß	90E	P1	P1	P1	P1	P1	P1	P1	P1	P1
Barcelonabraun	Y8A	T8	K3							
Tornadorot	Y3D		G2, nur CS	G2	G2	G2	G2	G2	G2	
Montanarot	Y8B		H5	H5	H5					
Mangogelb	Y1E			B7	B7					
Eisgrün	A6E			M1	M1					
Elfenbein	07Q					P9				
Santosbeige	Y1N					B4?	B4	B4		
Malvenrot	Y3E					G3	G3	G3	G3	
Azuritblau	Y5D					K2	K2	K2	K2	K2
Mintgrün	Y6B					M6	M6			
Adamelloblau	Y5E								J7	J7
Sherwoodgrün	Y6D									N2
Mehrausstattung										
Schwarz	041		9000	9000	9000					
Brillantschwarz	Y9B					9004	9004	9004	9004	9004
Perlmuttweiß-metallic	0A9					9019	9019	9019	9019	9019
Rot-perleffekt *nur Sport/Komfort										9752*
Grau-perleffekt *nur Sport/Komfort										9966*
Zermattsilber-metallic	Y7Y	L1	L1	L1	L1	L1	L1	L1		
Geminigrau-metallic	Z7Z	L2	L2							
Montegoschwarz-met.	Y9V	L3	L3							
Zobelbraun-metallic	Y8V	L4	L4							
Saphir-metallic (blau)	Y5V	L5	L5	L5	L5	L5	L5			
Amazonasblau-metallic	Y5Y	L6	L6	L6	L6					
Portorosé-metallic	Y4Y	L8								
Sienarot-metallic	D3V	W9								
Topasgrün-metallic	D6Y	Y3	Y3	Y3	Y3					
Gobi-metallic (beige)	Y1V	Y6	Y6							
Lhasa-metallic (grün)	A6V		W1, ab 01/84	W1	W1					
Sudanbraun-metallic	K8V		Z1							
Oceanicblau-metallic	Y6V			L7	L7					
Steingrau-metallic	Y7U			U8	U8	U8	U8	U8		
Tizianrot-metallic	B3V			W4	W4	W4	W4			
Graphit-metallic (grau)	B7V			W9	W9					
Kalahanbeige-metallic	A1Y			Y4	Y4					
Mahagonibraun-metallic	B8Z			Z6	Z6					
Satinschwarz-metallic	Y9Y					Q1	Q1	Q1		
Nautic-met. (dunkelblau)	Y5Z					Q2	Q2	Q2	Q2	Q2
Flamingo-metallic (rosé)	Y4Z					Q3	Q3	Q3		
Maraschinorot-metallic	Y3V					Q4	Q4	Q4		
Mandelbeige-metallic	Y1Y					Q5	Q5			
Lago-metallic (grün)	Y6Z					Q6	Q6	Q6	Q6	Q6
Nilgrün-metallic	Y6Y					Q7	Q7			
Gletscher-metallic (blau)	Y5U							U1	U1	U1
Bambus-met. (hellbraun)	Y1Z							U2	U2	U2
Papyrus-metallic (grün)	Y6U							U3	U3	U3
Cayenne-perleffekt (rot)	Z3Z							U4	U4	U4
Aquamarin-metallic (hellblau)	Y6T								S5	
Kristallsilber-metallic	Y7T								C6	C6
Panthero-met. (schwarz)	Y9Z								L7	L7
Zyclam-Perleffekt (rot)	Z3T								S6	S6
Titan-metallic (grau)	Y7P								Z6	Z6
Rad: Rallyeschwarz	03C	x	x	x	x	x	Satin-schwarz	x	x	x
Rad: Zermattsilber-met.	Y7Y	x	x	x	x	x				
Unterholm: Schiefer (grau)	Y7D	x	x	x	x					
Rad: Perlmuttweiß-met.	0A9						x	x	x	x
Rad: Audi-Silber	Z7P								x	x

Bauzeit	08/82 - 07/83	08/83 - 07/84	08/84 - 07/85	08/85 - 07/86	08/86 - 12/87	01/88 - 07/88	08/88 - 07/89	08/89 - 12/90	01/91 - 07/91
von Fgst.-Nr.	43-D-000001	44-E-000001	44-F-000001	44-G-000001	44-H-000001	44-J-200100	44-K-000001	44-L-000001	44-M-050001
bis Fgst.-Nr.	44-D-200000	44-E-300000	44-F-300000	44-G-300000	44-J-200099	44-J-300000	44-K-150000	44-M-050000	

Polster/Innenausstattung									
Stoff									
N, bis 12/87	Oxford-Uni	Oxford-Uni	Hastings	Hastings	Hastings	Crayon	Crayon	Crayon	Crayon
CC, bis 12/87	Mohavi-Velours	Mohavi-Velours	Kensing-ton-Velours	Kensing-ton-Velours	Kensing-ton-Velours	Pirell-Struktur	Pirell-Struktur	Pirell-Struktur	Pirell-Struktur
CS, bis 12/87	Oxford-Gewebe	Karo-Tweed	Karo-Tweed	Karo-Tweed/Kens.	Pirell-Tweed/Kens.-Velours	Serret-Velours	Serret-Velours	Serret-Velours	Serret-Velours
CD, bis 12/87; quattro Sport, ab Mj. '89	Mohavi-Velours	Mohavi-Velours	Kensing-ton-Velours	Kensing-ton-Velours	Kensing-ton-Velours		Jacquard-Satin		
turbo, bis 12/87; Business, Mj. '91					Karo-Tweed				Lancora-Flanell
Ausstattung	N / CC / CS / CD	N / CC / CD	N / CC / CD	N / CC / CD	N / CC / CD				
marine/marine (blau/blau)	DE / HA / EN / RR	DE / HA / RR	BT / DD / GA	BT / DD / GA	BT / DD / GA				
brasil/brasil (braun/braun)	DX / HC / EX / RT	DX / HC / RT	BV / DN / GC	BV / DN / GC	BV / DN / GC				
sierra/brasil (beige/braun)	DR / HB / EP / RS	DR / HB / RS	BU / DJ / GB	BU / DJ / GB	BU / DJ / GB				
quarz/graphit (grau/grau)	DZ / HD / EZ / RU	DZ / HD / RU	BW / DP / GD	BW / DP / GD	BW / DP / GD	NT	NT	NT	NT
marine/nautic (blau/blau)						NQ	NQ	NQ	NQ
graphit/graphit (grau/grau)						NX	NX	NX	NX
quarz/platin (grau/grau)							NF		
travertin/travertin (beige/beige)								NJ	NJ
Stoff-Sportsitz									
Ausstattung			N / CC / CS / CD	N / CC / CS / CD	N / CC / CS / CD				
marine/marine (blau/blau)			GV, nur CS	GV, nur CS	GV, nur CS	AR, nur CS, nicht quattro	AR, nur CS, nicht quattro		
brasil/brasil (braun/braun)			DX / HC / GY / RT	BV / DN / GY / GC	BV / DN / GY/RB / GC	BV / DN / GC			
quarz/graphit (grau/grau)			GV, nur CS	BW / DP / GW / GD	BW / DP / GW/UA / GD	BW / DP / AS / GD			
graphit/graphit (grau/grau)					BZ, nur CS				
Leder			Kodiak-Leder	Kodiak-Leder	Kodiak-Leder	Kodiak-Leder	Kodiak-Leder	Kodiak-Leder	Kodiak-Leder
Ausstattung		N / CC / CS / CD	N / CC / CD	N / CC / CD	N / CC / CD				
brasil/brasil (braun/braun)		TS / TX / TV / TF	TS / TX / TF	TM	TM	TM			
cognac/brasil (braun/braun)		TT / TY / TW / TZ							
sierra/brasil (beige/braun)		YC / YK / YL	VA	VA	VA				
quarz/graphit (grau/grau)			TQ						
platin/graphit (grau/grau)				TY	TY, quattro o. turbo: TZ				
nautic/nautic (blau/blau)						NQ	NQ	NQ	NQ
platin/platin (grau/grau)						NT	NT	NT	NT
graphit/graphit (grau/grau)						NX	NX	NX	NX
platin/platin (grau/grau)						NF			
travertin/travert. (beige/beige)								NJ	NJ
Leder-Sportsitz									
Ausstattung				CS	CS	CS			
brasil/brasil (braun/braun)				TM	TM	TM			
sierra/brasil (beige/braun)				VA	VA	VA			
graphit/graphit (grau/grau)				VD	VD	VD			
quarz/graphit (grau/grau)				VE					
platin/graphit (grau/grau)					TZ	TZ			
Kunstleder		Bison-ledernarbe	Bison-ledernarbe	Y-Narbe	Y-Narbe	Y-Narbe			
Ausstattung		N / CC / CS / CD	N / CC / CD	N / CC / CD	N / CC / CD				
brasil/brasil (braun/braun)		ME / QB / PD / SU	ME / QB / SU	ME / QB / SU	ME / QB / SU				
cognac/brasil (braun/braun)		MD / QA / PC / ST							
sierra/brasil (beige/braun)		NB / ND / NY	NB / ND / NY	NB / ND / NY	NB / ND / NY				

Audi 100 Farben C4

Bauzeit		12/90 - 07/91	07/91 - 07/92	07/92 - 07/93	07/93 - 07/94
von Fgst.-Nr.		4A-M-000001	4A-N-000001	4A-P-000001	4A-R-000001
bis Fgst.-Nr.			4A-N-250000	4A-P-150000	4A-R-100000
Karosserie-Außenfarben	Lack-Nr.	Best.-Schl.	Best.-Schl.	Best.-Schl.	Best.-Schl.
Nimbusgrau	Y5G	A3			
Tornadorot	Y3D	G2	G2	G2	G2
Azuritblau	Y5D	K2	K2	K2	K2
Sherwoodgrün	Y6D	N2			
Alpinweiß	90E	P1	P1	P1	P1
Klassikweiß	Y9E			P4, nur S4	
Mehrausstattung					
Brillantschwarz	Y9B	9004	A2		
Perlmuttweiß-metallic	0A9	9019	C9	C9	C9
Brillantschwarz mit Klarlack	Y9B			A2	A2
Europablau-perleffekt	Z5T				Y3, nur Europa Paket
Indigo-perleffekt (blau)	Z5U	C2	C2	C2	C2
Kristallsilber-metallic	Y7T	C6	C6	C6	C6
Panthero-metallic (schwarz)	Y9Z	L7	L7	L7	
Lago-metallic (grün)	Y6Z	Q6			
Aquamarin-metallic (hellblau)	Y6T	S5			
Zyclam-perleffekt (rot)	Z3T	S6	S6	S6	
Gletscher-metallic (blau)	Y5U	U1	U1		
Bambus-metallic (hellbraun)	Y1Z	U2	U2	U2	
Papyrus-metallic (grün)	Y6U	U3			
Cayenne-perleffekt (rot)	Z3Z	U4	U4		
Opal-perleffekt (grau)	Z7M	Z2	Z2	Z2	Z2
Titan-metallic (grau)	Y7P	Z6	Z6	Z6	Z6
Amethystgrau-perleffekt	Z4V		B2?	B2	B2
Viper-metallic (grün)	Y6N		B9		
Brillantblau mit Klarlack	Y5K			E8	E8
Smaragd-perleffekt	Z6U			M6	M6
Minerva-perleffekt (blau)	Z5N		T6	T6	T6
Ragusa-metallic (dunkelgrün)	Y6P		Y7	Y7	Y7
Vulkanschwarz-perleffekt	Z9U				W9
Rubinrot-Perleffekt	Z3N				X6
Rad: Satinschwarz	03C	x	x	x	x
Rad: Perlmuttweiß-metallic	0A9	x	x	x	
Rad: Audi-Silber	Z7P	x	x	x	x
Unterholm: Schiefer (grau)	Y7D	x	x	x	x
Polster/Innenausstattung					
N2G		Filanda-Struktur	Filanda-Struktur	Filanda-Struktur	Filanda-Struktur
N2H		Chenille-Velours	Chenille-Velours	Chenille-Velours	Chenille-Velours
quattro: NOD; sonst: NOE; nur Sportsitze	Jacquard-Satin	Jacquard-Satin	Jacquard-Satin	Jacquard-Satin	
P20; ab Mj. '93: PA1; S4: NOK		Kodiak-Leder	Kodiak-Leder	Kodiak-Leder	Kodiak-Leder
Armaturentafel einfarbig		N__ / P20	N__ / P20	N__ / PA1/NOK	N__ / PA1/NOK
saphir/anthrazit (blau/grau)		CG	CG	CG	CG
anthrazit/anthrazit (grau/grau)		CK	CK	CK	CK
platin/anthrazit (hellgrau/grau)		CL	CL	CL	CL
Armaturentafel zweifarbig		N2H / N0__ / P20	N2H / N0__ / P20	N2H / N0__ / PA1/NOK	N2H / N0__ / PA1/NOK
travertin/anthr.-travertin (hellbraun/grau)	HD	HD	HD		
platin/anthrazit-platin (hellgrau/grau)	HE	HE	HE	HE	
ecrue/anthrazit-ecrue (beige/grau)	HQ	HQ	HQ	HQ	

Preise und Auszeichnungen für den Audi 100 durch Publikum und Presse

1969	„Hobby-Auto-Oskar" für Mittelklasse	Leserwahl „hobby"
1970	„Hobby-Auto-Oskar" für Mittelklasse	Leserwahl „hobby"
1971	„Goldener Stern" für obere Mittelklasse	Leserwahl „stern"
1971	„Goldener Stern" für sportliche Coupés	Leserwahl „stern"
1972	„Goldener Stern" für sportliche Coupés	Leserwahl „stern"
1972	„Silberner Pokal für Eleganz" für Audi 100 GL	Automobilausstellung Barcelona
1972	„Ford 1911 Trophäe" für Audi 100 Coupé S	Automobilausstellung Barcelona
1973	„Auto des Jahres"	„Motor Trend", Los Angeles
1975	„Beste Familien-Limousine"	„Road & Track", USA
1976	„Das Goldene Lenkrad"	„Bild am Sonntag"
1977	„Das Goldene Lenkrad"	„Bild am Sonntag"
1977	„Auto des Jahres im Norden"	„Technikens-World", Skandinavien
1977	„Auto der Vernunft"	Leserwahl „mot"
1978	„Auto der Vernunft" Audi 100 S	Leserwahl „mot"
1979	„Auto der Vernunft" Audi 100 GL 5E	Leserwahl „mot"
1980	„Auto der Vernunft" Audi 100 5E	Leserwahl „mot"
1980	„Das Goldene Lenkrad" Audi 200 5T	„Bild am Sonntag"
1981	„Auto der Vernunft" Audi 100 5S	Leserwahl „mot"
1981	„Beste Familien-Limousine für die 80er Jahre" Audi 5000 Turbo	„Road & Track", USA
1982	„Das Goldene Lenkrad"	„Bild am Sonntag"
1983	„Die besten Autos der Welt" (Limousine bis 2,5 l)	Leserwahl „auto motor und sport"
1983	„Auto der Vernunft"	Leserwahl „mot"
1983	Design-Preis	Design-Center, Stuttgart
1983	„Auto des Jahres"	Int. Jury „Car of the Year"
1983	„World Car of the Year"	„Motor Magazin Tokio"
1983	„Wahl der wichtigsten Neuheit 1982"	Motorzeitschrift „Tuulilasi", Finnland
1983	„Die goldene Hupe"	Leserwahl „Auto en Sport", Belgien
1983	„Technische Innovation"	Französische Motorjournalisten
1984	„Auto der Vernunft"	Leserwahl „mot"
1985	„Europa-Pokal"	„Auto Zeitung"
1985	„Innovationspreis" für Vollverzinkung	Verband dänischer Motorjournalisten
1990	„Goldener Öltropfen" Energie-Sparpreis	Automobilclub Kraftfahrer-Schutz
1991	„Auto-Trophy" für procon-ten im Audi 100	„Auto Zeitung"
1992	„Die besten Autos der Welt" Klassensieger	Leserwahl „auto motor und sport"
1993	„Technikpreis 1993" für Audi TDI-Prinzip	Leserwahl „mot"
1993	„Das Goldene Lenkrad" für Audi 100 Avant 2.8 E	„Bild am Sonntag"